# 韓國의 假面劇

# 韓國의 假面劇

전경욱

열화당

## 책 머리에

나는 오래 전부터 이 책을 구상했다. 이 책을 위한 준비는 대학원에 입학하면서부터 시작되었다고 말할 수 있다. 그보다 먼저, 대학 일학년 때부터 중요무형문화재 제15호 북청사자놀이를 전수하고 이수생으로 인정받기도 했는데, 이런 인연으로 나는 우리 가면극에 특별한 애정과 관심을 가져 왔다. 북청사자놀이의 보유자셨던 아버지는 내가 가면극을 연구하는 것을 매우 기뻐하시며 자랑스럽게 여기셨다.

우리나라에는 현재 여러 지방에서 가면극이 전승되고 있다. 열세 종목의 가면극이 중요무형문화재로 지정되었고, 진주오광대, 퇴계원산대놀이, 예천청단놀음 등 최근 새로 복원하여 전승되는 가면극들도 있다. 그러므로 가면극 연구를 위해서는 문헌 자료와 도상 자료를 발굴하고 정리하는 작업과 충실한 현지조사가 병행되어야 한다. 나는 1978년 대학 일학년 시절부터 1990년대 중반까지 가면극의 전승 지역에 대해 비교적 많은 현지조사를 실시한 편이다. 그 동안 뛰어난 명연희자들은 대부분 작고했다. 이 책의 상당한 부분은 그분들의 몫이다.

나는 1998년에 『한국가면극, 그 역사와 원리』라는 제목의 저서를 낸 바 있다. 그런데 그 동안 많은 문헌 기록과 도상 자료들이 발견되어, 가면극에 대한 새롭고 다양한 논의와 심도있는 연구가 가능해졌다. 그래서 전면 개정 작업을 진행하고 있었는데, 일본에서 이 책을 번역 출판하겠다는 제의가 들어와 이후 2004년 10월에 출판된 일본어판에는 새로운 내용을 많이 수용할 수 있었다. 그리고 2004년 봄에 『한국가면극, 그 역사와 원리』가 독일 프랑크푸르트 국제도서전에 출품할 '한국의 책 100'에 선정되어, 2005년 가을에는 이 새로운 내용과 함께 새로운 도판들을 많이 수용한 영문판도 출간되었다. 그리고 기존의 한국어판은 새로운 모습으로 선보이게 되었다. 계속 새로운 자료와 도판들이 발견되어 보완해야 할 내용이 많았고, 새로 집필한 장도 추가했기 때문에 결국 개정판이 아니라 새로운 책이 되었고, 책 제목도 명실공히 한국의 가면극에 대한 여러 측면을 전반적으로 다루었다는 의미에서 『한국의 가면극』으로 바꾸어 출간한다.

이 책은 처음부터 한국의 가면극에 대해 전반적으로 고찰하려는 목적 아래 작업이 진행되었기 때문에, 가면극의 여러 측면에 대한 논의가 다양하게 다뤄지고 있다. 그리고 해방 이후 남한과 북한에서 각각 독립적으로 진행되어 온 가면극 연구를 모두 아울러 반영하고 있다. 남한에서는 이두현의 『한국의 가면극』, 조동일의 『탈춤의 역사와 원리』, 서연호의 『한국의 탈놀이』(전5권) 등 훌륭한 연구 성과가 이룩되어, 나의 연구에 중요한 토양이 되었다. 북한에서는 김일출이 『조선민속탈놀이연구』라는 저서와 여러 논문을 통해 황해도의 가면극과 함경남도 북청사자놀이에 대한 현지조사를 충실하게 보고했기 때문에, 북한 지역 가면극의 제반 사정을 이해하는 데 큰 도움을 받았다.

제1장 「가면의 세계」에서는 가면의 기능과 의의에 대해 한국의 가면뿐만 아니라 세계 여러 나라의 가면들과 비교해 살펴보았다.

제2장 「가면극의 지역적 분포와 특징」에서는 기존 연구에 크게 힘입으면서, 직접적인 현지조사와 해방 후 북한에서 현지조사한 성과를 수용해 논의했다.

제3장 「가면극의 기원」에서는 그 동안 가면극 연구에서 가장 논쟁이 활발했던 기원설을 산대희(山臺戲) 기원설, 산악(散樂)·백희(百戲) 기원설, 기악(伎樂) 기원설, 제의(祭儀) 기원설로 나누어 고찰했다. 그리고 본산대놀이 가면극의 성립에는 산대희가 밀접한 관련이 있음을 논증했다.

제4장 「가면극의 계통」에서는 한국가면극을 본산대놀이 계통 가면극, 마을굿놀이 계통 가면극, 기타의 가면극으로 나누고, 새로운 자료를 발굴하여 본산대놀이의 성립에 대해 구체적인 논의를 폈다. 본산대놀이라는 용어는 조선 후기에 서울 인근의 애오개(아현), 사직골 등에서 성행하던 가면극인 '산대놀이'를 양주, 송파 등 후대의 별산대놀이와 구별하기 위해 학자들 사이에서 편의상 사용하던 것인데, 이 책에서도 같은 의미로 사용했다.

제5장 「가면극의 놀이꾼」에서는 본산대놀이의 놀이꾼이 원래 삼국시대에 중국과 서역에서 전래한 산악·백희 계통의 연희를 놀았던 전문적 놀이꾼의 후예라는

점을 강조하고, 본산대놀이의 놀이꾼인 반인(泮人)에 대한 자세한 논의와 함께, 각 지방 가면극 놀이꾼에 대해서도 살펴보았다.

나는 이전 저서인 『한국가면극, 그 역사와 원리』에서 아키바 다카시의 논문, 『태학지(太學志)』『신보수교집록(新補受敎輯錄)』『영조실록(英祖實錄)』 등의 기록을 통해, 성균관의 노비인 반인들이 중국 사신 영접시에 동원되어 산붕을 설치하고 연희했으며, 이들이 서울 애오개산대놀이의 연희자였음을 밝혔다. 이후 대부분의 학자들이 나의 견해에 동조했지만, 극히 일부에서 이를 부정하는 시각도 있었다. 그러나 마침 『승정원일기(承政院日記)』 '영조 12년 2월 20일' 조에서 반인의 무리가 중국 사신이 막 돌아가고 난 후 산붕을 빌려서 놀이판을 벌였다는 내용을 찾게 되어, 나의 주장은 더욱 설득력을 얻게 되었다.

제6장 「가면극과 나례」에서는 먼저 중국의 나례(儺禮)와 나희(儺戲)에 대해 정리하고, 실제로 가면극에서 발견되는 나례의 영향을 연희 내용, 극적 형식, 가면, 의상, 소도구 등을 통해 고찰함으로써, 가면극에 끼친 나례의 영향이 지대했음을 밝혔다.

제7장 「가면극과 우희」에서는 가면극의 골계적 재담들은 우희(優戲)의 전통과 일정한 관련이 있고, 특히 양반 과장은 연희 내용이 전부 우희의 일종인 유희(儒戲)이며, 이는 나례도감에 동원되던 연희자들이 이미 우희를 하고 있었고, 18세기 전반기에 본산대놀이가 성립될 때 그 연희 내용에 우희를 적극 활용한 결과임을 밝혔다. 나는 그 동안 산악·백희를 연희하던 반인들이 기존의 산악·백희 계통의 연희들을 발전시켜, 당시의 사회상과 시대상을 반영하면서 우리의 문화적 정서에 맞는 새로운 공연물인 본산대놀이를 창출했다는 사실을 계속 주장해 왔다. 이러한 나의 견해는 이 장에서 산악·백희 계통의 연희인 우희가 실제로 가면극의 내용과 대사 형성에 직접적인 영향을 끼쳤음을 확인함으로써 더욱 설득력을 갖게 되었다.

제8장 「가면극과 북방문화」에서는 북방민족 출신 가운데서 양수척(揚水尺), 수척(水尺), 백정 등으로 불린 전문 연희자들이 나왔고, 반인의 일부에 북방민족의 후예가 있었으며, 탈, 탈박, 탈바가지, 완보 등의 용어가 몽골어라는 점에서 북방문화의 영향이 한국가면극에 남아 있음을 밝혔다. 그리고 가면극에 등장하는 팔먹중, 취발이(최괄이)도 북방문화와 관련된 인물로 보인다는 점을 밝혔다.

제9장 「가면극과 무속」에서는 가면극에 나타난 무속적 측면을 무속적 의식(儀式)과 의식무(儀式舞), 무속적 인물의 등장, 대사에 보이는 무가(巫歌)의 서술방식, 무속적 의식(意識)의 반영 등으로 나누어 살펴보고, 무계(巫系) 출신의 가면극 참여도 고찰했다.

제10장에서는 「가면극 대사의 표현언어」에 대해 살펴보았다. 이에 대해서는 이미 기존 연구가 많이 이루어져 있으므로, 기존의 연구성과를 두루 소개하고 나름의 견해를 전개했다.

제11장에서는 「가면극의 대사와 가요의 형성원리」를 고찰했다. 가면극 대사의 특징은 율동감 넘치는 표현인데, 가면극에서는 반복하는 방식을 매우 다양하게 자주 사용해 대사를 형성하는가 하면, 기존 가요를 다수 차용 개작해 수용함으로써 대사에 율동감을 조성하고 있음을 밝혔다.

제12장 「가면극의 극적 형식」에서는 가면극에서 등장인물끼리 서로 싸우며 극을 전개하는 싸움의 형식, 등장인물이 상대방의 대사와 동작을 따라 하거나 동일 인물이 유사한 내용의 대사와 동작을 되풀이하는 반복의 형식, 등장인물이 상대방의 정체를 여러 번 반복해 확인하는 정체확인형식, 등장인물이 상대방을 물리칠 때 마치 나례에서 역귀를 쫓아내는 모습을 연상시키는 구나(驅儺)의 형식 등 다양한 극적 형식이 사용되고 있음을 살펴보았다.

제13장 「사자놀이」에서는 삼국시대부터 현재에 이르기까지 사자놀이의 역사를 살펴보고, 한국의 대표적 사자놀이인 북청사자놀이의 연희 배경, 기능, 의의 등에 대해 고찰했다.

이 책이 세상에 나오기까지 많은 분들의 도움이 있었다. 우선 가면극의 전승지를 방문해 조사할 때 반갑게 조사에 응해 주셨던 보유자 분들, 좋은 사진 자료를 제공해 준 고(故) 정수미 선생과, 서헌강, 김영은 선생에게 고마운 마음을 전한다. 그리고 어려운 출판 여건에도 불구하고 이 책을 출간해 주신 열화당의 이기웅 사장님과 꼼꼼하게 원고를 검토하고 정성스럽게 책을 만들어 준 편집진 여러분에게 감사드린다.

2007년 2월
전경욱

# 차례

책 머리에 · 5

## 제1장 가면의 세계
1. 가면의 유형 —————————————— 15
2. 가면극에 등장하는 가면의 특징 —————— 45

## 제2장 가면극의 지역적 분포와 특징
1. 서울, 경기도의 산대놀이 ———————— 52
2. 황해도의 탈춤 ————————————— 63
3. 경상남도의 야류와 오광대 ———————— 71
4. 기타 지역의 가면극 —————————— 83

## 제3장 가면극의 기원
1. 산대희 기원설과 산악·백희 기원설 ———— 88
2. 기악 기원설 —————————————— 91
3. 제의 기원설 —————————————— 98
4. 실제적 목적 기원설 —————————— 100

## 제4장 가면극의 계통
1. 본산대놀이 계통 가면극 ————————— 104
2. 마을굿놀이 계통 가면극 ————————— 132
3. 기타 가면극 —————————————— 140

## 제5장 가면극의 놀이꾼
    1. 본산대놀이의 놀이꾼 —————————————— 146
    2. 각 지방 가면극의 놀이꾼 ————————————— 152

## 제6장 가면극과 나례
    1. 중국의 나례와 나희 —————————————— 160
    2. 한국의 나례와 나희 —————————————— 168
    3. 나례의 구나형식과 가면극의 연극적 형식 ————— 177

## 제7장 가면극과 우희
    1. 중국과 일본의 우희 —————————————— 191
    2. 삼국시대와 통일신라시대의 우희 ————————— 195
    3. 고려시대의 우희 ——————————————— 196
    4. 조선시대의 우희 ——————————————— 199
    5. 우희가 가면극에 끼친 영향 ——————————— 206

## 제8장 가면극과 북방문화
    1. 몽골어의 차용 ———————————————— 216
    2. 팔먹중의 유래 ———————————————— 218
    3. 최괄이, 취발이의 유래 ————————————— 220

## 제9장 가면극과 무속
    1. 가면극에 나타나는 무속적 측면 —————————— 226
    2. 무계 출신의 가면극 참여 ———————————— 238

## 제10장 가면극 대사의 표현언어

1. 국문체의 표현언어 ——————————— 243
2. 한문체의 표현언어 ——————————— 267
3. 국문체와 한문체 표현언어의 혼효양상 ————— 271

## 제11장 가면극의 대사와 가요의 형성원리

1. 반복의 방식과 대사의 형성원리 ——————— 277
2. 과장 구성의 극적 형식과 대사의 형성원리 ———— 291
3. 등장인물간의 극적 형식과 대사의 형성원리 ——— 296
4. 기존 가요의 차용과 개작방식 ———————— 308

## 제12장 가면극의 극적 형식

1. 싸움의 형식 ——————————————— 320
2. 반복의 형식 ——————————————— 322
3. 정체확인형식 —————————————— 324
4. 구나형식 ———————————————— 327

## 제13장 사자놀이

1. 사자놀이의 유래와 역사 —————————— 334
2. 북청사자놀이 —————————————— 338

주(註) · 345
참고문헌 · 365
찾아보기 · 370

# 제1장
# 가면의 세계

 가면은 사람이나 동물의 얼굴 모양을 만들어, 주로 얼굴에 써서 분장에 사용하는 것이다. 한자어로는 면(面), 면구(面具), 가면(假面), 대면(代面), 가두(假頭), 가수(假首) 등의 용어를 사용하는데, 우리말로는 광대, 초라니, 탈, 탈박, 탈바가지 등으로 불러 왔다. 그러나 엄격하게 말하면 얼굴 앞면만 가리는 면구를 가면이라 하고, 머리 전체 후두부(後頭部)까지 가리는 것을 가두, 가수, 투두(套頭)라고 해 구별하기도 한다. 한국의 가면극이나 일본의 가면극인 노오(能)에서는 대부분 얼굴 앞면만을 가리는 가면을 착용하고, 중국의 가면극인 나희(儺戱)에서는 주로 가두를 착용한다.

 가면과 동의어인 '탈'을 그 동안 여러 가지로 해석했다. 그러나 탈은 원래 몽골어에서 유래한 듯하다. 몽골어, 특히 고대 몽골어에서 '탈'은 얼굴을 의미한다. 몽골어에서 "체면을 세우다"의 체면(體面)이나 면목(面目)을 '누르 탈'이라고 하는데, 이는 '누르'와 '탈'의 합성어이다. '누르'는 현대 몽골어에서 얼굴이라는 뜻이다. 몽골어에서는 합성어를 만들 때, 단어의 의미를 확실히 하기 위해 동의어를 중첩하는 경우가 많다. 그러므로 '누르 탈'에서 '누르'가 얼굴이라는 뜻이면, '탈'도 얼굴이라는 뜻이 될 수 있다. 또한 현대 몽골어에서 '탈'은 '일면(side)' '한쪽 면'이라는 의미와 함께 '생김(feature)'이라는 의미를 갖고 있다.[1] 고려시대에는 수많은 북방민족이 한반도로 흘러들어 왔고, 원나라의 침입으로 몽골족의 지배를 받았기 때문에 우리말에 몽골어가 많이 남아 있는 것은 주지의 사실이다.

 가면은 세계적인 분포를 보인다. 가면은 아시아, 유럽, 아프리카, 아메리카, 오세아니아 등 전 세계에 걸쳐 다양한 모습으로 존재하고 있다. 다만 이슬람교의 『코란(Koran)』은 인간이나 동물의 형상을 꾸며서 상연하는 것을 금지하기 때문에, 아라비아, 발칸을 포함하는 근동(近東) 지역 등 이슬람교의 영향을 받은 북아프리카 지역에서는 가면을 사용할 수 없었다. 가면은 풍농 기원의 제의, 악귀를 쫓는 벽사의식(辟邪儀式)과 나례(儺禮), 병을 치료하기 위한 무속적 제의, 입사식(入社式), 장례식, 축제, 가장무도회, 연극, 무용 등에 폭넓게 사용된다. 그래서 그 기능과 의미가 매우 다양하다.

가면은 원시사회에서 기원해 현재까지 계속 존재하고 있다. 가면은 원시시대 집단생활의 여러 종교의식에서 신령, 악귀, 요괴, 동물 등으로 가장(假裝)해 주술(呪術)을 행하기 위해 발생했다. 즉 외부의 적이나 악령을 위협하기 위해, 신의 존재를 표현하기 위해, 사자숭배(死者崇拜)에서 죽은 사람과 비슷하게 만들기 위해, 토테미즘(totemism) 신앙에서 각종 동물을 가장하기 위한 모방에서 발생한 것이다.[2]

원시인들은 특정한 제의에서 거의 필수적으로 가면을 사용했다는 사실이 밝혀졌다. 이때 가면은 신격화되어 제의의 대상으로 숭배되었다. 소위 신성가면(神聖假面)이라고 부르는 것이 그 좋은 예이다. 가면이 초월적 능력을 지닌 신령(神靈)으로 숭배된 것이다. 고대인들은 그들의 사고에 깃들어 있는 신격(神格)을 모사해 가면을 만들고, 이 가면을 제의의 대상으로 삼고 신성시했다.[3]

가면은 신성가면으로서 제의의 대상이 되기도 했지만, 반대로 신에게 제사지내는 데 사용되는 제의의 도구로도 쓰였다. 가면이 제의의 도구가 되었다고 하는 것은 사제자(司祭者)가 신과 인간의 의사소통을 가능하게 하는 특별한 힘을 갖고 있었음을 뜻한다. 즉 사제자는 가면을 착용함으로써 사제자로서의 직능을 발휘할 수 있게 되므로, 이때의 가면은 신격 그 자체는 아니지만, 신과 인간의 세계를 매개하는 신령한 주술물(呪術物)이 되는 것이다. 가면이 착용자에게 사제자로서의 주술적 능력을 부여하는 셈이다.[4]

인류는 신석기시대 이래 농경과 목축사회로 들어오면서 삼라만상(森羅萬象) 속에서 영혼과 정령의 존재를 믿었다. 그리고 그 영혼과 정령을 다시 선령(善靈)과 악령(惡靈)으로 구별해, 모든 현상과 인간의 행과 불행은 이 악령과 선령의 싸움과 교체에서 연유된다고 믿었다. 그들은 악령을 이겨 물리치고 선령을 맞아 위무하기 위해 주술의 힘을 빌렸는데, 이 주술을 행하는 데 가면이 쓰였다. 더욱이 후기 구석기시대의 동굴벽화에 인간은 언제나 수렵이나 무용과 관련된 가면을 쓴 주술사(呪術師)로 그려져 있고, 그들의 생존을 위한 실용적 기술인 주술에서 가면은 필수적인 존재였다.[5]

한국에서는 마한에서 5월에 씨를 뿌리고 난 후와 10월에 농사를 끝낸 후에, 농사짓는 사람들이 손발을 맞추면서 높이 뛰기도 하고 낮게 뛰기도 하는 춤을 추었다는 기록이 후대 문헌에 나타나 있다. 그리고 부여의 영고(迎鼓), 고구려의 동맹(東盟) 같은 제천의식(祭天儀式)에서는 여러 날 동안 먹고 마시며 노래하면서 춤을 추었다고 한다. '영고(迎鼓)'라는 명칭을 통해, 하늘에 제사를 지내고 신을 맞이하면서 북을 치고 풍악을 울렸던 모습을 엿볼 수 있다. 국중대회(國中大會)라고 불리는 이 행사는 농사가 잘 되게 해 달라고 굿을 하면서 노래부르고 춤을 춘 의식이면서, 국가의 단합을 위한 정치적인 기능도 수행했던 것으로 생각된다. 결국 이러한 제천의식은 풍농을 기원하는 주술종교적(呪術宗敎的)인 행사였고, 여기에서 원시종합예술이 태동했음을 이해할 수 있다. 그리고 이러한 원시종합예술 행사에서 가면도 사용했을 것으로 보인다.

문화의 발전과 함께 인간이 인간과 자연 또는 인간과 신의 문제를 주술로 해결하던 단계를 넘어, 인간과 인간의 문제를 예술적으로 표현하고 해결하고자 하는 욕구에서 예능가면(藝能假面)이 생겨났다. 주술의 해결기능이 창조적 표현기능으로 변화하면서 가면도 주술가면에서 예능가면으로 변모하게 된 것이다.

## 1. 가면의 유형

가면은 그 목적과 기능에 따라 풍요제의가면(豊饒祭儀假面), 벽사가면(辟邪假面), 신성가면, 의술가면(醫術假面), 추억가면(追憶假面), 영혼가면, 전쟁가면, 장례가면, 입사가면(入社假面), 토템 가면, 기우가면(祈雨假面), 수렵가면(狩獵假面), 예능가면 등으로 분류할 수 있다.

한국의 가면에서는 이 가운데 풍요제의가면과 벽사가면, 신성가면, 장례가면, 의술가면, 추억가면, 예능가면이 발견되고, 전쟁가면과 유사한 목우사자(木偶獅子), 즉 나무로 만든 사자가 보인다. 그러나 영혼가면, 토템 가면, 기우가면, 수렵가면, 성인식에 사용하는 입사가면은 발견되지 않는다.

## 1) 풍요제의가면

가면의 주술적 기능 가운데 가장 두드러진 것은 풍농기원의 제의다. 대체로 수렵, 목축 등으로 유동생활을 하는 민족에 비해 정착생활을 하는 농경민족에게서 더욱 풍부한 가면의 전통을 발견할 수 있다. 특히 기술수준이 낮고 자연조건의 지배를 크게 받은 시대일수록 주술적인 농경의례가 성행했는데, 지금도 그 전통은 도처에서 발견된다. 농경의례의 양식은 매우 다양하지만, 그 중 풍년을 가져오는 신격(神格)과 정령이 가면의 형태를 빌려 출현하는 경우가 많았다.

중국 강서성(江西省)의 사자놀이인 이사(犁獅), 수요사(手搖獅), 기린사상등(麒麟獅象燈), 청사백상등(靑獅白象燈)은 풍농을 기원하기 위해 정월에 연행하던 것이다. 이사는 농사와 밭을 가는 것을 모의적으로 행한다. 수요사는 심한 가뭄 때 물로 인해 사이가 나빠졌던 두 마을이 자손 후대까지 화목하게 지내고, 또한 풍년이 들기를 기원하는 내용이다. 기린사상등은 옛날 가뭄이 들었을 때 기린, 사자, 코끼리에게 구조를 기원하자, 이듬해에는 오곡(五穀)이 풍성하고 가축이 번성했다는 고사에서 유래했다. 그래서 이 사자놀이를 노는 가운데 "사자놀이가 복을 보내니 자손이 집안에 가득하고, 오곡은 풍성하며, 가축은 번성하도다"라는 찬사(贊詞)를 외운다. 청사백상등은 마을에서 놀 때 네 개의 등면(燈面)에 각각 '풍화우순(豊和雨順)' '국태민안(國泰民安)' '오곡풍등(五穀豊登)' '육축흥왕(六畜興旺)'이라고 쓴 점으로 보아, 이 사자놀이도 풍농과 가축 번성을 기원했음을 알 수 있다.

일본의 사자놀이 중 덴가쿠(田樂)의 사자놀이와 시시오도리(鹿踊)에서도 풍농을 기원하는 모습을 살펴볼 수 있다. 덴가쿠의 사자놀이는 단오 때 모내기(移秧)의 모방춤인 다아소비(田遊)나, 풍농기원 수확제로서의 가을 축제에 나오는 사자춤이다. 모내기춤(移秧舞)은 대개 소(牛)가 나와서 수전경작(水田耕作)을 하는 춤인데, 어느 신사(神社)에서는 소 대신 사자가 등장하는 경우도 있다. 이것은 소보다 높은 자리에 있는 사자의 힘을 빌려 풍농 이외에 마을 사람들의 행복과 액막이를 기원하기 위한 것이다. 시시오도리, 즉 사슴춤은 흔히 도약하는 춤을 추면

1. 강릉관노가면극의
장자마리가면.
풍요제의가면의 일종이다.

서, 여러 수사슴이 한 마리의 암사슴을 차지하기 위해 다툰다는 다소 연극적인 내용을 연출한다. 춤의 기원에 대해서는 마을에 따라 이설이 있으나, 대체로 사슴이 밭의 해충을 먹고 이삭의 성장을 도운 것을 찬양해 시작했다는 설이 많다. 즉, 사슴은 밭과 토지를 수호하는 신령한 동물이라는 사고가 전승의 밑바탕이 되었던 듯하다.[6]

뉴기니 마프릭(Maprik) 지방의 바구니가면들은 자기 집단의 다산뿐만 아니라, 고구마의 일종인 얌의 수확을 확실하게 하기 위해 거행되는 의식들과 관련되어 있다.[7]

북아메리카 원주민인 이러쿼이(Iroquoi)족은 풍농을 기원하고 곡식의 풍작에 대해 감사하는 추수제에서 옥수수 껍데기로 만든 가면들을 사용했다. 아메리카 원주민들의 가면을 쓰는 풍요제의 중 가장 유명한 것은 미국 남서부의 호피(Hopi)족과 주니(Zuni)족에 의해 거행된다. 이 풍요제의에서는 구름, 비의 신령, 별, 대지, 하늘의 신 등을 상징하는 가면을 쓴 춤꾼들과 함께 무당이 곡식의 풍요를 기원하는 의식에 참여한다.[8]

아프리카의 서부 수단 지역에 있는 여러 부족들도 가면을 쓰는 풍요제의를 거행하는데, 말리의 밤바라(Bambara) 부족들의 세고니-쿤(Segoni-kun) 가면이 미학적으로 가장 흥미롭다. 이것은 영양 모양으로 조각한 목제가면에 천을 붙인 것인데, 이 부족들은 영양이 농사짓는 법을 가르쳐 주었다고 믿는다. 그래서 이들은 곡식의 씨를 뿌린 후 풍요를 기원하기 위해 영양가면을 쓰고, 둘이 한 쌍이 되어 들판에서 신나게 뛰놀았다.[9] 아프리카의 여러 나라에서 전승되고 있는 가면극인 맘미와타(Mammiwata)는 성행위, 풍요와 관련된 물의 여신과 관계가 있다.[10] 나이지리아의 요루바(Yoruba)족은 농지신(農地神)인 '오리사 오코(Orisa Oko)'의 제의 동안 에군군(Egungun) 가면극을 연행했다.[11]

한국의 경우, 고구려 사람들은 시조 동명성왕(東明聖王)의 어머니인 유화(柳花)를 지모신(地母神)이자 농사의 신으로 생각했는데, 그들은 두 개의 신묘(神廟)를 세워 각각 동명왕과 유화의 모양을 나무로 깎아 안치했다는 기록이 남아 있다. 그렇다면 농사신인 유화를 모시는 제의에서는 풍농을 기원했을 것으로 추정되는데, 이때 나무 신상(神像)이 바로 풍농기원제의에서 농사신의 가면과 유사한 것임을 알 수 있다. 그리고 하회별신굿탈놀이나 강릉관노가면극은 바로 풍농기원의 제의에서 연행되던 가면극이다. 특히 강릉관노가면극의 장자마리는 머리부터 발끝까지 몸 전체를 검은 천으로 뒤집어쓰는데, 곡식 이삭과 해초인 마름을 매달고 있고, 불룩한 배를 통해 잉태한 모습을 보여주며, 두 명의 장자마리가 모의적인 성행위의 동작을 취하는 것은 풍농과 풍어를 기원하는 의미를 갖고 있다.(도판 1)

## 2) 벽사가면

가면에서 풍농을 기원하는 기능 다음으로 발견되는 주술의 기능은 악귀를 퇴치하기 위한 벽사(辟邪)의 기능이다. 가면은 신성가면과 같이 신성한 대상을 신앙하고 숭배하는 기능도 하지만, 악귀와 같은 혐오의 대상을 위협해 퇴치하는 역할도 한다. 벽사의 기능을 담당하는 가면은 매우 위협적인 모습을 갖고 있다. 벽사의 기능을 가진 가면은 세계 도처에서 그 예가 발견된다. 특히 중국과 한국의 경우는 나례에서 사용되던 벽사가면이 후대에 중국의 나희와 한국의 산대놀이 계통 가면극의 가면처럼 예능가면으로 계승 발전되었기 때문에, 주술가면에서 예능가면으

로의 발전과정을 살펴볼 수 있는 좋은 예이다.[12]

　동양에서 사자는 이미 오랜 옛날부터 벽사의 능력을 가진 동물로 인정되었음을 여러 자료에서 찾아볼 수 있다. 중국에서는 무덤 앞의 석사자상(石獅子像)을 바로 '벽사'라고 부르고 있다. 한국의 신라 분황사의 모전탑과 불국사 다보탑의 기단 네 모서리에 앉힌 사자는 이 탑들을 수호하는 의미를 갖고 있다. 문무왕(文武王)과 흥덕왕(興德王)의 능 앞에 앉힌 사자도 역시 같은 의미다. 현재 중국에는 전역에 걸쳐 사자놀이가 전승되고 있는데, 대부분의 사자놀이가 벽사의식을 거행한다. 호북성(湖北省)의 반사(盤獅)는 가가호호를 방문해 정원에서 재주를 부리고, 집주인도 작은 폭죽을 던져서 그 위세를 돕는다. 이 사자는 벽사하고 집안의 악귀를 몰아내는 영험이 있으므로, 사람들은 사자를 환영하며 맞이한다. 광동성(廣東省) 영남(嶺南) 지방의 성사(醒獅)는 거리와 골목을 누비고 집집마다 찾아 다니는데, 이를 '채청(採靑)'이라고 부른다.[13] 중국뿐만 아니라 한국에서도 나례에서 사자춤을 춘 것은 사자가 잡귀를 몰아내는 벽사의 능력을 갖고 있다고 믿었기 때문이다.

　일본에서는 시시카구라(獅子神樂)의 사자가면이 벽사의식을 거행한다. 가구라(神樂)의 옛 형태는 신좌(神座)를 설치하고 신들을 모셔 술과 산해진미를 올리며, 한 무리의 예능인들이 노래하고 춤추면서 진혼초혼(鎭魂招魂)의 주술을 행하려고 하는 것이었다고 생각된다. 시시카구라는 사자머리를 신좌로 삼는 것이다. 시시카구라는 하나의 사자가면 속에 두 사람이 들어가는 이인립(二人立)의 사자춤인데, 다이카구라(太神樂), 야마부시카구라(山伏神樂)와 반가쿠(番樂)의 두 종류로 크게 나눌 수 있다. '다이카구라(太神樂)'는 '다이카구라(代神樂)'라고도 하는데, 이세(伊勢)[14]신앙을 전파하기 위한 '이세의 불(祓)'이라고 하는 액막이, 조왕굿(불밟기) 등을 하는 사자춤이다. 이런 벽사진경(辟邪進慶)과 더불어 여러 곡예도 행한다. 이를 담당하는 사람들은 직업적 예능인들이다. 이것은 원래 이세 지방에 있었던 오카시라진지(御頭神事)라는 사자춤을 바탕으로 벽사, 역병(疫病)막이를 중심으로 하고, 여기에 잡기인 곡예를 추가해 현재의 모습이 되었다. 매년 정월 이세를 출발해 전국을 돌아다닌다. 야마부시카구라와 반가쿠는 사자머리를 곤겐(權現)이라고 부르는 슈겐(修驗), 즉 야마부시(山伏)[15]들이 담당자가 되어 민간에 전파한 사자춤이다. 이 사자놀이는 동북 지방 중 이와테(岩手),

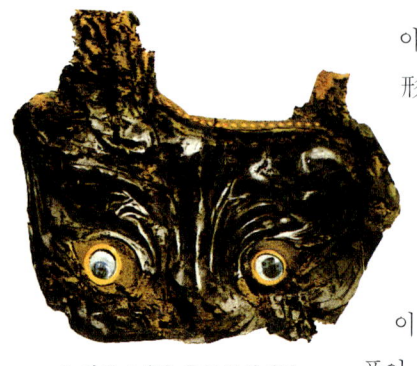

2. 경주 호우총 출토 목심칠면.

아오모리(青森), 아키타(秋田), 야마가타현(山形縣)에 널리 분포되어 있다. 태평양 쪽에서는 이것을 야마부시카구라 곤겐마이(權現舞)라고 부르고, 동해 쪽에서는 반가쿠 시시마이(獅子舞)라고 부른다. 양쪽 다 사자를 신으로 보고, 11월부터 정월에 걸쳐서 시시마이들이 각 마을에 가서 집집마다 돌아다니면서 악마 풀이, 불밟기 등을 하는 것이다. 이때 사자는 산신(山神)으로서 벽사진경을 행한다.[16]

뉴기니의 파푸아(Papua)족은 매년 마을의 춘계 대청소의 일종인 악령 퇴치 행사를 벌인다. 그들은 나무의 속을 파내어 만든 인상적인 가면을 쓰고 귀신들을 위해 춤추며, 길가의 상 위에 놓인 돼지, 양, 닭들의 영혼으로 귀신들을 대접한다. 그러고 나서 집의 기둥들을 계속 두드려 귀신들을 마을로부터 추방한다.[17]

티베트에는 신에게 제사지내고 재앙을 쫓는 종교법회 중에 쓰는 신무가면(神舞假面)인 '참(Cham)' 가면이 있다.[18]

중국과 한국의 나례에서 사용된 가면들은 역귀(疫鬼)를 쫓아내기 위한 의식에서 쓰인 것이므로 모두 벽사가면에 해당한다. 한국의 벽사가면은 부산 동삼동에서 출토된 조개가면, 경주 호우총에서 출토된 목심칠면(木心漆面), 처용가면(處容假面), 최치원(崔致遠, 857-?)의 「향악잡영(鄕樂雜詠)」에 나오는 대면(大面), 나례의 방상시(方相氏)와 십이지신(十二支神), 고려말 이색(李穡, 1328-1396)의 「구나행(驅儺行)」에 나오는 오방귀무(五方鬼舞)와 사자가면 등을 들 수 있다. 그리고 현전하는 예능가면 중에 북청사자놀이의 사자가면, 봉산탈춤의 팔먹중가면, 양주별산대놀이의 연잎과 눈끔쩍이가면, 가산오광대의 오방신장가면 등도 벽사가면의 성격을 갖고 있다.

벽사가면 가운데 가장 오래된 것은 부산 동삼동의 조개무덤에서 출토된 조개가면으로, 이는 신석기시대의 가면이다. 이 가면의 기능과 성격에 대해 구체적으로 알 수 없으나, 흙이나 나무 또는 유기질 등으로 사람의 모습을 만들고 이 조개가면을 씌워 주술에 사용했을 것으로 추정된다.[19] (도판 3)

신라시대 무덤인 호우총의 목심칠면은 그 동안 악령에게서 죽은 사람을 보호하기 위한 가면으로서, 눈이 두 개인 점으로 미루어 방상시의 일종인 기가면(倛假面)으로 추정했다.[20] 장례식에서 방상시가면이 장례행렬의 선두에서 행진하며 악귀를 쫓는 역할을 했고, 중국에서는 무덤을 팔 때 방상시가 무덤 안의 네 모퉁이를 쳐서 잡귀를 몰아냈기 때문이다. 그러나 최근 목심칠면은 화살통의 장식으로 밝혀졌는데, 그 눈을 황금색으로 장식한 것은 역시 벽사의 의미인 듯하다.(도판 2)

신라시대 이래 조선시대까지 처용의 가면을 쓰고 춤을 추어 역귀를 쫓아내는 처용무가 전승되어 왔는데, 이 처용가면은 바로 벽사가면이다.

최치원이 통일신라시대의 금환(金丸), 월전(月顚), 대면, 속독(束毒), 산예(狻猊)의 다섯 가지 놀이를 보고 읊은 「향악잡영」시 가운데, 대면은 황금색의 큰 가면을 쓰고 손에 구슬 채찍을 들고 귀신을 쫓는 내용이다. 벽사색(辟邪色)인 황금색의 가면을 쓰고 채찍으로 귀신을 쫓는 대면은 바로 벽사가면인 것이다.

나례는 원래 섣달 그믐날 궁중과 민간에서 방상시와 십이지신을 중심으로 주문을 외치면서 귀신을 몰아내던 의식이다. 방상시는 얼굴에 황금사목의 가면을 썼다. 십이지신은, 자신(子神)은 쥐 모양의 가면을 쓰고, 축신(丑神)은 소 모양의 가면을 쓰는 등 각 띠에 해당하는 동물의 가면을 썼다. 조선 초기의 나례에서는 방상시와 십이지신 이외에 창사(唱師), 지군(指軍), 판관(判官), 조왕신(竈王神), 소매(小梅) 등도 가면을 썼다. 그리고 고려시대부터 이미 처용가면을 쓰고 춤추던 처용무도 나례에서 벽사의 의식무로 삽입되었다. 이러한 가면들을 쓰고 귀신을 몰아내는 것은 이 가면들이 벽사가면임을 입증한다.

3. 부산 동삼동 출토 조개가면. 주술에 사용되던 벽사가면으로 추정된다.

4. 1930년대 북청사자놀이의 사자가면. 벽사가면이면서 예능가면이다.

5. 1930년대 봉산탈춤의 먹중가면. 벽사가면이면서 예능가면이다.

고려말 나례의식을 보고 읊은 이색의 「구나행」에는 이상의 여러 구나가면 이외에 오방귀무와 사자춤도 나온다. 오방귀무는 조선시대의 오방처용무나 현존하는 가산오광대의 오방신장무처럼 벽사적인 춤이므로, 이들이 쓴 가면도 벽사가면임을 알 수 있다. 이미 중국 명나라 고경성(顧景星, 1621-1687)의 『기주지(蘄州志)』와 『백모당집(白茅堂集)』의 「향나시(鄕儺詩)」는 나례에서 사자춤이 연행되었음을 전해 준다. 따라서 「구나행」의 사자가면도 벽사가면임을 알 수 있다.

북청사자놀이의 사자가면은 예능가면이면서도 벽사가면의 성격을 함께 보여 준다.(도판 4) 북청사자놀이는 정월 보름을 기해 벌이는 대부분의 민속놀이와 마찬가지로 벽사진경을 목적으로 거행되었다. 북청 지방에서는 음력 정월 15일 밤 마을마다 독자적으로 사자놀이를 꾸며서 밤새도록 놀았다. 정월 16일 새벽 사자놀이가 끝나면, 마을의 가가호호를 방문하면서 나례의 매귀(埋鬼), 즉 지신밟기와 유사한 의식을 거행했다.[21]

봉산탈춤의 팔먹중가면도 예능가면이면서 벽사가면의 성격을 갖고 있다. 봉산탈춤의 팔먹중은 그 가면이 귀면(鬼面)으로서 다른 가면들과 크게 차이를 보인다.(도판 5) 그리고 여덟 명의 먹중들이 한 명씩 차례로 등장했다가 퇴장하는 극적 형식에서 나례의 구나형식과 대응되는 모습을 살펴볼 수 있다.[22]

양주별산대놀이의 연잎과 눈꿈쩍이는 상좌들과 옴(마마에 걸린 중)을 쫓아내는데, 이는 나례에서 역귀를 쫓아내는 방상시가면을 연상시킨다. 가산오광대의 오방신장무도 다섯 신장이 나와서 사방의 잡귀를 쫓고 놀이판을 정화하는 의식무이므로 벽사가면의 성격을 띠고 있다.[23]

## 3) 신성가면

신성가면은 사원이나 사당(祠堂)에 안치해 두고 숭배하며 제사지내는 가면을 의미한다. 그리고 가면을 쓴 신을 숭배하는 것도 신성가면의 일종이라고 볼 수 있다.

일본 사자춤의 사자는 인격을 가진 사자도 있으나, 대부분은 신으로서의 존재이다. 이 신의 성격은 조상신(祖上神), 부락신(部落神), 산신(山神) 등으로 공동체나 마을에 정착한 것이 있는가 하면, 어느 특정한 종교와 연결되어 일정한 계절에 마을을 찾아오는 방문신(訪問神), 객신(客神)으로 취급되는 것도 있다. 특히 시시카구라 가운데 야마부시카구라와 반가쿠의 사자가면은 산신으로 간주된다.[24] 1350년 나라(奈良) 지방의 가스가신사(春日神社)에서 신관이 올린 사루가쿠(猿樂), 즉 산가쿠(散樂)에서는 용신(龍神)이 가면을 쓰고 등장했다.[25]

티베트에서 현재 살가사(薩迦寺)에 봉헌되어 있는 '회비적흑색의호가면(會飛的黑色依怙假面)'은 구백 년 전에 한 인도의 조사(祖師)가 인흠상포(仁欽桑布)에게 주어 토번(吐蕃)의 가지신(加持神)이 되었다. 그후 이 가면은 살가 오(五) 조사의 하나인 공갈녕포(貢噶寧布)의 수중에 전해 들어

6. 하회별신굿탈놀이의 각시가면.
가면극에 등장하는 예능가면이면서, 서낭신을 나타내는 신성가면의 성격도 띠고 있다.

가서 살가교가 숭배하는 천신(天神)이 되어, 사원에서 제사를 받을 뿐만 아니라 살가 참(Cham) 신무(神舞)의 주요 등장인물이 되었다.[26]

고대 이집트, 콜럼버스 이전의 멕시코의 신상 중에는 가면으로 장식된 것도 있었다. 스페인 탐험대가 아즈텍과 미스텍의 예술품들을 스페인 군주 찰스 5세(Charles V)에게 선물로 보냈을 때, 아즈텍의 보물 중에는 터키석, 산호, 조개껍질, 흑요석의 모자이크로 덮인 훌륭한 목제가면들이 있었다. 그 가면들은 아즈텍 신상들을 장식하기 위해서, 그리고 성직자들과 귀족들을 위한 의식 용구로서 사용되었다.[27] 마야의 비의 신은 우기 전에 우순풍조(雨順風調)를 비는 제의에서 아메리카 표범(jaguar)의 가면을 쓴 사람에 의해 표현되었다.[28]

한국의 신성가면은 강원도 고성(高城) 사당의 가면, 경기도 개성 덕물산(德物山) 최영 장군 사당의 가면, 경북 영천군 신녕면(新寧面) 무격사당의 가면을 들 수 있다.

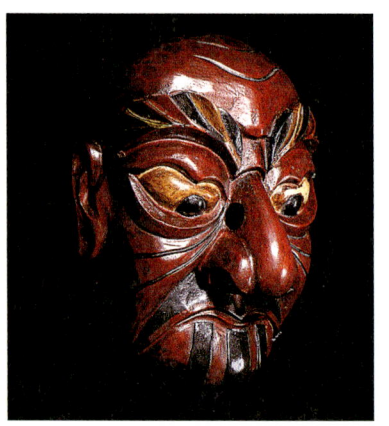

7. 경북 영천시 신녕면 무격사당의 장군가면.
사당에 안치해 두고 숭배하며 제사지내는
신성가면이다.

『동국세시기(東國歲時記)』에 의하면, 강원도 고성군의 사당에서는 비단으로 신의 가면을 만들어 사당 안에 안치해 놓고 매월 초하루와 보름에 관(官)에서 제사를 지냈다고 한다. 그리고 연말에 사당에서 신을 맞이해, 신이 내린 고을 사람이 신의 가면을 쓰고 관아와 고을 동네를 돌아다니며 놀았고, 집집에서는 그 신을 맞이해 즐겼다고 한다.

원래 개성 덕물산의 최영 장군 사당은 역대로 우리나라 무당들의 신앙의 중심지로, 그리고 무조신(巫祖神)을 모신 성지(聖地)로 유명했다. 이 사당에는 장군당, 부인당, 창부당(청계당)이 있었다. 이 가운데 창부당(倡夫堂)에는 1930년대까지만 해도 여섯 개의 무신도(巫神圖) 사이에 네 개의 나무가면이 걸려 있었다.[29] 이 가면들은 광대씨가면(廣大氏假面), 창귀씨가면(倡鬼氏假面), 소미씨가면, 놋도리가면이다. 그리고 경상북도 영천군 신녕면의 무격사당에는 장군가면이 있었다.[30] (도판 7)

한편 고구려에는 신성가면과 유사한 나무신상이 있었다. 『주서(周書)』「이역전(異域傳)」에 의하면, 고구려에는 두 개의 신묘(神廟)가 있었는데, 하나는 부여신(夫餘神)으로서 나무로 부인의 모양을 깎아 만들었고, 다른 하나는 등고신(登高神)으로서 그들의 시조인 부여신의 아들인데, 전자는 하백(河伯)의 딸 유화이고 후자는 주몽이라고 한다.

가면극의 가면 가운데 하회별신굿탈놀이의 가면은 예능가면이면서도 신성가면과 같이 신성시되었다. 하회별신굿탈놀이에서는 가면을 동사(洞舍)에 보관했는데, 특히 각시가면은 서낭신을 나타내기 때문에 평상시에도 가면을 보려면 산주(山主)가 제물을 차려 놓고 고사를 지낸 다음에야 궤문을 열어 가면을 볼 수 있었다. 그렇게 하지 않으면 탈이 난다고 믿었다.[31] (도판 6)

## 4) 의술가면

의술가면은 두 종류가 있다. 하나는 건강이 유래하는 보호세력들을 불러내는 가면이다. 다른 하나는 질병을 가져오는 악귀들을 쫓아낼 수 있는 능력을 가진 가면이다. 병굿에서 사용되는 가면도 일종의 의술가면(醫術假面)으로 볼 수 있다. '의(醫)'의 옛 글자인 '의(毉)'는 무당이 병을 일으킨 악령을 쫓기 위해 화살(矢) 같은 무기를 손에 들고 사용하는 모습을 나타낸 문자이다.

중국의 복주(福州)에서는 1858년에 흑백 악마와 동물들의 가면이 콜레라를 억제하는 데 널리 사용되었다. 중국에서는 조그마한 아이조차도 해질녘에 특유한 종이가면을 쓰면 홍역 귀신을 놀라게 해 쫓을 수 있다고 믿었다.

실론(스리랑카)의 신할리즈(Sinhalese)족은 질병가면인 라카사(rakasa)를 열아홉 개나 갖고 있는데, 매우 무서운 모습이다. 실론의 공식적인 처방전에서는 열아홉 종류의 질병들에 열아홉 종류의 역귀들이 있다고 믿는다. 이에 따라 주술사는 열아홉 개의 가면들 중 각 질병에 상응하는 가면을 골라 쓰고 춤을 춰서 질병을 치료한다. 주술사는 병자를 치료할 때, 일반적으로 병자의 방에 제단을 만들고 꽃과 음식으로 장식한다. 그리고 주술사는 질병을 일으킨 역귀에 해당하는 고유한 가면과 복장을 착용하고 춤을 추는데, 이 춤을 해질녘, 한밤중, 동틀 무렵 등 세 번 반복한다. 이것은 역귀를 병자 밖으로 불러내어서 가면을 쓴 춤꾼, 즉 주술사에게

8. 제주도 칠머리당 영등굿의 영감놀이. 무당굿에서 병자 치료를 위해 사용하는 의술가면이다.

로 들어가도록 유인한다. 주술사는 마을 변두리로 나가서 잠시 동안 죽은 체함으로써 병자와 마을뿐만 아니라 그 자신도 재앙의 귀신으로부터 벗어날 수 있다. 때때로 병의 원인이 의심스러운 경우에는 열아홉 종류의 역귀들의 얼굴을 모두 나타낸 하나의 큰 가면을 사용한다.[32]

남아메리카와 북서아메리카의 부족들에서는 원래 가면이 장례의식과 결합되어 있었는데, 북아메리카 오대호 지방 이러쿼이족의 가면은 사람의 병을 고치는 주의술(呪醫術)의 가장 강력한 보조수단으로 바뀌었다. 이러쿼이족에 속하는 여러 부족의 마을에서는 가면을 쓰는 비밀결사가 병마를 쫓아내는 주술적 의료행위를 했다. 결사의 구성원들은 질병을 가져온다고 전해지는 악귀들의 가면을 썼다. 북아메리카 남서부의 나바호(Navaho) 인디언은 무당이 모래 그림으로 병을 치료한다고 믿었다. 특히 역질 퇴치를 위해 군신가면(軍神假面)을 사용하기도 했다. 캐나다 서부 브리티시컬럼비아(British Columbia) 인디언의 가면은 망령의 인도자이고 질병의 치료사다.[33]

아프리카 자이레의 펜데(Pende)족은 그 자체로 건강과 행복을 위한 유익한 능력을 가진 목제가면들을 사용했다. 북아메리카의 아파치(Apache)족 인디언들은 전염병이 유행하는 동안 계속 가면을 쓴 신령의 춤을 추었는데, 이를 통해 자격있는 주술사와 병을 정복할 수 있는 신령들 사이에 영적 교섭이 이루어졌다.[34]

한국의 병굿에서 가면을 사용하는 경우는 전남 순천 지방의 삼설양굿, 제주도의 영감놀이(도판 8), 구삼승냄, 전상놀이, 동해안 지역의 광인굿 등을 들 수 있다.

삼설양굿은 원래 전남 지역에서 널리 행해졌다. 그러나 현재는 순천에서 세습무(世襲巫)인 단골무당(丹骨巫堂)에 의해 전승되고 있다. 이 굿은 귀신에게 잡힌 정신병환자에게서 악귀(惡鬼), 여귀(厲鬼), 역귀(疫鬼)를 내몰아 광기(狂氣)를 없애는 병굿이다. 무당은 색신의(色神衣)를 입고 귀신가면을 만들어 쓰는데, 손에 도끼와 복숭아나무 가지를 들고 병귀를 쫓아냄으로써 병자를 낫게 한다. 이 과정에서 모든 귀신을 불러들이고, 여러 조상신을 맞아 액(厄)을 풀고 씻겨 그들의 도움을 받아 병귀를 퇴송(退送)시킨다. 모두 예닐곱 명의 귀신이 가면을 쓰고 등장해 대화를 나누고 춤도 추는 등 가면극의 모습을 보인다.[35]

## 5) 추억가면

추억가면(追憶假面)은 죽은 사람을 생각하며 슬퍼하는 추도(追悼)의 뜻과, 죽은 사람의 넋을 기리는 뜻을 담고 있는 가면을 의미한다. 한국에서는 추억가면의 예로 신라시대의 황창무(黃昌舞)와, 고려시대「도이장가(悼二將歌)」의 주인공인 김락(金樂)과 신숭겸(申崇謙)의 우상(偶像)이 발견된다.

황창무는 가면을 쓰고 춤추는 검무(劍舞)이다. 조선조 현종 때 경주 부사 민주면(閔周冕, 1629-1670)이 『구동경지(舊東京志)』를 증보, 간행한 『동경잡기(東京雜記)』 '풍속' 조와 『문헌비고(文獻備考)』에, 신라의 황창랑(黃昌郎)이라는 일곱 살의 소년이 검무를 빙자해 백제의 왕을 죽이고 백제인들에게 피살되었으므로, 신라인들이 이를 슬퍼해 그 모습을 가면으로 만들어 쓰고, 그의 춤을 모방해 검무를 추었다는 내용의 황창무 유래담이 나온다. 이 유래담은 품일(品日) 장군의 아들 관창(官昌)이 계백 장군에게 살해된 사실(史實)이 전설화한 것으로 여겨진다. 『동경잡기』권2, '관창' 조에 의하면, 이첨(李詹, 1345-1405)이 을축년(乙丑年), 즉 고려말인 1385년에 경주에서 가면을 쓴 아이가 칼춤 추는 것을 보고, "黃昌… 此必官昌也 傳者誤耳"라고 해 황창을 관창의 와전으로 보았다.

『삼국사기』「열전(列傳)」7 '관창' 조에 의하면, 관창은 신라 품일 장군의 아들로 화랑이었는데, 열여섯 살 때부터 말타기와 활쏘기에 능했고, 백제와의 전쟁에 부장(副將)으로 출전해 용감하게 싸우다가 백제의 계백 장군에게 사로잡혀 죽임을 당했다. 그러나 그의 죽음은 신라군의 사기를 진작시켜 신라군이 백제군을 대파하는 계기가 되었다. 그러므로 후일 신라인들이 그의 죽음을 슬퍼하며 그를 추모하고자, 그의 얼굴을 본떠 가면을 만들어 쓰고 검무를 춘 데서 황창무가 유래한 것으로 생각된다. 황창의 나이는 일곱 살이고, 관창의 나이는 열여섯 살이라는 차이는 관창의 용감한 이야기가 전승되는 과정에서 나이가 어렸다는 점을 강조하기 위해 변이된 것으로 보인다.

『고려사』권14, 『대동운부군옥(大東韻府群玉)』『평산신씨장절공유사(平山申氏壯節公遺事)』에 김락과 신숭겸의 우상, 즉 허수아비에 대한 기록이 보인다. 김락과 신숭겸은 고려 태조 왕건이 견훤과 싸우다가 궁지에 몰렸을 때 왕건을 대신해서 죽은 공신들이다. 그래서 그 공을 기리기 위해 태조 때부터 팔관회(八關會)

에서 두 사람을 추모하는 행사를 벌였다. 태조는 그 자리에 두 공신이 없는 것을 애석하게 여겨 풀로 두 공신의 허수아비를 만들어 복식을 갖추고 자리에 앉게 했더니, 두 공신은 술을 받아 마시기도 하고 생시와 같이 일어나서 춤을 추었다고 한다. 후대에 예종(睿宗)도 팔관회에서 김락, 신숭겸의 우상을 보고, 두 공신을 추모해 지은 것이 「도이장가」이다. 최상수와 김일출은 이 우상을 가면으로 단정했다.[36] 앞에서 소개한 기록만으로는 김락과 신숭겸의 우상에 가면을 씌웠는지 안 씌웠는지 구체적으로 알 수 없으나, 두 공신의 모습을 나타내기 위해 가면과 유사한 얼굴 형상을 표현했을 것이 틀림없다. 그러므로 이 우상을 추억가면으로 보는 것은 무리가 없다.

## 6) 영혼가면

영혼가면은 죽은 사람을 인격화한 가면을 가리킨다. 아프리카에서는 가면을 조상의 영혼으로 간주하는 예가 많이 발견된다. 나이지리아의 이보(igbo)어를 말하는 지역에서는 가면극을 일반적으로 눈에 보이는 형태의 영혼이나 단순히 신령을 의미하는 '몬우(Mmonwu)'라고 부른다. 몬우 가면극은 입사식과 장례식 등에서 연행되는데, 몬우에 등장하는 가면은 세상에 다시 돌아온 죽은 사람의 영혼으로 간주된다.[37] 이는 말라위 체와(Chewa)족의 가면극인 '굴레 왐쿠루(Gule Wamkulu)'도 마찬가지다. 굴레 왐쿠루는 입사식과 장례식 등에서 연행되는데, 이때 가면들은 영혼들, 특히 죽은 조상들의 영혼으로 간주된다. 굴레 왐쿠루는 죽은 사람들의 영혼에 평화를 회복시키고 그들을 진정시키기 위한 추모춤이다.[38]

라이베리아 공화국의 서부 연안 지방인 리베리오, 기네아 지방의 원주민들이 입사식에서 사용하는 가면과 잠비아의 므분다(Mbunda)족이 입사식에서 사용하는 가면인 마키시(Makisi)도 조상의 영혼으로 간주된다. 동아프리카의 수단 고지에 거주하는 도곤(Dogon)족은 뱀가면을 갖고 있는데, 이는 사람이 늙으면 뱀으로 변신한다는 그들의 신화에서 유래한 것이다.[39]

남아메리카 야구아(Yagua) 인디언의 가면은 죽은 사람을 인격화하는 영혼가면이다. 죽은 사람은 어떤 언덕 위에 살고 있다가 일정한 간격을 두고 그곳에서 가면을 쓴 모습으로 내려와 살아 있는 사람들의 축제에 참석한다.[40]

서멜라네시아에서는 조상의 영혼을 상징하는 가면이 매우 다양하다. 뉴기니의 세픽강 지역에는 대부분 나무에 조개껍질, 섬유, 동물가죽, 씨앗, 꽃, 깃털 등을 덧붙인 가면들이 풍부하다. 이 가면들은 종종 조상의 영혼뿐만 아니라 초자연적인 신령들을 나타낸다.[41]

한국에서는 영혼가면이 발견되지 않는다.

## 7) 전쟁가면

전쟁가면은 악의에 찬 표정이거나 적에게 두려움을 줄 만큼 무시무시하고 이상한 얼굴이다. 고대 그리스인들과 로마인들은 기괴한 가면이 부착된 전투용 방패를 사용했고, 그들의 갑옷과 투구에도 무서운 가면을 부착했다. 가면 투구는 일본의 무사들에 의해 사용되었다.[42]

중국에서는 『구당서(舊唐書)』에 대면(代面, 大面)이라는 전쟁가면이 소개되어 있다. 이는 북제(北齊, 550-577) 때 난릉왕(蘭陵王) 장공(長恭)이라는 사람이 무술은 뛰어났으나, 얼굴이 여자처럼 예쁘장했기 때문에 전투에 나갈 때는 항상 가면을 썼던 데서 유래한다. 대면은 난릉왕이 적진에 돌격해 적을 용감하게 무찌르는 모습을 무용화한 검무로서, 전투용 가면을 착용했던 것이다.

일본에도 전쟁가면이 있었음은 다음 기록에서 살펴볼 수 있다.

> 『설부(說部)』에 "북제의 난릉왕 장공은 담력이 있으면서도 생김이 여자와 같아서 적에게 위엄을 보이지 못했다. 이에 나무를 새겨 가면을 만들어 쓰고 싸움에 나갔다. 이것을 놀이로 만들어 대면 또는 귀검이라 했다"라는 기록이 있다. 지금 중국이나 우리나라 배우들은 이것을 연희의 도구로 사용한다. 그러나 왜인은 싸울 때마다 선봉이 되면 가면을 쓰고 적을 겁나게 한다. 대체로 여기에 근본한 것이다.[43]

인용문은 북제의 난릉왕이 전투에서 가면을 착용한 사실을 거론하면서, 일본의 무사들도 전쟁에서 가면을 착용했음을 밝히고 있다. 실제로 임진왜란 때 왜군들의 선봉이 가면을 착용했었다.

뉴기니 남서안의 아스마트(Asmat) 파푸아족의 전쟁가면은 원래 장례의식에서 사용되어 죽은 사람의 영혼을 상징했는데, 장례식이 끝난 후 남자들의 집에 보관되다가 전쟁시에 적을 협박할 목적으로만 꺼내 썼다. 서아프리카의 코노(Kono)족

전사들은 점을 쳐서 그들의 가면을 진단해 보고 나서야 전쟁에 나갈 수 있었다.[44]

북아메리카 북서안의 틀링깃(Tlingit)족 인디언들은 전투에서 목제, 석제, 동제의 무기들로부터 머리를 보호하기 위해 헬멧 모양의 목제가면을 착용했다.[45]

한국에는 가면과 유사한 목우사자가 전쟁에서 사용된 예가 발견된다. 『삼국사기』 「신라본기」 제4의 '지증마립간(智證麻立干)' 조에 의하면, 지증왕 13년(512) 6월에 이사부(異斯夫)가 우산국(于山國), 즉 현재의 울릉도를 정벌할 때 나무로 만든 사자를 이용해 상대방을 위협함으로써 적을 굴복시켰다는 것이다. 이는 사자춤을 출 때 뒤집어쓰는 사자가면은 아니지만, 사자 모습으로 가장해 상대편을 위협했다는 점이 주목된다. 나무로 사자를 만들었다면 반드시 사자의 얼굴을 표현했을 것이므로, 이것이 전쟁가면과 유사한 성격을 띠고 있었음을 알 수 있다.

## 8) 장례가면

장례용 가면은 악령으로부터 죽은 사람을 보호하는 기능, 죽은 사람의 영혼이 저승에서 끊임없이 방황하지 않게 하기 위해 본래의 모습이 파괴되는 것을 막는 기능, 그리고 장례시에 죽은 사람을 재현하는 기능 등 몇 가지 다른 기능을 갖고 있다.[46]

고대 이집트에서는 기원전 2000년경부터 귀족들 미라의 얼굴에 가면을 씌웠다. 이 가면들은 두꺼운 종이나 회반죽을 굳힌 천으로 만들어졌다. 기원전 1850-1200년 사이의 신왕국 시기에는 황금으로 만든 가면도 사용되었다. 기원전 14세기경의 이집트 왕인 투탕카멘(Tutankhamen)의 능묘가 1922년 발굴되었는데, 금과 칠보로 장식한 가면을 착용하고 있었다. 이집트인들은 저승에서도 이승에서와 같은 생활을 영위하며, 시체를 원형대로 보존하면 영혼이 돌아와 부활할 수 있다고 믿었다. 그래서 생전의 얼굴을 가면으로 만들어 돌아온 영혼이 자신의 육체를 찾을 수 있도록 했던 것이다. 미케네 문명의 유적에서도 이와 같은 황금가면이 발견되었고, 남아메리카 잉카(Inca)족의 미라는 보석으로 장식한 황금가면을 착용하고 있었다. 캄보디아와 태국에서도 죽은 왕의 얼굴에는 황금가면을 씌우는 것이 관례였다. 죽은 사람의 시체를 방부 처리한 후 가면이나 점토 등을 씌워 두개골이나 머리 전체를 보존하는 방식은 뉴기니, 뉴아일랜드, 뉴헤브리디스 제도, 오스트레

일리아, 뉴브리튼, 뉴질랜드, 남태평양 동부의 마르케사스 제도 등에서 행해졌다. 죽은 사람의 얼굴을 가면으로 가려 매장하는 관습은 매우 널리 보급되어 있는데, 이것은 사자숭배와 밀접한 관계가 있다.[47]

고대 아시아인의 거주지인 시베리아 대륙 중앙부의 예니세이강 유역의 지방에서는 죽은 사람을 매장하기 전에 앞서 춤꾼이 장례용 가면을 쓰고 춤을 춘 후 죽은 사람과 함께 가면을 묻었다. 아프리카 가봉의 바코타(Bakota)족은 죽은 사람의 유해를 싼 자루 위에 매우 양식화된 인간의 가면을 고정시켰다.[48]

뉴기니 남서안의 아스마트 파푸아족의 '지페(Jipae)'라고 불리는 장례의식은 마을 주변을 배회할 가능성이 있는 죽은 자의 영혼을 마을에서 내쫓아 버리는 것을 목적으로 하고 있다. 죽은 사람의 영혼은 그의 친척 중 한 사람이 쓴 가면으로 상징된다. 가면을 쓴 사람은 밤새도록 춤을 추는데, 태양이 동쪽 하늘에 떠오를 무렵 마을 남자들이 가면을 쓴 춤꾼을 습격해서 쫓아 버린다. 이 가면은 지페의식을 위해서 단 한번만 사용하는데, 남자들의 집에 보관했다가 전쟁시에 적을 위협할 목적으로만 꺼냈다.[49]

아프리카에서도 흔히 장례의식에서 가면이 사용된다. 나이지리아의 이보어를 말하는 지역의 가면극인 몬우는 장례식과 입사식에서 연행된다. 사람이 죽었을 때 몬우, 즉 가면을 착용한 사람의 첫 행위는 자신의 왼발로 죽은 사람의 왼발을, 자신의 오른발로 죽은 사람의 오른발을 걸어차는 것이다. 이런 행위가 죽은 사람이 망자들의 땅으로 나아가는 중에 넘어지지 않도록 보장한다고 생각했다. 그리고 몬우는 죽은 사람을 위해 추도사를 한다. 매장 후에는 가면극을 연행한다.[50]

말라위의 굴레 왐쿠루 가면극도 장례식과 입사식 등에서 연행된다. 우선 사람이 죽으면 가면을 쓴 메신저 칸귄귀(Kan'gwin'gwi)가 이웃마을에 고인의 죽음을 알리고, 다음날 장례식이 있음을 전한다. 장례식에서는 카시야마리로(Kasiya-maliro) 가면이 선도적으로 의식적 역할을 수행한다. 카시야마리로는 장례식용 불이 타고 있는 밤 동안에 죽은 사람의 몸을 떠나고 있는 영혼을 잡는다고 한다. 사망 후의 첫날밤에 카시야마리로는 상가집에 와서 집을 세 바퀴 돈다. 사람들은 카시야마리로가 죽은 사람의 영혼을 되찾기 위해 그 마을로 돌아왔다고 믿는다.[51]

발리의 가면극 '토펭(Topeng)'은 장례식과 결혼식에서 연행된다.

중국에서는 원래 나례에서 역귀를 쫓는 데 사용되던 방상시가면이 후대에는 장

9. 강원도 통천군수 최씨의 장례행렬과 방상시. 방상시는 원래 나례에서 사용되던 벽사가면이지만, 장례행렬의 선두에서 악귀를 쫓는 역할을 하는 장례가면으로도 사용되었다.

례행렬의 앞에서 귀신을 쫓고 길을 열기도 했으며, 무덤을 팔 때 창으로 무덤 안의 네 모퉁이를 쳐서 방량(方良)을 몰아냈다. 방상시는 곰가죽을 뒤집어쓰고 머리에는 황금사목의 가면을 썼다.

한국에서도 고려시대의 나례에 방상시가 등장했으며, 오래 전부터 장례의식에 사용되었다. 1930년대까지도 방상시가 장례행렬의 선두에서 악귀를 쫓는 역할을 했다.(도판 9)

## 9) 입사가면

입사가면(入社假面)은 입사식, 즉 성인식에서 사용된 가면을 말한다. 입사식에서는 주로 젊은이들에게 입사의식을 집행하는 사람이 가면을 착용했다. 그러나 일부 지역에서는 입사식을 마친 젊은이가 성인으로서 그의 새로운 역할을 나타내는 가면을 쓰는 경우도 있다.

이미 고대 그리스의 펠로폰네소스 반도에서는 젊은이들의 입사식에서 입사식을 집행하는 사람이 나무로 만든 가면을 착용했다.[52]

아프리카에서는 입사식에서 집행자가 가면을 착용하는 경우가 많다. 입사식에서 입사자들을 교육하는 사람이나 할례를 집행하는 사람은 가면을 착용한다. 나이지리아 요루바족의 에군군, 아픽포(Afikpo)족의 오쿰크파(Okumkpa), 이보족의 몬우, 말리 바마나(Bamana)족의 티 와라(Tyi Wara) 등은 조상숭배와 관련이 있으면서 장례식과 입사식 등에서 연행되는 가면극이다. 잠비아와 말라위 체와족의 니아우(Nyau)는 입사식과 장례식에서 연행된다. 말리의 도(Do), 잠비아 므분다족의 마키시 등의 가면극은 입사식에서 연행된다.

잠비아 므분다족의 가면극인 마키시는 원래 대부분의 서아프리카 종족들과 마찬가지로 입사식과 장례식에서 연행되었다. 므분다족은 원래 루앙진가와 켐보강 그리고 차켕가와 켐보강 사이의 지역에 살았다. 18세기말까지, 므분다족은 오직 할례의식에서만 마키시라는 가면춤을 추었다. 므분다족이 잠비아에 도착했을 때, 마키시는 그들을 이웃들과 명백히 구별하게 했던 문화적 요소였다. 므분다의 남성사회는 할례를 치르지 않은 사람들과 할례를 치른 사람들의 두 집단으로 나뉜다. 오직 후자만이 마키시를 만들고 춤춘다. 스물두 명으로 구성된 마키시(가면 및 춤꾼)의 목적은 입사식 동안 조상의 므분다 사회를 묘사하는 것이다. 각각의 가면은 다른 인물을 묘사한다. 리냠파(Linyampa)라고 불리는 추장과 느둠바 야 무누(Ndumba Ya Munu)라고 불리는 신령이 있다. 할례의식 동안 등장하는 첫번째 두 가면은 카젠젤라(Kajenjela)와 카루웨(Kaluwe)이다. 소년들이 할례를 받을 때, 이 두 가면은 그들의 어머니들이 멀리 떨어져 있도록 지키는 것을 돕는다. 소년들의 상처를 치료하는 일에 주의를 기울이는 딤바(Thimba) 의식에서, 그리고 입회자들이 그들의 첫 목욕을 위해 강으로 갈 때, 이 두 가면은 여자들이 근처에 있는지를 살핀다. 카젠젤라와 카루웨를 포함해 가면들은 전통적으로 입회자들이 치료받는 때와 그들이 집으로 되돌아가는 때 사이에 베풀어지는 조직된 춤들에서 나타난다. 입사식을 치르지 않은 사람들은, 가면들이 무덤으로부터 연행하기 위해 왔다고, 그리고 중요한 가면들은 조상이라고 간주한다. 소년에서 성인이 되는 과정은 문화적으로는 가면춤 마키시에 의해, 신체적으로는 할례에 의해 구분된다. 마키시의 목적은 이중적이다. 그것은 입사식을 치르는 젊은이들에게 조상들의 관습의 중요성을 설명하고, 조상들을 존경하도록 가르친다.[53]

시에라리온의 템네 지방에서도 일 년에 한 번씩 입사식인 라바이(Rabai)를 거행하는데, 여섯 살부터 스물두 살 사이의 소년들이 할례의 대상이 된다. 아우베티엘리(Aubethiyeli)가 할례를 집행하는데, 그는 때때로 가면을 쓴다. 이 가면은 자비심 많은 남자 영혼으로 여겨진다. 또한 입사식에는 가면을 쓴 메신저가 있다. 그리고 마을에서 음식과 물건을 구해 오거나, 입사식에 참가한 소년들에게 특별한 동료로서, 사회적 관습의 교사로서의 역할을 하는 카툼라(Katumla) 가면도 있다. 이 외에도 여러 가면이 등장하는데, 대부분 입사식과 관련된 일정한 기능을 수행한다.[54]

서부와 중앙 자이레에서 펜데족의 젊은이들은 길고 힘든 입사식이 끝난 후 성인으로서 그의 새로운 역할을 나타내는 화려한 가면을 쓰고 모습을 드러낸다. 후에 이 가면을 버리고 작은 상아 복제물로 대치하는데, 이는 불운에 대한 부적이며 성인의 상징이다.[55]

인도네시아의 대표적 가면극인 와양(Wayang) 토펭은 원래 자바섬의 무속적 장례의식과 입사식으로부터 발전했다고 한다.[56]

한국에서는 입사가면이 발견되지 않는다.

## 10) 수렵가면

원시시대에 원시인들은 사냥에서 위장의 수단으로 가면을 사용했던 것으로 나타나 있다. 원시인들은 짐승의 소리를 흉내내거나 사냥하려는 동물의 가죽을 뒤집어쓰고 동물들에게 접근했다. 이러한 수렵방식은 오늘날에도 남아프리카의 부시먼(Bushman)족 등의 미개사회에서 여전히 사용되고 있다.

유럽에서는 기원전 30000년 이전의 후기구석기시대 동굴벽화에 가면을 쓴 춤꾼이 짐승을 사냥하는 장면이 그려져 있다.

수렵가면은 여진족과 만주족 사이에서도 널리 사용되었다. 『만주원류고(滿洲源流考)』에 "사슴 소리를 내어 사슴을 유인해 잡는 방법을 살펴보건대, 불어서 사슴 소리를 흉내낼 수 있는 나무로 된 도구를 만들고, 또한 사슴의 가면을 만들어 머리에 쓰고서 사슴이 알아차리지 못하게 하는데, 사냥에 정통한 사람만이 할 수 있다"[57]는 내용에서 사슴 사냥에 사슴가면이 사용되었음을 알 수 있다.

한편 북아메리카의 만단(Mandan)족 인디언들은 들소를 사냥하러 나가기 전에 실제 들소의 가죽과 머리를 벗긴 것을 뒤집어쓰고, 원형을 이루며 껑충껑충 뛰어 다니면서 노래불렀다. 그리고 서로 총을 쏘고 가죽을 벗겼다.[58] 이는 들소를 잘 사 냥하기 위해 거행한 가면춤으로서 일종의 유감주술(類感呪術)이다.

한국에서는 수렵가면이 발견되지 않는다.

## 11) 토템 가면

토템은 원시인들이 자기 부족이나 씨족과 특별한 혈연관계에 있다고 믿고 신성하 게 여겼던 자연물인데, 이 자연물을 집단의 상징으로 삼고 그와 관련된 금기(禁 忌)를 통해 사회적 규제를 설정했던 것이 토테미즘이다. 토템을 숭상하는 집단은 오래 전 자신들의 조상이 그 토템과 어떻게 결합되었는지에 관한 신화를 갖고 있 으며, 그 내용을 종교의식에서 거행했는데, 이때 가면이 중요한 역할을 했다. 한 편 고위 사제자, 주술사, 무당은 종종 그 자신의 매우 강력한 토템을 가지고 있었 다. 이들은 그 토템 가면을 쓰고 악령을 쫓아낼 수 있었고, 적들을 응징할 수 있었 으며, 사냥감과 물고기의 위치를 찾아내는가 하면, 질병을 치료할 수도 있었다.[59]

중국, 한국, 일본의 고대 나례와 장례식에서 사용된 방상시는 곰가죽을 뒤집어 쓰고 머리에는 황금사목의 가면을 썼다. 그런데 중국의 나례에서 방상시가면을 사용하게 된 것은 황제씨(黃帝氏)족의 곰 토템 숭배에서 기원하며, 나례는 원래 곰씨족의 토템 춤이었던 것이 후대에 벽사의식으로 변한 것이라는 학설이 유력하 다.[60]

티베트의 아리일토현(阿裏日土縣)의 옛 절벽에는 대량의 동물 토템과 가면을 쓴 춤꾼이 보인다. 기원후 7세기 상반기 무렵 송찬간포(鬆贊幹布)의 집정시에는 토번이 문자와 법률을 제정한 후 성대한 경축의식을 열어, 함께 가면을 쓰고 분장 한 사자, 호랑이, 소, 표범의 춤을 연행했다.[61]

일본에서는 고대부터 사슴을 토템으로 했기 때문에 사슴가면을 쓰고 춤추는 시 시오도리, 즉 사슴춤이 전국적으로 전승되고 있다. 『만요슈(萬葉集)』에서 사슴이 나 멧돼지의 분장을 하고 추는 춤에 대한 노래를 찾아볼 수가 있으므로, 사슴춤이 고대부터 연행된 사실을 확인할 수 있다. 현재 전승되고 있는 시시오도리의 가사 를 보면 오곡풍요기원(五穀豐饒祈願), 신축(新築), 혼례(婚禮) 혹은 공양(供養)

등에서 이 춤을 춘 것을 알 수 있다. 일본어로는 사슴이나 사자를 모두 '시시(しし)'라고 하기 때문에, 사슴춤인 시시오도리가 후대에는 사자춤으로도 간주되었다. 그래서 일본의 사자놀이 가운데 가면과 몸체 속에 한 사람이 들어가는 것(一人立)은 사슴인 경우가 많은데, 이때 배에 태고(太鼓)나 갈고(羯鼓)를 차고 이것을 치면서 여러 마리의 사슴이 춤을 춘다.

브리티시컬럼비아 인디언인 콰키우틀(Kwakiutl)족의 가면은 조상의 토템과 동일시된다. 이들의 조상은 하늘로부터 강림했거나 지하세계나 바다로부터 솟아 올라왔는데, 이 조상들은 인간의 모습을 취하기 위해 가면을 썼다. 이 가면들 중에는 식인새가면, 천둥새가면, 가마우지가면, 쌍두뱀가면, 뱀에게 휘감겨 있는 인간가면 등이 있는데, 이 가면에는 두 개의 문이 회전해 양쪽 날개와 같이 좌우로 열면 가운데에서 인간의 얼굴이 나타나는 장치로 되어 있다.[62]

뉴기니섬의 파푸아족은 헤베헤(Hevehe)라고 불리는 거대한 목제 토템 가면을 세웠는데, 이는 크게 색칠한 눈들과 무서운 모습을 가졌다. 멜라네시아 파푸아만 지방의 오로콜로(Orokolo)족과 그 인접 부족들은 에하로(Eharo)라고 부르는 가면을 토템 춤에 사용한다. 에하로 가면은 물고기, 새, 파충류, 곤충, 개, 수목, 버섯 등을 상징하고 있다. 북아메리카 북서안의 인디언은 독수리, 큰까마귀, 곰, 늑대 등의 토템을 갖고 있다. 이들은 각 신화적 동물을 나무기둥에 조각하고 색칠한 후에 마을이나 집 앞에 세운다.[63]

아프리카의 토템 가면은 주로 나무로 만들며, 가늘고 긴 그리고 훌륭한 모양의 얼굴을 가진 사슴, 영양, 고릴라, 코끼리, 표범이 일반적이다. 나이지리아 요루바족의 전통적 유랑극단의 가면극 알라린조(Alarinjo)는 제의적 춤과 사회적 춤이 있었다. 제의적 춤에는 신화적 인물의 가면과 토템 신앙의 동물가면이 등장했는데, 토템 가면은 코끼리, 사자, 표범, 뱀, 원숭이, 악어 등이었다. 사회문제를 다루는 가면극이 희극적이었던 반면, 토템의 가면극들은 비극적이었다.[64]

한국에서는 토템 가면이 발견되지 않는다.

## 12) 기우가면

기우가면(祈雨假面)은 가뭄에 비를 기원하는 제의에서 사용된 가면을 가리킨다. 기우제는 세계적인 보편성을 갖고 있는 제의인데, 종족에 따라서는 이때 가면을 사용했다.

북아메리카 남서부의 푸에블로(Pueblo)족의 일파인 호피족에게는 헬멧 모양의 기우가면이 있다. 헬멧 위에는 비, 천둥, 구름, 번개와, 성장하는 옥수수를 묘사하기 위해 물감으로 문양을 그리고 여러 장식물을 붙여 놓았다. 그것은 충적(沖積)의 황무지를 비옥하게 하기 위해 거행되는 의식들에서 효능이 있다. 호피족의 죽은 자들은 카치나(Kachina)라고 불리는 신령들이 될 때 비를 내리게 하는 신령들을 조정한다. 죽어서 신격화한 조상인 카치나들은 원래 동지부터 하지까지 호피족과 함께 살기 위해 내려왔다. 그러나 그들이 더 이상 그렇게 할 수 없게 되었을 때, 그들은 사람들에게 그들의 영혼이 들어갈 수 있는 가면을 만드는 방법을 가르쳤다. 이 가면들은 '카치나들의 귀환'이라 불리는 12월말의 의식에서 처음 씌워지고, 6월말에 카치나들의 떠남과 함께 치워진다.[65]

캄보디아의 가면극에서는 하늘의 신령들에게 비와 풍요를 기원하기 위해, 그리고 다른 제의적 목적들을 위해 춤을 연행했는데, 이 춤 가운데는 가면춤도 있었다.[66]

멕시코에서는 기우의 제의가 아니라 오히려 우기에 앞서 비의 조절을 기원하는 제의에서 비의 신인 아메리카 표범에게 희생제물을 바쳤다. 고대 멕시코에서 아메리카 표범은 대지, 비, 풍요의 상징이었고, 비의 신으로 간주되었다. 콜럼버스가 아메리카 대륙을 발견하기 이전의 제의에서는 칸테펙(Cantepec)이라 불리는 동굴에서 아메리카 표범으로 가장한 춤꾼들이, 전사(戰士)의 복장을 한 희생제물로서의 춤꾼과 싸우는 동작을 모의적으로 행했다. 이어서 닭들을 실제 희생제물로 바쳤다. 이는 우기가 오는 시기에 제의를 거행함으로써 우순풍조를 기원하고 풍요를 기약하려는 의도였던 것으로 해석된다. 아메리카 표범춤은 현재도 멕시코에서 전승되고 있는데, 원래의 제의적 맥락은 잃어버리고 수호성인의 축제 등에서 연행되며, 명칭도 호랑이춤으로 바뀐 것이 그 동안의 변화다.[67]

한국은 농경사회였기 때문에 고대부터 기우제를 거행한 듯하고, 『고려사』『조선왕조실록』 등에 무당들이 기우제를 지낸 기록이 보인다. 그러나 실제로 기우제에서 가면을 쓰고 제의를 거행한 경우는 발견되지 않는다. 다만 후대에 통영오광대와 양주별산대놀이 같은 가면극은 기우제를 지낼 때 참가해 연행했다.

## 13) 예능가면

예능가면은 무용과 연극 등에서 사용되는 가면을 의미한다. 예능가면은 세계적인 분포를 보인다. 세계 여러 나라의 예능가면은 너무 많아서 일일이 다 열거할 수 없을 정도다. 그러므로 세계의 예능가면 가운데 몇 나라의 대표적인 경우만 살펴보기로 한다.

  우선 동아시아에는 한국의 가면극 이외에 중국의 나희, 일본의 노오, 티베트의 장희(藏戱) 등이 있다. 동아시아는 중국의 문화가 지배적인 영향을 끼친 지역이다. 그래서 중국, 한국, 일본 등 동아시아 국가들의 가면극은 매우 유사한 발전과정을 보인다. 모두 나례라는 구나의식에서 연행되던 산악 계통의 놀이가 전문적인 놀이꾼에 의해 발전해 각기 자국의 대표적인 가면극으로 성립되었다. 티베트는 동아시아에 속할 수 있는 나라이지만, 중국, 한국, 일본 등 다른 동아시아 국가들과는 다른 독자적인 문화를 형성해 왔다.

  중국에서는 한국의 가면극과 같은 형식의 가면극을 나희라고 부른다. 중국의 나희는 지역에 따라 나당희(儺堂戱), 지희(地戱), 관색희(關索戱), 제양희(提陽戱), 사공희(師公戱), 동자희(僮子戱), 변인희(變人戱), 선고잡희(扇鼓雜戱) 등 다른 명칭을 갖고 있다. 나희의 주요 배역은 모두 가면을 쓴다.[68] 나희는 원래 나례에서 기원했기 때문에 생긴 명칭이다.[69] 특히 귀주성(貴州省)은 나희를 가장 많이 보유하고 있다. 귀주의 한족, 묘족, 포의족, 동족, 토가족, 이족, 요족, 홀로족 등 여덟 개 민족들이 모두 나희를 전승하고 있는데, 성(省) 전체 대부분의 주현(州縣)을 포괄한다. 현재 나희를 공연하는 시기와 장소에는 엄격한 규정이 있다. 춘절(春節, 음력 1월 1일) 전후 및 특정한 명절(중양절이나 중원절)이나, 신불에게 발원했던 일이 이루어져 감사의 예참(禮參)을 하는 충나환원(沖儺還愿)이나, 장례를 치르는 상가(喪家)의 초청에 응해 상연한다.[70]

  일본의 대표적 가면극은 노오이다. 일본의 노오는 나라시대(奈良時代, 710-

784)에 중국과 한국에서 들어온 산악이 발전해 가마쿠라시대(鎌倉時代, 1192-1333)에 성립되었다는 학설이 유력하다. 일본에서는 산악을 사루가쿠(猿樂)라고 불렀다. 산악이 일본에 처음 들어왔을 때는 궁중에 산악을 담당하는 관리를 두어 보호, 육성했으나, 이것이 폐지되자 그 놀이꾼들은 민간에서 산악을 공연하게 되었다. 산악의 내용은 골계적인 흉내내기와 솟대타기, 줄타기, 무동, 죽방울받기 등의 곡예, 요술 등 크게 세 종류였다. 사루가쿠에서 가면이 매우 중요한 역할을 하게 된 것은 가마쿠라시대에서 남북조시대(南北朝時代, 1336-1392)에 걸친 무렵이다. 이때 가면은 신령(神靈)을 표현하는 것이었다. 가마쿠라시대가 되면 종래 골계를 중심으로 했던 사루가쿠는 골계를 떠나 가무와 흉내내기를 중심으로 하는 노오로 비약했고, 헤이안시대(平安時代, 794-1192)의 원래 사루가쿠는 교겐(狂言)이라는 한층 희극적인 공연물이 되었다. 남북조시대에는 각 지역에 사루가쿠 놀이패가 생겼다. 이 중 야마토사루가쿠(大和猿樂)의 유자키좌(結崎座)에서는 간나미(觀阿彌, 1333-1384)라고 하는 기예가 매우 뛰어난 사람이 중심적인 존재였다. 간나미의 아들 제아미(世阿彌, 1361-1442)는 아버지를 이어 노오를 대성했다. 즉 야마토사루가쿠의 사실적인 흉내에 덴가쿠노오(田樂能)나 오미사루가쿠(近江猿樂)의 정서적인 것, 혹은 구세마이(曲舞)라고 하는 당시 유행하던 가무의 곡절을 받아들여 소위 유현(幽玄)한 흉내라는 새로운 경지를 개척했다. 또한 종래 사루가쿠노오(猿樂能)는 비속(卑俗)의 감흥이 위주였으나, 제아미는 이를 귀천(貴賤) 어느 쪽이나 취향에 맞게 함으로써, 사루가쿠노오를 노오가쿠(能樂)로, 민속예능을 무대예술로 발전시켰다.[71]

티베트에는 장희라고 불리는 가면극이 있다. 티베트 이외에 청해(靑海), 감숙(甘肅), 사천(四川) 등의 성에서도 티베트족(장족)이 거주하는 지역에서는 모두 장희가 전승되고 있다. 각 지역 티베트족의 지리, 역사, 문화, 풍속 등의 차이로 말미암아, 장희의 발전은 지역마다 많은 차이를 보인다. 장희는 여섯 종류로 나뉘는데, 덕격희(德格戲), 백면구희(白面具戲), 남면구희(藍面具戲, 藏劇), 창도희(昌都戲), 안다희(安多戲), 목아희(木雅戲)와 가융희(嘉戎戲)가 그것이다.[72] 이 중에서 백면구희가 가장 오래되었고, 남면구희가 가장 발전된 형태이다. 이 외에 라마교 사원의 '참'도 있는데, 이는 신에게 제사지내고 재앙을 쫓는 종교법회에서 연행되는 가면극이다. 티베트의 장희는 8세기에 생겨난 티베트의 토착적 가면극인 '참'이나 11세기를 전후해 종합예술로 전개되었던 민간의 설창가무(設唱歌舞)가 발전해, 14세기말에서 15세기말까지 살았던 고승 당동걸포(唐東杰布)에 의해 성립되었다는 학설이 유력하다.

　동남아시아의 미얀마, 캄보디아, 인도네시아, 라오스, 말레이시아, 필리핀, 싱가포르, 태국, 베트남은 남아시아와 동아시아 양쪽 모두로부터 종교, 문학, 춤을 받아들였다. 그리고 이것들을 풍부한 토착적인 연행 전통들을 가지고 융합시켰다. 특히 동남아시아의 가면극은 인도의 서사시 「라마야나(Rāmāyana)」와 「마하바라타(Mahābhārata)」를 연극화한 경우가 많고, 여기에서 다른 가면극들이 파생하기도 했다. 태국에는 콘(Khon)과 노라(Nora), 인도네시아에는 토펭과 자우크(Jauk), 캄보디아에는 라콘 콜(Lakon Khol) 등의 가면극이 있다.

　태국의 가면극 가운데 대표적인 것은 콘이다. 그 외에 노라 또는 마노라(Manora)라고 불리는 연극에서도 종종 가면을 착용한다. 콘은 백 명 이상의 배우들, 대규모의 피파드(Pipad) 오케스트라, 서술자들, 코러스를 포함한다. 콘의 내용은 인도의 서사시 「라마야나」에 기초하고 있는데, 서술자의 노래(낭송)에 맞춰 춤꾼들은 무언으로 연기한다. 태국의 콘은 태국이 캄보디아를 공략했을 때인 1431년 무렵 캄보디아의 라콘 콜에서 유래했다는 외래 기원설과, 착 낙 둑 담반(Chak Nak Duek Damban)이라는 군사의식에서 유래했다는 자생적 기원설이 있다.

　인도네시아의 대표적 가면극은 자바와 발리 등지에서 전승되어 온 토펭이다. 이 외에 발리의 가면극인 자우크는 18세기에 생겨났는데, 「라마야나」와 「마하바라타」의 이야기를 연극화한 것이다. 또한 발리에서는 「라마야나」를 연극화한 와양 웡(Wong)도 가면극으로 연행한다. 인도네시아의 토펭은 고대의 무속적 매장의식과 입회식에서의 가면춤으로부터 유래했고, 12세기에 동자바에서 생긴 와양 왕(Wwang)이라는 가면극의 단계를 거쳐 18세기 후반에 성립된 것이라는 학설이 유력하다. 이 과정에서 와양 왕은 처음에는 인도 서사시 「라마야나」와 「마하바라타」를 연극화했으나, 14세기 이후에는 자바의 전설인 판지(Panji) 이야기들을 연극화한 것으로 나타난다.

　남아시아에는 인도의 차아우(Chhau), 스리랑카의 코람(Kolam)과 소카리(Sokari) 등의 가면극이 있다. 인도는 기원전 2000년 무렵 발생해 기원후 10세기 무렵 쇠퇴한 산스크리트 연극을 비롯해 풍부한 연극 유산을 갖고 있는 나라이다. 현재도 인도의 각 지방에는 수많은 민속극이 전승되고 있으며, 두 유명한 서사시인 「라마야나」와 「마하바라타」는 인도를 비롯한 남아시아와 동남아시아의 연극적 주제와 내용의 원천이다. 특히 인도의 연극에는 악마와 신들의, 고대의 민속가면에 뿌리를 둔 화장술(make-up)이 탁월하게 발전해 있고, 또 많은 연극에서 가면보다는 이 화장을 채택하고 있다. 인도의 대표적 가면극은 가면무용극이라고 할 수 있는 차아우가 유명하다. 가면을 착용하는 차아우는 서벵골(West Bengal)주의 서쪽 경계에 있는 푸룰리아 지방의 푸룰리아 차아우(Purulia Chhau), 비하르(Bihar)주의 남부에 있는 세라이켈라 지방의 세라이켈라 차아우(Seraikella Chhau) 등이 있다. 물론 차아우 이외에도 인도 남부의 켈라라(Kerala)주의 팔가트(Palghat)와 트리추르(Trichur) 지방에서 전승되고 있는 쿰마티칼리(Kummatti-kali) 등 많은 가면무용극을 찾아볼 수 있다.

인도의 비하르주와 서벵골주에서는 4월 중순에 '차이트라 파르바(Chaitra Parva)'라는 이름의 축제를 거행한다. 이 축제는 시바(Shiva)와 샤크티(Shakti) 등 여러 신을 숭배하는 제의가 중심을 이루는데, 이때 가면극인 차아우가 연행된다. 그러나 푸룰리아 차아우는 세라이켈라 차아우와는 달리 어떤 종교적 제의의 일부로 연행되는 것이 아니다. 푸룰리아 차아우와 세라이켈라 차아우의 내용과 주제는 「마하바라타」, 「라마야나」, 「푸라나(Parānas)」를 기반으로 한다.[73]

스리랑카의 대표적 가면극은 코람이다. 코람은 가면을 의미한다. 이 외에 소카리라는 무언극에서도 일부 등장인물들이 가면을 착용한다. 코람은 원래 실론섬의 남쪽 해안지대에서 시작해 많은 지역으로 전파되었다. 소카리는 우다 라타(Uda Rata)와 반니야(Vanniya) 지방에서만 전승되어 왔다. 코람은 어떤 의식이나 제의와 관련된 가면극이 아니다. 반면에 소카리는 인간의 사업을 축복하고 재난을 받지 않도록 해주는 목적을 가진 의식을 통해서, 숭배되는 신들 가운데 최고신인 파티니(Pattini)라는 여신에게 바치는 봉헌의 제물로서 연행된다.[74]

아메리카 대륙에서 북미와 중남미는 가면극의 전승양상에서 매우 대조적이다. 북미가 서구인들의 식민지배와 점령을 통해 원주민들의 문화가 일방적인 쇠퇴를 거듭했다면, 중미와 남미는 스페인의 침입과 식민지배에도 불구하고 원주민의 문화를 어느 정도 지킬 수 있었을 뿐만 아니라, 스페인의 문화를 받아들여 그것을 원주민의 문화와 혼합해 향유했다.

　북미 원주민들 중에서도 애리조나 동중부의 화이트 마운틴 아파치(White Mountain Apache)족이나 북서안 지방의 부족들 등에게 가면과 가면춤이 전승되고 있으나, 가면극은 매우 드문 것으로 알려져 있다. 북서안에 사는 인디언들에게 포틀래치(Potlatch) 행사의 일부로 식인자(Hamatsa)의 연극 등 약간의 가면극이 남아 있을 뿐이다. 포틀래치는 미국 북서안 인디언들이 부와 권력의 과시로 행하는 겨울축제의 선물 분배 행사이다. 원래 포틀래치는 가족, 부족 그리고 마을의 상호관계를 굳게 다지기 위한 장치였다. 포틀래치의 중심은 의상과 가면들을 화려하게 전시하는 연극적인 행사들이다.

　중미와 남미에는 많은 가면춤과 가면극이 현재도 활발하게 전승되고 있다. 특히 멕시코, 과테말라, 볼리비아 등지에서는 여러 축제들이 벌어질 때 많은 가면춤 단체들이 참가한다.[75] 멕시코의 가면극에는 호랑이춤, 무어인들과 기독교인들의 춤, 정복의 춤 등이 있다. 그리고 이들에서 파생된 다양한 가면을 쓴 춤꾼들이 여러 축제에서 모습을 나타낸다. 호랑이춤은 대표적인 토착적 가면극이다. 무어인들과 기독교인들의 춤은 대표적인 외래 기원의 가면극이다. 정복의 춤은 무어인들과 기독교인들의 춤에서 발전한 것이다.

　호랑이춤에 실제로 등장하는 동물은 호랑이가 아니라 아메리카 표범이다. 멕시코에서 대지, 비, 풍요의 상징인 아메리카 표범은 스페인의 정복과 함께 멸종하지는 않았으나, 아이러니컬하게도 오늘날의 축제에서 매년 죽기를 반복한다. 그리고 그것을 통해서 중앙아메리카의 토착적인 민속신앙이 계속 존재한다. 학자들은 대부분의 호랑이춤이 스페인의 정복 이전부터 존재했고, 그것이 현재까지 살아남았다는 데 의견이 일치한다.[76]

　무어인과 기독교인들의 춤은 수호성인의 성일(聖日)과 축제에서 연행되었다. 이 가면극은 스페인이 중앙아메리카를 정복한 후에 멕시코와 중앙아메리카의 다른 지역들에 그대로 온전히 이식되었다. 이 춤은 이베리아 반도의 지배를 위한 이슬람교도 무어인들과 기독교도 스페인 사람들의 수세기에 걸친 오랜 투쟁에 대한 관습적 재연(再演)으로서 중세기 동안 스페인에서 발전되었다. 스페인의 기독교 전사들이 이슬람교도 무어인들이 차지하고 있던 이베리아 반도에 대한 재정복을 완성한 것은, 스페인이 멕시코를 정복하기 시작했던 때와 같은 시기인 1492년이었다. 그런데 이 춤은 원주민들을 새로운 종교의 힘으로 교육하기 위해 꼭 알맞은 장치였다. 코르테스(Cortes)가 멕시코에 상륙하고 불과 이십 년 후인 1539년까지, 이 춤은 모든 원주민 그룹들에 의해 능숙하게 공연되고 있었다. 곧 이 춤은 식민지의 상황에 적합해졌고, 지방적 상황에 맞는 변화들도 나타났다.[77]

아프리카의 여러 나라에는 많은 가면춤과 가면극들이 전승되고 있다. 이 중 나이지리아 요루바족의 에군군, 아픽포족의 오쿰크파, 이보족의 몬우, 말리 바마나족의 티 와라 등은 조상숭배와 관련이 있으면서 장례식과 입사식 등에서 연행된다. 말리 도곤족의 다마(Dama)는 장례식과 기념식, 잠비아와 말라위 체와족의 니아우는 입회식과 장례식에서 연행된다. 말리의 도, 잠비아 므분다족의 마키시 등은 입회식에서 연행된다. 맘미와타는 성행위, 풍요와 관련된 물의 여신과 관계있는 가면극인데, 아프리카의 여러 나라에 널리 퍼져 있다. 이 외에도 아프리카에는 요루바족의 제레드(Gelede), 안낭(Annang)족의 에콩(Ekong), 티브(Tiv)족의 콰힐(Kwag-hir), 시에라리온의 오데레이(Ode-lay) 등 수많은 가면극이 있다. 이 가운데 나이지리아 요루바족의 에군군과 이보족의 몬우, 말라위 체와족의 니아우 의식에서 연행되는 굴레 왐쿠루가 유명하다.

나이지리아 요루바족에게는 조상숭배 제의인 에군군에서 연행되던 에군군 가면극이 있었다. 에군군은 누페(Nupe)족 또는 보르구(Borgu)족에서 유래했다는 학설이 지배적이다. 14세기에 에군군 가면극에서 궁정가면극이 형성되었고, 이것이 후대에 알라린조라는 전문적인 유랑극단의 가면극으로 발전했다.[78]

나이지리아의 이보어를 말하는 지역에서는 가면극들이 일반적으로 눈에 보이는 형태의 영혼이나 단순히 신령을 의미하는 몬우 또는 무(Mmuo)라고 불린다. 이보어를 말하는 지역에서 가면극은 거의 모든 마을에 광범위하게 분포되어 있다. 가면극에서 가면을 쓴 인물은 살아 있는 사람들 사이에 새롭고 일시적인 모습으로 나타나는, 공동체의 죽은 사람의 영혼으로 간주된다. 영국의 식민지시대에 영국 출신 학자들은 몬우의 기원에 대해 몬우가 이가라족, 칼라바리족, 에코이족으로부터 전래한 것이라는 데 의견이 일치했다. 그러나 후에 나이지리아 출신 학자들은 아우카 올루 고지대의 이보족 정착 지역인 느리(Nri)의 독립적이고 자생적인 문화적 전통에 주목하고, 가장 일반적이고 널리 퍼져 있으며 이상적이고 전형적인 몬우가 바로 느리 지역 내에서 활발하게 전승된다는 점을 들어, 느리의 몬

우가 다른 지역으로 전파되었다고 주장한다.[79]

말라위의 체와족에서 가면을 만들고, 가면극을 연행하고 마을 공동체를 위해 가면행사들을 조직하는 사람들은 니아우 사회에 입회한 구성원들이다. 니아우에서 가면들 그 자체는 영혼들, 특히 죽은 사람들 그리고 조상들의 영혼들이라고 설명된다. 니아우 의식에서는 굴레 왐쿠루라는 가면극이 연행된다. 굴레 왐쿠루는 입사식, 장례식, 장례기념일, 새로 선출된 추장을 위해 뱔로(Bwalo)라는 제의공간을 새로 개설하는 축전 등 공동체 생활 제의행사들의 일부다. 굴레 왐쿠루는 체와족이 자이레의 루바 지역에서 말라위의 중부 지방까지 이주해 오는 과정에 함께 따라온 것이다. 원래 굴레 왐쿠루는 니아우 의식이 구석기시대의 기우사당 숭배에서 분리되면서 발생했다고 한다.[80]

유럽에서는 이미 고대 그리스의 비극에서부터 가면을 사용했다. 기원전 1세기경 이탈리아에는 아텔라나(Atellana)라는 해학적인 즉흥가면소극(卽興假面笑劇)이 있었고, 16세기 중반 이탈리아에서 성립된 이후 이탈리아는 물론 유럽의 각 도시를 순회하며 공연했던 콤메디아 델라르테(Commedia dell'Arte)도 가면극이었다. 콤메디아 델라르테는 17세기가 되기 전에 전 유럽에 널리 퍼졌고, 18세기말까지 유럽의 대표적인 오락의 하나로 자리잡았다. 유럽 대륙의 가면극은 16세기 튜더 왕조 때 영국으로 전래되었고, 왕 앞에서 연행되는 궁정연행물로 발전했다. 엘리자베스 1세의 재위시 가면극은 궁전에서 연행되었을 뿐만 아니라, 여왕이 여름에 영국 각지를 순회하며 여행할 때도 여왕에게 헌정하는 뜻으로 연행되었다. 스튜어트 왕조 때 벤 존슨(Ben Jonson)이 궁정시인으로 일하면서 영국의 가면극은 절정에 달했다. 존슨은 가면극 형식에 문학적 사회적 영향력을 가미했다. 무대미술가인 이니고 존스(Inigo Jones)는 1605년부터 1634년까지 존슨과 함께 일하면서 우수한 가면극들을 많이 만들었다. 이와 같이 유럽에서도 고대부터 가면극이 성립되어 중세까지 활발하게 연행되었으나, 근세 이후 점차 쇠퇴했다.

한국의 예능가면은 무용가면으로서 처용가면, 연극가면으로서 여러 가면극의 가면 등을 들 수 있다.

처용가면은 원래 나례에서 사용되던 벽사가면이지만, 이것이 조선 전기 성현(成俔, 1439-1504)의 『악학궤범(樂學軌範)』(1493)에 소개된 '학연화대처용무합설(鶴蓮花臺處容舞合設)' 조에 드러나 있듯이, 무용가면의 성격도 띠고 있었다.

현재는 처용무가 벽사의 성격을 잃고 순수한 전통무용으로 전승되고 있기 때문에, 이제 처용가면은 온전히 무용가면으로만 연행된다.

 현존하는 양주별산대놀이, 송파산대놀이, 봉산탈춤, 강령탈춤, 은율탈춤, 통영오광대, 고성오광대, 동래야류, 수영야류, 북청사자놀음, 하회별신굿탈놀이, 강릉관노가면극, 남사당패의 덧뵈기, 예천청단놀음, 자인팔광대놀이 등은 연극적인 가면극이므로, 여기에 사용되는 가면은 모두 예능가면에 속한다.

## 2. 가면극에 등장하는 가면의 특징

한국, 중국, 일본의 가면을 비교해 보면, 한국 가면극의 가면은 중국 나희의 가면보다는 일본 노오의 가면과 유사하다.

 한국 가면극의 가면은 서민 배역이나 양반 배역 모두 가면 자체에 모자를 표현하지 않는다. 모자가 필요한 배역은 별도의 모자를 쓴다. 가면은 이마 부분까지만 있다. 일부 머리카락을 표현하는 경우에도 간단한 선으로 나타내는 정도다. 그래서 인물의 성격과 특징을 안면(顔面)의 변화로 나타낸다. 예를 들어, 봉산탈춤의 귀면(鬼面)인 팔먹중가면을 보면, 오로지 안면의 표정으로 무서운 모습을 연출하고 있다. 이는 일본 노오의 가면도 마찬가지다.

 그러나 중국의 가면은 이족(彝族)의 변인희(變人戱) 등 극히 일부를 제외하면, 대부분 머리와 얼굴 부분을 모두 이용해 인물의 성격과 특징을 표현한다. 가면 자체에 머리 부분의 모자나 왕관을 장식하고 있다. 일반 서민의 경우에는 모자로, 무장(武將)은 왕관 등으로 장식하지만, 여러 신의 경우는 뿔, 신수(神獸), 신조(神鳥), 괴수(怪獸), 선조신(先祖神) 등으로 장식한다. 즉 이 신들이 머리 부분에 머물며, 가면에 무시무시한 박력과 기괴감을 자아낸다. 그래서 귀면을 표현하더라도 머리 부분과 안면의 양쪽을 모두 이용해 무시무시한 모습을 연출하고 있다.[81]

 한국의 가면은 대부분 탈보(헝겊)와 노끈을 가면 뒤쪽에 붙여 놓았다. 그래서 놀이꾼은 탈보와 노끈으로 가면을 자기 머리에 쉽게 쓸 수 있고, 머리 뒤쪽을 가릴 수 있다.

 한국 가면극의 가면은 신나는 춤을 추는 데 불편하지 않도록 제작되었다. 일반

적으로 가면의 눈 부분에 크게 구멍을 뚫어 놓아 밖을 내다보는 데 별 어려움이 없
다. 현재 국립중앙박물관에 소장되어 있는 1930년대 봉산탈춤의 팔먹중가면은
눈동자와 눈자위를 색칠하고 눈을 사실적으로 표현했는데, 코의 양옆에 별도로
구멍을 뚫어 놀이꾼이 밖을 내다볼 수 있도록 배려했다. 역시 국립중앙박물관에
소장되어 있는 1930년대 진주오광대의 가면 가운데 마분지로 만든 오방신장가
면, 어딩이가면, 무실엄가면, 할미가면 등도 눈동자와 눈자위를 그려 눈을 표현하
고 있으며, 놀이꾼이 가면을 쓰고 내다볼 수 있는 눈구멍을 별도로 뚫어 놓았다.
또한 가면을 쓸 때 놀이꾼의 이마에 이마받이를 둘러 가면을 써도 얼굴이 불편하
지 않도록 했다. 이마받이는 아기용 기저귀천 같은 헝겊을 여러 번 접어 같은 천
으로 싼 다음, 두툼하게 접은 부분을 이마에 대고 머리에 묶는다. 가면 가운데는
뒷면의 얼굴이 닿는 부분에 헝겊조각을 붙여 놓아, 놀이꾼이 가면을 썼을 때 불편
하지 않도록 만든 것도 있다. 그러므로 가면을 쓴 놀이꾼은 길을 걸을 때처럼 무
릎을 올릴 수도 있고, 심지어 높이 도약하는 춤을 출 수도 있다.

그러나 일본의 대표적 가면극인 노오의 가면은 가면의 주위가 안쪽으로 휘어져
있기 때문에 빛이 못 들어오고, 오직 두 개의 작은 눈구멍만이 뚫려 있어서 상하
좌우가 보이지 않고 다리도 보이지 않는다. 그래서 도약하는 춤을 출 수 없을 뿐
만 아니라, 무릎을 올려서 걸을 수도 없다. 노오는 '스리아시(摺り足)', 즉 살짝
땅에 스치는 듯한 걸음을 감상하는 예술인데, 이 '스리아시'는 노오 가면의 특징
과도 관련이 있는 듯하다.[82]

한국의 가면극에 등장하는 가면들은 여러 가면극에서 공통된 모습을 갖고 있는
경우가 많이 발견된다. 이는 예전에 놀이꾼들 사이에 어떤 배역의 가면은 어떤 모
습이라는 공통된 인식이 있었다는 사실을 전해 준다. 즉 등장인물에 따라 가면에
일정한 유형이 있었다는 얘기다.

우선 취발이의 경우를 살펴보자. 현재 봉산탈춤, 강령탈춤, 양주별산대놀이,
송파산대놀이, 남사당패의 덧뵈기에서 사용하는 취발이가면은 물론이고, 1929년
수집된 양주별산대놀이가면, 1930년대 후반에 수집된 구파발본산대놀이가면, 서
울대학교 박물관에 소장되어 있는 산대놀이가면 등의 취발이가면도 공통된 모습
을 갖고 있다. 즉 얼굴 바탕은 붉은색이고, 이마에 여러 개의 주름이 강하게 잡혀
있으며, 가면의 이마 윗부분에서부터 한 가닥의 긴 머리카락이 이마를 타고 내려

와 늘어져 있다.(도판 10) 그래서 아무리 많은 가면이 섞여 있어도 취발이가면을 금방 찾아낼 수 있다. 서울, 경기와 황해도라는 지역적 차이, 그리고 1930년대와 1990년대라는 시간적 차이에도 불구하고 취발이가면이 공통된 모습을 갖고 있는 것은, 이미 예전부터 이 가면이 일정한 유형을 이루고 있었음을 입증한다.

　이 외에 노장가면, 할미가면, 영감가면, 샌님가면, 종갓집도령가면, 상좌가면, 소매(무)가면, 첩가면 등도 취발이가면과 마찬가지로 지역적 차이와 시간적 차이에도 불구하고 일정한 인물 유형을 보여준다. 노장가면은 해서탈춤과 서울, 경기의 산대놀이에서 검은 바탕의 얼굴에 파리똥을 표시하는 점들이 많이 찍혀 있는 모습을 공통적으로 갖고 있다. 할미가면은 검은 바탕의 얼굴에 주근깨가 많이 찍혀 있는 모습을 공통적으로 갖고 있다. 영감가면은 흰색 바탕의 얼굴에 희고 긴 눈썹과 수염을 갖고 있다. 첫째양반인 샌님가면은 해서탈춤과 서울, 경기의 산대놀이에서 모두 흰색 바탕의 얼굴에 쌍언청이의 모습이라서 다른 가면들과 쉽게 구별된다. 둘째양반도 대개 언청이가면인데, 언청이가 한 줄로 표현되어 있다.(도판 58 참조) 경상남도의 야류와 오광대에서는 양반가면이 모양반가면, 홍백가면, 흑가면, 곰보가면 등 여러 비정상적인 모습의 가면으로 변이되어 나타난다. 여러 가면극에서 종갓집도령가면은 흰색 바탕의 얼굴에 얼굴과 코가 비뚤어진 모습이며, 상좌가면의 얼굴도 모두 흰색 바탕이다. 소매가면과 첩가면은 모두 흰색 바탕의 얼굴에 연지를 찍은 고운 모습이다.

　가면의 색상은 대체로 원색적이고 다양하다. 원색은 붉은색, 검은색, 흰색이 많고 푸른 남색도 일부 보인다. 간색(間色)은 얼굴색에 가까운 황색이 주로 쓰인다. 특히 북부 지방의 해서탈춤 가면에 원색을 많이 사용하고, 중부 지방의 산대놀이 가면에는 원색과 배색을 많이 사용하며, 남부 지방의 야류와 오광대의 가면에는 배색(配色) 및 피부색을 많이 사용한다. 원색은 가면을 착용하는 인물의 성격을 상징적으로 강렬하게 표현하고 있다.

　가면극에서는 다산(多産)과 풍요(豊饒)를 기원하는 여름과 이와 반대되는 겨울의 싸움을 노장과 취발이의 대결, 미얄할미와 돌머리집의 대결 등에서 찾아볼 수 있다. 그래서 가면의 색상도 대조를 보인다. 농사를 지을 수 있는 계절인 여름을 상징하는 인물의 가면은 밝거나 붉은색인데, 젊은 사람인 취발이, 돌머리집, 소매 등의 가면이 이에 해당한다. 반면에 농사를 지을 수 없는 계절인 겨울을 상징하는 인물의 가면은 검은색인데, 늙은 사람인 노장과 할미 등의 가면이 이에 해당한다.

가면극의 가면은 그 형상이 비정상적이거나 과장된 경우가 많다. 눈, 코, 입이 실제보다 과장되거나, 눈이 삐딱하고, 눈꼬리는 사납게 찢어져 있는가 하면, 입이 심하게 비뚤어져 있기도 하다. 언청이가면, 문둥이가면, 옴가면 같은 병신가면 외에도, 이마, 볼, 턱 등에 커다란 혹이 제멋대로 나 있고, 어긋난 이가 톱니처럼 두드러져 있으며, 이마가 넓고 주름이 많아서 얼굴 각 부위의 비례가 맞지 않는 가면도 있다. 그러면서도 모든 가면이 인간적인 모습을 갖고 있다. 기괴함에도 불구하고 사실성을 지니고 있기 때문이다. 사자가면, 원숭이가면 등의 동물가면이 사람과 비슷한 얼굴을 하고 있는 점도 인간적이라고 할 수 있다.

가면극의 가면은 눈이 대체로 크고 동그랗거나 치켜뜬 모양을 하고 있다. 실눈을 하고 있는 것은 하회가면의 일부뿐이다. 젊은 남성가면은 코가 지나치게 크게 과장되어 있고, 여성가면은 콧대가 삐딱하게 기울어져 있거나 굽어 있다. 입은 단순하게 만들어진 것도 있지만, 입꼬리가 위로 치켜 올라가서 해학적인 모습을 하고 있는가 하면, 밑으로 깊게 처져서 불만스러운 모습을 짓고 있기도 하다. 아랫입술이 윗입술을 치켜 덮고 있어서 심술궂은 입 모양을 하고 있는 가면도 발견된다. 한국의 가면에는 귀가 없는 것이 일반적이다. 그러나 야류와 오광대의 가면에는 귀가 있다. 동래야류와 수영야류의 말뚝이가면은 귀가 특히 과장되어 있다.

가면극의 가면은 해학적인 모습이 많다. 이는 병신가면이 많은 것과도 관련이 있지만, 병신가면이 아닌 경우에도 얼굴의 여러 부위를 희화화해 해학적으로 표현한 것이 많이 발견된다. 전반적으로 찡그리고 우수에 찬 가면보다 웃거나 놀란 표정의 가면이 많다. 그 자체가 웃고 있는 가면도 있고, 보는 사람을 웃길 만한 해학적인 가면도 있다.[83] 산대놀이의 옴중가면, 야류와 오광대의 문둥이가면은 비정상인의 가면이므로 해학적이다. 그리고 언청이 모양으로 만든 언청이가면, 얼굴의 반쪽은 흰색으로 나머지 반쪽은 붉은색으로 만든 홍백가면, 얼굴 전체를 검게 칠한 흑가면, 얼굴 전체를 개털로 덮은 모양반가면, 얼굴과 코가 비뚤어진 삐뚜르미가면과 종갓집도령가면 등 서민들이 증오하고 풍자하는 대상인 양반들을 비정상적인 모습으로 표현했다.(도판 59 참조) 노장가면은 검은색 바탕에 흰 점을 많이 찍어 놓았다. 이는 노장이 여러 해 동안 수도에 정진하느라고 무아의 경지에 빠져 있었기 때문에 쌓인 파리똥이라고 한다.

말뚝이가면도 해학적인 모습을 보인다. 특히 야류와 오광대의 말뚝이는 가면 자체가 다른 인물가면보다 훨씬 크며, 코가 이마에서 턱까지 내려올 정도로 클 뿐만 아니라 마치 남성의 성기를 연상시키는 형태를 갖고 있어서, 젊고 저항적인 모습을 연출한다. (도판 11)

해서탈춤과 산대놀이의 취발이가면은 얼굴이 붉은색이고 코가 크며, 이마에 여러 개의 주름이 강하게 표현되어 있다. 그리고 가면의 이마 윗부분에서부터 한 가닥의 긴 머리카락이 이마를 타고 내려와 늘어져 있어 해학적인 모습을 연출하고 있다.

할미가면은 봉산탈춤의 미얄 과장 중에서 영감이 할미의 모습을 설명하는 대사에서 "난간이마에 우멍눈, 개발코에 주게턱, 쌍통은 먹 푸는 바가지 같고, 머리칼은 모즈러진 빗자루 같고"(임석재 채록본)라고 묘사한 것과 같이, 가난과 고생에 찌든 궁상스런 모습

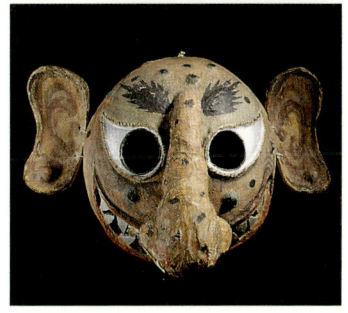

10. 봉산탈춤의 취발이가면.
여러 가면극에 등장하는 취발이의 가면은 공통된 모습을 갖고 있다.
11. 1930년대 동래야류의 말뚝이가면. 해학적이면서 젊고 저항적인 모습이다.

이다. 검은색의 바탕에 주근깨를 많이 찍어 놓은 할미가면은 불쌍한 할미에 대한 동정에 앞서 웃음을 유발한다.

한국의 가면극은 나례의 영향을 많이 받았기 때문에, 가면극마다 벽사적인 의식무와 함께 벽사가면이 존재한다는 점도 특징으로 꼽을 수 있다. 해서탈춤의 상좌가면, 사자가면과 귀면형의 팔먹중가면, 산대놀이의 상좌가면과 연잎, 눈꿈쩍이가면, 야류와 오광대의 오방신장가면, 하회별신굿탈놀이의 주지가면, 강릉관노가면극의 장자마리가면과 시시딱딱이가면, 북청사자놀음의 사자가면 등 가면극에는 으레 벽사가면이 등장한다.[84]

가면극의 가면은 종이, 바가지, 나무, 죽제품 등 그 재료가 다양한 점도 특징이

다. 해서탈춤은 종이가면, 산대놀이는 바가지가면, 야류와 오광대는 대부분 바가지가면, 고성오광대와 가산오광대의 일부는 종이가면, 북청사자놀음은 종이가면, 하회가면은 나무가면, 강릉관노가면극은 나무가면, 덧뵈기는 바가지가면 등을 사용한다. 봉산탈춤의 사자가면, 수영야류의 사자가면과 범가면, 통영오광대의 문둥이가면, 말뚝이가면, 사자가면, 담보가면 등은 죽제품을 이용해 만든다. 원래는 나무가면이었으나 후에 종이가면이나 바가지가면으로 바뀐 경우가 많다. 해서탈춤은 이백 년 전까지만 해도 나무가면이었는데, 안초목(安草木)이 종이가면으로 바꾸었다고 한다. 산대놀이가면의 경우도 현재 서울대학교 박물관에 소장되어 있는 산대놀이의 나무가면에는 "양주군 퇴계원리 산대도감 사용 경복궁 조영당시(楊洲郡 退溪院里 山臺都監 使用 景福宮 造營當時)"라고 씌어 있다. 1930년대 후반 최상수(崔常壽)에 의해 수집되어 현재 국립민속박물관에 소장되어 있는 구파발본산대놀이의 가면들은 나무가면이다. 이 외에도 최상수가 수집한 해주탈춤의 먹중가면, 진주오광대의 문둥이가면, 통영오광대의 원양반가면도 나무가면이다. 현재 고성오광대보존회에는 1960년대에 사용하던 고성오광대의 나무가면 열일곱 개가 소장되어 있다. 통영오광대의 경우도 현재는 바가지가면을 사용하지만, 1909년 화재로 소실된 가면들은 오동나무로 제작한 가면이었다고 한다. 그러므로 예전에는 나무가면이 거의 전국적으로 사용되었음을 알 수 있다.

제2장

# 가면극의 지역적 분포와 특징

 가면극은 연희자들이 각 등장인물의 성격을 나타내는 가면을 쓰고 나오기 때문에 생긴 말이다. 이 밖에 탈춤, 탈놀이, 탈놀음이라는 명칭이 혼용되고 있고, 지역에 따라 산대놀이(서울, 경기도), 탈춤(황해도), 야류(野遊, 경상남도), 오광대(五廣大, 경상남도) 등 여러 명칭이 사용되고 있다. 그러나 탈춤, 탈놀이, 탈놀음보다는 가면극이 문학과 연극의 용어로 적당하고, 여러 지역의 것을 통칭하기에도 적당하므로, 여기에서는 가면극이라는 용어를 사용한다.
 조선 후기에는 여러 지방에서 마을 주민들을 중심으로 전승되던 비전문적인 가면극과, 유랑예인(流浪藝人)들이 각 지방을 떠돌아다니면서 공연하던 전문적인 가면극이 있었다.
 현재는 양주별산대놀이, 송파산대놀이, 봉산탈춤, 강령탈춤, 은율탈춤, 수영야류, 동래야류, 통영오광대, 고성오광대, 가산오광대, 하회별신굿탈놀이, 강릉관노가면극, 북청사자놀이 등 주로 전자에 속하는 가면극들이 많이 남아 있다.
 후자는 현재 유일하게 남사당패의 덧뵈기가 남아 있다. 그러나 원래는 애오개(阿峴), 사직골 등 서울 근교에서 전승되던 산대놀이도 본거지는 애오개, 사직골 등이었지만, 여러 지방의 요청에 응해 순회공연했고, 그 놀이꾼들은 궁중나례나 중국 사신 영접시에 동원되던 전문적 놀이꾼이었다.[1] 이 외에 전국을 떠돌아다니며 순회하던 전문적 놀이꾼인 남사당패도 덧뵈기라는 가면극을 공연했다. 경상도에서는 합천 밤마리와 의령 신반의 대광대패, 그리고 진주 솟대쟁이패가 오광대라는 가면극을 놀았으며, 남해 화방사의 중매구패와 하동의 목골사당패가 가면극을 놀았는데, 이들은 각지를 떠돌아다니며 공연하던 전문적인 유랑예인집단이었다.[2] 산대놀이의 놀이꾼인 반인(泮人)들은 원래 가면극과 꼭두각시놀음을 함께 공연했던 것으로 보이며, 남사당패, 대광대패, 솟대쟁이패 등은 여러 공연 종목 가운데 하나로 가면극을 놀았다.

여기에서는 이상의 여러 가면극 가운데 현재도 전승되고 있으며, 중요무형문화재로 지정되어 있는 가면극들을 중심으로 그 지역적 분포와 특징을 살펴보기로 한다. 특히 양주, 송파, 봉산, 강령, 은율, 수영, 동래, 통영, 고성, 가산의 가면극은 서울 근교의 산대놀이가 전파된 것이지만, 이 가면극들은 공통된 내용과[3] 함께 각 지방마다의 독자적인 특징도 갖고 있으므로, 이에 대한 고찰을 함께 진행할 것이다.

## 1. 서울, 경기도의 산대놀이

산대놀이는 서울 및 서울 인근의 경기도에서 전승되던 가면극이다. 원래 애오개(아현동), 녹번, 구파발, 사직골 등에 산대놀이가 있었다고 하나, 현재는 전하지 않는다. 대신에 애오개 또는 녹번리의 산대놀이를 배워 왔다고 하는 양주별산대놀이와, 구파발본산대놀이 등에서 배워 왔다는 송파산대놀이가 현재 전승되고 있다. 최근에는 퇴계원산대놀이도 복원되었다. 학자들은 흔히 애오개와 사직골 등에 있었던 원래의 산대놀이를 본산대놀이라고 부르는데, 이는 양주와 송파 등지의 별산대놀이와 구별하기 위한 것이다.

조선 후기에 서울의 시정(市井)에서는 성균관 소속의 노비인 반인들이 본산대놀이를 공연하고 있었다. 특히 애오개와 사직골의 본산대패는 지방 순회공연을 자주 다녔는데, 이것이 각 지방의 가면극 형성에 영향을 끼쳤다. 그리고 조선 후기에 남사당패, 대광대패 등의 유랑예인집단이 각 지방을 떠돌아다니며 여러 가지 연희를 공연하면서, 흥행을 위해 본산대패의 가면극을 그들의 공연 종목 가운데 하나로 삼았던 것으로 보인다.

본산대놀이 계통 가면극은 상업이 발달했던 곳에서 공연된 것들이 많다. 본산대놀이 중 가장 유명한 애오개산대놀이의 전승지인 애오개는 서울 삼대 시장의 하나인 칠패시장과 인접하고 있으면서, 현방(懸房, 조선 후기 서울 근교의 독점

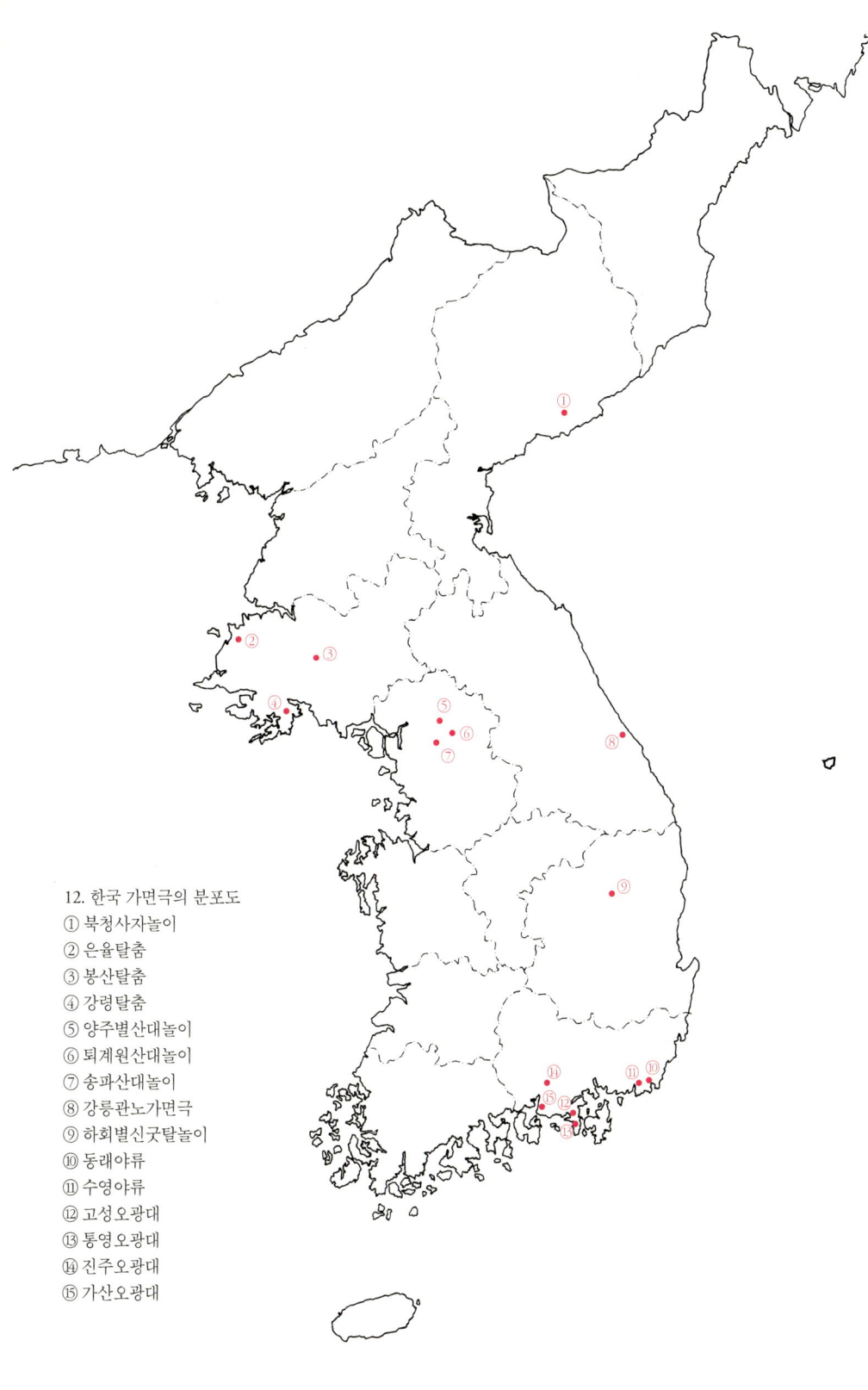

12. 한국 가면극의 분포도
① 북청사자놀이
② 은율탈춤
③ 봉산탈춤
④ 강령탈춤
⑤ 양주별산대놀이
⑥ 퇴계원산대놀이
⑦ 송파산대놀이
⑧ 강릉관노가면극
⑨ 하회별신굿탈놀이
⑩ 동래야류
⑪ 수영야류
⑫ 고성오광대
⑬ 통영오광대
⑭ 진주오광대
⑮ 가산오광대

적 푸줏간)이 있던 곳이다. 노량진에도 본산대놀이가 있었다고 하는데, 노량진은 경강(京江) 지역의 나루였다. 별산대놀이의 전승지인 양주, 송파는 18세기경 금난전권(禁難廛權)을 가진 서울의 시전상인(市廛商人)에 대항하는 사상도고(私商都賈)가 서울로 들어가는 물자를 장악하면서 상설시장을 벌였던 곳이다. 양주에서는 일제시대에도 난장을 텄을 때 낮에는 줄타기를, 밤에는 양주별산대놀이를 공연했다.

애오개와 같은 상업지역은 사람이 많이 몰렸던 곳이기 때문에, 흥행을 위한 공연장소로 적격이었다. 상인들은 영업을 위해 연희패를 이런 곳에 불러다 공연시켰을 것이다. 마침 박제가(朴齊家, 1750-1805)의 시 「성시전도응령(城市全圖應令)」에서 이런 사실을 확인할 수 있다.

| | |
|---|---|
| 거리를 한가로이 지나가노라니 | 忽若閒行過康莊 |
| 홀연 왁자지껄 떠드는 소리 들리는 듯. | 如聞嘖嘖相汝爾 |
| 사고팔기 끝나 연희 펼치기를 청하니 | 賣買旣訖請設戲 |
| 배우들의 복색이 놀랍고도 괴이하네. | 伶優之服駭且詭 |
| 우리나라 솟대타기 천하에 으뜸이라 | 東國撞竿天下無 |
| 줄을 걷기도 하고 공중에 거꾸로 매달린 것이 거미와 같네. | 步繩倒空縋如蟢 |
| 또다시 인형을 가지고 등장하는 사람이 있으니 | 別有傀儡登場手 |
| 칙사가 동쪽으로 왔다 하며 손뼉을 한 번 치네. | 勅使東來掌一抵 |
| 조그만 원숭이 참으로 아녀자를 놀래켜 | 小猴眞堪嚇婦孺 |
| 제 뜻을 채워 주면 예쁘게 절하고 무릎 꿇네. | 受人意旨工拜跪 |

—『정유집(貞蕤集)』시집(詩集) 3권

이 시는 제목에서 알 수 있듯이, 박제가가 한양의 모습을 그린 〈성시전도(城市全圖)〉라는 그림을 보고 명(命)에 의해 지은 것이다. 그런데 그 상황을 마치 자기가 지금 서울 시정에 나가 구경하고 있는 것처럼 묘사하고 있다. 여기서 주목해야 할 것은, 장사가 끝난 다음에 그곳에서 배우들이 놀랍고도 괴이한 복색을 하고, 솟대타기, 줄타기, 인형극, 원숭이 재주부리기 등의 연희를 펼치고 있는 점이다. "사고팔기 끝나 연희 펼치기를 청하니"라는 내용을 통해 짐작할 때, 연희패가 상인들의 상업활동과 연계하여 흥행을 벌인 것으로 보인다.[4] 박제가가 그림만 보고도 이와 같이 앞뒤 문맥을 구체적으로 표현할 수 있었던 것은 평소 이런 모습을 자

13. 〈성시전도〉 세부. 그림의 중앙에 원숭이 두 마리가 높은 장대에 올라가서 재주를 부리고 있다. 조선 후기의 〈성시전도〉는 여러 개가 있는데, 박제가는 바로 이런 그림을 보고 「성시전도응령」을 읊었을 것이다.

주 봤기 때문일 것이다.(도판 13)

산대놀이의 춤사위는 부드럽고 우아하며 섬세한 중부 지방의 무용적 전통을 그대로 계승하고 있는데, 춤사위가 매우 분화되었으며 종류도 다양하다.

산대놀이의 가면은 황해도 해서탈춤의 가면이나 경상남도 야류·오광대의 가면과 차이를 보인다. 산대놀이 가면은 매우 인간적인 모습이고, 비교적 아기자기하고, 손질이 많이 가해져서 기교적이고 다양하며, 가면의 크기가 대부분 비슷하다. 그러나 야류와 오광대의 가면은 선이 굵고 투박하며, 생김새가 단순하면서도 개성이 강하고, 말뚝이가면은 모두 매우 큰 것이 특징이다. 그리고 산대놀이 가면은 해서탈춤과 마찬가지로 중(僧)가면이 많이 등장하고, 야류·오광대에는 중가면의 수가 현격히 적다.[5]

## 1) 양주별산대놀이

양주별산대(楊州別山臺)놀이는 경기도 양주군(楊州郡) 주내면(州內面) 유양리(維楊里)에 전승되어 온 가면극으로서, 1964년에 중요무형문화재 제2호로 지정되었다. 현재 유양리에 전수회관을 두고 있다.

양주별산대놀이의 유래에 대해, 송석하(宋錫夏)와 아키바 다카시(秋葉隆)[6]는 애오개본산대놀이의 영향, 조동일(趙東一)의 양주별산대놀이 대본(1957)에서는 사직골 딱딱이패의 영향, 1930년에 필사된 양주별산대놀이 김지연(金志淵) 대본의 제보자인 조종순(趙鍾洵)[7]은 구파발본산대놀이의 영향 아래 형성되었다고 한다. 이와 같이 양주별산대놀이의 유래에 대해 여러 의견이 제기되었지만, 19세기 초·중엽에 본산대놀이 계통 가면극을 본떠 성립된 것은 틀림없는 사실로 드러났다.

양주별산대놀이는 음력 3월 3일, 4월 8일, 5월 5일, 8월 15일, 9월 9일과 기우제 때 놀았다. 그리고 섣달 그믐날 밤에 관아에서 나례를 거행할 때, 가면을 쓰고 동헌(東軒)과 관아의 여러 곳을 돌아다니며 잡귀를 쫓는 의식에 참가하기도 했다.[8]

원래 양주별산대놀이의 공연장소는 사직골이었다. 사직골에는 토지신과 곡물신에게 제사지내는 사직당(社稷堂)이 있었는데, 당집 앞의 넓은 마당이 놀이판으로 사용되었다.

양주별산대놀이의 놀이꾼은 원래 관아의 잡역에 종사하던 하층민이었다. 그래서 반주음악을 위해 관아의 악사청(樂士廳)에 소속되었던 악사들의 지원을 받을 수 있었다. 산대놀이나 해서탈춤은 삼현육각(三絃六角), 즉 피리, 젓대, 해금, 장구, 북 등의 악기로 반주하며, 음악도 전문적인 악사들만이 연주할 수 있는 것이었다. 따라서 탈놀이꾼과 악사가 분리되어 있었다.

양주별산대놀이는 1929년 9월 경복궁에서 열린 조선박람회에서 공연을 한 계기로 세상에 널리 알려졌다. 그래서 1930년에 경성제국대학 조선어문연구실에서 채록한 대본이 남아 있고, 1929년 경복궁에서 공연한 후에 판매한 바가지가면들이 현재 서울대학교 박물관에 소장되어 있다. 이 가면들은 바가지 위에 밀가루 반죽과 종이 등을 발라 만든 것이다.

놀이의 내용은 제1과장 상좌춤, 제2과장 상좌·옴중놀이, 제3과장 옴중·먹중

제2장 가면극의 지역적 분포와 특징 57

14. 양주별산대놀이의 상좌춤.

15. 양주별산대놀이의 옴중.

16. 양주별산대놀이의 연잎.

놀이, 제4과장 연잎·눈끔쩍이놀이, 제5과장 염불놀이, 제6과장 침놀이, 제7과장 애사당법고놀이, 제8과장 파계승놀이, 제9과장 신장수놀이, 제10과장 취발이놀이, 제11과장 의막사령놀이, 제12과장 포도부장놀이, 제13과장 신할아비·미얄할미놀이로 구성되어 있다.

제1과장 상좌춤에서는 상좌 둘이 나와서 사방을 향해 절을 하고 춤을 추는데, 이는 모두 종교적인 의식으로서의 의미를 갖는다. 과장의 후반부에 이르면 의식적인 춤은 타령조의 깨끼춤으로 바뀌게 되는데, 이는 그 사이에 수도를 한 상좌가 타락하여 세속적인 놀이판에 자진해서 참여하게 되었음을 행동으로 보여주는 것이다. (도판 14)

제2과장 옴중과 상좌놀이에서는 상좌가 물건을 팔러 다니는 옴중을 만나자, 온갖 세속적인 작태를 무언으로 연출한다. 상좌는 도적놈, 불가사리, 폭력배, 어른

17. 1920년대 퇴계원산대놀이의 눈꿈쩍이.

18. 양주별산대놀이의 애사당법고놀이.

19. 양주별산대놀이의 애사당법고놀이. 말뚝이가 북을 치려고 하자, 완보가 북을 높이 들어 못 치게 한다.

뺨치는 놈 등으로 비유된다. 상좌와 대결하는 옴중 역시 본래는 중이었으나, 행상 질이나 하면서 놀이판 주변을 찾아다니는 추한 존재로 등장한다. 그가 쓴 탈에는 전염성이 있는 옴이 잔뜩 올라 있어 보기만 해도 징그럽고 추하다. 한동안 상좌에게 몰리던 옴중은 끝내 상좌를 내쫓고 신명나게 춤을 춘다.(도판 15)

제3과장 옴중과 먹중놀이에서 옴중은 새로 등장하는 먹중에게 자신의 지체를 자랑하려 들지만, 번번이 망신만 당하고 만다. 옴중을 계속 놀려 대는 먹중은 석삼년이나 굶은 중으로서, 남의 일수나 월수만 써 버릇한 가난하고 염치없는 중이다. 결국 먹중은 옴중을 놀이판에서 몰아낸다.

제4과장 연잎과 눈꿈쩍이놀이에서는 연잎과 눈꿈쩍이가 등장해, 타락한 중들인 상좌와 옴중, 먹중을 벌한다. 연잎과 눈꿈쩍이는 특이한 차림새를 하고 있다. 연잎은 붉은 얼굴에 이마에는 청색 연잎을 쓰고, 학의 무늬가 그려진 청창의(靑氅衣)를 입고 있다.(도판 16) 눈꿈쩍이의 가면은 적흑색인데, 눈구멍이 크고 속에는 개폐장치가 되어 있어 눈을 꿈쩍꿈쩍할 수 있으며(도판 17), 호랑이가 그려진 장삼을 입고 있다. 이들은 고결한 존재로서, 상좌, 옴중, 먹중 등 계율을 어긴 파계승들을 쫓아 버린다.

제5과장 염불놀이에서 염불은 정상적인 의식으로서의 염불이 아니다. 가령 염불에서 아미타불에 대한 기원을 "나무할미타불, 나무에미타불"이라 해, 남의 부모를 야유하는 언동을 한다. 이 밖에도 백구타령, 가사, 노랫가락 등 세속적인 노래를 불러 댄다. 이 과장에 등장하는 먹중들은 모두가 자신의 신분과 처지를 망각하고, 놀이판에 모인 관중들과 함께 어울려 신나게 논다.

제6과장 침놀이는 먹중이 아들, 손자, 증손자를 데리고 산대놀이 구경을 나왔다가, 이들이 체하자 의원을 불러 침을 맞히는 내용이다.

제7과장 애사당법고놀이는 왜장녀의 딸인 애사당이 나와서 먹중과 함께 법고를 치며 노는 내용이

20. 양주별산대놀이의 애사당법고놀이에 등장하는 왜장녀. 애사당의 어미로서 술집 주모와 뚜쟁이를 겸한 역할이다.

다.(도판 18) 왜장녀라는 말은 본래 몸집이 크고 염치없는 짓을 서슴없이 잘하는 여자를 가리킨다. 이 과장에서도 먹중들은 그들의 신분을 망각한 채, 자바라를 치고 꽹과리를 두드리며 행상인의 짓을 벌인다. 그리고 땜장이의 흉내도 낸다. 이러한 분위기 속에서 왜장녀가 애사당을 데리고 나와 뚜쟁이짓을 벌인다.(도판 20) 돈을 요구하던 애사당은 흥정한 금액이 많지 않자 왜장녀를 때리기도 한다. 먹중과 합의가 이루어지자, 애사당은 그의 등에 업히기도 하고 함께 법고를 치면서 놀이판을 벌인다.(도판 19) 돈을 모은 먹중들이 매음녀를 유혹하는 장면을 연출해 보임으로써 타락의 극치를 표현한다.

제8과장 파계승놀이에서 소무의 모습을 보고 첫눈에 반해 버린 노장은 육환장(六環杖)을 집어던지고 접근하지만 번번이 거절당한다. 그는 도박판에 뛰어들어 돈을 딴다. 돈을 움켜쥔 노장을 보자, 소무들은 노장을 받아들인다.(도판 22)

제9과장 신장수놀이에서 신장수는 원숭이를 보자기로 씌우고 등장해 신발을 판다. 그러면 노장이 소무들의 신발을 외상으로 산다. 신장수는 원숭이에게 신발 값을 받아 오는 대신 소무 한 명을 빼 오라고 한다. 그러나 원숭이는 소무를 성적으로 희롱한 뒤 그냥 돌아오기 때문에, 신장수는 원숭이와 실랑이를 벌인다.

제10과장 취발이놀이에서 취발이가 소무를 빼앗으려고 하자, 노장은 옷을 벗어 던지고 결사적으로 취발이에게 달려든다. 그러나 결국 젊고 힘이 있는 취발이에

21. 양주별산대놀이의 취발이놀이. 소무가 아기를 낳으려고 진통을 하자, 해산모가 해산 준비물을 가지고 등장한다.

22. 양주별산대놀이의 파계승놀이. 노장이 소무 둘을 데리고 논다.

23. 양주별산대놀이의 샌님, 포도부장, 소무.

24. 양주별산대놀이의 신할아비·미얄할미놀이. 할미가 죽은 후에 모인 신할아비, 도끼, 도끼누이.

게 패배한다. 지금까지 승승장구 이겨 왔던 노장은 취발이에게 소무 한 명을 빼앗기고, 남은 소무와 함께 도망친다. 취발이가 소무를 차지하자, 소무는 취발이의 아이를 낳는다.(도판 21) 그러면 취발이가 아이에게 글을 가르친다.

제11과장 의막사령놀이라는 이 명칭은, 쇠뚝이가 양반이 거처할 의막(依幕, 임시 거처)을 정하는 역할을 하므로, 그를 의막사령이라 부른 데서 생겼다. 샌님이 서방님과 도련님 그리고 하인인 말뚝이를 대동하고 놀이판에 등장해 의막을 정할 것을 명한다. 말뚝이의 친구인 쇠뚝이는 명령을 받고 돼지우리를 임시 거처로 정한다. 그래서 양반들은 돼지새끼라 야유받을 뿐만 아니라, 언청이의 모습(첫째양반, 둘째양반)이거나 코와 입이 비뚤어져 있는 모습(종갓집도령가면) 등 병신처럼 생긴 가면으로 풍자된다.

제12과장 포도부장놀이에서는 샌님과 포도부장이 샌님의 첩인 소무를 사이에

두고 서로 다툰다. 샌님은 늙고 힘없는 무능한 존재로서, 젊고 힘있는 포도부장에게 소무를 빼앗긴다.(도판 23)

제13과장 신할아비·미얄할미놀이에서는, 신할아비와 미얄할미가 놀이판에 나왔다가 미얄할미가 죽게 된다. 그래서 일찍이 집을 떠났던 남매인 도끼와 도끼누이가 모여들어 어머니의 장례(진오귀굿)를 치르는 내용이다.(도판 24)

## 2) 송파산대놀이

송파산대(松坡山臺)놀이는 원래 구송파에서 전승되어 온 가면극으로서, 1973년에 중요무형문화재 제49호로 지정되었다. 현재 서울 송파구 잠실동 석촌호수 근처에 있는 서울놀이마당에 전수회관을 두고 있다. 송파산대놀이는 19세기 초·중엽에 구파발본산대놀이 등의 영향 아래 성립된 별산대놀이다.

송파산대놀이의 전승지인 송파나루는 오강(五江)의 하나로서, 조선 후기 전국에서 가장 큰 열다섯 향시(鄕市)의 하나였던 송파장이 서던 곳이다. 이 시장 상인들의 지원에 의해 송파산대놀이가 전승되었다. 놀이꾼은 대부분 시장이나 나루터에서 막일이나 소규모의 가게, 술장사, 뱃일 등을 하던 서민층이었다. 그들은 정월 대보름, 4월 8일, 단오, 백중, 추석에 산대놀이를 놀았다. 어느 때는 인근의 본산대놀이패를 초빙해 함께 놀기도 했다고 전한다.

그러나 1925년 7월 대홍수로 인해 송파 마을은 흔적도 없이 사라져 모래사장이 되고 말았다. 그래서 주민들은 현재 가락동 일대로 이주해 살면서 한두 번 산대놀이를 거행했으나, 이내 전승이 단절되었다. 대신 1930년대초부터 돌말이(석촌리)에서 가면극이 재연되어 태평양전쟁이 나기 전까지 한동안 활발하게 연행되었다. 그후 일제시대말에 단절되었던 돌말이의 산대놀이는 해방 이후 몇 차례 공연되었으나, 다시 전승이 끊겼다가 1960년대에 복원되었다.

놀이 내용은 제1과장 상좌춤, 제2과장 옴중·먹중, 제3과장 연잎·눈끔쩍이, 제4과장 애사당의 북놀이, 제5과장 팔먹중의 곤장놀이, 제6과장 신주부의 침놀이, 제7과장 노장, 제8과장 신장수, 제9과장 취발이, 제10과장 샌님·말뚝이, 제11과장 샌님·미얄·포도부장, 제12과장 신할아비·신할미로 구성되어 있다.[9]

## 2. 황해도의 탈춤

황해도 일대의 가면극을 해서(海西)탈춤이라고 부른다. 해서탈춤은 1930년대까지만 해도 봉산, 사리원을 중심으로 그 동쪽 지대인 기린, 서흥, 평산, 신계, 금천, 수안, 북쪽 지대인 황주, 서쪽 지대인 안악, 은율, 재령, 신천, 송화, 남쪽 지대인 강령, 옹진, 연백, 해주 등지에서 전승되고 있었다. 황해도에서는 오일장이 서는 거의 모든 장터에서 일 년에 한 번씩 가면극을 초청해 놀았다고 한다.

해서탈춤은 가면, 의상, 춤사위, 대사의 유형으로 보아, 기린, 서흥, 봉산, 재령, 신천, 안악 등지의 가면극을 대표하는 봉산탈춤형과, 옹진, 강령, 해주 등지의 가면극을 대표하는 해주탈춤형으로 크게 나눌 수 있다. 봉산탈춤형의 가면은 기본 재료인 종이를 잘 활용해 형태나 색채에서 조형감각이 뛰어나며, 팔먹중가면과 취발이가면은 비사실적인 귀면형(鬼面型)으로 요철(凹凸)이 심하다. 그러나 해주탈춤형은 사실적인 인물가면으로 요철이나 혹이 없고 눈망울만 크다. 봉산탈춤형의 기본 의상은 좌청(左靑), 우홍(右紅)의 원동에 초록색 소매를 단 등거리를 나삼(羅衫) 위에 입은 후 붉고 푸른 띠를 매는 것이다. 그러나 해주탈춤형은 주로 회색의 칡베 장삼(長衫)을 입는데, 소매는 팔을 내리면 땅에 닿을 정도로 길다. 봉산탈춤형의 춤사위는 장삼 소매를 휘어잡고 뿌리거나 한삼(汗衫)을 경쾌하게 휘뿌리면서 두 팔을 빠른 사위로 굽혔다 폈다 하는 깨끼춤이 기본이다. 그러나 해주탈춤형의 춤사위는 느린 사위로 긴 소매를 고개 너머로 휘두르는 동작을 기본으로 한다.[10]

북한에서는 1960년대 중반 이후 문화정책에 의해 해서탈춤의 전승을 중단했다가, 1988년 무렵부터 다시 봉산탈춤을 복원해 공연하고 있다. 그러나 남한에서는 월남한 놀이꾼들에 의해 봉산탈춤, 강령탈춤, 은율탈춤이 계속 전승되어 왔다.

해서탈춤에는 산대놀이와 같이 중가면이 많고, 비교적 아기자기하게 손질을 많이 가해서 기교적이고 다양하며, 가면의 크기가 대부분 비슷하다. 가면의 형태는 원형보다는 사각형이 많은 편이다. 가면의 재료는 종이를 많이 쓴다. 해서탈춤에서는 가면극이 끝나면 가면을 모두 불살라 버리고, 다음 해에 다시 만들어 사용했다.

## 1) 봉산탈춤

봉산(鳳山)탈춤은 원래 황해도 봉산군 동선면 길양리에서 전승되어 왔다. 그러나 1915년 무렵 군청 등 행정기관이 사리원으로 이전하자, 가면극도 함께 사리원으로 옮겨 가 전승되었다. 북한에서는 1960년대 중반에 봉산탈춤의 전승이 중단되었다가, 최근 1988년 무렵부터 복원되었다. 남한에서는 육이오 때 월남해 온 김진옥, 민천식 등의 고증에 의해 복원되어 전승되다가, 1967년 중요무형문화재 제17호로 지정되었다. 현재 서울 강남구 삼성동의 서울무형문화재 전수회관에 보존회 사무실을 두고 있다.

봉산탈춤은 강령탈춤과 함께 19세기말과 20세기초에 걸쳐 해서탈춤의 최고봉을 이루었다. 특히 1936년 8월 30일(백중날) 사리원 경암산(景岩山) 아래 마당에

25. 봉산탈춤의 상좌춤.

26. 봉산탈춤의 사당춤.

서 거행한 공연이 경성방송을 통해 전국에 중계됨으로써 세상에 널리 알려졌다.

봉산탈춤은 주로 단옷날에 놀았고, 그 외에 중국 사신의 영접이나 신임 사또의 부임을 축하할 때 관아의 행사로도 연행되었다. 봉산 구읍은 동북 직로에 위치한 봉산군 관아의 소재지였고, 중국 사신의 내왕시 머물던 곳이었다.

놀이꾼은 관아의 하급 관속, 상인, 마을 주민이었다. 하급 관속의 참여로

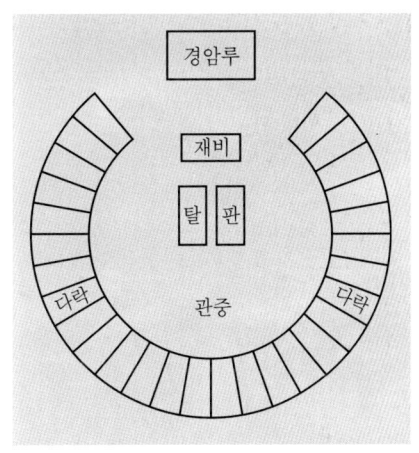

27. 사리원에서의 봉산탈춤 놀이판.

인해 가면극의 공연이나 연출이 유리했고, 연기의 수준도 향상될 수 있었다. 특히 봉산탈춤이 19세기말 20세기초 이래로 황해도 가면극의 최고봉을 형성한 것은 이성구(李聖九) 이장산(李獐山) 부자(父子)와 불가분의 관련을 맺고 있다. 이성구는 봉산 관아에서 집사(執事)라는 하급 관속을 지낸 사람이다. 그는 일찍이 가면극에 종사해 첫먹춤의 명인으로 알려졌으며, 가면극의 모갑이를 담당했다. 모갑이는 가면극에서 으뜸가는 역을 담당하면서 전체 연기의 연출·감독을 맡는 사람이다. 당시 봉산에는 이성구보다 나이가 삼사십 년 위인 배한량(취발이 역), 이춘강(노장 역) 등 연기가 뛰어난 놀이꾼이 많았다. 또한 1900년 무렵까지는 관아의 악사청으로부터 반주음악을 담당할 악사들을 쉽게 지원받을 수 있었다. 한일합방으로 인해 악사청이 해산된 이후에는 재인촌(才人村)인 가창 마을에서 악사들을 초청해 공연했다.[11]

원래 봉산 길양리에서는 경수대(競秀臺) 아래 마당에서 낮에는 그네뛰기와 씨름을 벌였고, 밤에 가면극을 거행하며 밤새도록 놀았다. 사리원에서는 경암루 앞 마당에 스물여덟 개의 구획을 가진 반원형의 다락을 매고, 그 안쪽의 마당에서 낮에는 그네뛰기와 씨름을 하고, 밤에는 장작불을 피워 놓고 밤새도록 가면극을 놀았다.(도판 27)

예전에는 밤에 가면극을 하기에 앞서 오후에 길놀이를 했다. 악사의 반주를 선두로 사자, 말뚝이, 취발이, 포도부장, 소매(무), 양반, 영감, 상좌, 노장, 남강노

28. 봉산탈춤의 먹중춤.

인의 순서로 열을 지어 읍내를 일주했다. 이때 원숭이는 앞뒤로 뛰어다니며 익살을 떨었다. 일주하는 도중 마을의 넓은 마당에 이르면 모두 어울려 한참 춤을 추고, 다시 열을 지어 일주했다. 예로부터 봉산의 주민들은 단오놀이를 위해 일정한 비용을 헌납하는 것이 관행이었다. 상인들은 매년 단오절 경기를 이용해 왔으므로 상대적으로 놀이에 대한 지원을 아끼지 않았다. 이를테면 시장 경기의 활성화에 가면극이 큰 몫을 한 셈이다. 기부금을 낸 상인들 가운데 일부는 놀이마당 둘레에 다락을 매고 음식을 팔아 수입을 올리기도 했다.[12]

놀이 내용은 제1과장 상좌춤, 제2과장 팔먹중춤(제1경 먹중춤, 제2경 법고춤), 제3과장 사당춤, 제4과장 노장춤(제1경 노장춤, 제2경 신장수춤, 제3경 취발이춤), 제5과장 사자춤, 제6과장 양반춤, 제7과장 영감·할미춤으로 구성되어 있다. 사자춤 과장은 1913-1915년경부터 비로소 놀기 시작한 것이다.

제1과장 상좌춤은 동서남북의 사방신(四方神)에게 놀이의 시작을 알리고, 놀이판의 사악한 기운을 쫓아 깨끗하게 만드는 춤이다. 즉 벽사의식(辟邪儀式)과 관련된 춤이다.(도판 25)

제2과장 팔먹중춤은 첫번째 먹중부터 여덟번째 먹중까지 차례로 등장하여 각각 기존 가요에서 차용한 유식한 대사를 한 구절씩 낭송한 다음, 이런 좋은 풍류정을 만났으니 한바탕 놀고 가겠다면서 활달한 춤을 춘다. 봉산탈춤 중에서 가장 화려하고 남성적인 힘이 돋보이는 춤이다.(도판 28)

제3과장 사당춤은 시래기짐을 진 홀아비 거사가 등장하여 장단에 맞지도 않게 되는 대로 춤을 춘다. 이때 거사 일곱 명이 사당을 가마에 태워 등장한다. 홀아비 거사를 발견한 거사들은 그를 붙잡으려고 장내를 돌아다닌다. 홀아비는 쫓겨다니다가 결국 퇴장한다. 사당과 거사들은 가면을 위로 젖혀 쓰고 놀량·앞산타령·뒷

산타령·경발림 등 서도잡가(西道雜歌)를 신나게 부른다.(도판 26)

제4과장 노장춤은 제1경 '노장춤', 제2경 '신장수춤', 제3경 '취발이춤'으로 나뉜다. 노장춤은 살아 있는 부처(生佛)라는 칭송을 받던 노장이 소무에게 유혹되어 파계하는 내용이다. 신장수춤에서는, 노장이 소무의 신을 외상으로 사자 신장수가 신발 값을 받기 위해 원숭이를 보낸다. 그러나 장작으로 때리겠다는 노장의 협박 편지에 놀라 급히 도망간다. '취발이춤'은 취발이가 노장과 대결해 노장을 물리치고(도판 29), 소무와 사랑을 나눈 뒤 아이를 얻어 글을 가르치는 내용이다.

제5과장 사자춤에서는 여덟 먹중, 노장, 취발이가 승려의 신분에서 벗어나 파계를 하니, 부처님이 이를 벌하려고 사자를 보낸다. 놀이판에 등장한 사자를 보고, 먹중들은 처음에 이것이 어떤 짐승인지 알아차리지 못하다가, 사자와 대화하는 과정에서 점차 그 존재를 알게 된다. 먹중들은 취발이의 사주에 빠져 스승인 노장

29. 봉산탈춤에서 취발이가 버드나무 가지로 노장을 때려서 쫓아낸다. 취발이의 무릎에는 방울이 달려 있다.

30. 봉산탈춤의 사자춤.

을 파계하도록 유혹했다고 하며 용서를 빈다. 사자는 먹중들의 잘못을 용서하고, 먹중들과 어울려 한바탕 춤을 춘 다음 퇴장한다.(도판 30)

제6과장 양반춤은 말뚝이가 양반들을 인도하면서 등장해, 양반사회에서 일어나는 부패, 부정, 비리와 양반들의 생활상을 해학과 풍자로 고발하는 과장이다.(도판 33) 양반들은 언청이, 또는 코나 입이 비뚤어져 있는 비정상적인 모습인데, 외모에서부터 풍자의 대상이 된다. 말뚝이는 새처(新處) 정하는 놀이, 시조 짓기와 파자(破字)놀이, 나랏돈 잘라먹은 취발이를 잡아오는 과정에서 양반들을 실컷 조롱하고 풍자한다.

제7과장 영감·할미춤에서, 미얄할미는 원래 무당이고 영감은 땜장이다. 미얄할미와 영감은 난리통에 헤어졌는데, 서로 찾아다니다가 만나게 된다. 그러나 영감이 데려온 첩인 돌머리집 때문에 싸움이 벌어지고(도판 31), 할미는 영감한테

31. 봉산탈춤에서 영감이 데려온 첩과 미얄할미 간에 싸움이 벌어진다.

32. 봉산탈춤의 미얄춤 과장 중 할미의 죽음 후에 거행하는 굿.

33. 봉산탈춤의 양반춤에서 말뚝이가 양반 삼형제를 인도하여 등장한다.

맞아 죽는다. 남강노인이 등장하여 무당을 불러서 진오귀굿을 해준다.(도판 32) 서민생활의 가난한 모습과 여성에 대한 남성의 부당한 횡포를 잘 보여준다.

## 2) 강령탈춤

강령(康翎)탈춤은 황해도 옹진군 부민면 강령리에서 전승되어 온 가면극으로서, 육이오 때 월남한 놀이꾼들에 의해 복원되어 1970년 중요무형문화재 제34호로 지정되었다. 현재 서울 강남구 삼성동의 서울무형문화재 전수회관에 보존회 사무실을 두고 있다.

강령탈춤은 해서탈춤 가운데 해주탈춤형에 속한다. 봉산탈춤과 함께 해서탈춤을 대표한다. 원래 놀이꾼은 농어민이었다. 강령은 작은 읍으로서 19세기말 이전에는 보잘것이 없었다. 가면극이 전래했어도 그다지 주목받지 못했다. 그러나 한일합방 이후 당시 유명한 기생이던 김금옥(金錦玉)이 고향인 강령으로 돌아가자, 해주감영의 통인청(通引廳)을 중심으로 집결했던 탈놀이꾼들이 해산하면서, 그 일부가 김금옥을 따라 강령으로 모여들어 가면극이 성행하게 되었다. 그리고 현청에 속해 있었던 악사들의 지원이 있었고, 십 리 거리의 강천리에 재인촌이 있어 악사를 초청하기가 쉬웠던 점도 강령탈춤이 발전할 수 있었던 배경이다.[13]

강령탈춤은 1939년 10월 서울 부민관(富民館)에서의 공연을 통해 세상에 널리 알려졌고, 1943년 임석재(任晳宰)가 강령 현지에서 채록한 대본이 남아 있다. 강령탈춤은 1950년 단옷날의 공연을 마지막으로 현지에서의 전승은 단절된 것으로 보인다.

강령탈춤은 해서탈춤의 대부분이 그러하듯 단옷날의 행사로 거행되었다. 음력 5월 6일에서 8일까지는 해주감영에서 벌어진 해서탈춤의 경연에도 참가했다. 놀이 후에는 가면을 태워 버렸다.

세시풍속인 단오놀이 중 대표적인 놀이가 가면극이었다. 매년 단오에는 주민들의 지원과 호응을 받아 가면극을 놀았다. 음력 5월 4일에는 길놀이를 했으며, 5일과 6일에는 저녁부터 새벽 무렵까지 밤새도록 가면극을 놀았다. 놀이마당으로는 주로 공청(公廳)의 앞마당(미곡시장)을 이용했다.[14]

놀이 내용은 제1과장 사자춤, 제2과장 말뚝이 곤장춤, 제3과장 먹중춤, 제4과장 상좌춤, 제5과장 양반춤, 제6과장 먹중춤, 제7과장 노승춤(제1경 팔먹중춤, 제2경 취발이춤)으로 구성되어 있다.

### 3) 은율탈춤

은율(殷栗)탈춤은 원래 황해도 은율군 은율 소읍에서 전승되어 온 가면극이다. 육이오 때 월남한 놀이꾼들에 의해 남한에서 놀이가 복원되어 인천광역시 남구 수봉공원 내에 전수회관을 두고 있으며, 1978년 중요무형문화재 제61호로 지정되었다.

은율탈춤의 유래나 성립연대를 고증할 만한 기록이나 자료는 없지만, 19세기경에는 놀이가 형성되었을 것으로 추정된다. 황해도 서쪽 평야지대의 중심지였던 은율은 쌀, 사과, 참외 등의 농사와 서해의 어물이 비교적 풍부한 지역이었는데, 인구의 증가와 상업의 번창에 따라 차차 소도시적인 분위기를 띠기 시작했으며, 탈놀이패를 지원하는 후원자들도 늘어나기 시작했다. 대부분의 주민들이 놀이를 위해서는 액수에 관계없이 지원해 주었으며, 개중에 살림이 넉넉한 사람은 거액을 회사하기도 했다. 놀이꾼들은 놀이에 참여함으로써 음식이나 술을 마음껏 먹을 수 있었으며, 상인들은 단오놀이에 모여든 인근 사람들에게 평소보다 물건을 많이 팔 수 있었다.

가면극은 주로 단오에 놀았으나, 4월 8일, 백중, 그리고 회갑잔치 때도 불려 가 놀았다고 한다. 읍에서 일 킬로미터 정도 떨어진 마숲에서 가면을 만들고 평소에 연습해 두었다가, 단옷날이 되면 놀이꾼 전원이 숲속에 모여 탈고사를 지내고 음복(飲福)을 한 후 길놀이를 시작했다. 오후 늦게 마숲에서 시작된 길놀이는 읍내를 한 바퀴 돌고 나서, 장마당에 마련된 놀이판에서 가면극을 벌였다.

보통 어두워져서 놀이를 시작하면 두세 시간 정도 놀이판을 벌였고, 그 뒷판에는 서도잡가, 놀량사거리, 양산도 등 소리를 하고 춤을 추면서 구경꾼들과 함께 어울렸다. 이렇게 이삼 일간을 놀고, 마지막날 밤의 놀이가 끝나면 가면을 모두 불태웠다. 1925년경 이후부터는 가면을 태우지 않고 그대로 보관해 두었다가 다시 사용했다.[15]

놀이 내용은 제1과장 사자춤, 제2과장 상좌춤, 제3과장 팔먹중춤, 제4과장 양반춤, 제5과장 노승춤, 제6과장 영감·할미춤으로 구성되어 있다.

## 3. 경상남도의 야류와 오광대

경상남도에서 낙동강을 중심으로 동쪽 지역에서 전승되어 온 가면극을 야류(野遊)라고 부르고, 서쪽 지역에서 전승되어 온 가면극을 오광대(五廣大)라고 부른다. 야류는 들놀음이라고도 부르는데, 동래, 수영, 부산진 등지에서 전승되었다. 오광대는 다섯 광대가 나오기 때문에, 또는 다섯 과장으로 구성되어 있기 때문에 오광대라고 하는데, 초계, 신반, 통영, 고성, 가산, 마산, 진동, 가락, 거제, 진주, 산청, 학산, 도동, 서구, 남구 등지에서 전승되었다.

야류와 오광대의 발생지는 낙동강변인 초계 밤마리(경상남도 합천군 덕곡면 율지리)라고 전한다. 밤마리의 시장에서 대광대패라는 유랑예인집단이, 남사당패의 덧뵈기와 같이 여러 공연물 가운데 하나로 수시로 가면극을 놀았다. 밤마리는 낙동강변의 수로요지(水路要地)로서 어염상선(魚鹽商船)이 정박할 수 있는 하항시(河港市)였기 때문에, 합천, 의령, 초계, 고령, 안동 그리고 호남 지방에서도 사람들이 모여들었다고 한다. 6월에는 대마(大麻)의 집산지로서 난장을 이루었으므로 큰 장터가 형성되어 약 삼백 호의 큰 마을을 이루었다. 그러므로 이 시장에서 상인들의 비호 아래 유랑광대들이 모여들어 놀이판을 벌였던 것이다.[16]

송석하는 1930년대에 현지조사를 통해 야류와 오광대의 전파경로를 밝혔다. 수영야류는 1933년으로부터 약 육십 년 전(1870년 무렵)에 초계에 가 있던 수영 사람이 보고 와서 창설한 것이고, 동래야류는 수영야류를 본떠서 역시 1870년 무렵 시작되었으며, 김해오광대는 1890년 무렵 동래야류를 참고해 시작했다고 한다. 창원오광대는 1890년 무렵 초계 밤마리 대광대패의 가면극을 배워 온 것이고, 통영오광대는 1900년 무렵 창원오광대를 본떠 만든 것이다. 진주오광대는 1880년 무렵 의령군 부림면 신반리 대광대패의 가면극을 배워 온 것이라고 한다.[17] 고성오광대는 창원과 통영오광대의 영향 아래 1920년대에 생겨난 듯하고,[18] 가산오광대는 진주오광대를 배워 온 것으로 나타난다.[19]

1930년대까지만 해도 상당수의 야류와 오광대가 전승되고 있었으나 모두 단절되었다가, 현재는 동래야류, 수영야류, 통영오광대, 고성오광대, 가산오광대만이 1960년대부터 복원되어 전승되고 있다.

야류와 오광대는 해서탈춤이나 산대놀이와는 다른 유형의 독자성과 고풍스러운 향토성을 짙게 보여준다. 그리고 가면극 전체가 말뚝이놀이로 인식될 정도로 말뚝이의 비중이 크게 나타난다. 야류와 오광대의 춤사위는 경상남도의 향토적 민속춤인 덧배기춤을 기본으로 하고 있다.

산대놀이와 해서탈춤의 가면이 인간적이라면, 야류와 오광대의 가면은 주술적이다. 야류와 오광대에는 비정상적으로 큰 말뚝이가면, 상상의 괴물인 영노와 비비가면, 얼굴이 문드러진 문둥이가면, 병신의 모습이 훨씬 강조된 양반가면 등이 많이 나오기 때문에 비인간적인 측면이 강하다. 그리고 야류와 오광대의 가면은 선이 굵고 투박하기 때문에, 가면의 모습이 단순하면서도 풍자성이 강한 것이 특징이다. 유난히 큰 말뚝이가면은 기존의 체제에 대한 불만과 반항을 표현한 것으로 보인다. 코를 남성 성기 모양으로 만들어 비정상적으로 크게 늘어뜨린 것도 같은 의미다.

야류와 오광대에서는 양반가면을 언청이가면뿐만 아니라, 개털로 얼굴을 덮은 모양반탈, 얼굴의 반쪽은 빨간색이고 나머지 반쪽은 흰색인 홍백탈, 코와 얼굴이 비뚤어진 삐뚜르미탈, 얼굴 전체가 검은색인 흑탈, 얼굴 전면에 천연두 흔적이 있는 곰보탈인 손님탈 등 산대놀이와 해서탈춤에 비해 훨씬 비정상적인 모습으로 표현하고 있다. 문둥이 과장에 나오는 문둥이도 양반으로 설정해 놓았다. 이는 지배층인 양반의 위선과 비리를 폭로하고 비판하면서, 그들에 대한 증오와 경멸을 표현한 것이다.

야류와 오광대의 또 다른 특징은 산대놀이나 해서탈춤과는 달리, 중가면이 전혀 없거나 중가면이 등장해도 그 수가 현격히 적다는 것이다.

## 1) 수영야류

수영야류(水營野遊)는 부산 남구 수영동에서 전승되어 온 가면극으로서, 1971년 중요무형문화재 제43호로 지정되었다. 현재 수영동 수영공원 내에 전수회관을 두고 있다.

수영야류의 직접적인 기원에 관해서는 두 가지 설이 있다. 약 이백 년 전에 좌수영 수사가 병졸들의 사기를 높이기 위해서 초계로부터 대광대패를 데려와 공연한 것을 배웠다고 하는 설과, 초계에 살던 수영 사람이 초계에서 배워 와 시작되었다고 하는 설이다.

송석하는 1930년대에 현지조사를 통해 발표한 「오광대소고」(1933)라는 논문에서, 수영야류는 당시로부터 약 육십 년 전, 즉 1870년 무렵에 초계에 가 있던 수영 사람이 대광대패의 가면극을 보고 와서 놀기 시작했다고 밝혔다. 그리고 수영야류는 다시 동래야류와 부산진야류의 성립에 결정적 영향을 끼친 것으로 나타나 있다.

수영야류는 일제가 집단적 집회를 금지함에 따라 1935년 전승이 단절되었다. 해방 이후 잠시 수영야류가 복원되었으나 다시 전승이 단절되었다가, 1960년대에 놀이가 복원되어 현재에 이르고 있다.

수영야류를 공연하기에 앞서 음력 정월 3-4일경부터 13일까지 야류계(野遊契)가 주동이 되어 가가호호를 방문해 지신밟기를 해주고, 이때 들어온 곡식으로 가면극의 경비를 조달했다.

그리고 지신밟기 기간 동안에 일부 놀이꾼은 부정을 타지 않은 정결한 장소에서 가면과 도구를 제작했다. 가면 제작이 끝나면 탈제를 지내면서 가면극의 원만한 거행을 기원했다. 가면극 준비가 끝나면 정월 14일 밤에 원로들 앞에서 시박(試瓠)을 가졌다. 시박을 통해 각 놀이꾼이 연습한 연기를 심사하고 배역을 결정했다. 주역은 수양반과 말뚝이었다.

보름날 낮에는 수양반을 중심으로 풍물패가 수영의 토신(土神)과 역내수호신(域內守護神)인 둑신(纛神)을 함께 모신 제당(祭堂, 현재 수영공원 내에 있음)[20]에서 동제(洞祭)를 지냈다. 이어서 마을 주민들이 식수로 사용하던 먼물샘, 즉 원수정(遠水井)에서 고사를 지내고, 최영 장군 사당에서 묘제(廟祭)를 지냈으며, 마지막으로 북문사당에서 고사를 지냈다.

정월 보름날 저녁 달이 뜰 무렵 마을 주민들과 탈놀이꾼들은 놀이판인 시장터에서 일 킬로미터 정도 떨어진 먼물샘에 모여 길놀이를 거행했다. 길놀이는 맨앞에 소등대(小燈隊), 대등대(大燈隊), 풍악대, 길군악대, 팔선녀, 수양반, 가면극패, 난봉가패, 양산도패의 순서로 화려한 행렬을 이루었다. 수양반은 소나 말을 탔다. 소등대는 마을 아이들이 맡는데, 이백여 명의 아이들이 긴 새끼줄의 마디에 소등간(小燈竿)을 끼우고 거기에 작은 등을 달아 들고 행진하는 것이다. 대등대는 청장년 오십 명에서 백 명이 등을 들고 행진하는 것이다. 소등대와 대등대가 놀이판에 도착하면, 미리 놀이판 주위에 장치해 둔 장대에다 등을 옮겨 조명을 삼았다.

놀이판의 중앙에는 장대를 높이 세우고 그 꼭대기에 깃발을 달았으며, 그 아래 수직으로 화려한 용등, 봉등, 거북등, 연화등 등을 달았다. 그리고 중앙의 장대로부터 사방으로 새끼줄을 거미줄처럼 많이 치고, 그 새끼줄에 소등대와 대등대가 가지고 온 이삼백여 개의 등을 달아야 하기 때문에 장대를 축으로 해 상하로 승강 이동이 가능하도록 장치했다.

모든 길놀이패가 놀이판에 도착하면 풍물패의 반주에 맞춰 놀이꾼뿐만 아니라 구경꾼도 함께 군무를 추며 놀았다. 이때 가면극 단체인 야류계에서 종이고깔을 만들어 두었다가 구경꾼들에게 팔았으므로, 구경꾼들은 종이고깔을 사서 쓰고 신나게 춤을 추었다. 서너 시간 동안 군무를 추다가, 자정이 지나면 가면극을 시작해 새벽까지 놀았다. 가면극을 마치면 새벽에 가면과 고깔을 한 곳에 모아 놓고 고사를 지낸 후 불태우며 액운을 쫓고 행운을 기원했다.

34. 수영야류의 양반 과장 중 말뚝이와 양반들.

　동래야류는 점풍행사(占豊行事)인 줄다리기 뒤에 이긴 쪽의 축하행사로 행해지며, 가면극 자체는 종교적 행사라기보다는 다분히 한량놀이로서 민중의 축전행사로서의 오락적 성격이 뚜렷하다. 그러나 수영야류는 동제에 이어 거행되며, 놀이 내용 속에 사자춤이 들어 있어 벽사진경(辟邪進慶)의 신앙적 성격을 갖고 있는 점이 특징이다.[21]

　놀이 내용은 제1과장 양반춤, 제2과장 영노춤, 제3과장 영감·할미춤, 제4과장 사자춤으로 구성되어 있다.

　제1과장 양반춤은 주로 말뚝이와 수양반의 대화로 진행된다.(도판 34) 연희 내용은 봉산·양주의 가면극과 같이 양반들을 풍자하는 것이다.

　제2과장 영노춤은 봉산이나 양주의 가면극에는 없는 내용이다. 영노는 천상에서 득죄하여 인간계에 내려왔는데, 무엇이든지 잘 잡아먹는 상상의 괴물이다. 영노는 양반에게 지금까지 양반 아흔아홉 명을 잡아먹었는데, 마지막으로 너만 잡아먹으면 득천(得天)한다고 말한다. 그러자 양반은, 자신은 양반이 아니고 '쇠뭉치' '그림자'라고 발뺌하다가, 결국은 영노에게 잡아먹힌다.

　제3과장 영감·할미춤은 영감과 본처인 할미와 첩인 제대각시 사이에 일어나는

35. 수영야류의 사자춤 과장. 사자가 담보를 잡아먹으려 한다.

36. 수영야류의 영감과 할미.

애정의 갈등과 가정생활의 곤궁상을 표현한다.(도판 36) 내용은 봉산탈춤과 매우 유사하다. 다만 할미가 영감에게 맞아 죽은 후에 무당이 굿을 거행하는 것이 아니라, 상두꾼들이 상여를 내가면서 상엿소리를 부른다. 수영야류, 동래야류, 통영오광대, 고성오광대에서는 할미의 죽음 후에 상엿소리를 하고, 가산오광대와 진주오광대에서는 무당굿을 한다.

제4과장 사자춤은 사자와 범이 싸우다가 범이 사자에게 잡아먹히는 내용이다.(도판 35) 수영야류 이외에 다른 야류나 오광대 중에는 통영오광대에만 사자춤이 있다. 반면에 다른 야류나 오광대에는 문둥이춤이 있으나, 수영야류에는 문둥이춤이 없다. 또한 통영·고성·가산오광대에는 파계승 과장이 있으나, 수영·동래야류에는 파계승 과장이 없다.

## 2) 동래야류

동래야류(東萊野遊)는 부산 동래 지방에 전승되어 온 가면극으로서, 1967년 중요무형문화재 제18호로 지정되었다. 현재 동래 금강공원 내에 전수회관을 두고 있다.

동래야류의 모태는 수영야류라는 것이 일반적인 정설이다. 비록 수영야류에는 없는 문둥이춤 과장이 있지만, 놀이꾼의 대사도 거의 일치하고, 전체적인 짜임새가 수영야류의 틀을 벗어나지 못했기 때문이다. 송석하는 1933년 당시로부터 약 육십 년 전에 초계 밤마리에 가 있던 수영 사람이 대광대패의 가면극을 보고 와서 수영야류를 놀기 시작했고, 동래야류는 약 육십 년 전에 수영야류에서 배워 온 것이라고 했다.[22] 그러므로 동래야류는 1870년대에 형성된 것으로 생각된다.

한일합방 이후 1933년까지 계속 전승되었던 동래야류는 이듬해 일본이 태평양전쟁을 일으킴과 동시에 집단적 집회를 금지함에 따라 중단되었다가, 해방 이후 1946년도에 몇몇 뜻있는 사람들에 의해 삼일절 기념행사로 공연되었다. 1946년 정월에 지신밟기를 통해 기금을 모아, 원래 일제시대에 동래야류를 놀아 본 경험이 있는 사람들이 중심이 되어 놀이를 복원했다. 그러나 이것을 마지막으로 또다시 중단되었다가, 1965년도에 열린 제6회 전국민속예술경연대회에 참가하기 위해 준비하는 과정에서 기영회(耆英會)의 지원으로 동래야류를 복원했다. 기영회는 이속(吏屬) 출신 사람들의 친목단체였는데, 이속들은 재력이 있었다.

동래야류는 정월 대보름의 상원(上元)놀이를 원칙으로 하되 유동성을 가졌다. 왜냐하면 동래에는 예전부터 큰줄다리기가 유명한데, 동래야류가 이 줄다리기와 밀착되어 있었기 때문이다. 큰줄다리기는 해운대 방향의 동부와 구포 방면의 서부로 나누어 동부 쪽은 숫줄을, 서부 쪽은 암줄을 당기며 사흘 동안 승부를 겨루는 것이다. 이 줄다리기를 13일에 시작하면 15일에 끝마치게 되어, 이긴 편 주관하에 15일에 동래야류를 연행할 수 있으나, 줄을 15일에 당기기 시작하면 17일에 연행하게 된다. 그리고 때로는 15일에 가면극을 먼저 연행하고 줄을 당기는 경우도 있었다고 한다.

동래야류를 공연하기에 앞서 삼백여 명이 참가하는 길놀이를 거행했다. 길놀이는 세병교에서 출발하거나 안락동 쪽에서 출발해 시장터까지 행진했다. 놀이패가 놀이마당인 시장에 도착하면, 놀이꾼뿐만 아니라 구경꾼도 함께 음악반주에 맞추어 군무를 추며 놀았다. 이때 구경꾼들은 각자 가면을 준비했다가 착용하고 춤을 추었다. 가면이 없으면, 솥 밑바닥의 검댕을 칠하고 춤을 추었다. 놀이장소는 원래 동래시장 앞이었지만, 지금은 전수회관 놀이마당에서 공연하고 있다.

놀이 내용은 제1과장 문둥이춤, 제2과장 양반춤, 제3과장 영노놀이, 제4과장 할미·영감놀이로 구성되어 있다. 1965년 제6회 전국민속예술경연대회에 나갈 당시에는 양반 과장과 할미·영감 과장만을 공연했는데, 그 이후 문둥이 과장과 영노 과장이 복원되었다. 동래야류는 수영야류에서 유래했음에도 불구하고 수영야류에는 없는 문둥이 과장이 있고, 수영야류에는 있는 사자춤 과장이 없다.

### 3) 통영오광대

통영오광대(統營五廣大)는 경상남도 통영시에서 전승되어 온 가면극으로서, 1964년 중요무형문화재 제6호로 지정되었다. 현재 통영시 동호동에 전수회관을 두고 있다.

  통영오광대는 1900년 무렵 창원오광대를 본떠 생겨난 것으로 보인다.[23] 원래 창원에서 오광대를 놀던 이화선(李化善)이 통영으로 이사 와서 전파했다고도 한다. 이화선은 1900년경 통영시 명정동에 거주했는데, 명정동은 무당과 재비들이 많이 살던 곳이다. 통영오광대의 성립에는 무계(巫系) 출신들이 중심이 되었다. 통영오광대에서 할미가 헤어진 영감을 찾기 위해 용왕산제(龍王山祭)굿 등 무당이 하는 짓을 다 하고 있는 것은 우연한 일이 아니다.

  처음에 의흥계(義興契)를 조직해서 이 가면극을 놀았는데, 의흥계의 구성원들은 대부분 통영에 위치한 수군통제사의 통제영(統制營) 부속 관아인 취고수청(吹鼓手廳, 악사청)의 악공 출신이었다. 취고수청은 악공들의 관청이었다. 취고수청의 악공들 가운데 관현악기를 연주하던 사람들은 주로 승전무(勝戰舞)를 전승하게 되고, 타악기를 연주하던 사람들은 주로 통영오광대를 전승하게 되었다고 한다.

  더구나 통제영이 설치되어 있던 시절에 해마다 섣달 그믐날 통제사의 동헌에 들어가 밤 늦게까지 매구(꽹과리)를 치고 가면극을 놀았다는 사실에 주목해 보자. 물론 이때의 가면극은 섣달 그믐날 관아에서 잡귀를 쫓아내기 위해 거행한 나례의식 가운데 구나의식(驅儺儀式)의 일부로 연행한 것으로서, 현존하는 통영오광대와는 다른 것이다.[24] 이때 각 도에서 소집되어 수군(水軍)에 배치된 악공들 삼십여 명을 동원해 매구를 친 것으로 전해진다.[25] 바로 이 악공들은 취고수청의 악공들일 것이다. 이들은 이미 통제영의 나례에서 구나의식의 일부로 가면극을 놀아 본 경험이 있으므로, 창원오광대로부터 가면극을 배워 와서 놀기 시작한 것으로 생각된다. 그런데 이들은 대부분 세습무 집안 출신이었다고 한다.

이후 1910년대에 장용기(張容基)가 중심이 된 난사계(蘭社契)가 통영오광대를 전승했고, 다시 1920년대에 장재봉(張在奉)이 중심이 된 춘흥계(春興契)가 계승했다. 이렇게 형성된 통영오광대는 거제오광대와 고성오광대의 성립에 결정적인 영향을 끼쳤다.

의흥계는 정월 2일부터 14일까지 가가호호를 방문하면서 매귀, 즉 지신밟기를 해주고 받은 기부금으로 가면극을 준비해, 정월 14일 밤에 파방굿과 오광대가면극을 거행했다. 의흥계의 정기총회는 정월 14일 외에 3월 15일과 9월 15일에 열렸는데, 이때도 오광대놀이를 놀았다. 특히 4월초 봄놀이에는 사또놀음의 일부로 가면극을 연행했다.

사또놀음의 행차는 깃발, 통인 삼인, 폭죽 떨어뜨리는 팔선녀, 사인교 가마, 나졸들, 아전들, 말 네 마리, 사또가 타는 팔인교 가마, 춤추는 팔선녀, 포졸들, 풍물꾼, 동네 사람들, 오광대 탈놀이꾼들의 순서로 행진했다.[26] 사또행차는 세병관(洗兵館)에서 출발해 명정골을 거쳐 미륵산 용화사 뒤 잔디밭에 도착한 후, 모의재판을 열어 죄인을 다스리고 나서 밤새도록 가면극을 놀았다.

놀이 내용은 제1과장 문둥탈, 제2과장 풍자탈(양반 과장), 제3과장 영노탈, 제4과장 농창탈(영감·할미 과장), 제5과장 포수탈로 구성되어 있다.

### 4) 고성오광대

고성오광대(固城五廣大)는 경상남도 고성군 고성읍에 전승되고 있는 가면극으로서, 1964년 중요무형문화재 제7호로 지정되었다. 현재 고성군 고성읍 동외동에 전수회관을 두고 있다.

고성에서 처음 오광대놀이를 시작한 것은 조선 말엽 남촌파 서민층 한량들이었다고 전한다. 조선 말엽 고성 읍내에는 북촌파와 남촌파라는 풍류모임이 있었다. 북촌파는 무랭이(현재의 무량리)의 박씨 문중 어느 사랑방을 중심으로, 비교적 부유층인 선비들이 고전악기와 오음육률(五音六律)을 즐기며 소일하던 풍류모임을 말한다. 남촌파는 남촌(현재의 남외부락) 천씨 문중 사랑방을 중심으로, 서민층 한량들이 주로 시조창과 매구놀이(풍물)를 즐기며 소일하던 풍류모임을 말한다.

그러나 정확하게 오광대놀이를 언제 누가 어디서 배워 왔는지에 대해서는 확실한 고증이 어렵다. 다만 놀이꾼들 사이에 구전하는 바에 의하면, 1900년경 마산 출신으로서 고성의 관속으로 있었던 이순호라는 사람이 남촌파 한량들에게 오광대놀이를 전수했다는 이야기가 전한다.

그리고 김창후(金昌後, 1887-1965) 옹은 생전에, 마산 사람인 이군찬의 생질녀 진양월이란 기생이 마산에 가서 오광대를 구경하고 돌아와서 놀아 보았으나 잘 되지 않았다는 말을 들은 바 있다고 술회했다고 한다.[27]

어쨌든 고성오광대가 현재와 같은 놀이로 짜임새를 갖게 된 것은 1920년 무렵 통영오광대와 창원오광대의 영향인 것으로 나타난다. 당시 고성 지방에는 괴질이 크게 번지고 있었기 때문에 남촌파 한량들은 고성읍에서 서북방으로 약 십 킬로미터 거리에 있는 무이산의 문수암으로 병을 피해 간 일이 있었는데, 그때 이들은 시조 등 풍류놀이로 소일하다가 점차 오광대놀이를 시작하게 되었다는 것이다. 이윤희, 정화경 두 사람이 중심이 되어 놀이를 놀았는데, 김창후 등 열다섯 명 정도의 젊은이들도 함께 어울려 기능을 배우고 연마했다고 한다.

그러나 실제로 현재 연희되고 있는 고성과 통영오광대의 내용은 과장의 구성, 대사, 등장인물, 가면 등에서 상당한 차이를 보이고 있다. 그리고 최상수(崔常壽)가 1936년부터 1957년 사이에 수차례에 걸쳐 채록한 마산(창원)오광대의 대본과,[28] 고성과 통영오광대를 비교해 봐도 역시 많은 차이점을 발견할 수 있다. 따라서 고성과 통영오광대가 모두 창원오광대에서 배워 온 놀이지만, 각기 상당한 윤색의 과정을 거쳐 현재와 같은 모습으로 전승되고 있음을 알 수 있다.

고성오광대에는 다른 지방의 오광대나 야류와 같이 병신춤인 문둥이 과장과 정체확인형식의 영노(비비) 과장이 있으며, 파계승 과장의 내용이 간단하고, 할미가 죽으면 봉사가 독경을 한 후 상엿소리를 부르며 상여를 내가는 등 경상남도 지방 가면극의 독자성과 향토성을 그대로 갖고 있다.

예전에는 대개 정월 대보름날 객사(고성읍 동해리 소재) 마당이나 시장 거리에서 오광대를 놀았다고 하며, 그 외에 봄에 꽃이 필 무렵이나 단옷날, 그리고 가을에 단풍이 들 때도 놀았다고 한다. 이런 사실로 보아 고성오광대는 신앙적 성격은 약하고 오락적 성격이 강함을 알 수 있다.

놀이 내용은 제1과장 문둥북춤, 제2과장 오광대놀이(양반 과장), 제3과장 비비놀이, 제4과장 승무, 제5과장 제밀주놀이(영감·할미 과장)로 구성되어 있다.

## 5) 가산오광대

가산오광대(駕山五廣大)는 경상남도 사천군 축동면 가산리에 전승되고 있는 가면극으로서, 1980년 중요무형문화재 제73호로 지정되었다. 현재 가산리에 전수회관을 두고 있다.

가산리는 바닷가에 위치하고 있는데, 조선시대에 조창(漕倉)이 있던 곳으로서 진주, 곤양, 남해, 사천, 하동, 단성, 고성 등 인근 일곱 개 군의 조곡을 징수해 서해를 거슬러 올라가 제물포까지 운반하던 항구였다. 그래서 가산오광대에 대해 '조창오광대'라는 명칭이 생겼다.

가산리의 노인들은 가산오광대가 이삼백 년 전부터 전승되어 왔다고 주장하지만, 이를 뒷받침할 만한 기록이나 증거는 없다. 다만 가산 조창이 1760년에 설치된 점으로 미루어 볼 때, 조창 설치 이후 마을의 규모가 커지고 큰 시장이 생기면서 오광대 가면극을 놀 수 있는 경제적 기반이 형성되었고, 다른 지역과의 교류가 활발해지면서 점차 오광대를 놀게 된 것으로 보인다. 놀이의 내용이나 가면의 제작법 등 여러 면에서 가산오광대는 진주오광대의 영향 아래 생겨난 것으로 보인다. 따라서 진주오광대가 1880년 무렵 신반오광대로부터 가면극을 배워 왔다는 사실에[29] 비추어 볼 때, 가산오광대의 성립시기도 그 이후로 잡아야 할 것이다.

음력 정월 2일부터 14일까지 매구꾼(풍물패)이 풍물을 울리며 집집마다 찾아다니면서 지신밟기를 해주고, 보름날 저녁에는 조창 앞마당에서 오광대 가면극을 놀았다. 예전에는 가면극을 연행하기 위해서 궤짝에 보관해 두었던 가면을 꺼낼 때, 놀이꾼들이 모인 가운데 양반역을 맡은 사람이 간단하게 고사를 지냈다고 한다. 그리고 보름날 초저녁에 가면극의 공연을 알리는 의미에서 '조창오광대'라고 쓴 깃발을 앞세우고 말뚝이, 양반, 무당, 풍물의 순서로 마을을 한 바퀴 도는 길놀이도 있었다고 하나, 현재는 생략하고 있다.[30]

가산오광대는 전국의 가면극 가운데 가장 최근까지 전승되었다. 이 가면극은 1960년까지 계속 전승되어 오다가, 그 이후 1971년까지 십일 년 동안 전승이 중단되었다. 가산오광대는 1974년 경상남도 지방무형문화재 제1호로 지정되었다가, 다시 1980년에 국가 지정의 중요무형문화재 제73호로 지정되었다.

　가산오광대는 병신춤인 문둥이 과장, 정체확인형식의 영노 과장, 말뚝이 대사의 확대, 봉사의 독경 등 경상남도 지방 가면극의 독자성과 향토성을 갖고 있으면서도, 동일 계통의 가면극인 수영야류, 동래야류, 고성오광대, 통영오광대 등 다른 야류나 오광대와 많은 차이를 보인다.

　첫째, 오방신장무(五方神將舞) 과장은 현전하는 가면극 가운데 유일하게 가산오광대에서만 연희되고 있다. 그러나 예전에는 진주오광대와 마산오광대에도 오방신장무가 있었던 것으로 나타난다.[31]

　둘째, 가산오광대의 제2과장인 영노 과장은 수영야류, 동래야류, 고성오광대, 통영오광대의 영노 과장에, 통영오광대의 제5과장 포수탈(사자춤)이 결합된 내용이다. 그러므로 특징적인 모습을 갖고 있지만, 그 연희 내용에서 매우 어색한 면도 발견된다.

　셋째, 가산오광대에는 제1과장인 오방신장무 과장의 다섯 신장, 제3과장인 문둥이 과장의 다섯 문둥이, 제4과장인 양반 과장의 다섯 양반, 제6과장인 할미·영감 과장의 다섯 무당 등이 등장함으로써 오행설과의 관련을 강하게 나타내고 있다.

　넷째, 가산오광대에서는 할미와 영감의 싸움에서 영감이 조상단지를 깨고 동티가 나서 죽는 내용과 무당들의 진오귀굿이 이채롭다.

　다섯째, 동래야류, 통영오광대, 고성오광대 등 다른 오광대나 야류의 문둥이 과장에는 한 명의 문둥이가 등장하지만, 가산오광대의 문둥이 과장에는 다섯 명의 문둥이가 등장한다는 점이다.

　여섯째, 가산오광대의 할미·영감 과장은 한국의 가면극 가운데 가장 확대되었으며, 매우 다양한 내용을 수용하고 있다는 점이다.

　일곱째, 가산오광대는 진주오광대와 매우 유사한 모습을 보이므로, 두 놀이가 야류와 오광대의 전파과정에서 동일 계통의 놀이를 수용한 것으로 생각된다. 오방신장무 과장의 존재, 문둥이 과장에서 다섯 문둥이의 등장, 할미·영감 과장에서의 진오귀굿은 다른 오광대나 야류에서는 발견되지 않고, 오직 가산과 진주오광대에서만 보이므로[32] 두 놀이의 친연성을 알 수 있고, 나아가 두 놀이가 경상남도 지방의 야류와 오광대의 전파과정에서 동일 계통의 놀이를 수용한 것으로 추정할 수 있다. 또한 1930년대 송석하가 수집한 진주오광대의 가면들은 오방신장

가면 등 두꺼운 마분지를 얼굴 모양으로 자른 다음 눈, 코, 입을 표현하고 색칠해 만든 것이 많은데, 가산오광대의 가면들도 진주오광대의 가면들과 모양이나 재료에서 일치하는 것이 많다.

놀이 내용은 제1과장 오방신장무, 제2과장 영노놀이, 제3과장 문둥이춤, 제4과장 양반춤, 제5과장 중놀이, 제6과장 영감·할미놀이로 구성되어 있다.

## 4. 기타 지역의 가면극

앞에서 살펴본 서울과 경기도의 산대놀이와 별산대놀이, 황해도의 해서탈춤, 경상남도의 야류와 오광대는 원래 모두 서울의 본산대놀이로부터 전파된 것이다. 그러나 한국에는 이와 다른 계통으로 하회별신굿탈놀이, 강릉관노가면극, 북청사자놀이, 남사당패의 덧뵈기 등이 있다.

### 1) 경상북도의 하회별신굿탈놀이

하회별신굿탈놀이는 경상북도 안동군 풍천면 하회리에서 전승되어 온 가면극으로서, 1980년 중요무형문화재 제69호로 지정되었다. 현재 하회리에 전수회관을 두고 있다.

하회의 가면극은 마을굿의 일종인 별신굿을 거행할 때 놀았다. 마을굿에서 가면극을 놀았던 곳은 하회의 이웃마을인 병산이 있다. 그 외에 경북 예천의 청단놀음, 경북 경산의 자인팔광대놀이, 강원도 강릉의 관노가면극 등이 마을굿에서 연행된 가면극이다.

하회별신굿은 1928년 이후 전승이 중단되었고, 병산별신굿도 비슷한 시기에 중단되었다. 그런데 1928년 하회별신굿 때 가면극에서 각시역을 맡았던 이창희 (李昌熙, 1913년생) 옹이 생존한 사실이 밝혀지면서, 가면극을 복원할 수 있게 되었다.

별신굿은 보통 십 년에 한 번씩 신탁(神託)에 의해 임시로 행하는 큰 규모의 서낭굿이다. 하회에서는 매년 정월 15일과 4월 8일에 평상제(平常祭)를 지내다가, 부정기적으로 별신굿을 거행했다. 하회리의 서낭신은 '무진생 서낭님'으로 열일곱 살의 처녀인 의성 김씨라고도 하고, 혹은 열다섯 살에 과부가 된 서낭신으로 동네 삼신의 며느리신이라고도 전한다.

별신굿을 거행하기 전해의 음력 12월 15일에 신의 뜻을 물어 별신굿이 결정되면, 12월 29일에 마을 대표들이 동사(洞舍)에 모여 상임 제주(祭主)인 '산주'의 주관 아래 탈놀이꾼 열두 명, 회계를 맡는 유사(有司) 두 명, 가면을 관리하는 청광대, 무동 등을 선정한다. 이들은 음력 12월 30일부터 별신굿이 거행되는 정월 15일까지 엄격한 금기 아래 동사에서 합숙하며 연습에 임한다.

가면극에 사용되는 가면은 동사에서 보관해 왔으나, 수십 년 전 동사에 화재가 난 이후로 산주의 집에 보관했다고 한다. 이 가면들은 1964년 국보 제121호로 지정되어 현재 국립중앙박물관에 소장되어 있다. 놀이장소로는 주로 동사 앞마당이 사용되었으나, 삼신당(三神堂) 앞마당도 자주 사용되었다.

놀이 내용은 제1과장 주지춤, 제2과장 백정(白丁)놀이, 제3과장 할미놀이, 제4과장 파계승놀이, 제5과장 양반·선비놀이로 구성되어 있다.

하회가면은 한국적인 표정을 갖고 있으며, 한국인의 골격과 용모를 잘 표현하고 있다. 그리고 각 배역에 따른 등장인물의 개성도 가면에 잘 나타나므로, 한국의 나무가면 가운데 걸작으로 꼽힌다. 여러 방증자료에 의하면, 하회가면은 고려시대 중기인 11-12세기까지 소급된다.

## 2) 강원도의 강릉관노가면극

강릉관노가면극은 원래 강릉단오제 때 행해지던 가면극으로서, 가면극 자체가 중요무형문화재로 지정되지는 못했고, 1967년 중요무형문화재 제13호로 지정된 강릉단오제에 속해 있다. 현재 강릉시 유천동에 전수회관을 두고 있다.

강릉관노가면극은 그 명칭에서 알 수 있듯이, 원래 관노(官奴)들에 의해 연희되던 가면극이었다. 옛날에는 음력 5월 1일 괫대(花蓋)를 장식해 세우고 대성황당의 앞마당에서 가면극을 행하고 4-5일까지 계속했다. 5일은 오전 여덟 시부터 대성황당 앞에서 가면극을 공연하고 다시 약국성황(藥局城隍)과 소성황(素城隍)에서 기도와 연극을 행한 후, 온 길을 되돌아서 성내(城內)의 시장, 전세(田稅), 대동(大同), 사창(司倉)의 여러 관청 앞에서도 성대하게 연희하고, 해질 무렵 신대(神竿)와 괫대를 받들어 여성황(女城隍)에 이르러 이곳에서도 연희한 후 신대를 대성황당 안에 봉안했다고 한다.

놀이 내용은 제1과장 장자마리춤, 제2과장 양반광대·소매각시춤, 제3과장 시시딱딱이춤, 제4과장 소매각시의 자살과 소생으로 구성되어 있다. 놀이에 사용되는 가면은 장자마리(두 개), 양반광대, 소매각시, 시시딱딱이(두 개)이다.

강릉관노가면극은 한국의 가면극 가운데 유일하게 묵극(默劇)이라는 점이 특징이다. 또한 다른 지방의 가면극은 각 과장의 내용이 서로 독립적인 모습을 보이는 데 반해, 강릉관노가면극은 각 과장이 서로 긴밀하게 연관되어 있다. 즉 양반과 소매각시를 중심으로 서사적인 내용의 연희가 진행되는 것이다. 양반이 소매각시를 차지해 다정하게 노는데, 시시딱딱이들이 훼방을 놓아 양반과 소매각시의 사이를 이간시킨다. 양반은 시시딱딱이들을 쫓아 버린 후에 소매각시를 끌고 와서 시시딱딱이와 놀아났다고 나무란다. 그러면 소매각시는 그런 것이 아니라고 완강히 부인하면서 양반에게 용서를 빈다. 그래도 양반이 화를 풀지 않자, 소매각시는 양반의 긴 수염에 자기의 목을 매어 자살한다. 이때 장자마리들과 시시딱딱이들이 소매각시의 죽음을 확인하고, 서낭신목을 모시고 와서 빌자 소매각시가 소생하는 내용으로 결말을 맺는다. 이러한 행복한 결말도 서사적 전개와 함께 강릉관노가면극의 특징으로 지적할 수 있다.

강릉관노가면극의 양반광대, 소매각시, 시시딱딱이의 삼각관계는 처용설화의 처용, 처용의 아내, 역신의 삼각관계와 매우 유사하다. 처용이 역신에게 아내를 뺏겼다가 다시 찾는 것이나, 양반광대가 시시딱딱이에게 소매각시를 뺏겼다가 다시 찾는 것이 구조상 완전히 일치하고 있다.[33]

## 3) 함경남도의 북청사자놀음

북청사자놀음은 원래 함경남도 북청군에서 전승되어 온 가면극이다. 육이오 당시 월남한 놀이꾼들은 1960년 8월에 '북청사자놀이보존회'를 발족했고, 1967년 북청사자놀음은 중요무형문화재 제15호로 지정되었다. 현재 서울 강남구 삼성동의 서울무형문화재 전수회관에 보존회 사무실을 두고 있다.

함경도에서는 함경남도의 북청, 함주, 정평, 영흥, 홍원, 함경북도의 경성, 명천, 무산, 종성, 경원 등지에서 사자놀이를 놀았다고 한다. 이 중 북청의 사자놀이가 가장 유명하며 함경도의 사자놀이를 대표한다.

북청사자놀음은 함경남도 북청군 산하 열한 개 면과 세 개 읍에 속하는 각 마을에서 음력 정월 15일 밤 세시풍속의 하나로 행해졌다. 북청읍의 사자놀이는 댓벌(竹坪里)사자〔여기에는 이촌(李村)사자, 중촌(中村)사자, 넘은개사자가 속함〕, 동문(東門)밖사자, 후평사자, 북리(北里)사자, 당포(棠浦)사자 등이 유명했으며, 그 밖에 마을마다 제각기 사자를 꾸며 놀았다.

한편 현재는 북청사자놀음에 사자가 두 마리 등장하지만, 원래 북청 지방에서는 두 마리 사자가 등장하는 마을이 없었다. 모든 마을에서 사자가 한 마리만 등장했다. 그리고 사자놀이의 내용도 현재와 많은 차이를 보인다.[34] 현재는 사자 외에 애원성춤, 사당과 거사춤, 무동춤, 꼽추춤, 칼춤, 승무, 중, 의원, 양반, 꼭쇠 등이 나온다. 이 중 가면을 쓰는 것은 길잡이, 양반, 꼭쇠, 꼽추, 사자(두 마리)뿐이다.

## 4) 남사당패의 덧뵈기

남사당패는 원래 남자들로 구성된 유랑예인집단이다. 1964년 꼭두각시놀음만 중요무형문화재 제3호로 지정되었다가, 1988년 남사당놀이 전부로 확대 지정되었다. 현재 서울 강남구 삼성동의 서울무형문화재 전수회관에 보존회 사무실을 두고 있다.

현재까지 남사당패의 은거지로 밝혀진 곳은 경기도 안성, 진위, 충청남도 당진, 회덕, 전라남도 강진, 구례, 경상남도 진양, 남해, 북쪽으로는 황해도 송화, 은율 등지다. 그곳에서는 놀이가 거의 없는 겨울철에 동면을 겸해서 초입자인 삐리들의 기예를 가르쳤다고 한다.

남사당패는 꼭두쇠(우두머리, 모갑이)를 정점으로 풍물(농악), 버나(대접돌리기), 살판(땅재주), 어름(줄타기), 덧뵈기(가면극), 덜미(꼭두각시놀음) 등 여섯 가지 놀이를 가지고, 일정한 보수 없이 숙식만 제공받게 되면 마을의 큰 마당이나 장터에서 밤새워 놀이판을 벌였다.

이 밖에 기타 지역 가면극의 유래와 연희 내용에 대해서는 이 책 제4장 「가면극의 계통」에서 자세하게 살펴볼 것이다.

# 제3장
# 가면극의 기원

 그 동안 한국 가면극의 연구에서 가장 논쟁이 활발했던 것은 그 기원에 관한 논의였다. 그 동안 제시된 가면극의 기원론(起源論)은 크게 산대희(山臺戲) 기원설, 산악(散樂)·백희(百戲) 기원설, 기악(伎樂) 기원설, 제의(祭儀) 기원설로 나눌 수 있다. 이 가운데 산대도감극 계통설과 풍농굿 기원설이 학계에서 가장 유력한 학설로 받아들여지고 있다.
 그러나 두 학설이 주장하는 내용은 서로 대립되고 있다. 가면극의 기원에 대한 논쟁은 산대희에 대한 논쟁에서부터 시작되었을 만큼, 그 동안 가면극과 산대희의 관련양상에 대한 연구가 매우 활발하게 전개되었다. 이두현(李杜鉉)은 이를 발전시켜, 가면극을 산대도감극과 서낭제 탈놀이의 두 계통으로 나누어 그 기원과 형성과정을 설명했다. 그러나 조동일은 산대도감극 계통설을 전면적으로 부정하면서 농악대 주도의 풍농굿 기원설을 주장했다. 최근 조동일은 각 지방 가면극의 형성과정에 대해서는 기존의 주장을 많이 수정했지만, 가면극의 기원 문제에 대해서는 기존의 입장을 고수하고 있다.
 이후 가면극에 대한 연구가 많이 축적되었음에도 불구하고 아직까지 가면극의 기원과 형성과정에 대한 논의가 진척되지 못하고 있다. 그러므로 이러한 연구의 현황을 타개하고 적극적으로 새로운 논의를 시작하는 일이 과제로 남아 있다. 이를 위해 이 장에서는 기존의 연구업적이 지닌 이론적 전제와 가설을 비판적으로 검증하고, 대립적인 두 학설 사이의 맥락을 살펴 기존 성과의 긍정적 측면을 수용하는 한편, 새로 발견된 자료들을 토대로 나름의 새로운 견해를 제시하고자 한다.

# 1. 산대희 기원설과 산악·백희 기원설

산대희 기원설과 산악·백희 기원설은 거의 동일한 내용이다. 산대희와 산악·백희는 동일한 연희를 가리키는 명칭이기 때문이다. 그러나 산대희 기원설이 한국적인 시각에서 가면극의 역사를 고찰하고 있다면, 산악·백희 기원설은 동아시아적 시각에서 한국 가면극의 역사를 고찰하면서, 산악·백희에서 전문적 연희자가 공연하는 가면극이 성립된 것이 동아시아의 보편적 현상임을 밝히고 있다.

이 기원설을 처음으로 제기한 학자는 일제시대에 활동했던 안확(安廓)이다. 그는 처용무(處容舞), 나례(儺禮), 산대희를 같은 것으로 보았다. 즉 나의(儺儀)가 신라시대에 처용무가 되고 고려시대에 내려와 산대희가 되었는데, 산대희가 바로 조선시대 산대도감극의 전신이라는 견해다.[1]

김재철(金在喆)은 여러 문헌자료를 이용하여, 고대로부터 현재에 이르기까지 한국 연극을 사적으로 정리했다. 그는 농사를 마치고 신을 즐겁게 하려는 무당의 의식에서 점점 복잡한 가무가 발달하여 비로소 가무극이 발생하게 된 듯하다고 하며, 신라의 검무(劍舞), 오기(五伎), 처용무, 무애무(無㝵舞)에서 연극의 면모를 살피고, 오기 즉 최치원의 「향악잡영(鄕樂雜詠)」 다섯 수(首)에 묘사된 다섯 가지 연희 중 가면희를 고찰했다. 또한 고려시대에는 종전의 다양한 가면극이 집대성되어 일종의 완전한 가면극인 산대극(山臺劇)이 형성되었고, 이 산대극이 조선시대에 산대도감극으로서 방방곡곡에 퍼지게 되었다고 보았다.[2]

안확과 김재철의 주장은 송석하와 조원경(趙元庚)에 의해 비판을 받았다. 송석하는 나례가 가면극의 발생에 동기를 준 것은 인정하지만, 처용무와 나례가 다르고 나례와 산대극이 다르다고 주장했다. 그는 안확의 논문을 비판하면서, 처용무와 산대극은 벽사관념(辟邪觀念)에서는 공통점을 갖고 있지만 조형미술상, 무용동작상, 음곡가요상 상이하기 때문에 처용무가 산대극이라는 주장이 잘못된 것임을 밝혔다. 나례나 산대잡극은 나례의식에서 행해진 백희 전반을 총괄해서 부르는 명칭이고 처용무는 그 가운데 한 가지이며, 산대희와 산대잡극은 고려말에는 여러 가지 잡기를 지칭하는 것이었으나 현대의 산대극은 연극 형태를 갖춘 연극 명칭으로 여기에 잡기는 전혀 포함되지 않는다고 하면서, 나례 산대희와 가면극인 산대극은 다른 것임을 지적했다.[3]

조원경은 안확과 김재철의 주장을 비판하면서, 나례에서 행했던 백희, 희학지사(戲謔之事), 교방가요는 산대극과 같은 가면무극(假面舞劇)이 아니며, 어느 나례에서도 가면무극을 행했다는 기록이 발견되지 않음을 보아 나례와 가면무극은 관계가 없다고 주장했다. 나례는 궁중나례(宮中儺禮)와 채붕나례(綵棚儺禮)로 나뉘는데, 궁중나례는 세말(歲末)에 궁중에서 행하는 것으로 방상시 축역(逐疫)과 학무(鶴舞), 처용무, 백희, 희학지사가 있었으나, 가면무용극은 없었다고 한다. 채붕나례는 중국 사신을 영접할 때, 왕의 신주를 종묘에 모실 때, 태실(胎室)을 이안(移安)할 때, 신감사를 영접할 때 등에 행해졌고, 어느 경우나 백희는 있었으나 중국 사신 영접시에는 희학지사가, 그리고 왕의 신주를 종묘에 모시기 위해 왕이 행차할 때는 교방가요가 추가되었을 뿐 역시 가면무용극은 없었다고 한다.[4] 그러나 최근 아극돈(阿克敦, 1685-1756)의 『봉사도(奉使圖)』(1725)가 발견됨으로써 산대회를 할 때 가면무용극도 연행되었음이 확인되었기 때문에, 송석하와 조원경의 주장은 설득력을 잃게 되었다.

이후 양재연(梁在淵)과 이두현은 산대회 기원설을 다시 부분적으로 긍정했다.[5] 이두현은 산대회 기원설을 더욱 발전시켜, 가면극의 기원을 서낭제 탈놀이와 산대도감 계통극으로 나누어 논의했다. 그는 하회별신굿탈놀이, 강릉관노가면극 등 서낭제에서 놀았던 서낭제 탈놀이는 서낭제에서 기원해 발전한 토착적 가면극이라고 보았다. 그러나 서울 근교의 산대놀이, 해서탈춤, 야류와 오광대는 산대도감 계통극이라고 주장한다. 그리고 고대의 제의에서 연극 일반의 기원을 찾아 이것을 가면극과 관련시키면서, 산대극의 모태로서 기악을 원형으로 설정하고, 나례희, 산대회, 가무잡희를 산대도감극의 선행 예능으로 보며, 규식지희(規式之戲)와 소학지희(笑謔之戲)의 결합이 가면극이라는 종합적인 견해를 제시했다. 산대도감극은 음악 반주에 춤이 주가 되고, 거기에 '몸짓이나 동작'과 '덕담·재담의 성격을 띤 대사'에 노래를 곁들이는 연출 형태인데, 그것의 가무적 측면은 규식지희의 전승이고, 연극적 측면은 광대소학지희의 희곡적 전개에서 이루어진 것이라는 견해이다. 즉 산대도감극의 춤과 연기는 나례의 규식지희에서, 대사는 나례의 광대소학지희에서 영향을 받았다고 보고, 처용무와 나례를 산대도감극의 선행 예능으로 인정하는 것이다.[6] 그리고 인조 이후 공의(公儀)로서의 나희가 급격히 쇠퇴하고, 영·정조 이후 국가적인 행사로는 폐지되자, 그 연희자인 팽인(伻人, 편놈)⁷들이 민간에서 가면극인 산대놀이를 시작했고, 그러다가 그 연희자들이 지방으로 분산되어 각 지방의 가면극이 이루어졌다고 보았다.⁸

　나는 한국 가면극의 계통을 크게 '마을굿놀이 계통 가면극'과 '본산대놀이 계통 가면극'으로 나눌 수 있다고 본다. 마을굿놀이 계통 가면극은 하회별신굿탈놀이나 강릉관노가면극처럼 마을굿놀이에서 유래한 가면극이고, 본산대놀이 계통 가면극은 전문적 연희자들이 전승하던 산악 또는 백희라고 부르던 연희들이 발전하여 성립된 가면극이다. 산악·백희 또는 산악잡희라고 불리는 연희들은 삼국시대에 중국으로부터 유입되었는데, 그 종목은 곡예와 묘기, 각종 동물로 분장한 가면희, 골계희(滑稽戱)인 우희, 환술, 가무희, 악기 연주 등이었다.

　결국 고려시대와 조선시대에 가무백희, 잡희, 산대잡극, 산대희라고 불리던 연희들은 바로 이 산악·백희와 동일한 것이라는 사실을 강조하고 싶다. 그리고 중국과 일본에서는 산악을 담당했던 사람들이 각각 이 연희들을 발전시켜 '나희(儺戱)'와 '노오(能)'라는 가면극을 성립시켰다. 마찬가지로 한국에서도 중국 사신의 영접시에 나례도감에 동원되어 연희를 펼쳤던 반인들이 18세기 전반기에 산악·백희 계통의 연희와 가면희들을 바탕으로 재창조해낸 것이 '본산대놀이'다. 그리고 원래 중국과 한국의 나례에서 산악·백희가 연행되었고, 그 연희자들이 후대에 가면극을 성립시킨 점도 일치한다. 한국 가면극에 등장하는 인물의 성격과 극적 형식은 나례에 등장하는 인물의 성격 및 구나형식(驅儺形式)에 크게 영향을 받은 것으로 나타나는데, 이는 서울의 본산대놀이 가면극을 성립시킨 연희자들이 바로 나례 및 중국 사신 영접시에 동원되던 반인들이었기 때문이다. 그러므로 이러한 입장은 산대희 기원설을 이어받아 확대 발전시켜 논의한 것으로서, 본산대놀이의 '산악·백희 기원설'이라고 부를 수 있다.

　결국 이상의 산대희 기원설과 산악·백희 기원설은 산대희에서 가면극인 산대놀이가 생겨났다고 보는 입장이다. 산대희는 신라시대 이래 조선 후기까지 지속되었다. 산대는 무대 구조물로서, '산과 같은 높은 무대'라는 의미에서 붙인 명칭이다. 신라 진흥왕 이래의 팔관회와 고려시대의 연등회를 거행할 때 산대 앞에서 가무백희를 연행했다. 1725년에 완성된 『봉사도』에는 소형의 산대 앞에서 줄타기, 접시돌리기, 땅재주, 그리고 가면을 쓴 사람 넷이 춤을 추는 모습이 그려져 있다. 이는 중국 사신을 영접하는 행사에서 행해진 산대희를 묘사한 것이므로, 산대희에서 가면극인 산대놀이가 성립되었다는 견해는 더욱 설득력을 얻게 되었다. 그리고 서울 근교의 가면극에 왜 애오개산대놀이, 송파산대놀이, 양주별산대놀이 등 산대놀이라는 명칭을 붙였는가 하는 의문도 해결할 수 있게 되었다.

## 2. 기악 기원설

가면극의 기악 기원설은 1950년대에 이혜구(李惠求)에 의해 처음 제기된 후 여러 학자들이 동조했는데, 최근에는 오(吳)나라의 위치에 대한 논쟁이 뜨겁다.

기악에 관한 첫기록은 『니혼쇼키(日本書紀)』 '스이코천황(推古天皇) 20년(612)' 조에 보인다.

> 백제인 미마지(味摩之)가 귀화하여 말하기를, "오나라에서 배워 기악무를 출 수 있다"고 했다. 그래서 사쿠라이(櫻井)에 살게 하고 소년들을 모아 기악무를 배우게 했다. 마노노오비토데시(眞野首弟子)·이마키노아야히토사이몬(新漢濟文) 두 사람이 그 춤을 배워서 전했다. 이것이 지금의 오치노오비토(大市首)·사키타노오비토(辟田首) 등의 선조다.[9]

인용문에는, 백제인 미마지가 중국 남조 오나라에서 배워 일본에 전했다는 기악의 구체적 내용은 밝혀져 있지 않다. 기악의 구체적 내용은 13세기 일본문헌인 『교쿤쇼(教訓抄)』(1233)에 소개되어 있는데, 절에서 불사(佛事) 공양의 무곡(舞曲)으로 연출되던 교훈극으로서 묵극(默劇)이었다. 그러나 우리 기록에서는 기악에 대한 내용을 찾아볼 수 없다.

미마지가 일본에 기악을 전한 이후, 일본에서는 기악을 기가쿠라고 불렀다. 백제 귀화인의 후손들은 야마토국(大和國) 시키노시모군(城下郡) 모리야촌(杜屋村)에 살면서 세습적 가업으로 기가쿠를 전승했다. 그리고 불교의 이대 명절인 석가탄신일(음력 4월 8일)과 우란분재(盂蘭盆齋, 음력 7월 15일) 때 동서양사재회(東西兩寺齋會)에서 기가쿠를 공연했는데, 나라(奈良)시대에는 기가쿠가 모든 사찰에서 연행될 정도로 융성했다. 그러나 헤이안시대부터 쇠퇴하기 시작하여 새로운 무악(舞樂)에 압도되었고, 가마쿠라시대에 이르러 그 명맥을 잃었다. 현재 일본에는 기가쿠에 사용되던 가면들이 이백삼십여 개 남아 있다. 최근에 도다이지

(東大寺) 등에서 기가쿠를 새로 복원하여 공연하고 있다.

기악 기원설을 처음 제기한 이혜구는 기가쿠를 양주별산대놀이 및 봉산탈춤과 비교해, 가면극의 각 과장과 등장인물을 설명했다.[10] 이 학설은 한국 가면극에 대한 새로운 자료의 제공으로서 의의가 크고, 앞으로 자료를 더 발굴해서 연구해야 할 가치가 충분히 있다. 그러나 단순한 장면 비교로 기가쿠와 한국 가면극을 같은 계열의 연희로 보고, 각 과장의 등장인물의 성격이 같다고 해석하는 것은 문제가 있다. 특히 『교쿤쇼』의 내용은 미마지가 기가쿠를 전수한 지 육백 년이나 지난 후에 기록된 것이라, 기가쿠 자체 내에서도 많은 변화가 있었을 것으로 보인다.

일본학자 무라카미 쇼코(村上祥子)는 한국의 가면극과 일본의 기악을 비교하면서, 양주별산대놀이에서 옴, 먹중, 연잎까지의 과장은 기악과 다른 양상을 보이며, 양주별산대놀이의 연잎과 기악의 오공(吳公)이 같은 성격의 인물이라는 해석도 무리가 있다고 지적했다. 그리고 『교쿤쇼』를 통해 본 기악의 내용은 비속하고, 불교적인 내용도 희박한 골계기(滑稽伎)라고 밝혔다. 이것은 『교쿤쇼』가 기악의 전래로부터 육백 년이 지난 후에 씌어진 기록이므로, 그 동안 수입된 많은 악무(樂舞)의 영향을 받은 결과, 기악이 본래의 모습을 잃고 비속하고 골계적인 내용이 되었고, 이 때문에 일본에서도 사원극(寺院劇)으로서의 기악은 점차 쇠퇴하지 않을 수 없었던 것으로 보았다.[11]

서연호는 오나라의 위치에 대해 중국 남조설 이외에 한국 내재설로 고구려설과 가야설, 백제설이 있음을 소개하고, 전승 가면과 연희 내용, 연희 방법, 북청사자놀이와의 관계, 전승 계통, 고대의 지역 명칭 등을 근거로 논의하면서 오나라가 고구려의 대방군(帶方郡) 지역일 것이라는 견해를 밝혔다.[12]

일본학자 나리사와 마사루(成澤勝)는 일본 학계에서 구레(吳)가 중국의 남방을 가리킨다는 것이 통설이지만, 미마지가 전한 가면극으로서의 기악이 중국에서는 그 흔적조차 확인되지 않고 있는 점 등을 들어 이 학설에 부정적인 견해들도 적지 않음을 소개했다. 그리고 여러 실증적 자료들을 바탕으로 구레의 위치를 고구려와 백제 사이에 있었던 대방군 지역으로 보았다. 그는 각각 동일한 사건이 『니혼쇼키』에서는 '吳'로, 『쇼쿠니혼기(續日本記)』에서는 '帶方'으로 기록되어 있어서, 결국 '구레'는 바로 대방을 지칭하는 것임을 밝혔다. 그리고 기원 200년 직전에 후한(後漢) 조정이 오봉(吳鳳)을 낙랑태수로 한반도에 파견했을 때 그 일족이 따라왔다고 한다. 즉 한대〔漢代, 사군(四郡) 및 대방군(帶方郡) 시대〕에 오(吳)씨 성을 가진 중국계 집단이 대방 지역에 이주해 오성(吳姓)을 칭하면서 상대적으로 우월한 중국문화를 전승했으며, 또 한반도 재래문화와 융합하면서 새로운 창조도 해 나갔기 때문에 고구려나 백제와는 다른 특이한 문물을 일본에 전파했는데, 그렇게 전래된 문물이 바로 '구레노타가라(吳財)'였다는 것이다. 그러므로 일본에서는 오씨 성을 가진 사람들이 많았던 대방 지역을 구레라고 불렀던 것으로 보았다.[13]

최정여(崔正如)는 조선조 초기에 사원 정비책으로 인해 사원에서 물러난 승려들이 놀이패로 전환되면서, 기악이 민간 연극으로 변하는 계기가 마련되었으리라고 보았다.[14]

이 밖에 일본에서는 기악과 관련하여 기악(伎樂), 오악(吳樂), 기악(妓樂) 등 명칭 문제, 미마지의 실체, 오나라의 위치 등에 대한 활발한 논쟁이 진행되었다.[15]

기악 기원설이 설득력을 얻기 위해서는 기악과 현전하는 가면극을 연결시킬 만한 중간 단계의 자료를 발굴하는 것이 필요하다. 그리고 기악이 불교 선전극이자 묵극인 만큼, 이것이 현전하는 가면극과 같이 파계승 풍자를 비롯한 민속풍자극으로서 대화, 노래, 춤, 연기가 함께 어우러진 연극으로 발전한 과정에 대한 논의가 과제로 남아 있다.

경기도의 양주별산대놀이와 송파산대놀이, 황해도의 봉산탈춤과 강령탈춤 등에 등장하는 취발이는 '체괄이(최괄이)→취괄이→취발이'의 변천과정을 거친 것으로 보인다.

| 이 노장 힘이 쇠약해 | 力微任從風 |
| 넘어지기 몇 번이던고. | 顚躓凡幾度 |
| 한 젊은 계집이 등장하니 | 又出一少妹 |
| 이 만남에 깜짝 반기며 | 驚喜此相遇 |
| 흥을 스스로 억제치 못해 | 老興不自禁 |
| 파계하고 청혼을 하더라. | 破戒要婚娶 |
| 광풍이 문득 크게 일어나 | 狂風忽大作 |
| 당황하여 어쩔 줄 모르는 즈음 | 張皇而失措 |
| 또 웬 중이 대취해서 | 有僧又大醉 |

고래고래 외치고 주정을 부린다.    呼號亦恣酗

　인용시는 강이천(姜彝天, 1769-1801)의 「남성관희자(南城觀戲子)」 중의 일부인데, 1778년에 공연된 본산대놀이를 묘사한 것이다. 인용한 부분은 노장 과장이다. 밑줄 친 부분에서 주정을 하는 술 취한 중은 바로 양주별산대놀이, 봉산탈춤 등에 등장하는 취발이다. 한편 은율탈춤에서는 이 배역의 인물을 '최괄이'라고 부른다. 그래서 체괄이, 최괄이, 취발이 삼자의 관련성을 짐작할 수 있다.

　1865년에 지은 것으로 추정되는 작자 미상의 『기완별록(奇玩別錄)』에서는 발광한 중이 나와 "팔뚝짓에 다리짓에 대가리를 뒤흔들며 가로 뛰고 세로 뛰고 사지

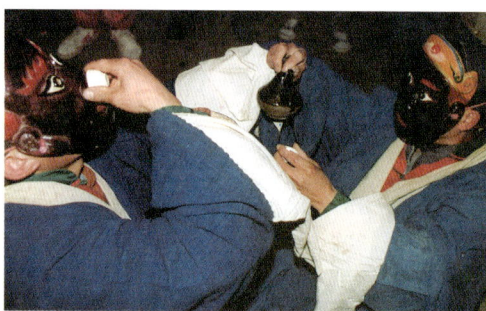

37. 중국 안휘성 귀지 나무의 무회회 중 회회취주형. 두 호인이 술을 마시고 있다.(왼쪽)
38. 중국 안휘성 귀지 나무의 무회회 중 회회축복형. 호인들의 옷에 '기쁠 희(喜)' 자 두 개를 거꾸로 수놓았는데, 거꾸로라는 뜻의 '도(倒)' 자와, 온다는 뜻의 '도(到)' 자가 음이 같아 기쁨이 온다는 뜻이다.(아래)

39-40. 쇼소인 소장의
스이코오 가면(왼쪽)과 스이코
(스이코오의 종자) 가면(오른쪽).

육신 흔들흔들" 하며 잡상스럽고도 수선한 모습을 보인다. 이는 바로 오늘날의 취발이의 모습과 완전히 일치한다. 그런데 이 등장인물의 이름을 "체괄인가 취괄인가"라고 표현하여, 당시에 취발이를 체괄이나 취괄이로 불렀음을 알려 준다. 그러므로 은율탈춤의 최괄이는 취발이의 잘못된 표기가 아니라, 예전의 이름이 남은 것이다.

체괄이는 사설시조 「연등가」에도 나오는데, 등을 묘사하는 가운데 "사자 탄 체괄(體适)이요, 호랑이 탄 올량합(兀良哈)과 칠성등 벌였는데"라는 구절이 보인다. 체괄과 올량합은 모두 북방 오랑캐를 가리키는 말이다. 그러므로 체괄이, 최괄이, 취발이를 같은 말로 본다면, 북방민족이 가면극에 등장하는 셈이 된다.

결국 취발이는 술 취한 호인(胡人)을 가리키는 데서 온 것으로 인정할 수 있는데, 그렇다면 이것은 기가쿠의 스이코(醉胡)와 유사한 인물인 것이다. 특히 『교쿤쇼』에 의하면 기가쿠의 스이코는 스이코오(醉胡王)라고도 하는데(도판 39), 쇼소인(正倉院)의 가면이나 여러 사찰의 『시자이초(資財帳)』에 의하면, 스이코오의 가면과 함께 그의 종자(從者) 여섯 명 혹은 여덟 명의 스이코 가면이 있었다고 한다.[16](도판 40) 이는 봉산탈춤에서 취발이가 팔먹중들의 우두머리로 나타나고,[17] 취발이와 팔먹중들도 모두 술에 취해 있으며, 그들의 가면이 모두 호인의 형상을 하고 있는 것과 통한다.

그런데 중국의 가면극에도 기가쿠의 스이코와 관련된 연희가 지금까지 전승되고 있다. 중국 안휘성(安徽省) 귀지(貴池)의 여러 마을에서는 마을굿인 향촌제사(鄕村祭祀)에서 가면무와 가면극을 공연한다. 이때 연행되는 가면무를 나무(儺舞)라고 하고, 가면극을 나희라고 한다. 귀지의 나무 가운데 무회회(舞回回)는 여러 마을에서 전승되고 있는데, 한국 가면극의 취발이나 팔먹중처럼 서역인의 가면을 쓰고 연희하는 내용으로서 상호 관련성을 고찰할 필요가 있다. 무회회에는

41. 『신제이코가쿠즈』의 고인주.

회회축복형(回回祝福型), 회회무방형(回回舞方型), 회회무도형(回回舞刀型), 회회무사형(回回舞獅型), 회회취주형(回回醉酒型)의 다섯 유형이 있는데,[18] 모두 술 취한 회회인이 등장한다. 그래서 회회가 춤을 춘다는 제목이 붙은 것이다. 회회축복형은 다섯 명의 회회가 등장해 축복을 베푸는 내용의 노래를 부르는데, 한 사람이 노래하고 여럿이 화창한다. 회회무방형은 네 명의 회회가 네 방향으로 나뉘어 돌아가며 사방무(四方舞)를 추는 내용이다. 회회무도형은 회회가 칼춤을 추는 내용이다. 회회무사형은 회회가 사자가면을 뒤집어쓴 사자 가장물을 데리고 등장하여 사자춤을 놀게 하는 내용이다. 회회취주형은 회회가 술을 마시는 내용으로, 두 명의 회회가 술을 마시다 취하여 누워서도 마시고 칼도 겨룬다.[19]

마침 나는 2000년 2월 12일 귀지의 나무와 나희를 현지조사할 기회가 있었는데, 이때 회회축복형의 무회회를 촬영할 수 있었다.(도판 37, 38) 회회는 위구르를 포함해 서역의 이슬람교도를 지칭하는 말이다. 회회 즉 서역의 이슬람교도들은 색목인이 많고 복장도 특이하므로 외형상 쉽게 구분된다.

원진(元稹)의 시에 "취한 듯 추는 호등무는 근육과 뼈 부드러운 듯하네(胡騰醉舞筋骨柔)"라는 내용이 있듯이, 이미 당나라 때 취호등(醉胡騰)·취호자(醉胡子)라고 하여, 술에 취한 호인이 등장하는 연희가 있었다. 이것이 일본으로 건너가서

제3장 가면극의 기원 97

42. 1930년대 봉산탈춤의 먹중들.

43. 봉산탈춤의 먹중.

44. 봉산탈춤의 취발이.

고인주(胡飮酒)로 칭해졌다. 일본에 전하는 두루마리 그림인『신제이코가쿠즈(信西古樂圖)』에 무악(舞樂)의 하나로 고인주가 그려져 있는데, 분명히 서역인의 모습이다.(도판 41) 이혜구는 일본의 우방악(右坊樂) 중에 전하는 고토쿠라쿠(胡德樂)는 술에 취해 춤추는 호인무인데, 코가 흔들리는 가면을 착용하기 때문에 '헨비코토쿠(遍鼻胡德)'라고도 부르며, 이 연희는 기가쿠의 스이코와 좌방악(左坊樂)의 고인주, 당악 중의 주호자(酒胡子), 일명 취공자(醉公子) 또는 취호자라고 불리는 무곡과도 동일 계통의 것으로 보았다.[20]

그러므로 현재 중국 안휘성의 가면극에서 술에 취한 서역인인 회회가 등장하는 것과, 한국의 가면극에서 술에 취한 서역인 형상의 취발이와 팔먹중이 등장하는 것은 우연의 일치가 아니다. 기가쿠와 취호등·취호자로부터 내려오는 매우 오랜 내력을 갖고 있는 것이다.(도판 42-44)

## 3. 제의 기원설

연극의 제의 기원설은 예술의 시원이 제의에 있다는 의미에서 세계적인 보편성을 인정받고 있다. 특히 고대 그리스 연극이나 동양 연극을 비롯한 비서구적(非西歐的) 연극의 기원을 풍요제의나 무속제의에서 찾는 것은 세계적인 추세였다.

한국 가면극의 기원에 대한 논의에서도 제의 기원설이 자주 제시되었다. 가면극의 제의 기원설은 가면극의 기원이 무당이 주재하는 고대의 제의나 마을굿에 있다고 보는 무속제의 기원설과 풍요제의 기원설(풍농굿 기원설)로 크게 나눌 수 있다.

이미 일제시대의 연극학자 김재철은 농사를 마치고 신을 즐겁게 하려는 단순한 무당의 의식에서 점점 복잡한 가무가 발달해 비로소 가무극이 발생하게 된 듯하다고 하면서, 산대극의 첫 과장에 고사 장면이 있는 점, 미얄할미의 죽음 후에 하는 넋두리 등 무당과 관련된 내용이 많은 것을 예로 들었다.[21]

일제시대의 민속학자 송석하는 가면극의 사방신무(四方神舞)와 성행위의 모습을 풍농풍어(豐農豐漁)를 비는 굿의 흔적으로 해석했다.[22]

이상의 견해들은 한국 가면극의 발생 배경을 직접 해명해 주는 것이 아니고, 연극 발생의 일반론을 다시 한번 확인한 셈이었다.

가면극의 풍요제의 기원설은 1960년대에 국문학자 조동일에 의해 제기된 것으로, 풍농굿 기원설이라고 할 수 있다. 그는 마을굿의 유형을 농악대가 하는 행사, 무당이 하는 행사, 제관(祭官)이 하는 행사로 나누고, 가면극은 농악대 주도의 풍농굿에서 출발했다고 주장했다. 마을굿에서 농악대의 가면을 쓰고 노는 무리가 잡색으로 따라다니며 이따금씩 허튼수작을 하기도 하지만, 마을굿을 하는 원래의 행사가 끝난 다음에 기회를 얻어서 연희를 한바탕 따로 벌인 것이 가면극이라고 한다. 즉 가면극이 마을굿에서 자생적으로 생성 발전했다는 것이다. 가면극의 내용과 농악굿을 비교하면 여러 공통점이 발견된다. 우선 『동국세시기(東國歲時記)』에 나와 있는 강원도 고성의 마을굿, 경상북도 영양군 일월면 주곡동의 농악대굿, 경상북도 안동군 풍천면 하회동의 하회별신굿 등의 예를 보면, 모두 가면을 쓰고 농악대와 함께 마을 수호신에게 굿을 하면서 탈춤놀이를 했다는 사실이 드러난다. 가면의 이름은 이매, 초랭이, 양반, 각시 등 인간의 명칭이지만, 이것은 본래 굿에서의 신가면(神假面)이 연극으로 전이되면서 인간가면(人間假面)으로 바뀐 것으로 보았다. 또한 마을굿에서는 다산과 풍요를 기원하는 여름과 겨울의 싸움을 볼 수 있는데, 가면극에서도 이같은 싸움을 찾을 수 있다고 한다. 노장과 취발이의 대결, 미얄할미와 돌머리집의 대결에서 생산력이 약한 늙은이가 구축(驅逐)되고 생산력이 강한 젊은이가 승리하며, 젊은이로부터 새로운 생명이 탄생하는 모습을 보여주는 것은 바로 농경의식에서 행했던 모의 주술적 기풍의례(祈豐儀禮)의 반영이라는 것이다.[23] 그리고 조동일은 가면극을 농촌탈춤과 도시탈춤으로 나누어 설명했다. 농사가 잘되게 하려는 마을굿에서 농악대의 잡색들이 노는 놀이가 발전해 농촌탈춤이 형성되었고, 농촌탈춤이 18세기 중반에 상인과 이속의 도시탈춤으로 발전했다는 것이다.[24]

그러나 최근 조동일은 가면극의 기원에 대해서는 기존의 입장을 고수하면서도, 각 지방 가면극의 형성과정에 대해서는 견해를 수정했다. 즉 농촌탈춤이 바로 도시탈춤으로 변한 것이 아니라, 농촌탈춤이 도시탈춤으로 발전하는 데 직업적 연희자인 떠돌이놀이패의 탈춤이 그 모형을 제공했을 것이라고 한다. 그리고 오광대의 경우는 초계 밤마리(경상남도 합천군 덕곡면 율지리)의 오광대패와 같은 떠돌이놀이패의 가면극이 직접적인 영향을 끼쳤다고 한다.[25]

이상과 같이, 풍농굿 기원설은 가면극의 형성과정을 민간적 전승에서 찾고, 가면극이 하층문화로서 일관된 전승을 했다고 주장한다. 이는 하회별신굿탈놀이나 강릉관노가면극 등 마을굿에서 유래하여 발전해 온 가면극의 기원과 발전과정에 대한 논의로서는 설득력있는 견해다. 그러나 삼국시대에 중국으로부터 유입된 산악·백희를 놀던 전문적 연희자들이 가면희를 놀았던 기록과 그림이 발견되었고, 그들이 성립시킨 본산대놀이 가면극이 존재하므로, 풍농굿 기원설만으로는 한국 가면극의 형성과정을 모두 포괄할 수 없다. 또한 농악대와 가면극의 관련 문제에서, 함경도처럼 농악이 없는 지역에 극의 성격을 지닌 북청사자놀음이 성행했으며, 농악이 가장 성했고 전국의 농악대 가운데 잡색이 가장 많았던 충청도와 전라도 지역에 가면극이 존재하지 않는 점으로 보아, 각 지역의 가면극이 모두 농악대굿에서 발생했다는 주장은 설득력이 약하다.

한편 가면극의 무속제의 기원설은 1980년대에 박진태(朴鎭泰)에 의해 본격적으로 제기되었다. 그는 신화와 굿, 제의와 가면극의 상관성을 구조적으로 고찰했다. 박진태는 하회별신굿의 강신과 거리굿은 무당이 주재하고, 광대들이 하는 가면극에도 무당의 가면극이 들어 있다는 사실에 주목하여, 하회별신굿은 무당이 사제 역할을 하던 마을굿에서 농악대가 주재하는 마을굿으로 전이하는 과정의 중간 형태라고 보았다. 하회별신굿탈놀이는 주지 과장, 백정 과장, 할미 과장, 중 과장, 양반·선비 과장으로 구성되어 있는데, 이는 각각 무굿의 부정굿, 타살굿, 계면굿, 세존굿, 천왕굿에 대응하며, 각 과장의 순차 구조와 굿의 절차 사이에도 대응 관계가 있다고 지적했다.[26] 그러나 이 주장을 하회별신굿탈놀이 이외에 본산대놀이 계통 가면극 등 한국 가면극 전반으로 확대해 적용하기는 어렵다.

## 4. 실제적 목적 기원설

해방 후 북한에서 가면극을 연구한 김일출(金日出)은 가면극의 기원을 사회주의적인 관점에서 고찰했다. 그는 가면극의 기원을 무당의 의식(儀式)에서 찾고, 산대극도 무당의 의식에서 출발하여 발전했으리라는 김재철의 견해에 대해, 산대극이 신라 이래의 가면무용을 집대성한 것임은 틀림없으나 가면극이 무당의 의식에서 발생했다고 인정하는 것은 편협한 견해가 아닐 수 없다고 비판했다. 그리고 러시아의 민속학자인 코스벤(KocBeH)의 견해를 소개하면서, 가면 내지 가면무용의 발생은 원시인이 짐승의 소리를 흉내내거나 사냥하려는 짐승의 모피를 뒤집어 쓰고 동물들에게 접근하는 특수한 수렵방식에서, 또는 호랑이나 곰 등을 숭배하는 토템과 관련된 의식에서, 혹은 종족간의 전쟁에서 적을 위협할 실제적 목적 등에서 기인했다고 주장했다.[27] 그러나 이 견해는 한국 가면극의 발생 기원에 대한 직접적인 설명이라기보다 가면극 일반의 기원을 표명한 것에 불과하다.

이상에서 그 동안 한국 가면극의 기원으로 제시된 여러 학설을 살펴보았다. 이 기원설들을 살펴보는 과정에서 드러난 바와 같이, 한국 가면극에는 산대희, 기악, 제의의 영향이 두루 남아 있다. 그래서 여러 학설이 일정한 설득력을 갖고 있다. 그러나 한국 가면극의 주류를 이루고 있는 본산대놀이 계통 가면극은 산대희, 즉 산악 또는 백희라고 부르던 연희들과 가장 밀접한 관련을 갖고 있다.

그래서 한국 가면극은 '마을굿놀이 계통 가면극'과 '본산대놀이 계통 가면극'으로 나누어 그 기원을 고찰해야 한다. 마을굿놀이 계통 가면극은 하회별신굿탈놀이나 강릉관노가면극처럼 마을굿놀이에서 유래했고, 본산대놀이 계통 가면극은 산악 또는 백희라고 부르던 연희들이 발전하여 성립되었기 때문이다.

본산대놀이의 산악·백희 기원설은 한국 가면극이 갖고 있는 동아시아적 보편성을 밝힐 뿐만 아니라, 고구려의 고분벽화나 각종 문헌에 정착된 연희 자료들을 일관되게 꿰뚫어 해명할 수 있다. 아울러 산악·백희에 대한 고찰을 통해, 이 연희들을 담당했던 담당층에 대한 일관된 해명도 가능하다. 한국에서 산악·백희를 연행했던 담당층은 세습무계의 재인, 북방민족 계통의 수척과 반인, 재승(齋僧) 출신의 사장·사당·남사당, 서역 계통의 연희자, 조선 후기의 유랑예인집단 등이었다. 산악·백희라는 입체적인 대상을 설정함으로써 한국 전통연희의 갈래, 분포, 담당층에 대한 명쾌한 해석이 가능하게 되었다.[28]

## 제4장
# 가면극의 계통

한국 가면극은 크게 본산대놀이 계통 가면극, 마을굿놀이 계통 가면극, 기타 가면극으로 나눌 수 있다.

본산대놀이 계통 가면극은 본산대놀이로부터 전파된 가면극들을 말한다. 학자들은 애오개, 사직골 등에 있었던 산대놀이를 흔히 본산대놀이라고 부르는데, 이는 양주와 송파 등지의 별산대놀이와 구별하기 위한 것이다. 본산대놀이는 반인들이 조선 후기에 서울 근교에서, 삼국시대 이래 전승되어 온 산악·백희 계통의 가면희와 연희를 재창조해 만들어낸 가면극이다.

마을굿놀이 계통 가면극은 마을굿에서 유래해 발전해 온 토착적 자생적 가면극들을 말한다.

그 동안 가면극에 관한 문헌자료들이 꾸준히 발굴되어 왔다. 최근에도 새로운 자료들이 발굴되어 가면극에 대한 구체적인 사실을 전해 주고 있다. 현재 문헌자료에 기록된 가면극은 주로 전문적 놀이꾼에 의해 공연되던 것이다. 그런데 기존 연구에서는 이 점이 부각되지 못했다. 그러므로 여기에서는 기존의 문헌자료와 새로 발굴된 문헌자료들을 모두 동원해 전문적 놀이꾼에 의해 전승되어 온 가면극의 실상을 밝히고, 이 가면극들을 현존하는 가면극과 비교해 논의하고자 한다. 이 과정에서 그 동안 자료의 부족이나 해석상의 착오로 인해 제대로 밝혀지지 못했던 가면극사의 여러 문제들을 해결해, 가면극의 계통에 대해 새롭게 논의할 수 있는 단서를 찾을 수 있을 것이다.

# 1. 본산대놀이 계통 가면극

본산대놀이 계통 가면극은 산대희(山臺戲), 즉 산악(散樂) 또는 백희(百戲)라고 부르던 연희들과 가장 밀접한 관련을 갖고 있다. 중국에서 산악 또는 백희라고 부르던 연희들을 한국에서는 백희, 가무백희(歌舞百戲), 잡희(雜戲), 산대잡극(山臺雜劇), 산대희, 나례, 나희, 나(儺) 등으로 불러 왔다. 이런 명칭들은 이 연희들이 산대라는 무대 구조물 앞에서 연행되었고, 또 나례에서도 연행되었기 때문에 생겨난 것이다.

산악·백희의 종목은 첫번째, 방울받기, 칼받기, 물구나무서기, 솟대타기, 줄타기, 칼재주부리기, 바퀴 돌려 올리기, 무거운 솥 들어올리기, 불 밟고 걷기, 칼이 꽂혀 있는 좁고 긴 장애물을 통과하기, 씨름, 말타기 재주, 동물 재주 부리기 등의 곡예와 묘기, 두번째는 칼 삼키기, 불 토해내기, 혀를 끊었다가 다시 잇기, 배를 갈라 창자를 꺼내 끊었다가 다시 잇기, 오이씨를 심어 곧바로 열매 맺게 하기, 나무를 심어 쑥쑥 자라게 하기, 사람이나 말을 칼로 자른 후 원상태로 복원하기, 팔과 다리를 자르기, 자기 몸을 끈으로 묶은 후 스스로 풀기, 소와 말의 머리 바꾸기 등의 환술이다. 또 세번째는 각종 동물로 분장한 가면희, 네번째는 각종 동물을 훈련시켜 재주부리게 하기, 다섯번째는 인형극, 여섯번째는 골계희인 우희, 일곱번째는 가무희, 여덟번째는 악기 연주 등이었다.

일본의 저명한 연극학자인 가와타케 시게토시(河竹繁俊)는 일본의 경우도 동아시아 공동의 연희문화인 산악·백희가 일본에 유입된 이후 변화 발전하여, 후대에 일본의 대표적 전통연극인 노오가쿠(能樂)·노오교겐(能狂言)·닌교조루리(人形淨瑠璃)·가부키(歌舞伎) 등을 성립시켰음을 밝힌 바 있다.[1]

중국에서는 산악을 담당했던 사람들이 이 연희들을 발전시켜 '나희'라는 가면극을 성립시켰고, 일본에서는 사루가쿠(猿樂) 즉 산악을 담당했던 사람들이 '노오'라는 가면극을 성립시켰다. 그리고 한국에서도 중국 사신 영접시에 나례도감(儺禮都監)에 동원되어 연희를 펼치던 반인들이 18세기 전반기에 산악·백희 계통의 연희와 기존의 가면희들을 바탕으로 재창조해 낸 것이 '본산대놀이'다.

이상에서 살펴본 바와 같이, 한국의 가면극 가운데 본산대놀이는 삼국시대에 유입된 산악·백희가 통일신라시대, 고려시대, 조선시대를 거치면서 발전해 형성된 것이다. 결국 18세기 전반기에 성립된 본산대놀이는 반인들이 산악·백희 계통의 연희와 가면희들을 바탕으로 재창조해낸 것이라고 말할 수 있다.

그러므로 이제 시대별로 산악·백희의 역사적 전개를 고찰하면서, 조선 후기에 본산대놀이가 성립하는 모습을 구체적으로 살펴보기로 한다.

## 1) 삼국시대

삼국시대에는 중국으로부터 산악 또는 백희, 산악잡희(散樂雜戲)라고 부르는 연희들이 유입되었다. 다음 기록이나 고구려 고분의 벽화들은 고구려가 중국, 서역과 매우 활발한 교류가 있었고, 고구려에 이미 산악·백희 같은 중국과 서역 유래의 놀이들과 가면희가 있었음을 전해 준다.

> 무제가 조선을 멸하고 고구려를 현으로 삼아 현도에 속하게 하고, 악사와 놀이꾼을 하사하였다.[2] ―『후한서(後漢書)』권85,「동이열전(東夷列傳)」

고구려는 소수림왕(小獸林王) 2년(372) 전진(前秦)으로부터 불교를 받아들였고, 북주(北周, 557-580) 때 서역악(西域樂)을 채용했다. 그래서 6세기 후반부터 고구려말인 7세기 후반까지는 고구려악(高句麗樂)의 전성시대였다. 고구려악은 오현(五絃)과 필률(篳篥) 같은 서역 악기를 먼저 섭취했기 때문에 백제악과 신라악보다 우월하여, 수(隋)나라의 구부기(九部伎)에 들 수 있었다.[3]

고구려는 서역계의 악기와 가면무를 가지고 있었기 때문에 일본에서도 백제악, 신라악이란 명칭은 사라지고 고마가쿠(高麗樂, 고려악)란 명칭으로 전래되었다. 일본에서는 5세기 중엽에서 9세기 중엽에 이르는 동안 신라악, 백제악, 고구려악의 순서로 전래되어 병립했으나, 9세기 중엽에 이르러 외래악무(外來樂舞)를 정리할 때, 당나라와 인도(천축) 등의 악무를 좌방악(左坊樂)이라 하고, 삼국 및 발해의 악무를 우방악(右坊樂)이라 불렀다. 우방악은 일명 고려악이라 하여, 고구려악이 삼국악의 총칭으로 불렸다. 고구려악은 스물네 곡(曲)이었는데, 이 중 신도리소(新鳥蘇), 고도리소(古鳥蘇), 신슈도쿠(進走禿), 다이슈도쿠(退走禿), 나소리(納曾利), 소리코(蘇利古), 곤론핫센(崑崙八仙), 고토쿠라쿠(胡德樂), 오닌테이(皇仁庭), 기도쿠(貴德), 아야기리(綾切), 지큐(地久) 등 열두 곡은 가면무

악(假面舞樂)이다.[4]

고구려 고분벽화에는 긴 장대를 양쪽 다리에 묶고 걷는 나무다리걷기(수산리고분과 팔청리고분), 방울을 여러 개 공중에 던졌다가 받는 방울받기(장천 1호분), 수레바퀴를 공중에 던져 올렸다가 받는 놀이인 무륜(舞輪, 수산리고분과 장천 1호분), 말타기 재주인 마상재(馬上才, 약수리고분과 팔청리고분), 칼을 가지고 재주 부리기(팔청리고분과 안악 3호분의 행렬도), 씨름인 각저희(角抵戲, 각저총과 장천 1호분), 수박희(手搏戲, 무용총과 안악 3호분) 등 곡예에 해당하는 놀이와 가면희(안악 3호분) 등 연극적 놀이가 그려져 있다. 그리고 긴 뿔나팔 불기(안악 3호분과 팔청리고분)와 여러 고분에서 발견되는 북, 장구, 완함(阮咸, 비파의 한 종류), 긴 퉁소 등의 악기 연주, 원숭이를 훈련시켜 재주부리게 하기(장천 1호분) 같은 동물곡예 등 산악·백희에 해당하는 연희들이 다양하게 그려져 있다.(도판 45-48)

안악 3호분 동수묘(冬壽墓)의 벽화 중 후실의 가면희도(假面戲圖)에는 서역 출신으로 보이는 춤꾼이 가면을 착용하고 있다. 이 그림에는 네 사람이 보인다. 세 사람이 각각 긴 퉁소, 완함, 거문고를 연주하는 가운데 한 사람이 탈춤을 추는 그림인데, 퇴색이 심하다. 춤추는 인물은 비교적 선명하며, 붉은색 물방울 무늬가 있는 터번식의 머리쓰개가 이국적이다. 이 인물은 코가 큰 탈을 썼으며, 다리를

45. 고구려 수산리 고분벽화의 연희 장면.
나무다리걷기(高蹻), 방울받기,
수레바퀴 쳐올리기(舞輪).

46. 고구려 각저총의 씨름 장면.
동쪽을 바라보고 있는 매부리코의
씨름꾼은 서역인으로 보인다.

47. 장천 1호분의 연희 장면.
원숭이 재주 부리기, 방울받기,
수레바퀴 쳐올리기. 큰 나무줄기에
원숭이가 한 마리 있고,
나무 아래에도 한 마리 있는데,
연희자가 이 원숭이들을
놀리고 있다.

48. 팔청리 고분벽화의 행렬도.
말을 타고 뿔나팔을 불면서
갖가지 묘기를 보여주는 재주인
마상재, 긴 나무장대를
두 발에 묶고 나무다리걷기를
하면서 완함 반주에 맞춰 춤을 추는
연희, 두 사람이 짝을 이룬
칼재주 부리기, 방울받기 등
산악·백희의 연희 종목들이
다수 묘사되어 있다.

X자형으로 꼬고 손벽을 치는 듯한 자세로 춤을 추고 있다. 집안현 다섯 무덤의 4호 고분과 5호 고분에도 가면을 쓴 사람이 있다.[5](도판 49-51)

산악·백희를 담당했던 연희자들은 그 연희 내용으로 볼 때 삼국시대부터 전문적이고 직업적인 놀이꾼이었다. 이들의 후예가 통일신라시대의 오기(五伎), 통일신라시대 이래 고려시대까지 계승된 팔관회와 연등회에서 연행된 가무백희, 고려시대 이래 조선시대까지 계승된 나례에서 연행된 산대희 등을 놀았다. 백희, 잡희, 산대잡극, 산대희, 산대잡희라고 칭했던 놀이들은 바로 중국에서 유입된 산악 계통의 놀이다. 조선시대에 이 산악 계통의 놀이를 놀았던 사람들은 궁궐의 나례나 중국 사신의 영접시에 동원되어 여러 가지 연희를 펼쳤다.

백제의 가면극 관련 연희는 한국의 문헌에는 없으나, 백제인 미마지가 중국 남조 오나라에서 배워 612년 일본에 전했다는 기악의 내용이 일본 문헌인 『교쿤쇼』

에 소개되어 있는데, 절에서 불사 공양의 무곡으로 연출되던 교훈극으로서 묵극이었다고 한다. 또 『수서(隋書)』 「동이전(東夷傳)」에는 백제기(百濟伎)로 투호(投壺, 병 속에 화살 넣기), 위기(圍碁, 바둑), 저포(樗蒲, 윷놀이의 일종), 악삭(握槊, 주사위놀이인 쌍륙)과 농주지희(弄珠之戱, 방울받기)를 들고 있다.

신라의 연희는 가무백희를 들 수 있다. 가무백희라는 용어는 『삼국사기』 권1, 「신라본기」 '유리이사금(儒理尼師今) 9년(32) 가배(嘉俳)' 조에 처음 보이는데, 이것이 산악·백희 계통의 연희인지는 알 수 없다. 그러나 『증보문헌비고(增補文獻備考)』를 보면 진흥왕(眞興王) 12년(551)에 처음 설치한 팔관회에서 가무백희를 놀았다는 내용이 나오는데, 두 개의 채붕(綵棚)을 설치했던 점으로 보아 이 가무백희는 산악·백희와 같은 연희일 것이다.

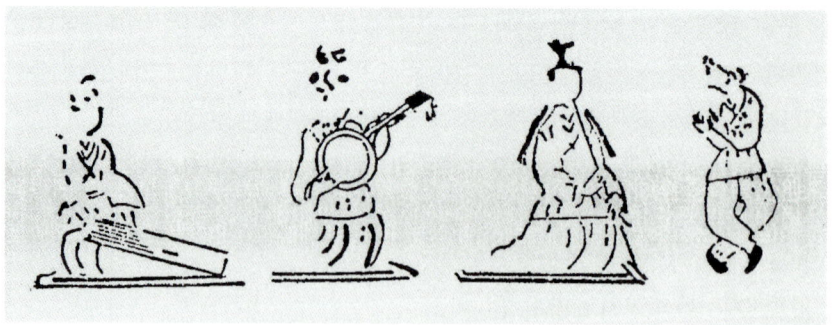

49-50. 고구려 안악 3호분의 가면희도(위)와 모사도(아래).
완함과 긴 퉁소의 반주에 맞추어 춤을 추고 있다.

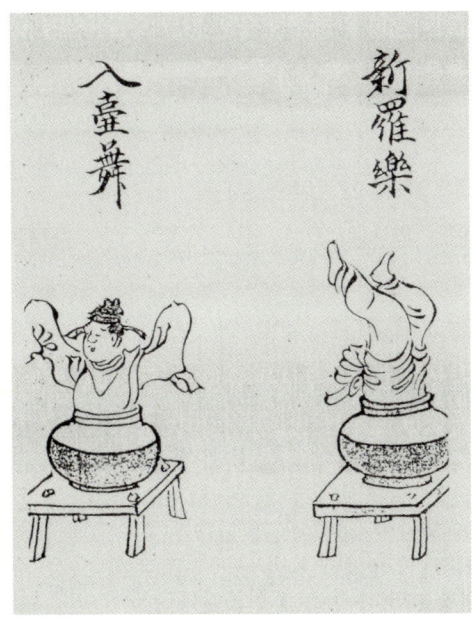

51. 도판 49의 세부.　　　　52.『신제이코가쿠즈』의 신라악 입호무.

신라의 산악·백희 중에는 중국에 전해진 종목도 있었다. 당나라로부터 일본에 전래한 것으로 추정되는『신제이코가쿠즈』에는 신라의 입호무(入壺舞)와 신라박(新羅狛)이 그려져 있다. 입호무는 조금 떨어진 두 개의 탁자 위에 각각 항아리가 하나씩 놓여 있는데, 오른쪽 항아리 속으로 연희자의 상체가 들어가, 왼쪽 항아리 밖으로 나오고 있는 그림이다. 이는 사람의 몸을 항아리 속으로 사라지게 했다가 다른 항아리로 나오게 하는 환술이다.(도판 52) 신라박은 동물가면을 착용한 가면희다. 동물로 가장한 가면희 역시 산악·백희의 일종이었다.

## 2) 통일신라시대

통일신라시대에 가면극과 관계된 연희는『삼국사기』「잡지(雜志)」중 최치원의 「향악잡영」다섯 수에 묘사된 금환(金丸), 월전(月顚), 대면(大面), 속독(束毒), 산예(狻猊)의 다섯 가지 놀이와 처용무(處容舞)에서 찾아볼 수 있다.

　　금환　　몸을 돌리고 팔을 흔들며 방울 놀리니　　　　　　廻身掉臂弄金丸

|      |                                              |              |
|------|----------------------------------------------|--------------|
|      | 달은 돌고 별은 떠다녀 눈 안에 가득하네.        | 月轉星浮滿眼看 |
|      | 의료(宜僚)의 재주인들 이보다 나으랴          | 縱有宜僚那勝此 |
|      | 동해바다 파도소리 잠잠하겠네.                | 定知鯨海息波瀾 |
| 월전 | 어깨를 높이고 목을 움츠리고 머리털은 빳빳    | 肩高項縮髮崔嵬 |
|      | 팔소매를 걷은 군유(群儒)가 술잔 다툰다.       | 攘臂群儒鬪酒盃 |
|      | 노랫소리를 듣고서 모두 웃어 젖히며           | 聽得歌聲人盡笑 |
|      | 초저녁에 꽂은 깃발이 새벽을 재촉하네.         | 夜頭旗幟曉頭催 |
| 대면 | 황금색 가면을 썼다 바로 그 사람              | 黃金面色是其人 |
|      | 구슬채찍을 손에 쥐고 귀신을 부리네.           | 手抱珠鞭役鬼神 |
|      | 빨리 뛰다 천천히 걷다 추는 한바탕 춤은        | 疾步徐趨呈雅舞 |
|      | 너울너울 봉황새가 날아드는 듯.                | 宛如丹鳳舞堯春 |
| 속독 | 쑥대머리 파란 얼굴의 이상한 사람들이         | 蓬頭藍面異人間 |
|      | 떼를 지어 뜰에 와서 난새춤을 추네.            | 押隊來庭學舞鸞 |
|      | 북소리는 둥둥둥 바람은 살랑살랑               | 打鼓冬冬風瑟瑟 |
|      | 남으로 달리고 북으로 뛰며 그칠 줄을 모르네.   | 南奔北躍也無端 |
| 산예 | 멀고 먼 사막을 건너 만리길을 오느라고        | 遠涉流沙萬里來 |
|      | 털옷은 다 찢어지고 먼지를 뒤집어썼네.          | 毛衣破盡看塵埃 |
|      | 머리를 흔들고 꼬리를 치며 인덕을 길들이니     | 搖頭掉尾馴仁德 |
|      | 뛰어난 그 재주가 어찌 온갖 짐승과 같으랴.     | 雄氣寧同百獸才 |

금환은 죽방울을 공중에 여러 개 던졌다가 받는 놀이다. 금환은 이미 고구려의 고분벽화에서 자주 발견되는 방울받기인 농환(弄丸)이다.

월전은 구경꾼들의 반응을 통해 골계희 즉 우희(優戱)임을 짐작할 수 있다.[6]

대면, 속독, 산예에 등장하는 놀이꾼은 가면을 쓴 것이 분명하므로, 이 놀이들은 가면희다. 대면은 황금색의 가면을 쓰고 손에 구슬 채찍을 든 채 역귀를 쫓는 무서운 춤을 묘사한다. 속독은 원방인(遠邦人)이 왕의 덕화를 사모해 떼지어 와서 춤과 음악을 바치는 내용인데, 가면은 '쑥대머리에 얼굴이 파란(蓬頭藍面)' 귀면(鬼面)이었다. 산예는 사자가면을 쓰고 추는 사자춤이다.

『삼국유사』'처용랑(處容郞) 망해사(望海寺)' 조의 처용설화는 신라 제49대 헌강왕(憲康王, 재위 875-886) 시대의 것이다. 이 설화는 처용을 문신(門神)으로 신격화하면서, 처용의 모습이 역귀를 퇴치할 수 있는 주술력을 갖게 되는 과정을 잘 보여준다. 이 설화에서 처용무와 관련되는 내용을 요약하면 다음과 같다. 처용이 밖에 나가 밤늦도록 놀다가 집에 돌아오니 역신이 자기의 아내를 차지하고 있었는데, 처용이 「처용가」라는 향가를 지어 불렀더니 역신이 나타나 용서를 빌면서 "맹세코 이후로는 공(公)의 형용을 그린 것만 보아도 그 문에 들어가지 않겠습니다"라고 말하고는 물러갔다고 한다. 이렇게 시작된 처용무는 고려시대와 조선시대의 나례와 연회 등에서 계속 전승되었는데, 가면을 착용하고 역귀를 쫓아내는 춤을 추었다.

## 3) 고려시대

고려시대에는 불교적 제전인 연등회와 토속신(土俗神)에게 제사지내는 팔관회에서 채산(彩山) 또는 채붕이라 하는 가설무대(假設舞臺)를 설치하고, 거기서 가무백희를 연행했다. 여기에서 연행된 놀이를 산대희라고 하는데, 여러 종류의 가면이 사용되었다. 그리고 나례에서도 방상시, 창사, 십이지신, 처용 등이 가면을 착용했다.

고려시대에는 고종(高宗) 31년(1244) 궁중연회에서 가면을 쓰고 공연하는 연희가 있었다.

> 정해일에 왕이 간소한 연회를 배설하였다. 이 날 최이(崔怡)가 가면을 쓴 놀이꾼들이 하는 잡희를 바쳤다. 왕이 그들에게 은병 한 개씩 주고, 또 기생들에게는 각각 비단 두 필씩 주었다.[7] —『고려사』권23, '고종 31년 2월' 조

인용문에 의하면 궁중의 간소한 연회에서 가면을 쓴 사람들이 잡희를 공연했다. 이 잡희는 가면을 쓰고 추는 춤이거나 연극적 놀이였을 것이다.

또한 고종 4년(1217) 왕을 위한 축수(祝壽)의 연회에서 북방인(北方人)이 전문적 놀이꾼으로서 연희를 연행한 것으로 나타난다.

> 4년에 왕이 최이 집으로 이어(移御)하였을 때 최충헌(崔忠獻)은 왕의 행차를 마중하여 활동(闊洞) 자택에서 왕을 위하여 축수의 연회를 베풀었는데, 여러 종친들과 재추들이 모두 참석하였으며 그 연회는 이튿날에야 끝났다. 그런데 비단으로 된 채붕들과 호한

잡희(胡漢雜戲)는 지극히 사치스럽고 이상스러운 구경거리였다.[8]
―『고려사』권129,「열전」42, '최충헌' 전

인용문에 의하면, 고려 고종 때 호한잡희가 공연되었다. 호한(胡漢)은 북방인을 가리키는 말이다. 그러므로 호한잡희는 바로 양수척 등 북방민족이 연행했을 것이다.

또한 『고려사』권124, '전영보(全英甫)' 전에 "우리나라 말로 가면을 쓰고 놀이하는 자를 광대라 한다(國語假面爲戲者 謂之廣大)"는 기록이 보인다. 이를 통해 고려시대에 전문적으로 가면을 쓰고 노는 가면극이 있었고, 그 놀이꾼을 '광대'라고 불렀음을 알 수 있다.

원래 나례는 섣달 그믐날(除夕) 궁중과 민간에서 가면을 쓴 사람들이 일정한 도구를 가지고 주문을 외치면서 귀신을 쫓는 동작을 해, 묵은 해의 잡귀를 몰아내던 의식이다. 고려말에는 점차 구역의식(驅疫儀式)보다 잡희부(雜戲部)가 확대되면서, 나례는 잡희인 나례희(儺禮戲) 즉 나희로 인식되어 갔다. 조선시대에는 이러한 현상이 더욱 심해져서 본말(本末)이 전도(顚倒)될 정도였다.

고려말 이색의 한시「구나행(驅儺行)」은 크게 두 부분으로 나뉜다. 전반부(1구-14구)는 십이지신과 진자(侲子)들이 역귀를 쫓는 의식을 묘사하는 내용이고, 후반부(15구-28구)는 구나의식이 끝난 후 놀이꾼들이 각종 잡희를 연행하는 내용이다.

| | |
|---|---|
| 오방귀 춤추고 사자가 뛰놀며 | 舞五方鬼踊白澤 |
| 불을 뿜어내기도 하고 칼을 삼키기도 하네. | 吐出回祿吞青萍 |
| 서방에서 온 저 호인(胡人)들은 | 金天之精有古月 |
| 검기도 하고 누렇기도 한 얼굴에 눈은 파란색이네. | 或黑或黃目青熒 |
| 그 중 한 노인이 등은 구부정하면서도 키가 큰데 | 其中老者傴而長 |
| 여러 사람들 모두 남극성이 아닐까 놀라고 감탄하네. | 衆共驚嗟南極星 |
| 강남의 장사꾼은 무어라 지껄이며 | 江南賈客語侏離 |
| 나아갔다 물러났다 가볍고 빠르기가 바람결의 반딧불 같네. | 進退輕捷風中螢 |
| 신라의 처용은 칠보 장식을 했는데 | 新羅處容帶七寶 |
| 머리 위의 꽃가지에선 향기가 넘치네. | 花枝壓頭香露零 |
| 긴 소매 날리며 태평무를 추는데 | 低回長袖舞太平 |

| 불그레하게 취한 얼굴은 아직도 다 깨지 않은 듯. | 醉臉爛赤猶未醒 |
| 누런 개는 방아 찧고 용은 여의주를 다투며 | 黃犬踏碓龍爭珠 |
| 온갖 짐승 더풀더풀 춤추니 요임금 시절 궁정 같네. | 蹌蹌百獸如堯庭 |

인용문은 「구나행」 중 후반부로서, 나례에서 구역이 끝난 뒤에 행해진 연희들을 보고 읊은 것이다. 즉 나희이다. 여기에서는 오방귀무(五方鬼舞), 사자춤, 불 토해내기인 토화(吐火), 칼 삼키기인 탄도(吞刀), 서역의 호인희(胡人戲), 줄타기, 처용무, 각종 동물로 분장한 가면희 등을 묘사했는데, 이는 대부분 산악, 백희, 산대잡극, 잡희 등으로 부르던 연희들이다.

한편 고려시대에는 골계희인 우희가 길거리, 궁중연회, 사냥터, 절에서의 연회 등 다양한 곳에서 연행되었다. 이 우희는 조선시대 본산대놀이 가면극의 성립에 크게 기여했다.[9]

## 4) 조선시대

조선시대의 가면극 관련 기록은 성현의 『용재총화(慵齋叢話)』와 『악학궤범』, 김구(金絿, 1488-1534)의 한시 「이밀양댁연석관우희작(李密陽宅讌席觀優戲作)」, 유몽인(柳夢寅, 1559-1623)의 만종재본(萬宗齋本) 『어우야담(於于野譚)』 64화 '우인(優人)' 조, 유득공(柳得恭, 1749-1807))의 『경도잡지(京都雜志)』, 강이천의 한시 「남성관희자」, 정현석(鄭顯奭)의 『교방가요(敎坊歌謠)』, 그리고 『황성신문(皇城新聞)』(1900년 8월 9일)의 기사 등이다.

우선 성현의 『용재총화』를 통해 조선 전기에 궁궐에서 거행하던 나례에 등장한 가면을 살펴보자.

구나의 일은 관상감(觀象監)이 주관하는 것인데, 섣달 그믐 전날 밤에 창덕궁과 창경궁의 뜰에서 한다. 그 규제는, 붉은 옷에 가면을 쓴 악공 한 사람은 창사(唱師)가 되고, 황금빛 네 눈의 곰가죽을 쓴 방상인(方相人) 네 사람은 창을 잡고 서로 친다. 지군(指軍) 다섯 명은 붉은 옷을 입고 가면에 화립(畵笠)을 쓰며, 판관(判官) 다섯 명은 푸른 옷을 입고 가면에 화립을 쓴다. 조왕신(竈王神) 네 명은 푸른 도포, 복두(幞頭), 목홀(木笏)에 가면을 쓰고, 소매(小梅) 몇 사람은 여삼(女衫)을 입고 가면을 쓰고 저고리 치마를 모두 홍록(紅綠)으로 하고, 손에 긴 장대를 잡는다. 십이신은 모두 귀신의 가면을 쓰는데, 예를 들면 자신(子神)은 쥐 모양의 가면을 쓰고, 축신(丑神)은 소 모양의 가면을 쓴다. 또 악공 십여 명은 복숭아나무 가지를 들고 이를 따른다. 아이들 수십 명을 뽑아서 붉은 옷과 붉은 두건으로 가면을 씌워 진자(侲子)로 삼는다.[10]

인용문에서 가면을 쓴 인물은 창사, 방상시 네 명, 지군 다섯 명, 판관 다섯 명, 조왕신 네 명, 소매 여러 명, 십이지신이다. 이 중 재미있는 것은 십이지신 중 자신은 쥐 모양의 가면을 쓰고, 축신은 소 모양의 가면을 쓰는 등 각 띠에 해당하는 동물의 가면을 쓴다는 사실이다. 나례에서 가면을 쓰고 귀신을 쫓아내는 구나의 형식은 봉산탈춤의 팔먹중춤과 양주별산대놀이의 연잎춤, 눈끔쩍이춤에 영향을 끼친 것으로 보인다.[11]

성종(成宗) 24년(1493)에 편찬된 『악학궤범』의 '학연화대처용무합설' 조에 의하면, 나례에서 악공들이 음악을 연주하고 기녀들이 노래하는 가운데 처용무, 학무, 연화대무를 춘 것으로 나타난다. 섣달 그믐 하루 전날 오경(五更) 초에 악사, 여기(女妓), 악공들이 대궐에 들어와서, 이날 나례를 행할 때 악사는 기녀와 악공을 거느리고 음악을 연주하고 구나한다. 그리고 처용무, 학무, 연화대무를 춘다. 처용무는 청색, 홍색, 황색, 흑색, 백색의 오방처용무이다.

김구의 한시 「이밀양댁연석관우희작」에도 가면극이 보인다.

| | |
|---|---|
| 신기한 재주 펼쳐지며 북과 피리소리 요란한데 | 機幻張皇鼓吹宣 |
| 진짜 모습 가짜 얼굴이 정신을 현혹시키네. | 眞形假面眩人魂 |
| 진짜는 진짜이고 가짜는 가짜인 것 구별할 필요가 무엇 있으랴. | 眞眞假假何須辨 |
| 진짜와 가짜가 본래 한 뿌리에서 온 것인데. | 眞假從來只一根 |

조선 전기인 1525년(乙酉年)에 지어진 이 시는 이밀양댁이라는 사대부가의 잔치에서 전문적 놀이꾼이 가면을 쓰고 노는 모습을 읊은 것이다. 가면극의 내용은 구체적으로 알 수 없으나, 직업적 놀이꾼이 사대부가의 잔치에서 가면극을 놀았다는 사실을 전해 주는 매우 중요한 기록이다.

유몽인의 만종재본 『어우야담』 64화, '우인' 조에는 광대의 가면에 대한 내용이 나온다.

광대 하나가 얼굴에는 나무로 만든 귀신가면을 쓰고, 아내와 함께 한강 위에서 걸식했다. 얼음이 녹을 무렵의 봄에 그는 아내와 함께 강을 건널 때, 귀신가면을 벗지 않고 놀이를 하면서 갔다. 갑자기 아내가 물에 빠지니 광대가 미처 귀신가면을 벗지 못하고, 얼음 위에서 발을 구르며 통곡했다. 그는 비록 슬피 통곡하는 것이나, 보는 사람들은 소리내어 웃지 않는 이가 없었다.

이는 민간에서 직업적인 놀이꾼이 나무가면을 사용했음을 전해 주는 자료이다. 『증보문헌비고』 권64, '나(儺)' 조에는 나례에서 사용하는 가면의 제작에 관한 내용이 발견된다.

    인조(仁祖) 원년(1623)에 호조판서 이서(李曙)가 아뢰기를, "세시(歲時)에 나례를 지낼 때에 시민들이 쓰는 비용이 심히 많으니 마땅히 파할 일입니다" 하고, 사간원에서 아뢰기를, "나례의 폐단은 종이로 가면을 만드는 데 있어, 한 건의 비용이 크면 서른 말(斗)이요, 적어도 또한 스무 말에 내리지 아니하니, 이것을 합계하면 사백여 섬(石)이나 됩니다. 마땅히 관상감과 시관(市官)으로 하여금 상량(商量)해 나무가면으로 고쳐 제작해 매해마다 단장만 고쳐 쓰면 비용이 많이 절감될 것입니다" 하니, 그대로 따랐다. 그러나 이 뒤로부터 마침내 나례를 정파하고, 관상감에서 다만 재앙을 예방하는 물건을 만들어 그 행사의 형식만 유지했다.

이는 원래 나례에 사용하는 가면을 종이로 만들었으나 매년 나례 때마다 제작하기 때문에 비용이 많이 들므로, 앞으로는 나무가면을 만들어 매년 계속 사용할 수 있게 하라는 상소이다. 여기에서 나례에 사용하던 가면은 원래 종이가면이었으며, 나례에서 약 백육십여 개의 매우 많은 가면이 사용되었음을 알 수 있다.[12]

서울에서 가면극인 산대놀이를 놀았던 반인들은 성균관에 소속된 노비들로서 조선 전기부터 소를 도살해 문묘제향(文廟祭享)에 응했고, 조선 후기에는 현방(懸房)이라 불리는 푸줏간을 운영하면서 서울의 쇠고기 유통을 독점했던 사람들이었다. 조선이 건국되어 성균관에 문묘제향을 위해 소를 도살하는 백정이 필요했을 때, 귀화한 북방민족의 후예에게 그 일을 맡겼을 것으로 추정된다. 반인은 이들이 반궁(泮宮), 즉 성균관에 소속된 노비였기 때문에 생긴 명칭이다. 물론 숙종 때 사천 명이나 되던 반인들이 모두 북방유목민의 후예는 아니었다. 반인들 중 일부가 북방유목민의 후예였던 것으로 보인다. 반인들은 산대도감 또는 나례도감에 예속되어 중국 사신의 영접행사에 동원되었다.[13]

마침 최근에 중국 사신 영접행사의 연희 장면을 전해 주는, 아극돈의 『봉사도』가 소개되었다.[14] 아극돈은 1717년에서 1725년 사이에 네 차례나 조선에 사신으로 왔는데, 영조(英祖) 1년(1725)에 조선에 관한 풍물과 자신에 대한 영접행사를 묘사한 스무 폭(幅)짜리 화첩(畵帖)을 완성했다. 이 중 제7폭은 서울의 모화관(慕華館) 마당에서 사신을 위해 공연한 연희들을 묘사하고 있다. 객사 바로 앞에서는 한 연희자가 접시돌리기를 하고 있다. 마당 가운데에는 두 명의 연희자가 땅재주인 물구나무서기를 하고 있고, 이들 양옆에서 각각 두 명씩 모두 네 명의 연희자가 탈춤을 추고 있다. 마당의 왼쪽에서는 줄타기를 하고 있고, 마당의 오른쪽에는 산거(山車), 산붕(山棚), 윤거(輪車), 예산대(曳山臺), 예산붕(曳山棚), 헌가산대(軒架山臺) 등으로도 불렀던 소규모의 산대가 보인다.(도판 53) 바로 이런 산대 앞에서 공연하던 연희들을 '산대회'라고 불렀는데, 연희 종목은 모두 산악·백희에 해당하는 내용이다. 특히 가면을 쓴 네 사람이 춤을 추고 있는데, 서울 근교의 가면극을 산대놀이라고 부른 이유를 알려 주는 매우 중요한 장면이다. 그리고 이 화첩의 제11폭에는 솟대타기를 하는 연희자도 묘사되어 있다.(도판 54)

유득공의 『경도잡지』 권1, '성기(聲伎)' 조에서는 나례도감에 속한 연희들을 소

53. 『봉사도』(1725) 제7폭. 모화관에서 행해진 중국 사신 영접행사의 연희장면. 줄타기, 물구나무서기, 접시 돌리기, 탈춤 등이 묘사되어 있다.

54. 『봉사도』 제11폭의
솟대타기 장면.

개하고 있다. 나례도감에 속했다는 것은 나례나 중국 사신 영접행사에서 공연되었음을 의미한다. 이 기록에서는 인형극(또는 산대잡상놀이)과 가면극을 소개하고 있는데, 특히 가면극의 성립에 관한 매우 중요한 정보를 제공하고 있다.

> 연극에는 산희(山戱)와 야희(野戱)의 두 부류가 있는데, 나례도감에 소속된다. 산희는 다락을 매고 포장을 치고 하는데, 사자, 호랑이, 만석중 등의 춤을 춘다. 야희는 당녀(唐女)와 소매로 분장하고 논다.[15]

산희는 가설 무대 위에서 공연하는 인형극이거나, 산대를 만들고 그 위에서 잡상(雜像)을 놀리는 산대잡상놀이거나,[16] 소형 산대인 산붕이나 채붕 앞에서 공연하는 사자춤, 호랑이춤, 만석중춤일 것이다. 『화성성역의궤(華城城役儀軌)』의 〈낙성연도(落成宴圖)〉에는 두 개의 채붕 앞에서 가짜 사자 한 마리와 가짜 호랑이 한 마리(또는 가짜 사자 두 마리)가 춤을 추고 있다.(도판 55, 56) 야희의 소매와 당녀는 현재 양주별산대놀이와 송파산대놀이 등에 나오는 점으로 보아, 이미 유득공의 『경도잡지』가 저술된 18세기 중엽은 본산대놀이가 성립되어 있었거나, 성립되어 가는 과정이었다는 점을 확인할 수 있다. 이는 바로 산악·백희로부터 가면극으로의 발전을 의미한다. 본산대놀이 가면극은 나례도감에 속했던 연희자들, 즉 나례나 중국 사신의 영접행사 등에 동원되어 산악·백희 계통의 연희를 담당했던 연희자들 가운데 한 부류인 반인들이 만들어낸 것이기 때문이다.

1796년(정조 20) 10월 16일에 화성(華城) 성역의 완성을 축하하는 잔치인 낙성연이 화성 행궁(行宮)의[17] 낙남헌(洛南軒)에서 벌어졌는데, 『화성성역의궤』의

55-56. 『화성성역의궤』에 실린 〈낙성연도〉(왼쪽)와 그 세부. 두 개의 채붕 앞에 사자와 호랑이가 있다.

〈낙성연도〉에 이때의 연희와 채붕이 묘사되어 있다.[18]

낙남헌은 각종 행사를 진행할 수 있도록 공간을 알맞게 배치한 행사용 건물이다. 이 건물은 낙성연에서 전통 연희의 연행 공간으로 사용되었다. 〈낙성연도〉에는 상단의 낙남헌 대청으로부터 임시로 가설된 보계(補階),[19] 그리고 마당으로 이어지는 구도 속에 보계 위와 마당에서의 전통연희 공연장면이 묘사되어 있다.

보계 위에서는 무고(舞鼓) 공연이 벌어지고 있고, 상단 좌우에 포구락(抛毬樂)에 쓰이는 포구문(抛毬門)이 자리하고 있다. 중앙에는 악기 연주자들이 자리 잡고 있는데, 그 앞으로 연화대에 쓰이는 지당판(池塘板)이 있다. 이러한 무고, 포구락, 연화대는 궁중정재에 해당하는 연희이다.

낙남헌 앞마당에서는 사자춤과 호랑이춤이 연행되고 있으며, 그 뒤로 두 개의 구조물이 있다. 다소 화려하게 치장되어 있는 이 구조물들은 그 자체가 하나의 볼거리로 제공된 것인 듯한데, 다음 기록은 이것이 채붕임을 밝혀 준다.

> 그리고 원근에서 구경 온 백성들은 반드시 양식을 가지고 와서 모이도록 하기 바랍니다. 다만 군데군데 모여서 바라보기만 한다면 장님 단청 구경하는 격이 되어 정말로 무엇을 보고 왔는지 모를 것이고, 이런 사람들을 위로하고 기쁘게 할 수가 없을 것입니다. 그러므로 도청에서는 경포교에게 이 뜻을 알려, 약간 떨어지고 널찍한 곳에다 채붕을 설치하고(設彩棚) 다양한 놀이를 베풀어 상하가 모두 함께 즐길 수 있도록 하기 바랍니다.[20] —『화성성역의궤』부편(附編) 2, 「감결(甘結)」 '병진년(丙辰年) 10월 초칠일'

인용문은 〈낙성연도〉와 관련된 기사인데,[21] 〈낙성연도〉의 마당에 조성된 것이 채붕이라고 기록하고 있다. 그리고 '붕(棚)'의 구조로 이루어진 장식된 가설 누각의 형태 '같은 크기와 형태로 두 개가 설치되어 있다는 점' '솔가지 장식' '채붕 주변에 두른 비단 천' '솔가지와 꽃 모양의 장식물로 얽혀진 기둥' 등의 특징을 종합해 보았을 때도, 이 구조물은 채붕인 것이다.[22]

산대와 채붕은 좌우로 두 개를 설치하는 것이 일반적이었는데, 이 그림에도 두 개의 채붕이 있다. 채붕 주위의 사람들이 채붕 안쪽을 손가락으로 가리키거나 들여다보고 있는 모습을 볼 때, 이 채붕 안에도 여러 가지 장식을 했을 것이다. 『고려사』 권129, 「열전」 42, 반역 '최충헌' 조에 의하면, 고려시대부터 채붕 안에는 비단과 채색 비단 꽃으로 장식된 그네를 매거나, 은과 자개로 장식한 큰 분(盆) 네 개를 놓고 거기다가 얼음산을 만들거나, 또 큰 통 네 개에다가 십여 종의 이름난 생화들을 꽂아 놓는 등 여러 장식을 하여 보는 사람의 눈을 황홀케 했던 것이다.

강이천의 한시 「남성관희자」는 그가 열 살 때인 1778년에 남대문 밖에서 꼭두각시놀이와 가면극을 보고, 십일 년 후인 1789년에 지은 것이다.

(가) 평평한 언덕에 새로 자리를 펼쳐　　　　　　　　平陂更展席
　　　상좌 아이 깨끼춤 추는데　　　　　　　　　　　僧雛舞緇素
　　　선녀 하늘로부터 내려왔나.　　　　　　　　　　仙娥自天降
　　　당의(唐衣)에 수놓인 바지(繡袴)를 입었으니　　唐衣復繡袴
　　　한수(漢水)의 선녀 구슬을 가지고 노는 듯　　　漢女弄珠游
　　　낙수(洛水)의 여신 푸른 물결에서 걸어 나오듯.　洛妃淸波步

(나) 노장스님 어디서 오셨는지.　　　　　　　　　　老釋自何來
　　　석장을 짚고 장삼을 걸치고　　　　　　　　　　拄杖衣袂裕
　　　구부정 몸을 가누지 못하고　　　　　　　　　　龍鍾不能立
　　　수염도 눈썹도 도통 하얀데　　　　　　　　　　鬚眉皓如鷺
　　　사미승 뒤를 따라오며　　　　　　　　　　　　沙彌隨其後
　　　연방 합장하고 배례하고　　　　　　　　　　　合掌拜跪屢
　　　이 노장 힘이 쇠약해　　　　　　　　　　　　力微任從風
　　　넘어지기 몇 번이던고.　　　　　　　　　　　顚躓凡幾度
　　　한 젊은 계집이 등장하니　　　　　　　　　　又出一少妹
　　　이 만남에 깜짝 반기며　　　　　　　　　　　驚喜此相遇

| | |
|---|---|
| 흥을 스스로 억제치 못해 | 老興不自禁 |
| 파계하고 청혼을 하더라. | 破戒要婚娶 |
| 광풍이 문득 크게 일어나 | 狂風忽大作 |
| 당황하여 어쩔 줄 모르는 즈음 | 張皇而失措 |
| 또 웬 중이 대취해서 | 有僧又大醉 |
| 고래고래 외치고 주정을 부린다. | 呼號亦恣酗 |

(다) 추레한 늙은 유생 潦倒老儒生
　　　이 판에 끼어들다니 잘못이지. 闖入無乃誤
　　　입술은 언청이, 눈썹이 기다란데 缺脣尨其眉
　　　고개를 길게 뽑아 새 먹이를 쪼듯 延頸如鳥嗉
　　　부채를 부치며 거드름을 피우는데 揮扇擧止高
　　　아우성치고 꾸짖는 건 무슨 연고인고. 叫罵是何故
　　　헌걸차다 웬 사나이 趫趫一武夫
　　　장사로 뽑힐 만도 하구나. 可應壯士募
　　　짧은 창옷에 호신수 短衣好身手
　　　재주가 씩씩하고 뛰어나니 누가 감히 거역하랴. 豪邁誰敢忤
　　　유생이고 노장이고 꾸짖어 물리치는데 叱退儒與釋
　　　마치 어린애 다루듯 視之如嬰孺
　　　젊고 어여쁜 계집을 獨自要青娥
　　　홀로 차지하여 손목 잡고 끌어안고 抱持偏愛護
　　　칼춤은 어이 그리 기이한고. 舞劍一何奇
　　　몸도 가뿐히 도망치는 토끼처럼. 身輕似脫兎

(라) 거사와 사당이 나오는데 居士與社堂
　　　몹시 늙고 병든 몸 老甚病癃痼
　　　거사는 떨어진 패랭이 쓰고 破落戴敝陽
　　　사당은 남루한 치마 걸치고. 纜縷裙短布
　　　선승(禪僧)이 웬 물건인고. 禪律是何物
　　　소리와 여색을 본디 좋아하여 聲色素所慕
　　　등장하자 젊은 계집 희롱하더니 登場弄嬌姿
　　　소매 벌리고 춤을 춘다. 張袖趁樂句

(마) 할미 성깔도 대단하구나 婆老尙盛氣

| 머리 부서져라 질투하여 | 碎首恣猜妬 |
| 티격태격 싸움질 잠깐 새 | 鬪鬩未移時 |
| 숨이 막혀 영영 죽고 말았네. | 氣窒永不寤 |
| 무당이 방울을 흔들며 | 神巫擺叢鈴 |
| 우는 듯 하소연하듯 | 如泣復如訴 |
| 너울너울 철괴선(鐵拐仙) 춤추며 | 翩然鐵拐仙 |
| 두 다리 비스듬히 서더니 | 偃蹇植雙膀 |
| 눈썹을 찡긋 두 손을 모으고 | 竦眉仍攢手 |
| 동쪽으로 달리다가 서쪽으로 내닫네.[23] | 東馳又西騖 |

인용문은 「남성관희자」의 가면극 부분이다. (가)는 상좌춤과 팔선녀춤이다. 현재 상좌춤 과장은 별산대놀이와 해서탈춤에서 전승되고 있다.

(나)는 노승춤이다. 노승이 젊은 계집에게 반해 파계하면서 청혼한다. 이때 "또 웬 중이 대취해서 고래고래 외치고 주정을 부린다"는 내용에서 알 수 있듯이, 술 취한 중 즉 취발이(醉僧)가 등장해 주정을 부린다. 지금도 별산대놀이와 해서탈춤의 노승 과장에서 노승이 소매를 차지한 후 취발이가 나와서 노승에게서 소매를 뺏기 위해 싸우는데, 이 시에서도 노승이 소매를 차지한 후 술 취한 중 즉 취발이가 등장하고 있다.

(다)는 샌님과 포도부장춤이다. 샌님(늙은 유생)이 젊은 계집(小妹)을 차지하고 있는데, 칼을 찬 젊은 포도부장이 등장해 소매를 뺏고 칼춤을 추는 내용이다. 이는 현재 양주별산대놀이, 송파산대놀이, 봉산탈춤 등의 샌님·포도부장 과장과 동일한 내용이다. 특히 샌님가면은 긴 눈썹에 언청이 모습이어서, 별산대놀이, 해서탈춤과 완전히 일치한다.

(라)는 거사(居士)와 사당(社堂)춤이다. 현재도 봉산탈춤에 사당과 거사춤이 있다.

(마)는 영감과 할미춤이다. 할미가 첩을 질투해 싸우다가 죽자, 무당이 등장해 방울을 흔들며 굿을 거행하는 내용이다. 이는 지금도 별산대놀이와 해서탈춤에서 그대로 전승되고 있는 내용이다.

이 시는 1770년대에 상좌춤 과장, 노장 과장, 샌님·포도부장 과장, 거사·사당 과장, 할미 과장을 갖춘 가면극이, 현존하는 별산대놀이, 해서탈춤, 야류, 오광대와 거의 같은 모습으로 서울 근교에서 전문적 놀이꾼에 의해 연행되고 있었다는 사실을 분명하게 전해 준다.

한편 서울 본산대놀이의 연희자는 반인들이었으나, 반주음악을 담당한 악사들은 총융청(摠戎廳)의 공인(工人)들이었던 것으로 보인다. 공인은 전문적 음악연주자를 가리키는 말인데, 1860년대 형성된 판소리계 소설「무숙이타령」에 "산대놀이 하는 때는 총융청 공인 등대하고"라는 내용이 있기 때문이다. 별산대놀이와 해서탈춤에는 가면극의 연희자와 별도로 음악반주를 담당하는 악사들이 있었다. 그래서 가면극 공연시에는 악사들을 초청해야만 했다. 양주별산대놀이는 원래 양주 관아의 악공들이 반주를 맡았으나, 관아가 없어진 후에는 무속인 집안의 화랭이들이 반주를 맡았다. 봉산탈춤은 원래 관아의 악공이 반주자였으나, 관아가 없어진 후에는 재인촌인 가창 마을의 재인들이 반주자였다. 강령탈춤은 강천리 재인촌의 재인들이 반주자였다. 마찬가지로 서울의 본산대놀이도 연희자는 반인들이었지만, 반주악사는 따로 있었을 가능성이 있는데,「무숙이타령」에서는 산대놀이의 악사를 총융청의 공인이라고 밝히고 있는 것이다.

총융청은 조선 후기 오군영(五軍營)의 하나로, 1624년(인조 2) 설치되었다가 1884년(고종 21) 폐지되었다.『총융청사례(摠戎廳事例)』의 첫 항목으로, 총융청에 속한 사람들에게 매월 지급하는 급료가 기록된 '장관장교군병원역수료실수(將官將校軍兵員役受料實數)'에는 취고수(吹鼓手) 스물여섯 명과 세악수(細樂手) 열세 명이 나와 있다. 취고수는 행렬의 앞에 서는 악대이고, 세악수는 행렬의 뒤에 서는 악대를 말한다. 결국 총융청에 급료를 받는 전문적인 음악 연주자들이 있었던 셈이다.

조선 후기에는 장악원(掌樂院)이나 오군영의 군악대 같은 국가 소속의 음악 기관이 상업화되었다. 장악원의 음악은 원래 종묘제례, 임금의 행차, 왕실의 진연(進宴), 고급 관료들의 연회 등 국가와 왕실의 음악적 수요를 충족시키기 위한 것이었으나, 조선 후기에 와서는 민간의 수요에도 응했다. 그 구체적 사례로「이춘풍전(李春風傳)」의 '장악원 풍류하기'와「게우사」의 '장악원 풍류'를 들 수 있다. 좀더 시정적(市井的) 감각을 띤 것은 오군영의 악대였다. 한문 단편「개수(丐帥)」에서 용호영(龍虎營) 군악대의 우두머리인 이패두(李牌頭)는 용호영의 악공들과 서울 장안의 기생들을 데리고 각종 연회에 초청되었다. "당시 주금(酒禁)이

엄하여 상하의 연회에 술은 못 쓰고 기악을 숭상했으니, 특히 용호영의 풍악을 불러오는 것으로 자랑을 삼았으며, 불러오지 못하면 한 수치가 되었다"는 것이다. 흥미로운 내용은 이패두가 연회에 불려 다니느라 아주 피곤해서 병이 있다고 핑계를 대고 집에 있을 정도였다는 것이다.[24] 또 유득공이 지은 「유우춘전(柳愚春傳)」의 주인공 유우춘은 18세기 후반에 활동한 해금의 명인으로, 용호영에 소속된 세악수였다. 그는 종친이나 대신들에게 불려 가거나, 선비들의 모임에 참가하거나, 시종별감과 오입쟁이 한량들의 놀이판에 초대되어 다녔다.[25]

다음 기록을 통해서 총융청의 세악수들도 이런 흐름에 동참하고 있었음을 엿볼 수 있다.

> 사헌부(司憲府)에서 아뢰기를, "… 내상(內喪)의 기년(朞年)은 상제(喪制)가 비록 끝나더라도 음악을 쓰지 못하는 것이 예(禮)에 명백한 조문인데, 이번 과거(科擧)에 오른 무리들은 거개 대부분 음악을 사용했으니 이미 매우 무식한데, 총융사(總戎使) 이우항(李宇恒)은 그 군문(軍門)의 세악수를 친히 거느리고 과거에 오른 연인가(連姻家)에 가 모여서 종일토록 잔치를 벌였습니다. 자신이 재상의 반열에 있으면서 이런 놀랄 만한 일이 있었으니, 청컨대 총융사 이우항을 종중추고(從重推考)하소서."
> ─『숙종실록』 권38, '29년 2월 18일' 조

인용문은 총융청의 세악수들이 과거급제자를 축하하는 문희연에 가서 연행한 사실을 전해 준다. 특히 세악수는 삼현육각으로서 별산대놀이와 해서탈춤의 악사들과 그 악기 구성이 일치한다. 그러므로 「게우사」에서 산대놀음의 악사를 총융청의 공인이라고 지적한 것은 충분히 인정할 만하다.

이덕무(李德懋, 1741-1793)가 1775년(영조 51)에 저술한 『사소절(士小節)』에서는 "집안에 산대, 철괴(鐵拐), 만석(曼碩) 등의 음란한 놀이를 베풀고 부인들이 보게 해 웃음소리가 바깥까지 들리니 집안을 바로 다스리는 도리가 아니다"[26]라고 하며, 당시 산대, 철괴, 만석 등 전문적 놀이꾼에 의한 연희가 사대부가에서도 공연되었음을 알려 준다. 여기서의 산대는 원래의 의미와 달리 쓰인 것이다. 아무리 소규모라 하더라도 집 안에 무대를 설치해 공연하는 것은 불가능했기 때문이다. 여기서는 문맥상으로도 산대가 철괴, 만석 등과 같이 놀이의 일종으로 해석된다. 정현석의 『교방가요』〔일명 『교방제보(敎坊諸譜)』〕에 의하면, 산대는 양반, 중, 미인이 가면을 쓰고 나오는 가면극이다. 그러므로 『사소절』에 소개된 산대도 가면극을 의미하는 것이다. 사대부가의 잔치에서 전문적 놀이꾼이 가면극을 논 것은 이미 조선 전기 김구의 한시 「이밀양댁연석관우희작」에서도 확인한 바 있다.

1872년 정현석이 엮은 『교방가요』에 소개된 「승무」는 가면극의 노장 과장이 독립된 놀이로도 공연되었음을 보여준다.

> 어린 기생이 절하고 춤추면, 풍류랑이 쾌자를 입고 상대해서 춤추며 장난한다. 잠시 후에 노승이 집 모퉁이에 엎드려 있는데, 상좌가 나가서 춤을 추고는 노승 앞으로 가서 기생을 보라고 가리킨다. 노승은 머리를 흔들면서 보지 않는다. 상좌가 다시 귓속말을 하자 노승은 조금씩 시선을 든다. 상좌가 석장을 끌자 노승은 두려워 떨면서 일어나지 못한다. 그리고 다시 일어나려다가 엎어진다. 또 상좌가 끌어내자 이제는 나와서 춤을 추기 시작해 점점 기생이 있는 곳으로 가까이 가서 주위를 돌면서 춤을 춘다. 상좌가 중간에서 주선을 해 풍류랑이 일부러 자리를 피해 준다. 노승은 기생과 상스런 장난을 하면서도 풍류랑이 가까이 들어오는 것을 보면 그때마다 피한다. 풍류랑이 비단 가죽신을 기생의 발에 신겨 주고 가자, 노승은 색동 가죽신으로 바꾸어 신겨 준다. 풍류랑이 돌아와서 기생의 가죽신이 바뀐 것을 보고는 노해 기생을 때린다. 기생이 우는 체하자 풍류랑은 기생의 허리를 안고는 분을 풀고 간다. 노승이 다시 와서 장난하면서 기생을 업고 가자, 풍류랑이 술에 취해 어지러운 걸음걸이로 들어와서 기생이 없는 것을 보고는 다리를 펴고 앉아서 운다. 기생이 노승을 버리고 돌아와서 풍류랑의 허리를 안고 울자, 풍류랑은 기생을 때린다. 기생이 흐느끼면서 그치지 않자, 풍류랑이 기생의 허리를 안으며 그녀의 화를 풀어 준다. 그래도 기생이 듣지를 않으므로 풍류랑이 계속해서 화를 풀어 주자, 기생은 다시 일어나서 풍류랑과 춤을 춘다. 풍류랑이 다른 어린 기생을 안으니 먼저 나왔던 기생이 질투해 새로 나온 기생을 때리고는 또 춤을 춘다. 기생이 먼저 절하고 나가고, 풍류랑도 나간 후 노승과 상좌의 춤이 끝나니, 이것이 한 토막의 잡희이다.[27]

이상과 같이 「승무」는 어린 기생을 사이에 두고 풍류랑과 노승이 삼각관계를 벌이는 내용이다. 상좌도 등장해 노승을 돕는다. 풍류랑이 술에 취해 등장하는 것은 바로 취발이의 모습이다. 또한 나중에 기생이 한 명 더 나와서 기생이 모두 두 명 등장한다. 이는 양주별산대놀이, 봉산탈춤, 덧뵈기(남사당패)의 노장 과장에서 소매가 두 명 등장하는 점과 일치한다.[28] 「승무」에서 신을 가지고 기생을 유혹하는 내용도 양주별산대놀이와 봉산탈춤의 노장 과장에서 노장이 신장수에게 신을 사서 소무에게 주는 내용과 유사하다.

그리고 같은 책의 말미에 잡희로 사당(捨黨), 풍각(風角), 초란(焦爛), 산대,

곽독(郭禿), 취승(醉僧)을 들고 있다. 이 중 「산대」에는 '사여승미인개가면(士與僧美人皆假面)' 이라는 설명이 붙어 있는데, 양반, 중, 미인이 가면을 쓰고 등장하는 내용이다.

다음은 1900년 8월 9일자 『황성신문』의 기사 내용인데, 서울 본산대놀이의 공연을 선전하고 있다.

오문(吾們)은 산사(山寺)에 납량(納凉)하다가 산대도감의 연희를 우각(偶覽)하매 일투(一套) 골계(滑稽)를 주후(酒後)에 규기(叫奇)하노라. 청산 녹수 경(景) 좋은데, 일쇄동방결도량(一洒東方潔道場)이라. 말장차일설포장(抹杖遮日雪布帳)에 영기주장사촉롱(令旗朱杖沙燭籠)이라. 일반문무호풍신(一班文武好風神)은 동서열석좌객(東西列席坐客)이오, 영산회상대풍류(靈山會像大風流)는 이원제자육각(梨園弟子六角)이라. 녹음방초승화시(綠陰芳草勝花時)에 일대기괴별인물(一代奇別人物)이 찬란금수신의상(燦爛錦繡新衣裳)과 영롱채색진면목(玲瓏彩色眞面目)으로 소상반죽십이절(瀟湘班竹十二節)로 유출유기(逾出逾奇) 차례 춤에 설부화용(雪膚花容) 소무당(小巫堂)과 송납장삼(松納長衫) 노장승(老長僧)이라. 아관박대(峨冠博帶) 생원(生員)이오, 권수돌빈(拳鬚突鬢) 불승(不僧)이라. 이 탈 나와 일장(一場)이오, 저 탈 나와 일장이라. 선희학혜(善戲謔兮) 선무법(善舞法)에 만인이목(萬人耳目) 당연(瞠然)일새. 선학선무(善謔善舞) 범기인(凡幾人)고. 개두환면(改頭換面) 윤회(輪回)로다. 차(此) 탈 피(彼) 탈 돌려 쓰니 이훤동인(異楦同人) 기사(奇事)로다. 예의지방(禮義之邦) 향인나(鄕人儺)는 구제역귀(驅除疫鬼) 성속(盛俗)이오, 기두씨(麒頭氏)는 벽사(辟邪)하고 처용무(處容舞)는 정서(呈瑞)인데, 산대연희(山臺演戱) 절도(絶倒)로다. 여진여퇴(旅進旅退) 구경하쇼.

인용문은 현존하는 가면극과 완전히 일치한다. 앞부분인 "오문은 산사에 납량하다가 … 소상반죽십이절로 유출유기 차례 춤에"는 봉산탈춤의 팔먹중춤과 같은 내용이다. 봉산탈춤의 팔먹중 과장에서 팔먹중들이 한 명씩 차례대로 기괴한 가면에 화려한 의상을 입고 나와, 자기들은 원래 산속의 절에 있었는데 풍악소리를 듣고 놀다 가려고 나왔다면서 '소상반죽 열두 마디' 등의 불림을 외치며 춤추는 장면과 일치한다. 그러므로 현재 양주와 송파의 별산대놀이에는 팔먹중 과장이 없지만, 원래 본산대놀이에는 봉산탈춤의 팔먹중 과장 같은 연희가 있었음을 알 수 있다.

그리고 소무당, 노장승, 생원(양반)은 물론 현재도 여러 가면극에서 두루 등장하는 인물들이다. '권수돌빈(拳鬚突鬢) 불승(不僧)'은 가면의 이마 윗부분에서부터 한 줄기의 꼬인 머리카락이 이마를 타고 내려와 길게 늘어져 있는 모습으로 술에 취해 등장하는 중인 취발이를 가리킨다.[29] 팔먹중들의 대사에 의하면, 취발이는 팔먹중들의 스승으로서 그들을 타락하도록 유도한 인물로 묘사된다. 취발이는 중이면서도 그가 하는 행동은 중이 아니기 때문에 불승(不僧) 즉 중이 아니라고 설명한 것이다.

조선시대에 우희의 공연은 궁중의 진풍정(進豊呈), 세시의 나례, 중국 사신의 영접행사, 문희연(聞喜宴) 등에서 이루어졌던 것으로 나타난다. 특히 조선시대의 나례에서는 우희가 매우 중요한 공연 종목이었다. 이 점이 고려시대 나례와의 차이점이다. 고려시대에 우희의 공연은 길거리, 궁중연회, 사냥터, 절에서의 연회 등에서 다양하게 이루어졌던 것으로 나타나지만, 나례에서 우희가 연행된 예는 별로 발견되지 않는다.

이상과 같이 이미 삼국시대부터 산악·백희를 연행하는 전문적 놀이꾼이 존재했고, 이들이 통일신라시대, 고려시대, 조선시대를 거치면서 일반 잔치, 과거급제자의 축하 잔치, 나례나 중국 사신의 영접 같은 국가적 행사, 서울의 시정과 민간에서 현존하는 것과 관련있는 가면극을 전승해 왔다는 사실이 밝혀졌다. 전문적 놀이꾼은 흥행을 위해 공연 종목이나 연희 내용을 세련되고 다채롭게 발전시킬 필요가 있었기 때문에, 중국 등 외국의 연희가 유입되었을 때 즉시 자신들의 연희에 수용했을 것으로 생각된다. 현존하는 가면극에 남아 있는, 기악 같은 외래적 놀이의 흔적은 전문적 놀이꾼이 시대에 따라 외국에서 유입된 연희를 그들의 놀이에 수용한 결과이다.

그렇다면 산악·백희 계통의 연희들이 구체적으로 어떻게 본산대놀이의 형성에 영향을 끼쳤을까. 우선 대표적인 예로 산악·백희의 한 종목인 우희의 영향을 들 수 있다. 우리는 우희를 통해 본산대놀이 계통 가면극의 가면, 내용, 대사의 형성에 대해 상당한 부분을 해명할 수 있다. 이에 대해서는 제7장 「가면극과 우희」에서 자세하게 논의할 것이다.

## 5) 본산대놀이 계통 가면극의 연희 내용

본산대놀이 계통 가면극인 해서탈춤(황해도), 별산대놀이(서울, 경기도), 야류와 오광대(경상남도) 등은 각 과장의 구성과 연희 내용, 등장인물, 대사의 형식, 연극적 형식, 가면의 유형 등을 살펴볼 때, 동일 계통임이 드러난다.

본산대놀이 계통 가면극들은 벽사(辟邪)의 의식무, 양반 과장, 파계승 과장, 영감·할미 과장을 공통적으로 갖고 있다. 벽사의 의식무는 흔히 가면극의 첫 과장에 설정되어 있다. 송파산대놀이, 양주별산대놀이, 봉산탈춤 등에는 상좌춤, 강령탈춤과 은율탈춤 등에는 사자춤, 진주오광대와 가산오광대 등에는 오방신장무가 첫 과장에 수용되어 있다. 이 춤들은 놀이판을 정화하고 가면극을 시작하는 벽사적인 의식무이다. 우리 민족은 어떤 행사를 시작하기 전에 반드시 고사를 지내거나 종교적 의식을 거행해, 잡귀를 물리치고 그 행사가 잘 치러질 수 있기를 기원했다. 무당이 행하는 굿에서도 첫거리는 항상 부정(不淨)굿인데, 이를 통해 잡귀를 쫓아내고 굿판을 정화한다. 가면극의 첫 과장에 설정된 벽사의 의식무는 바로 이런 관습에서 유래한 듯하다.

양반 과장은 몇 개의 단락을 반복하면서 양반들과 하인인 말뚝이 사이의 갈등을 다루고 있다. 양반 과장에서 말뚝이는 관중들의 전폭적인 지지를 받는다. 가면극의 연희자나 그것을 구경하는 관중은 모두 민중이었다. 그래서 연희자와 관중 모두 양반에게 반감을 가졌고, 양반놀이를 통해 양반을 조롱하는 내용이 생긴 것이다.

처음에 놀이판으로 나오자마자, 양반들은 말뚝이를 불러 '양반을 모시지 않고 어디로 그리 다니느냐'고 꾸짖는다. 그러면 말뚝이가 양반을 찾기 위해 여러 곳을 두루 다녔다고 얘기하며 변명한다. 이는 '말뚝이 노정기(路程記)'라고 부를 수 있는 대사로, 본산대놀이 계통 가면극에는 모두 나온다. 이어 말뚝이는 양반들에게 시중을 들고 복종하는 체하면서, 실제로는 양반의 약점을 폭로하고 양반의 위선을 풍자한다.

양반에 대한 증오와 풍자는 가면에서도 찾아볼 수 있다. 첫째양반인 샌님가면은 본산대놀이를 보고 지은 강이천의 한시「남성관희자」에서 이미 언청이로 묘사된 바 있는데, 해서탈춤과 별산대놀이에서도 모두 흰색 바탕의 얼굴에 쌍언청이

57. 1920년대 양주별산대놀이의 첫째양반인 샌님가면. 쌍언청이의 모습이다.

58. 봉산탈춤의 양반들. 첫째양반은 양주별산대놀이와 마찬가지로 쌍언청이의 모습이다.

의 모습을 하고 있다. 둘째양반도 대개 언청이가면인데, 언청이가 한 줄로 표현되어 있다. 종갓집도령가면은 얼굴과 코가 비뚤어진 모습이다. 야류와 오광대에서는 양반가면이 모양반탈, 홍백탈, 흑탈, 곰보탈 등으로 더욱 추하게 표현되어 있다. 이는 양반이 그 가면처럼 비정상적인 인물이며, 특권을 누릴 수 없는 존재임을 나타낸다.(도판 57-59)

별산대놀이와 해서탈춤에서는 파계승 과장인 노장 과장이 커다란 비중을 차지하고 있는데, 노장, 소무, 먹중, 취발이, 신장수, 원숭이가 등장한다. 노장 과장은 노장이 파계하는 내용으로 시작한다. 먹중들이 노장을 놀이판으로 끌고 나와 욕보인다. 먹중들은 노장의 제자이지만 원래 풍류를 즐기고 놀기 좋아하는 자들이다. 먹중, 즉 '마음속이 검은 중'이라는 명칭은 바로 그러한 성격 때문에 붙여진 것이다.

먹중 1: (노장 쪽을 가리키면서) 저 동편을 바라보니 비가 오실랴는지 날이 흐렸구나.
먹중 2: 날이 흐린 것이 아니다. 내가 자서히 들어가 보니 옹기장사가 옹기짐을 버트려 놨더라.
먹중 3: 내가 이자 자서히 들어가 본즉 숯장수가 숯짐을 버트려 놨드라.
먹중 4: 내가 이제 자서히 들어가 본즉 날이 흐려서 대명(큰 구렁이)이가 났더라.
먹중 5: 사실이야 대명이 분명하더라.
먹중 6: 대명이니 숯짐이니 옹기짐이니 뭐니뭐니 하더니, 그것이 다 그런 게 아니고 뒷절 노(老)시님이 분명하더라.
―봉산탈춤 노장 과장

　인용문과 같이, 먹중들은 노장의 정체를 계속 반복해 확인한다. 먹중들은 자기들이 자세히 살펴본즉 노장이 흐린 날씨, 옹기짐, 숯짐, 대망이로 보인다고 한다. 그러다가 결국 그것이 노장이라는 사실을 밝힌다. 먹중들이 노장의 정체를 이미 알고 있으면서도 여러 번 반복해 정체를 확인하는 과정에서, 노장은 검고 부정적인 대상으로 비유된다. 노장은 가면부터가 시커멓고 의상도 검은 회색의 칡베 장삼을 입었으니, 검은색의 대상물로 비유되는 것이 당연한 듯도 싶다. 그러나 사실은 정체확인형식의 극적 전개를 통해, 노장은 겉모습뿐만 아니라 그 속성 자체가 검고 부정적인 인물로 풍자되고 있는 것이다. 이어서 노장은 먹중들이 데려온 소무에게 미혹되어 파계를 한다. 계율과 욕망 사이에서 방황하던 노장이 결국 무너지고 마는 것이다. 노장은 소무를 차지하기 위해 불교의 상징인 염주를 소무에게 주는 등 온갖 수단을 동원한다. 소무를 차지한 노장은 소무와 어울려 흥겹게 춤을 추고, 신장수를 불러 소무에게 신을 사 준다. 그리고 신장수를 위협해 쫓아 버리고 신 값을 떼어먹는다.

59. 모두 추한 모습을 가진 통영오광대의 양반들.

이때 취발이가 등장해 노장에게서 소무를 빼앗으려고 한다. 새로운 생활의 기쁨을 발견한 노장은 소무를 빼앗으려는 취발이와 격렬한 싸움을 벌인다. 취발이는 술 잘 먹고 춤 잘 추고 놀기 좋아할 뿐만 아니라, 힘이 천하장사이고 돈도 많다. 결국 노장은 취발이에게 패해 쫓겨나고 만다. 취발이는 노장을 힘으로 내쫓고 금전으로 소무를 유혹하여 차지한 후 아들을 낳는다. 신체적 경제적 성적인 힘을 가진 취발이를 통해 새 역사의 주인공이 될 수 있는 근대적 민중의 전형을 엿볼 수 있다. 그러므로 노장 과장은 노장이 지닌 초월적인 관념론의 허무함을 비판하고, 먹중이나 취발이가 지닌 세속적 사고의 중요성을 내세우고 있는 것이다.[30]

1920년대 수집된 양주별산대놀이와 퇴계원산대놀이의 취발이가면들, 현재 전승되고 있는 양주별산대놀이, 송파산대놀이, 봉산탈춤, 강령탈춤의 취발이가면들, 그리고 은율탈춤의 최괄이가면은 모두 공통된 모습을 갖고 있다. 즉 얼굴 바탕은 붉은색이고, 이마에 여러 개의 주름이 강하게 잡혀 있으며, 가면의 이마 윗부분에서부터 한 줄기의 긴 머리카락이 이마를 타고 내려와 늘어져 있는 것이 그것이다.(도판 61, 62, 도판 10 참조)

할미 과장은 영감과 할미가 젊은 첩 때문에 싸우는 내용으로, 매우 유기적인 짜임을 갖고 있다. 영감이 양반으로 설정되어 있는 오광대의 경우를 제외하면, 대부

60. 고성오광대의 제밀주놀이에서 할미가 죽은 후에 상엿소리를 부르며 상여를 내간다.

 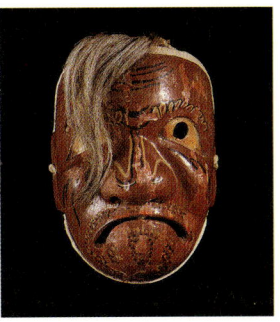

61. 1920년대 양주별산대놀이의 취발이가면.
62. 1920년대 퇴계원산대놀이의 취발이가면.

분 영감과 할미는 서민층으로 설정되어 있다. 특히 할미는 대부분 무당으로 나타난다. 그래서 손에 방울을 들고 다니는가 하면, 무속신이 그려진 부채를 들고 있다.

봉산탈춤의 영감과 할미는 난리가 나서 헤어져 서로 찾아다니다가 오랜만에 만나게 된다. 이들은 살기 위해 이곳저곳을 떠돌아다니는 서민들의 생활상을 진솔하게 보여준다. 영감과 할미는 고생하며 다니다가 만나게 되지만, 영감이 할미를 박대하자 서로 싸운다. 이때 영감의 첩이 등장하면서 싸움이 격화된다. 결국 영감과 할미의 싸움은 할미와 첩의 싸움으로 발전한다.

사태가 이와 같이 되자, 할미는 영감에게 헤어지겠으니 세간을 나눠 달라고 말한다. 영감은 재산을 나누면서 좋은 것은 자기가 다 갖고, 할미에게는 못 쓸 것만 준다. 할미가 세간을 더 달라고 하자, 영감은 화를 내며 세간을 부수다가 사당 동티가 나서 죽은 듯이 쓰러진다. 이때 할미가 "동내 방내 키 크고 코 큰 총각 우리 영감 내다 묻고 나하고 같이 살아 봅세" 하고 외치면, 영감이 다시 살아나서 할미를 때려 죽인다. 그러면 무당이 나와 할미의 원통한 한을 풀어 주기 위해 진오귀굿을 거행한다. 야류와 오광대에서는 무당의 굿 대신에 상두꾼들의 상엿소리가 있다.(도판 60) 할미 과장은 할미의 가련한 신세를 통해 여성에게 가해지는 남성의 부당한 횡포를 고발하고 있다.

이상과 같이, 본산대놀이 계통 가면극들은 공통적인 연희 내용을 갖고 있지만, 지역에 따라 특징적인 과장도 갖고 있다. 별산대놀이의 연잎과 눈꿈쩍이 과장, 해서탈춤의 사자춤 과장[31], 야류와 오광대의 사자춤 과장, 영노(비비) 과장, 문둥이 춤 과장 등이 그것이다.

## 2. 마을굿놀이 계통 가면극

### 1) 마을굿놀이 계통 가면극의 성립

상고시대 우리의 자생적 연희의 흔적은 암각화를 통해 살펴볼 수 있다. 우선 고인돌 암각화를 보면, 영일 인비리와 칠포리, 경주 안심리, 함안 도항리, 여수 오림동의 고인돌 뚜껑돌에 석검, 석촉, 사람, 동심원 등이 조각되어 있다. 이런 암각화를 통해서 묻힌 사람의 생전 지위와 그의 죽음을 둘러싼 주변 사람들의 지극한 추모의 감정을 읽을 수 있다. 또한 그의 장례를 위한 집단적인 연희를 추측할 수 있다.

울주군 대곡리 반구대(盤龜臺)의 암각화는 거대한 바위에 각종 동물과 물고기, 인물 등이 이백여 점이나 조각되어 있는, 우리나라 최대의 선사시대 조각품이다. 호랑이, 사슴, 고래와 같은 동물들이 정교하게 묘사되어 있는가 하면, 사람이 벌거벗고 춤추는 모습과 화살을 갖고 사냥하는 모습이 묘사된 것도 있다. 가면은 두 개가 있다. 이 암각화들은 수렵을 떠나기 전의 진지한 기원과 모의 연행, 그리고 수확을 하고 돌아와서의 감사제사와 마을 사람들의 즐거운 연희가 충분히 연상되는 장소이자 그림이다.[32]

고대국가 시대에는 부여의 영고(迎鼓), 고구려의 동맹(東盟) 등 국중대회(國中大會)가 있었다. 국중대회는 나라 사람들이 크게 모였다는 뜻이다. 국중대회는 농사가 잘되게 해 달라고 굿을 하면서 노래 부르고 춤을 춘 행사이면서, 국가 단합을 위한 정치적인 기능도 수행했던 것으로 보인다. 그러므로 현재의 마을굿은 바로 나라굿인 국중대회와 동일한 목적과 기능을 갖고 있으며, 나라굿의 유풍임을 알 수 있다.

『삼국지』「위서」 '동이전'에 부여에서는 정월에 지내는 제천행사에서 연일 크게 모여서 마시고 먹으며 노래하고 춤추는데, 그 이름을 영고라고 했다는 기록이 있다. 영고라는 명칭을 통해 북을 치고 풍악을 울리면서 신을 맞이하는 절차가 있었음을 알 수 있다. 정월에 연일 크게 모여 노래하고 춤추었다는 내용은, 바로 오늘날 대개 정월 보름에 당집에서 마을의 수호신에게 제사지내고 마을 주민들이 모두 모여 풍물을 울리고 노는 마을굿과 그대로 일치하고 있다. 한국의 춤과 놀이 문화의 기원은 이 제천의식에서 찾을 수 있다. 또한 이러한 제천의식에서 굿, 놀이, 연극의 복합체인 원시종합예술이 싹튼 것은 세계적으로 공통된 현상이다.

『삼국지』「위서」'동이전'의 마한(馬韓)조에 기록된 바와 같이, 오월에 씨를 뿌린 후와 시월에 농사일을 마친 후에 행한 제천의식도 요즘 강릉단오제를 비롯해 여러 마을에서 단오 때 풍악을 울리고 노래와 춤으로써 마을의 수호신에게 제사지내는 마을굿을 거행하는 모습과 너무나 흡사하다.

한국의 마을굿은 기본적으로 마을의 안녕을 기원하는 종교적 성격과 풍농풍어를 기원하는 풍요제의의 성격을 겸하고 있는 점이 특징이다. 마을굿의 일종인 강릉단오제나 하회별신굿에서는 무당들이 마을 주민들과 함께 마을굿을 거행했다. 이런 과정에서 하회별신굿의 경우와 같이 마을 주민들이 가면을 쓰고 노는 가면극이 발생했다. 하회별신굿은 무당들이 주도했지만, 가면극인 하회별신굿탈놀이는 마을 주민인 농민들이 담당했다. 강릉단오제도 무당들이 주도했지만, 가면극은 관노들이 놀았다.

별신굿에서 가면극을 놀았던 곳으로는 하회의 이웃 마을인 병산도 있다. 그 밖에 경상북도 경산의 자인팔광대놀이, 경상북도 영양군 주곡동의 가면극 등이 마을굿놀이에서 유래한 가면극이다.[33]

『신증동국여지승람(新增東國輿地勝覽)』권32, '고성(固城) 성황사(城隍祠)' 조에서 조선 전기 마을굿의 모습을 살펴볼 수 있다.

> 그 지방(고성) 사람들은 해마다 5월 1일에서 5일까지 모두 모인다. 두 무리로 나뉘어 사당(祠堂)의 신상(神像)을 메고 푸른 깃발을 세우고 여러 마을을 두루 돌아다닌다. 마을 사람들은 다투어 술과 찬으로써 신상에 제사지내며, 연희자들은 모두 모여 온갖 연희를 펼친다.[34]

인용문은 단오 때 마을굿에서 신상과 성황대를 앞세우고 가가호호를 방문하고 나서, 나인(儺人) 즉 연희자들이 온갖 연희를 펼친다는 내용이다. 여기에 가능한 추정을 보탠다면, 성황당에서 신상을 꺼낼 때 성황신에게 제사를 지내고, 성황대(푸른 깃발)에 신이 내리기를 빌며 기다리다가 신이 내린 후 성황대를 앞세우고 풍악을 울리면서 마을을 돌아다니며 가가호호를 방문했을 것이다. 이는 요즘도 마을굿을 지낼 때 성황당에서 제사를 지내며 성황대에 신이 내리기를 기다리다가, 신이 내리면 풍물패가 풍악을 울리면서 가가호호를 방문해 지신밟기를 하는 모습과 그대로 일치한다. 이런 마을굿놀이들이 발전해 하회별신굿탈놀이나 강릉 관노가면극과 같은 가면극이 생겨난 것으로 보인다.

특히 『동국세시기』 '12월' 조에서 소개한 강원도 고성의 풍속을 통해서 조선 후기의 마을굿이 가면과 연결되어 있었음을 확인할 수 있다.

> 매달 초하루와 보름에는 군(郡)의 사당에 관(官)에서 제사를 드린다. 비단으로 신의 가면을 만들어 사당 안에 비치해 두면 12월 20일 이후에 그 신이 고을 사람에게 내린다. 신이 오른 사람은 그 가면을 쓰고 춤추며 관아의 안과 고을을 돌아다니며 논다. 그러면 집집에서는 신을 맞이하여 즐긴다. 그렇게 하다가 정월 보름 전에 신을 사당 안으로 돌려보낸다. 이 풍속은 해마다 있으며, 이는 나례신(儺禮神)의 종류다.[35]

인용문을 통해 강원도 고성 지방에는 연말에 사당에서 신을 맞이해, 관아뿐만 아니라 마을의 집집마다 방문하며 노는 풍속이 있었음을 알 수 있다. 이 신을 나례신이라 부르고, 이 행사를 나례와 연결시켜 해석한 것은 후대의 일일 것이다. 원래는 마을의 수호신을 상징하는 가면을 모셔 즐겁게 함으로써, 마을의 안녕과 풍농풍어를 기원했을 것이다. 마을의 수호신에게 이러한 기원을 하는 것이 바로 마을굿, 즉 동제(洞祭)의 보편적 목적인 것이다.

주목되는 점은 이 지방에서는 마을의 수호신을 가면으로 형상화했다는 사실이다. 이는 경상북도 안동의 하회마을에서 마을 수호신인 성황신을 가면으로 형상화한 것과 일치한다. 하회별신굿탈놀이에는 성황신인 각시가면이 존재하고, 각시의 무동춤은 신성현시(神聖顯示)를 연출한다. 결국 강원도 고성과 경상북도 하회의 예를 통해 마을굿놀이에서 마을 수호신을 상징하는 가면을 중심으로 가면극이 형성되는 과정을 살펴볼 수 있다.

물론 마을굿놀이 계통 가면극이 반드시 이런 과정만을 거친 것은 아니다. 황창무와 『삼국유사』 '처용랑 망해사' 조의 기록은 자생적 가면희의 또 다른 예를 보여준다. 이런 자생적 가면희들도 마을굿놀이 계통 가면극에 영향을 끼쳤을 것이다.

황창무는 가면을 쓰고 춤추는 검무이다. 황창무는 품일 장군의 아들 관창이 계백 장군에게 살해된 사실을 전설화해 만든 것으로 보인다. 칼춤 또는 칼재주부리기는 이미 고구려 고분벽화에도 나오는 산악·백희의 일종이다. 황창무는 칼재주부리기가 고사와 결합해 형성된 것이다.

'처용랑 망해사' 조의 기록에서 동해용, 처용, 남산신(南山神), 북악신(北岳神), 지신(地神) 등의 신격들이 나와서 춤을 추었다는 것은 사람이 그 신격들에 해당하는 가면을 쓰고 춤을 추었다는 뜻이다. 헌강왕이 남산신의 가면을 쓰고 남산신의 춤을 추었다는 사실은 이러한 사정을 이해하는 단서가 된다.

헌강왕이 남산신의 가면을 쓰고 추었던 춤이나, 처용무에서 처용의 가면을 쓰고 추는 춤은 자생적 가면희의 전통을 잘 보여주는 예다. 이 처용무는 실제로 후대 마을굿놀이 계통 가면극에 영향을 끼쳤다. 강릉관노가면극에 등장하는 양반광대, 소매각시, 시시딱딱이의 삼각관계는 바로 처용, 처용의 처, 역신의 관계와 매우 유사하다.[36] 홍역의 역신으로 간주되는 시시딱딱이는 다정하게 춤추며 노는 양반광대와 소매각시를 훼방 놓는다. 그리고 소매각시를 억지로 끌고 가서 차지한다. 하지만 결국 양반이 시시딱딱이를 물리치고 다시 소매각시를 찾아 온다. 처용설화에서 처용이 자기의 처를 차지하고 있는 역신을 쫓아내고 처를 다시 찾는 구나의 형식과, 양반광대가 시시딱딱이를 물리치고 소매각시를 되찾는 극적 형식이 일치하고 있다.

## 2) 마을굿놀이 계통 가면극의 연희 내용

안동의 하회별신굿탈놀이와 병산별신굿탈놀이, 경상북도 경산의 자인팔광대놀이, 강원도 강릉의 관노가면극 등이 마을굿놀이에서 유래한 가면극이다.

하회의 가면극은 마을굿의 일종인 별신굿을 거행할 때 놀던 것이다. 하회별신굿은 1928년 이후 전승이 중단되었고, 병산별신굿도 비슷한 시기에 중단되었다. 별신굿은 보통 십 년에 한 번씩 신탁(神託)에 의해 임시로 행해지는 큰 규모의 성황굿이다. 하회에서는 매년 정월 15일과 4월 8일에 평상제(平常祭)를 지내다가, 비정기적으로 별신굿을 거행했다. 하회리의 성황신은 '무진생 성황님'이라고 하는 열일곱 살의 처녀인 의성 김씨, 혹은 열다섯 살에 과부가 된 성황신으로 동네 삼신의 며느리신이라고도 전한다.

강릉관노가면극은 그 명칭에서 알 수 있듯이, 원래 강릉단오제에서 관노들에 의해 연희되던 가면극이었다. 옛날에는 음력 5월 1일 괫대(花蓋)를 장식해 세우고 대성황당의 앞마당에서 가면극을 행했는데, 4-5일까지 계속했다. 5일은 오전 여덟 시부터 대성황당 앞에서 가면극을 공연하고 다시 약국성황(藥局城隍)과 소성황(素城隍)에서 기도와 연극을 행한 후, 온 길을 되돌아서 성내(城內)의 시장, 전세(田稅), 대동(大同), 사창(司倉)의 여러 관청 앞에서도 성대하게 연희하고, 해질 무렵 신대와 괫대를 받들어 여성황(女城隍)에 이르러 이곳에서도 연희한 후 신대를 대성황당 안에 봉안했다고 한다.37 (도판 63, 64)

하회별신굿탈놀이는 제1과장 주지춤, 제2과장 백정놀이, 제3과장 할미놀이, 제4과장 파계승놀이, 제5과장 양반·선비놀이로 구성되어 있다. 하회별신굿에서는 성황당에서 신이 내린 후에 하산한다. 하산 과정에서 성황신인 각시가면을 쓴 자가 행하는 무동춤은 신성현시를 연출하는 본보기다. 하회의 성황신은 이 마을로 시집와 열다섯 살 때 남편과 사별하고 이곳의 성황신이 되었다고 전한다. 시집온 지 며칠 안 되어 남편을 잃고 쓸쓸하게 살다 간, 한이 많은 각시신이다. 하회 사람들은 이 여신이 마을을 잘 지켜 주기를 바라며 또 그렇게 해 왔다고 믿고 있다. 본 가면극에 앞서 성황신인 각시가면을 쓴 연희자는 무동을 타고 수시로 걸립을 했다. 성황신인 각시의 등장은 이 가면극이 각시를 중심으로 각시에 의해서 주도되는 어떤 근원성과 관련이 있음을 시사하면서, 이 가면극과 마을굿의 밀접한 관계를 보여준다.38

63. 강릉단오제. 괫대를 만들기 위해 무당이 지목한 나무를 벤다.

64. 강릉단오제의 괫대.

65. 하회별신굿탈놀이의 주지춤.

66. 하회별신굿탈놀이의 할미놀이.

　첫번째 과장인 주지춤은 사자춤으로서, 사자 한 쌍이 춤을 추어 잡귀와 사악한 것을 쫓아내고 놀이판을 정화하는 벽사의 의식무이다.(도판 65)
　백정놀이는 백정이 소를 도살해 염통과 우랑을 떼어낸 다음, 관중을 향해 해학적인 말로 희롱하면서 양반층을 풍자하는 내용이다.(도판 67)
　할미놀이에서는 허리에 쪽박을 차고 흰 수건을 머리에 쓴 할미가 베를 짜는 시늉을 하며, 한평생 궁핍하게 살아온 신세타령을 베틀가에 얹어 부른다. 이어 춤을 추다가 쪽박을 들고 동냥을 한다. 이 과장은 여성들의 고난과 삶의 애환을 그리고 있으며, 가부장적 권위에 대한 적극적인 비판의식을 드러낼 뿐만 아니라, 풍요다산의 주술적 의미도 담고 있다.(도판 66)
　파계승놀이에서 중은 춤을 추던 부네가 오줌 누는 것을 엿보고 욕정을 참지 못

67. 하회별신굿탈놀이의 백정놀이에서 우랑을 사라고 외치는 백정.

68. 하회별신굿탈놀이의 파계승놀이.

한다. 중은 부네가 오줌 눈 자리의 흙을 움켜쥐고 냄새를 맡으며 흥분한다. 중은 부네와 어울려 춤을 추다가, 양반의 하인인 초랭이에게 들키자 부네를 업고 달아난다.(도판 68)

양반·선비놀이에서 중의 행태를 보던 양반과 선비는 기생인 부네가 나타나자, 지체와 학식을 자랑하며 부네를 놓고 삼각관계를 벌인다. 이들은 허위와 위선으로 자랑하며 부네를 차지하려 든다. 백정이 양기를 돕는 데 좋다며 소불알을 들고 등장하자, 서로 사겠다고 당기므로 백정은 소불알이 터지겠다고 야단한다. 이 와중에 할미가 등장해 이들을 비판하고, 별채(別差) 역할인 이매가 나와 세금을 바치라고 외치면, 모두 깜짝 놀라 도망간다. 여기서는 관리가 마을 사람들에게 곡식을 거두면서 중간 착취하는 횡포를 풍자하고 있다.

강릉관노가면극은 제1과장 장자마리춤, 제2과장 양반광대·소매각시춤, 제3과장 시시딱딱이춤, 제4과장 소매각시의 자살과 소생으로 구성되어 있다. 강릉관노가면극은 한국의 가면극 가운데 유일하게 묵극(默劇)이라는 점이 특징이다. 또한 다른 지방의 가면극은 각 과장의 내용이 서로 독립적인 모습을 보이는 데 반해, 강릉관노가면극은 각 과장이 서로 긴밀하게 연관되어 있다. 즉 양반과 소매각시를 중심으로 한 서사적인 내용의 연희가 진행된다.

첫번째 과장인 장자마리춤은 벽사적 의식무로, 장자마리 둘이 마당닦기춤을 통해 놀이판을 정화한다. 장자마리들은 의상에 곡식 이삭과 해초인 말치를 매달고 있고, 불룩한 배를 통해 잉태한 모습을 보여 주며, 둘이 모의적인 성행위의 동작을 한다. 즉 장자마리춤은 풍농풍어를 기원하는 마을굿인 단오제의 성격도 반영하고 있는 것이다.

양반광대·소매각시춤 과장은 양반이 소매각시를 차지해서 다정하게 노는 내용이다.

시시딱딱이춤 과장은 시시딱딱이들이 양반과 소매각시의 사랑을 훼방 놓는 내용이다.(도판 69)

소매각시의 자살과 소생 과장은 소매각시가 자살했다가 다시 살아나는 내용이다. 양반이 시시딱딱이들을 쫓아 버린 후에 소매각시를 끌고 와서 시시딱딱이와

69. 강릉관노가면극의 양반광대·소매각시춤 과장 중에서 시시딱딱이가 소매각시를 데려가고 있다.

70. 강릉관노가면극의 양반광대·소매각시춤 과장 중에서 소매각시가 양반의 수염에 목을 매어 자살하려 한다.

놀아났다고 나무라면, 소매각시는 완강히 부인하면서 양반에게 용서를 빈다. 그래도 양반이 화를 풀지 않자, 소매각시는 양반의 긴 수염에 자기의 목을 매어 자살한다.(도판 70) 이때 장자마리들과 시시딱딱이들이 소매각시의 죽음을 확인하고, 성황신목을 모시고 와서 빌자 소매각시가 소생하는 내용으로 결말을 맺는다.

그런데 이미 지적한 바와 같이, 강릉관노가면극에 등장하는 양반광대-소매각시-시시딱딱이의 삼각관계는 바로 처용-처용의 처-역신의 관계와 매우 유사하다.

하회별신굿탈놀이와 강릉관노가면극은 연희 내용과 등장인물들이 다른 지방의 가면극과 전혀 다르다. 그것은 이 가면극들이 마을굿에서 자생적으로 형성되어 발전해 왔기 때문이다. 그러나 하회별신굿탈놀이의 파계승 과장이나 유학과 유학자를 조롱하는 내용, 강릉관노가면극의 '소매각시'라는 명칭에서 알 수 있듯이, 후대에는 마을굿놀이 계통 가면극도 본산대놀이 계통 가면극의 영향을 일부 받은 것으로 보인다.

## 3. 기타 가면극

### 1) 함경남도의 북청사자놀이

북청사자놀이는 원래 함경남도 북청군에서 전승되어 온 가면극으로, 육이오 당시 월남한 연희자들에 의해 남한에서 복원되었다.

예전에는 여러 지방에서 사자놀이를 거행했던 것으로 나타난다. 최남선(崔南善)이 1947년에 저술한 『조선상식문답속편(朝鮮常識問答續編)』에 의하면, 당시로부터 얼마 전까지 경주의 월남(月南)과 보문(普門)에는 주지춤 즉 사자춤이 있었는데, 마을마다 그것을 부양하기 위한 '주지논'이 있어서 그 소요 비용을 공급했다고 한다. 월남과 보문의 사자춤에서는 연말세초(年末歲初) 무렵의 밤중에 두 마을에서 출발해 중간에서 만나 밤새도록 싸워 승부를 내며, 정초에는 여러 마을을 돌아다니면서 축사연상(逐邪延祥)을 기원했다.[39] 한편 함경북도 북부 산간지역의 재가승(在家僧) 마을에는 1950년대까지만 해도 주지놀이라는 사자춤이 있었는데, 1982년 월남민들이 이 연희를 복원해 전국민속예술경연대회에 참가한 바 있다.

71. 1930년대 북청사자놀이의 놀이꾼들.(위)
72. 북청사자놀이에서 입사자(立獅子)가 된 사자 두 마리. 이 사자들은 오색사자로서, 다섯 가지 색의 실을 섞어서 몸체를 장식한다.(아래)

73. 북청사자놀이의 양반과 꼭쇠.

함경도에서는 함경남도의 북청, 함주, 정평, 영흥, 홍원, 함경북도의 경성, 명천, 무산, 종성, 경원 등지에서 사자놀이를 놀았다고 한다. 이 중 북청의 사자놀이가 가장 유명하여 함경도의 사자놀이를 대표한다.

북청사자놀이는 함경남도 북청군 산하 열한 개 면과 세 개 읍에 속하는 각 마을에서 음력 정월 15일 밤 세시풍속의 하나로 행해졌다. 북청읍의 사자놀이는 댓벌(竹坪里)사자〔여기에는 이촌(李村)사자, 중촌(中村)사자, 넘은개사자가 속함〕, 동문(東門)밖사자, 후평사자, 북리(北里)사자, 당포(棠浦)사자 등이 유명했고, 그 밖에 마을마다 제각기 사자를 꾸며 놀았다. (도판71)

한편 오늘날 북청사자놀이에는 사자가 두 마리 등장하지만, 원래 북청 지방에는 두 마리 사자가 등장하는 마을이 없었다. 모든 마을에서 사자가 한 마리만 등장했다. 그리고 사자놀이의 내용도 현재와 많은 차이를 보인다. 현재는 사자 외에 애원성춤, 사당과 거사춤, 무동춤, 꼽추춤, 칼춤, 승무, 중, 의원, 양반, 꼭쇠(양반의 하인) 등이 나온다. 이 중 가면을 쓰는 것은 길잡이, 양반, 꼭쇠, 꼽추, 사자뿐이다.(도판 72, 73)

북한에서 1955년 겨울부터 1956년 여름 사이에 북청 지방을 현지조사한 김일출의 보고에 의하면, 죽평리 사자놀이에는 피리(4), 퉁소(4), 꽹과리(1), 징(1), 새납(1), 소고(1), 큰북(1)의 다양한 악기와 함께, 연희자로 사자 외에 꼭쇠, 양반, 중, 점바치, 의원, 굴중(상모) 돌리는 사람, 소고를 든 거사(2), 무동이 나온다.[40] 이 중 주목되는 인물은 점바치 즉 점쟁이인데, 점쟁이는 사자가 먹이를 먹고 병들어 쓰러진 후에 병점(病占)을 친다.

북청사자놀이는 극적인 요소가 풍부할 뿐만 아니라, 나례의 매귀(埋鬼) 행사와 동일한 모습도 보인다. 사자놀이패는 정월 4일부터 14일까지 마을의 가가호호를 방문하면서 나례의 매귀 즉 지신밟기와 유사한 의식을 거행했다. 북청사자놀이는 정월 보름을 기해 거행되는 대부분의 민속놀이와 마찬가지로 벽사진경을 목적으로 거행되었다. 동물의 왕인 사자가 등장하는 것만으로도 벽사적인 기능을 하지만, 특히 사자가 방울소리를 울리면서 가가호호를 방문해 집안 구석구석의 잡귀를 쫓는 모습은 바로 나례의 매귀라고 하는 행사와 완전히 일치한다.[41]

## 2) 남사당패의 덧뵈기

남사당패는 원래 남자들로 구성된 유랑예인집단이다. 1964년에 꼭두각시놀음만 중요무형문화재 제3호로 지정되었다가, 1988년에 남사당놀이 전체로 확대 지정되었다. 예전에 떠돌이 예인집단에는 남사당패를 비롯해 대광대패, 솟대쟁이패, 사당패, 걸립패, 중매구패 등이 있었다. 이 중에서 그 규모나 내용으로 보아 남사당패가 첫손에 꼽힌다.

현재까지 남사당패의 은거지로 밝혀진 곳은 경기도 안성과 진위, 충청남도 당진과 회덕, 전라남도 강진과 구례, 경상남도 진양과 남해, 황해도 송화와 은율 등지이다. 그곳에서는 연희가 거의 없는 겨울철에 동면을 겸해서 초입자인 삐리들

74. 덧뵈기의 샌님잡이 장면.

에게 기예(技藝)를 가르쳤다고 한다.

남사당패는 꼭두쇠(우두머리, 모갑이)를 정점으로 풍물(농악), 버나(대접돌리기), 살판(땅재주), 어름(줄타기), 덧뵈기(가면극), 덜미(꼭두각시놀음) 등 여섯 가지 연희를 가지고, 일정한 보수 없이 숙식만 제공받게 되면 마을의 큰 마당이나 장터에서 밤새워 놀이판을 벌였다.

덧뵈기는 '덧(곱)본다'는 뜻으로 가면을 나타낸다. 덧뵈기는 지역 전승의 가면극에 비해 의식성이나 행사성이 약해서, 그때그때 관중의 취향과 흥취에 영합했다. 춤보다는 재담과 연기가 더 우세한 풍자극으로, 제1과장 마당씻이, 제2과장 옴탈잡이, 제3과장 샌님잡이, 제4과장 먹중잡이로 구성되어 있다.

다른 가면극에 반드시 나오는 벽사적인 의식무는 마당씻이의 고사문(告祀文)인 '비나리'로 대치되어 있다. 옴탈잡이, 샌님잡이, 먹중잡이는 각각 양주별산대놀이의 옴중·먹중놀이, 샌님놀이, 노장춤과 같은 내용이다. 등장인물과 내용에서 양주별산대놀이와 유사한 점이 많은 점으로 미루어 볼 때, 서울 본산대놀이의 영향 아래 생겨난 것으로 보인다.(도판 74)

1959년 무렵 생존해 있던 여러 연희자들은 자기들의 덧뵈기가 1900년대 초에 원각사(圓覺社)에서도 공연한 바 있는, 당시의 이름난 탈꾼 이운선(李雲仙)으로부터 나온 것이라고 한다. 이운선은 진위패(振威牌) 남사당의 곰뱅이쇠였는데, 그에게서 가면극을 배운 이경화(진위패 남사당의 덧뵈기쇠)가 경기도 안성군 서운면 청룡리 청룡사를 거점으로 당시 조정까지 출입하던 사당 바우덕이〔본명은 김암덕(金岩德)〕의 힘을 입어 안성 개다리패의 가열(초입자)들에게 덧뵈기를 가르쳤다고 한다.[42]

제5장

# 가면극의 놀이꾼

그 동안 가면극의 놀이꾼에 대한 연구는 아키바 다카시(秋葉隆), 이두현, 이훈상(李勛相), 박진태 등에 의해 진행되었다.

아키바 다카시는 서울 애오개본산대놀이의 놀이꾼을 궁중에서 천한 일을 하던 하층민인 반인이라고 지적했다.[1]

이두현은 인조 이후 공의로서의 나희가 급격히 쇠퇴하고, 영·정조 이후 나희가 국가적인 행사로는 폐지되자 그 놀이꾼인 팽인(편놈)들이 민간에서 가면극인 산대놀이를 시작했고, 그러다가 놀이꾼들의 지방 분산으로 각 지방의 가면극이 이루어졌다고 보았다.[2]

이훈상은, 조선 후기 이후의 가면극은 천민 신분의 유랑예능인이나 농민이 놀이꾼인 경우도 있었으나, 대부분은 향리들이 주재해 연행한 것으로 보았다.[3] 그러나 이훈상은 조선 후기에 향리들의 행사인 관아나례에서 연행된 가면극과 민간에서 연행된 가면극을 구별하지 않고 논의를 진행했다. 그리고 상층 향리가 관아나례에 동원된 가면극의 감독과 후원을 맡았던 것을 마치 이들이 직접 가면극을 주재하고 연행에도 참여한 것으로 해석했다. 하지만 실제로 상층 향리가 가면극의 놀이꾼으로 참여한 경우는 없다. 다만 일부 지역에서 하급 관속들과 관노들이 가면극의 놀이꾼으로 참여한 경우만 발견되므로, 조선 후기 가면극의 연행을 향리들이 주도한 것으로 볼 수는 없다.

박진태는, 조선 후기의 이서층(吏胥層)은 중앙과 지방을 가리지 않고, 주자학적 양반 문화에 대항해, 한편으론 한시, 시조 같은 상층문화를 하향적으로 수용하고, 다른 한편으론 가면극, 판소리 같은 하층문화를 상향적으로 수용해, 문화의 확산과 유통 과정에서 중재자적 역할을 주체적으로 수행했는데, 특히 가면극에서는 신주부, 포도부장 같은 이서층의 전형은 물론이고, 취발이, 신장수, 말뚝이 같은 서민층, 천민층의 전형까지 창조해 등장시킴으로써, 근대지향적인 사회 변동을 충실히 반영하면서 민속예술로 발전시켜 왔다고 지적했다.[4]

그러나 이상의 연구업적에도 불구하고 그 동안 가면극의 놀이꾼에 대한 전모가 밝혀지지 못했다. 아키바 다카시와 이두현은 본산대놀이의 놀이꾼에 대해 간단하게 언급했을 뿐 구체적으로 반인에 대해 살펴보지 않았고, 또 이들이 과연 본산대놀이와 같은 가면극을 연행할 수 있는 사람들이었는지에 대해서도 고찰하지 않았기 때문에, 이에 대한 본격적 연구가 과제로 남아 있었다.

나는 조선시대에 전통연희를 담당했던 전문적 놀이꾼들을 세습무계의 무부(巫夫), 북방민족 계통의 수척(水尺)과 반인, 재승(才僧) 계통의 승려와 사장(社長), 사당, 남사당, 조선 후기의 유랑예인집단 등으로 나누어 살펴보았다.[5] 그리고 이 가운데 애오개산대놀이를 놀았던 반인에 대한 새로운 자료들을 발굴하게 되어 본산대놀이의 놀이꾼에 대한 논의가 가능하게 되었을 뿐만 아니라, 기존의 자료들을 재해석해 산대희의 내용과 산대희에 동원되던 놀이꾼들의 부류가 각기 어떤 연희를 담당했는지도 밝힐 수 있게 되었다.[6]

한편 나는 수년 동안 가면극의 전승지를 방문해 현지조사를 진행하면서 각 지방 가면극의 놀이꾼에 대해 기존 연구를 검증할 수 있었고, 일부 새로운 사실도 밝힐 수 있었다. 그러므로 여기에서는 새로 발굴된 자료들과 나의 현지조사 내용을 토대로 가면극의 놀이꾼에 대한 논의를 진행하고자 한다.

# 1. 본산대놀이의 놀이꾼

한국의 본산대놀이 계통 가면극은 삼국시대에 유입된 산악·백희가 통일신라시대, 고려시대, 조선시대를 거치면서 발전하여 형성된 것이다. 이 연희들을 담당했던 놀이꾼들은 삼국시대부터 전문적이고 직업적인 놀이꾼이었으며, 이들의 후예가 통일신라시대의 오기(五伎), 통일신라시대 이래 고려시대까지 계승된 팔관회와 연등회에서 연행된 가무백희(歌舞百戱), 고려시대 이래 조선시대까지 계승된 나례에서 연행된 산대잡극·산대잡희(山臺雜戱) 등을 놀았다고 생각되기 때문이다. 백희 또는 잡희라고 칭해졌던 놀이들은 바로 중국에서 유입된 산악 계통의 놀이며, 조선시대에 이 산악 계통의 놀이를 놀았던 사람들은 궁궐의 나례나 중국 사신의 영접시에 동원되어 여러 가지 놀이를 펼쳤는데, 이 놀이꾼들 가운데 반인이라고 불리는 무리가 산대놀이라고 하는 가면극을 성립한 것이다.

서울에서 가면극인 산대놀이를 놀았던 반인들은 성균관에 소속된 노비들로서 조선 전기부터 소를 도살해 문묘제향에 응했고, 조선 후기에는 서울에서 소의 도살과 쇠고기 유통을 독점했던 사람들이었다. 반인은 이들이 반궁(泮宮) 즉 성균관에 소속된 노비였기 때문에 생긴 명칭이라고 앞서 말한 바 있다. 조선시대에는 직업이 세습되었다는 사실을 고려할 때, 반인은 원래부터 소를 잡는 사람들이었으므로 백정과 관련이 있고, 따라서 전문적인 놀이를 할 수 있었던 것으로 보인다.

반인은 대대로 성균관에 딸려 있던 천민들로, 주로 쇠고기 장사를 하는 사람들이 많았다. "심지어 각 연도에 묵은 환곡(還穀)과 시민들의 요역(徭役), 반인들의 현방(懸房) 속전(贖錢) 등을 면제해 주는 것에 있어서는 훌륭한 전례를 따르는 것이 마땅하니…"〔『정조실록(正祖實錄)』 권15, '7년 4월 1일' 조〕에서 알 수 있듯이, 반인은 현방 즉 푸줏간에 관련된 일을 하면서 속전을 내던 천인이다. 그러므로 반인은 서울의 백정이라고 할 수 있다. 그러나 반인이 모두 현방을 경영했던 것은 아니었고, 이들 중 재인(宰人)이라 불리는 사람들이 주로 도살(屠殺)을 담당했다.[7]

현방은 17세기 중반부터 문헌에 나타나기 시작한다. 현방은 반인이라 불리는 성균관 전복(典僕)들에 의해 운영되었기 때문에, 현방 전복이란 말도 생겼다. 전복이란 성균관에 소속된 노비로, 문묘(文廟)를 지키고 유생 부양에 필요한 잡무를 처리했으며, 관인(館人)이나 반인이라고도 불렸다. 이들은 잡역을 수행하기 쉽도록 동소문(東小門) 성균관 앞 관동(館洞)에 거주했는데, 이곳을 반촌(泮村)이라고 불렀다. 그러나 성균관의 도사(屠肆)가 현방이라는 이름으로 시전화(市廛化)하면서, 현방은 반촌뿐만 아니라 도성 근처의 여러 곳에 분포하게 되었다. 이에 따라 현방을 운영하는 반인들도 각 현방 근처에 흩어져 생활하게 되었다.[8]

흔히 '백정' 하면 소를 도살하는 사람들을 연상한다. 그러나 실제로는 소를 도살하는 사람들뿐만 아니라, 고리버들로 키나 고리짝 등 고리버들 제품을 만드는 고리백정도 있었고, 연희에 종사하는 재백정(才白丁)도 있었다. 조선시대의 문헌 기록에는 백정 외에 새로 생겨난 백정이라는 의미의 신백정(新白丁), 연희를 담당하는 백정이라는 의미의 재백정, 소를 도살하는 백정이라는 의미의 화백정(禾白丁) 등의 용례도 보인다. 또 평상시에는 고리버들 제품을 만들면서 지내다가 행사가 있을 때 연희를 연행하거나 음악을 연주하던 사람들을 '고리재인'이라고 부르던 예도 발견된다. 결국 고리백정과 고리재인이 같은 용어인 셈이다. 그러므로 문헌기록에 '백정'이라는 용어가 나올 때, 이를 소를 도살하는 사람들로만 간주해서는 안 되는 것이다.

고려시대에는 국가에 대해 직업적으로 지는 역인 직역(職役)이 없는 양인을 백정이라고 불렀다. 그래서 고려시대에 백정이라는 명칭은 일반평민과 다름없는 의미였다. 그러나 조선조 세종 5년(1423)에 북방유목민 계통으로서 소를 도살하거나, 수렵에 종사하거나, 연희에 종사하거나, 고리버들로 고리짝과 키 등을 만들던 재인(才人) 화척(禾尺) 등을 백정이라고 부르면서 백정의 의미가 변하기 시작한 것이다. 원래 세종 때 화척과 재인을 백정으로 고쳐 부른 것은 이들을 양인으로 인정함으로써 우리 민족으로 동화시키기 위한 조치였다. 그러나 백정이라는 명칭은 점차 이들만을 가리키는 명칭으로 굳어져 갔다.

조선시대에는 백정을 수척, 화척, 재인, 달단(韃靼), 백정(白丁), 재백정(才白丁), 신백정(新白丁) 등으로도 불렀다. 조선시대 이전에는 이들을 양수척(楊水尺)이라고 불렀다. 양수척은 후삼국시대부터 고려시대에 걸쳐 떠돌아다니면서 천업에 종사하던 무리인데, 북방유목민이나 귀화인의 후예로 보인다. 이미 『고려사』 권134, 「열전」 47, '8년 4월 신우(辛禑)' 조에 "화척은 곧 양수척이다"[9]라는 내용이 보인다. 조선조 『중종실록(中宗實錄)』 권11, '5년 8월 4일' 조에도 "우리나라에는 특별한 종류의 사람이 있으니, 사냥과 고리버들 제품을 만드는 것을 업으로 삼아, 편호(編戶)의 백성과 다르다. 이를 백정이라 부르는데, 곧 전조(前朝, 고려)의 양수척이다"[10]라는 기록이 보인다.

『세조실록(世祖實錄)』 권3, '2년 3월 정유(丁酉)' 조에서는 "백정을 화척, 혹은 재인, 혹은 달단이라고 부르는데, 그 종류가 하나가 아니다 ⋯ 본래 우리 민족이 아니다."[11]라고 밝히고 있다. 또 『성종실록(成宗實錄)』 권252, '22년 4월 무진(戊

辰)' 조에서는 "우리나라의 재인과 백정은 그 선조가 호종(胡種)이다"¹²라 하여, 한국의 재인과 백정이 북방민족의 후예임을 밝히고 있다.

『예종실록(睿宗實錄)』권6, '1년 6월 29일' 조 양성지(梁誠之)의 상소문은 이런 사실을 더욱 분명하게 언급하고 있다.

> (가) 양수척은 전조(고려)의 초기에 있었는데 강화도로 옮겨 갔을 때도 있었습니다. 재인과 백정은 충렬왕 때도 있었고 공민왕 때에도 있었습니다. 그래서 멀리는 오륙백 년 전(고려 초기를 가리킴—저자)에 있었고, 가까워도 수백 년 아래(충렬왕 때와 공민왕 때—저자)로는 떨어지지 않는데도, <u>악기를 연주하며 노래하는 풍습과 짐승을 도살하는 일을 지금껏 고치지 않고 있습니다.</u>¹³

이 기록은 재인과 백정이 양수척의 계통이며, 조선조 예종 때까지도 계속 놀이와 도살에 종사하고 있었음을 전해 준다.

조선시대의 백정은 세종 5년 그 이전의 재인과 화척을 합하여 통칭한 것이다. 이들은 도살업, 육류판매업, 고리(柳器) 제조업, 잡희 등으로 생계를 유지했다. 『중종실록』의 "정재인(呈才人) 백정(白丁) 등은 본시 일정한 재산이 없는 사람들로서 오로지 우희(優戱)를 직업으로 하여 여염을 횡행하며 양식을 구걸한다고 하나…"¹⁴라는 기록도, 조선 전기에 백정들이 소를 잡을 뿐만 아니라 연희에도 종사했음을 전해 주고 있다.

일본학자 아키바 다카시는 본산대놀이의 연희자가 반인이라는 사실을 처음 제시했다.

> (나) 산대희의 연희자는 궁중에서 천한 일을 하던 하층민으로 <u>반인(panin)</u>이라 칭했는데, 상인(常人)과의 교혼(交婚)은 금지되었다. 그들은 <u>산대도감 또는 나례도감에 예속되어 궁중으로부터 쌀이나 콩 등을 지급받아 왔으나</u>, 인조 12년 상주(上奏)에 의해 궁중에서 산대희가 폐지됨으로써, 그 이후에는 그들 자신이 연희의 흥행에 전력하게 되었고 커다란 무대를 만드는 것도 없어지게 되었다. <u>특히 서쪽 교외의 아현리(阿峴里)에 사는 연희자들이 많았는데, 소위 아현(애오개)산대의 이름이 유명했다.</u>¹⁵

(나)는 서울 근교에서 놀던 가면극인 본산대놀이의 성립에 대해 매우 중요한 정보를 제공하고 있다. 반인들이 산대도감 또는 나례도감에 예속되어 있었다는

말은, 이들이 중국 사신의 영접행사에 동원되었다는 사실을 의미한다.

정조 9년(1785)에 왕명으로 성균관에서 편찬한 『태학지(太學志)』에 반인과 나례도감의 관련을 보여주는 기록이 발견된다.

> (다) 숙종 29년(1703)에 유생이 영접도감에서 주관하는 잡희를 보는 것을 금하고, 범한 자는 삼 년 동안 과거의 응시를 정지시키라 명했다. 매번 북사(北使)가 올 때를 당해 조정에서 나례도감을 설치해 창우(倡優)들을 모아 산붕(山棚)을 배설해 맞이했다. 이에 이르러 대사성 김진규가 아뢰기를, "신이 지난번에 거리에서 도성사람들이 물결처럼 달려가는 것을 보았는데 사자(士子)가 또한 많이 가서 보니 선비가 자중치 못함이 이와 같습니다. 마땅히 금제(禁制)가 있어야 합니다"라고 하므로 임금의 이 명령이 있었다.[16] ─『태학지』 권7, '교화' 조

> (라) 영조 12년(1736)에 임금이 유사에게 성균관 입직관(入直官)의 죄를 다스리고, 태학의 두 장의(掌議)를 모두 과거의 응시자격을 정지시키라 명했다. 이때 반인들이 산붕을 설치해 반촌 내에서 연희를 베푸니 임금이 듣고 이 명령이 있었다.[17]
> ─『태학지』 권7, '교화' 조

(다)에 의하면, 중국 사신이 올 때 조정에서는 나례도감을 설치하고 창우들을 모아 산붕을 배설해 맞이했다. 그런데 (라)에 의하면, 반인들이 반촌 내에서 산붕을 설치하고 연희를 연행한 것으로 나타난다. 산붕은 작은 산대로서 예산대라고도 불렸다. 작은 산대인 산붕을 설치하고 그 앞에서 여러 가지 연희를 펼쳤던 것이다. 그러므로 중국 사신 영접시에 나례도감에서 창우들을 모을 때, 당연히 산붕을 설치하고 놀던 반인들도 동원했을 것이다.

한편 (라)와 동일한 사건을 다룬 『신보수교집록(新補受敎輯錄)』의 '형전(刑典)' '금제(禁制)'에서는 "성균관 공자 사당 근처에서 반인의 무리가 설붕(設棚)하고 잡희를 벌였다"고 기록하고 있다.

『영조실록(英祖實錄)』 권41, '12년(1736) 2월 22일' 조에서는 이와 동일한 사건에 대해 다음과 같이 기록하고 있다.

> (마) 이보다 앞서 호유(湖儒)의 상소에 반인이 성묘(聖廟) 가까운 곳에 설붕하고, 거재유생(居齋儒生)이 가서 관람했다는 말이 있었는데, 이때에 이르러 좌의정 김재로(金在魯)가 거재유생을 벌주고 성균관의 관원은 잡아다 조처하며 당상관(堂上官)은 추고(推考)하도록 청하니, 모두 그대로 따랐다.[18]

이와 같이, 영조 12년 2월 22일에 거재유생과 성균관 관원을 벌주자는 좌의정 김재로의 청을 왕이 허락했다. 그런데 이보다 이틀 전인 『승정원일기(承政院日記)』 45책, '영조 12년 2월 20일' 조에서는 동일한 사건에 대해 다음과 같이 밝히고 있다.

> (바) 지난달 20일경 반인의 무리가 마침 북방사신들을 위해 베풀었던 산붕놀이를 멈추는 때를 만나[실제로 『영조실록』 '1월 24일' 조를 보면, 청나라 사신이 왔기 때문에 임금이 모화관(慕華館)에 나아가 맞이하는 내용이 있다—저자], 각자 돈을 모아 산붕희(山棚戲)의 도구를 빌려 이틀간 성묘(문묘)의 뒤에 산붕을 설치하고 기이한 재주를 두루 보여주었고, 음란한 악을 크게 베풀었는데, 성균관의 유생들도 뛰어가서 구경하지 않는 자가 없었습니다. 아, 산붕희는 바로 중국 사신들에게 기쁨을 제공하기 위한 도구이기 때문에, 공자를 모시고 공부하는 곳의 가까운 곳에서는 할 수 없는 것입니다. 반인의 무리가 비록 어리석고 무식하여 이런 해괴한 일을 했다고 치더라도, 성균관 재임들은 마땅히 그때 바로 엄금했어야 합니다.[19]

(바)에 의하면, 반인들이 중국 사신의 영접시에 설치하는 산붕을 빌려 연희를 베푼 것으로 나타난다. 그런데 그 무렵의 『승정원일기』를 살펴보면, 상소를 올려 벌을 받은 자들을 구명하고자 하는 노력이 있었던 것으로 나타난다. 『승정원일기』 45책, '영조 12년 2월 28일' 조에 성균관 관원인 신사영(申思永)이 벌을 받은 자들을 구명하기 위해 올린 상소가 있는데, 이는 매우 중요한 정보를 제공하고 있다. 반궁(성균관)의 동북 모퉁이에 포동(浦洞)이 있는데, 이곳은 성곽 모퉁이에 치우쳐 있으며, 중국 사신의 영접을 위해 나례도감을 설치하는 때가 되면 여기에서 배우와 무당들이 기예를 익히기 위해 장구를 두드리는 일이 있었고, 반인들이 산붕을 빌려서 설붕잡희를 했던 곳도 바로 이곳이라는 것이다.[20] 그러나 구명을 위한 상소에도 불구하고 실제로는 처벌이 진행되었기 때문에, 이 사건들보다 후대의 기록인 『태학지』와 형법책인 『신보수교집록』에서는 반인들이 산붕을 설치하고 연희를 공연했고, 그것을 본 유생들의 대표인 태학의 두 장의는 모두 과거의 응시자격이 정지되었으며, 잡희를 금하게 하지 못한 성균관 관원은 벌을 받았다.[21]

한편 서울 사직골에서 본산대놀이를 놀았던 딱딱이패도 반인과 관련된 것으로 나타난다.

(사) 양주골에서는 이백 년 전부터 해마다 주로 4월 파일과 5월 단오에 한양 사직골 딱딱이패(백정, 상두군, 건달로 구성되었다고 한다)를 초청하여 산대놀이를 놀게 했는데, 그들은 지방순연(地方巡演) 기타로 공연 약속을 어기는 일이 한두 번이 아니어서 불편을 느낀 나머지 양주골에서 신명이 과한 자들끼리(주로 관아의 하리배 즉 아전) 사직골 딱딱이패를 본떠 가면 기타를 제작하고 실연한 결과 그 성과가 나쁘지 않아 의외의 성과를 거두고 그 뒤부터 발전시켜 내려온 것이 양주별산대놀이다. 당시의 중심 인물은 이을축(李乙丑)이라는 사람이며, 그는 양주의 최초의 가면제작자라고도 전한다.〔고(故)서정주(徐貞柱) 및 고(故) 김성대(金成大) 담(談)〕[22]

인용문에 의하면, 사직골 딱딱이패는 백정, 상두군, 건달로 구성되었고 지방 순회공연을 다니는 전문적 놀이패였음을 알 수 있다. 그런데 서울의 백정은 바로 반인이었고, 반인들 가운데 전문적 놀이꾼이 있었다는 사실을 상기할 때, 사직골의 본산대놀이도 반인들이 주축을 이루었을 것이다. 사직골과 가까운 육조(六曹) 앞 즉 지금의 정부종합청사 근처에도 반인들이 운영하던 현방이 있었다.[23] 그러므로 이 육조 앞 현방의 반인들은 당시 천한 계층의 사람들이 모여 살던 사직골 근처에 살았을 것으로 생각된다. 상두군과 건달이 본산대놀이에 참여한 것은 후대의 현상으로 보인다.

## 2. 각 지방 가면극의 놀이꾼

본산대놀이라고 할 수 있는 서울 근교의 가면극은 애오개(아현), 녹번, 사직골 등에 있었다. 이 가면극들의 영향 아래 양주와 송파의 별산대놀이가 생겨났고, 해서탈춤과 야류·오광대도 본산대놀이의 영향으로 생겨났다.

지금도 유랑예인집단인 남사당패에서 여러 놀이 가운데 하나로 가면극인 덧뵈기를 공연하는데, 이는 산대놀이나 해서탈춤에 비해 간단하기는 하지만 양주별산대놀이의 내용과 너무나 유사하다. 그러므로 덧뵈기는 서울 근교 산대놀이의 영향으로 형성되었고, 여러 놀이의 하나로 가면극을 놀았기 때문에 내용이 간단한 것으로 드러난다. 경상남도 지방 야류와 오광대의 발상지로 알려진 초계 밤마리에서도 유랑예인집단인 대광대패가 여러 놀이 가운데 하나로 가면극을 놀았다고 한다. 이들도 서울 인근의 산대놀이를 배워 공연했을 것으로 추정되며, 여러 놀이

가운데 하나로 가면극을 놀았기 때문에 가면극을 중심으로 공연하는 산대놀이나 해서탈춤에 비해 놀이의 내용이 간단했을 것으로 생각된다. 그래서 야류와 오광대도 현재와 같이 놀이의 내용이 산대놀이나 해서탈춤에 비해 짧은 것으로 보인다.

해서탈춤은 중국 사신이 내왕하는 직북로에 위치한 봉산과 황주 등지에서 중국 사신을 영접하기 위해, 또한 감영이 있던 해주에서 관아의 행사를 치르기 위해, 전문적 놀이꾼이 산대희를 거행하던 영향으로 인해 자연스럽게 본산대놀이가 황해도 각지에 퍼진 것으로 보인다.

해주는 황해도의 정치와 경제, 문화의 중심지로서 해주 감영의 교방에 모여든 가무인들이 있었고, 통인청을 중심으로 하급 관속과 한량들이 해주탈춤을 전승했다. 관계자들의 증언에 의하면, 해주탈춤은 경기의 산대놀이와 부단한 교류를 형성하고 있었기 때문에, 여러 가지 면에서 산대놀이의 영향이 일정하게 작용했다고 한다.[24]

각 지방의 가면극 놀이꾼은 여러 부류로 나타나지만, 대부분은 마을 주민이었다. 강령탈춤, 은율탈춤, 수영야류, 동래야류, 고성오광대, 가산오광대, 하회별신굿탈놀이, 북청사자놀이 등은 마을 주민인 농민이 바로 놀이꾼이었다.

별산대놀이가 존재하던 양주, 송파, 퇴계원은 18세기 중엽에 생겨난 신흥 상업도시였다. 양주와 송파는 18세기 중엽에 서울의 특권적인 상인에게 대항하는 이른바 사상도고(私商都賈)가, 지방의 물산이 서울로 들어가는 곳에 자리를 잡고 서울의 상권을 위협하던 신흥 상업도시들이었다.[25] 퇴계원도 강원도 등지의 연초(煙草)를 수집하고 가공해 서울에 갖다 팔던 연초시장이 크게 섰던 곳이다.[26] 그러므로 양주, 송파, 퇴계원의 별산대놀이는 이 지역 상인들의 후원에 의해 공연될 수 있었다. 송파산대놀이의 전승지인 송파나루는 오강(五江)의 하나로서, 조선 후기 전국에서 가장 큰 열다섯 향시의 하나였던 송파장이 서던 곳이다. 양주와 송파의 별산대놀이는 애오개, 사직골, 녹번 등 본산대놀이의 영향으로 생겨났고, 퇴계원별산대놀이는 양주별산대놀이를 배워 간 것이다. 양주별산대놀이는 관아에서 천한 일을 하던 사람들이 놀았다.[27] 송파에서는 시장이나 나룻터에서 막일이나 소규모의 가게, 술장사, 뱃일 등을 하던 사람들이 놀았다.[28] 퇴계원에서는 마을 주민인 농민 등이 놀았다.

강령탈춤의 놀이꾼은 원래 농어민이었다. 강령은 작은 읍으로서 19세기말 이전에는 보잘것이 없었기에 가면극이 전래했어도 그다지 주목받지 못했다. 그러나 한일합방 이후 당시 유명한 기생이던 김금옥(金錦玉)이 고향인 강령으로 돌아가자, 해주감영의 통인청을 중심으로 집결되었던 놀이꾼들이 해산하면서 그 일부가 김금옥을 따라 강령으로 모여들어 가면극이 성행했다. 그리고 현청에 속해 있었던 악사들의 지원이 있었고, 십 리 거리의 강천리에 재인부락이 있어 악사를 초청하기가 쉬웠던 점도 강령탈춤이 발전할 수 있었던 배경이다.[29]

통영오광대는 1900년경 창원오광대로부터 배워 온 것이다. 통영오광대는 1900년 무렵 창원오광대를 본따 생겨난 것으로 보인다.[30] 원래 창원에서 오광대를 놀던 이화선이 통영으로 이사와서 전파했다고도 한다. 이화선은 1900년경 통영시 명정동에 거주했는데, 명정동은 무당과 재비들이 많이 살던 곳이다. 통영오광대의 성립에는 무계(巫系) 출신들이 중심이 되었다. 처음에 의흥계를 조직해서 이 가면극을 놀았는데, 의흥계의 구성원들은 대부분 통영에 위치한 수군통제사 통제영의 부속 관아인 취고수청의 악공들이었다. 이 악공들은 대부분 통영 지방의 세습무 집안 출신이다. 취고수청은 숙종 13년(1687) 제64대 통제사인 류중기(柳重起)가 건립했는데, 군악대가 있던 곳이었다. 통제영은 마지막 통제사인 제208대 홍남주(洪南周)가 1895년 병사함으로써 해산된 셈이다.[31] 따라서 취고수청도 그 때 해산되었는데, 그 시기가 통영오광대를 놀기 시작한 때(1900년 무렵)와 딱 들어맞는다. 취고수청이 해산된 이후 몇 년 뒤에 그곳에 소속되었던 악공들을 주축으로 통영오광대를 놀기 시작한 것으로 보인다. 취고수청의 악공들 가운데 관현악기를 연주하던 사람들은 주로 승전무(勝戰舞)를 전승하게 되었고, 타악기를 연주하던 사람들은 주로 통영오광대를 전승하게 되었다고 한다.[32]

그러나 봉산탈춤의 놀이꾼은 관아의 이속(吏屬), 상인, 마을 주민이었다. 이속의 참여로 인해 가면극의 공연이나 연출이 유리했고, 연기의 수준도 향상될 수 있었다. 특히 봉산탈춤이 19세기말 20세기초 이래로 황해도 가면극의 최고봉을 형성한 것은 이성구(李聖九) 이장산(李璋山) 부자(父子)와 불가분의 관련을 맺고 있다. 이성구는 봉산 관아에서 집사(執事)라는 하급 관속을 지낸 사람으로 일찍이 가면극에 종사해 첫먹춤의 명인으로 알려졌으며, 가면극의 모갑이를 담당했다. 모갑이는 가면극에서 으뜸가는 역을 담당하면서 전체 연기의 연출·감독을 맡는 사람이다. 당시 봉산에는 이성구보다 나이가 삼사십 년 위인 배한량(취발이 역), 이춘강(노장 역) 등 연기가 뛰어난 놀이꾼이 많았다.[33] 김일출은 1955년 8월 봉산탈춤의 미얄 역을 맡았던 한성근(당시 예순일곱 살)을 만났는데, 그는 통인 출신이라고 한다.[34] 또한 1900년 무렵까지는 관아의 악사청으로부터 반주음악을 담당할 악사들을 쉽게 지원받을 수 있었다. 한일합방으로 인해 악사청이 해산된 이후에는 재인촌인 가창마을에서 악사들을 초청하여 공연했다.

재인촌은 황해도와 평안도에 있었는데, 이들은 고려시대 양수척의 후예이다. 그래서 재인촌 사람들은 삼현육각의 악기 연주, 줄타기, 땅재주, 작대기 재주, 서도소리 등 재인으로서의 활동, 고리버들 제품 및 체와 바디 등의 수공업 제품 생산, 기생의 배출 등 고려시대 양수척이 하던 일을 계속하고 있었다.[35]

봉산과 강령에서는 재인촌의 재인들이 악사로서 탈춤의 반주를 담당했고, 은율에서는 탈춤의 반주는 물론 연희자로도 활동했다. 재인들은 악기만 잘 연주하는 것이 아니라, 줄타기, 땅재주, 작대기 재주, 서도소리, 성주고사 등에도 능했다. 그러므로 봉산탈춤 제3과장 사당과 거사춤의 「놀량」 「앞산타령」 「뒷산타령」 등 서도잡가(선소리 산타령류)는 소리꾼이 아닌 탈춤 연희자는 부르기 힘든 것이기 때문에, 재인들이 이 노래들을 지도했을 것이다. 이 외에 취발이가 부르는 「언문 뒷풀이」 「천자뒷풀이」와 할미가 부르는 「시나위청」(절절절 절시구) 「보고지고타령」 「거 누가 날 찾나」 등의 노래도 역시 소리에 능한 재인들의 지도가 있었을 것이다. 또 봉산탈춤의 팔먹중춤이나 취발이춤처럼 도약적이며 역동적인 춤사위를 구사하거나, 각 배역에 어울리는 다양한 춤사위를 개발할 때, 역시 늘 음악과 춤으로 생활하고 땅재주 같은 연기를 했던 재인들의 영향이 컸을 것이다. 실제로 월남하여 봉산탈춤의 보유자가 되었던 최경명(崔景明)은 원래 은율의 재인촌 출신으로서 악기를 잘 연주했을 뿐만 아니라, 취발이 역과 말뚝이 역 등 연희도 했는데, 매우 뛰어난 연희자였다.

강릉관노가면극은 관아의 관노들이 놀이꾼이었다. 그래서 그 명칭도 관노가면극이다.

# 제6장
# 가면극과 나례

원래 나례는 중국에서 유래한 것이다. 고려시대에 유입된 나례는 궁중, 관아, 민간에서 널리 성행하며 전승되는 과정에서 가면극에 등장하는 인물의 성격과 가면극의 연극적 형식 등 그 형성에 직접적으로 매우 큰 영향을 끼쳤다.

1900년 8월 9일자 『황성신문』의 기사에서는 서울 본산대놀이의 공연을 선전하면서 "예의지방(禮義之邦) 향인나(鄕人儺, 민간에서 거행하는 나례)는 구제역귀(驅除疫鬼, 질병을 일으키는 귀신을 쫓음) 성속(盛俗)이오, 기두씨(麒頭氏, 나례에서 역귀를 쫓는 가면)는 벽사하고 처용무는 정서(呈瑞)인데, 산대연희(山臺演戲, 여기서는 가면극의 의미로 사용) 절도(絶倒)로다"라고 하면서, 가면극이 나례의 유풍임을 밝히고 있다.

가면극의 기원에 관한 논쟁은 바로 나례와 밀접한 관련이 있는 산대희에 대한 논쟁에서부터 시작되었을 만큼, 그 동안 나례와 가면극의 관련 양상에 대한 연구가 매우 활발하게 진행되었다.

안확은, 조선시대의 가면희는 처용무와 산대희의 둘밖에 없는데, 이 둘은 당대의 창조가 아니고 전대의 것을 이용해서 소규모로서는 처용무로, 대규모로서는 산대희로 된 것 같다고 보았다. 그러므로 처용무와 산대희는 분리해 볼 수 없고 동일시할 것이며, 고려 당시에도 이 양자는 분리하지 아니하고 동일물인 것처럼 칭해 왔다고 주장했다.[1] 즉 처용무, 나례, 산대희는 동일한 것을 달리 부르는 것이며, 산대희가 산대도감극 즉 가면극의 전신이라고 보는 입장이다.

김재철은 산대극 이전에 벌써 나례가 있었고 그 나례는 본식(本式)을 떠나 창우잡희화(倡優雜戱化)했으니 그것이 산대극 발생에 도움이 되었을 것이며, 고려시대의 산대극을 조선에서 인용하자 그 산대극 중에 구나(驅儺)의 일부를 차지하는 처용무가 들어 있기 때문에 특히 그 산대극으로 중국 사신을 영접한 것인지도 모른다고 주장했다.² 즉 가면극의 형성에 처용무와 나례가 부분적으로 기여한 것으로 보는 입장이다.

그러나 송석하는 나례가 가면극의 발생에 동기를 준 것은 인정하지만, 처용무와 나례가 다르고 나례와 산대극이 다르다고 주장했다. 나례나 산대잡극은 나례 의식에서 행해진 백희(百戱) 전반을 총괄해서 부르는 명칭이고, 처용무는 그 가운데 한 가지며, 산대희와 산대잡극은 고려말에는 여러 가지 잡기를 지칭하는 것이었으나 현대의 산대극은 연극 형태를 갖춘 연극 명칭이며 여기에 잡기는 전연 포함되지 않는다고 하면서, 나례·산대희와 산대극(가면극)은 다른 것임을 지적했다.³

조원경은 안확과 김재철의 주장을 비판하면서, 나례에서 행했던 백희, 희학지사(戱謔之事), 교방가요(敎坊歌謠)는 산대극과 같은 가면무극(假面舞劇)이 아니며, 어느 나례에서도 가면무극을 행했다는 기록이 발견되지 않음을 보아 나례와 가면무극은 관계가 없다고 주장했다.⁴ 그러나 최근 발견된 『봉사도(奉使圖)』에 중국 사신의 영접시에 산대 앞에서 가면을 쓰고 춤을 추는 사람들이 보이기 때문에, 조원경의 주장은 설득력을 잃게 되었다.

이상과 같이 안확과 김재철은 나례와 가면극의 관계에 대해 긍정적인 견해를 보였으나, 송석하와 조원경은 부정적인 견해를 보였다. 그러다가 양재연, 이두현, 김학주(金學主), 윤광봉(尹光鳳)에 의해 다시 나례와 가면극의 관계에 대한 긍정적인 견해가 제시되었다.

양재연은 산대잡극과 산대도감극이 동일물이 아니라는 점을 인정하면서도, 산대희는 신라시대 국가적 행사로 형성되어 고려·조선시대를 경과하는 동안에 복잡 화려해졌고 공연도 빈번했으나, 영조 이후 이것이 정파(停罷)되자 산대 없는 산대희가 소규모로 또는 부분적으로 계속 민간에 유전되는 동안에 가면극으로서 산대도감극이, 악극(樂劇)으로서 판소리가 형성되었다고 주장했다.⁵

이두현은, 산대도감극의 춤과 연기는 나례의 규식지희(規式之戱)에서, 대사는 나례의 광대소학지희(廣大笑謔之戱)에서 영향을 받았다고 보고, 처용무와 나례

를 산대도감극 즉 가면극의 선행예능으로 인정했다.⁶

김학주는 나례에서 구나의 가면무와 그것과 함께 공연된 잡희가 의식을 떠나 오락화했을 때, 그 중의 가면무극적인 요소만이 모여 한국의 민속과 융합되어 조선 후기의 가면극을 형성했을 것이라고 추론했다. 그리고 민간의 나례도 궁중나례처럼 점차 오락화했으리라고 추측할 때, 민간의 나례에 대한 자료가 더욱 많이 발견되는 날에는 나례와 잡희 또는 산대잡희 및 산대극의 관계도 명백해질 것이라고 보았다. 민간의 나례는 궁중의 나례보다 훨씬 민속화된 놀이였을 것이며, 이 속에도 잡희는 보존되어 있었을 것이고, 나례 자체가 가면무희화(假面舞戱化)된 데다가 이곳에 잡희 중의 가면무희적인 요소가 혼입되고 또 그것이 얼마 동안 각 지방에 전승되는 사이에 산대극이 형성되었을 것이라는 주장이다. 따라서 산대극은 멀리 삼국시대의 가무백희에 근원을 두고 있으며, 고려의 잡희(산대잡극) 및 조선의 잡희가 민간으로 전승되어 의해 형성된 것이라고 한다. 당장에 고려말 산대잡극의 한두 가지 서술, 그것도 민간의 것이 아니라 궁중의 것이 확실한 것과 조선 말기 민간의 산대극의 내용을 비교해 보고 비슷하지 않다고 해서 전연 무관한 것이라고 단언함은 '잡희'의 성격 및 역사성을 소홀히 한 소치라는 점도 지적했다. 결국 산대극 즉 가면극은 삼국시대에 수입된 잡희가 고려·조선을 통해 나례와 함께 민간에 계승되는 사이에 형성된 것이라는 입장이다.⁷

윤광봉은 중국 귀주성의 나희, 나희의 기원과 한국의 나희를 검토한 후 한국 가면극의 형성에 나례의 영향이 컸음을 지적했다.⁸

이상과 같이 나례와 가면극의 관련 양상에 대한 기존 연구가 매우 활발하게 전개되었지만, 그 동안 지방 관아와 민간 나례에 대한 자료가 별로 발굴되지 않았으므로 논의의 진척에 한계가 있었다. 나는 김학주의 연구에 힘입어 중국과 한국의 나례를 폭넓게 검토하는 과정에서 지방 관아와 민간의 나례에 대한 새로운 자료들을 다수 찾을 수 있었다. 그래서 궁중, 관아, 민간의 나례에서 거행된 나희의 내용을 살펴보고, 나례의 등장인물의 성격 및 구나형식과, 가면극의 등장인물의 성격 및 연극적 형식을 비교하는 등 가면극에 나타나는 나례의 요소들을 찾아본 결과, 가면극의 형성에 나례의 영향이 지대했음을 발견하게 되었다. 가면극에 나례의 영향이 많이 남아 있는 것은, 별산대놀이, 해서탈춤, 야류, 오광대 등 현존하는 본산대놀이 계통 가면극의 모체가 되는 본산대놀이의 놀이꾼이 궁중의 나례에 동원되던 반인들이었기 때문이라고 생각된다.

그러므로 이 장에서는 첫째, 중국의 나례와 나희에 대해 정리하고, 둘째, 한국의 궁중, 관아, 민간의 나례를 정리해 나례와 가면극의 전반적인 관련 양상을 살펴본 후, 셋째, 나례의 등장인물의 성격과 구나형식 및 가면극의 등장인물의 성격과 연극적 형식 사이의 관련 양상을 고찰하는 방향으로 논의를 진행하고자 한다.

## 1. 중국의 나례와 나희[9]

중국의 나례는 그 연출 대상과 장소에 따라 궁정나(宮庭儺), 민간나(民間儺), 사원나(寺院儺), 군나(軍儺)로 나뉜다. 궁정나는 궁중에서 거행하던 나례로서 보통 대나(大儺)라고도 부른다. 민간나는 민간에서 행해지던 나례로서 백성나(百姓儺), 향인나(鄕人儺), 서인나(庶人儺) 등 여러 명칭으로 부른다.

사원나는 사원에서 거행하던 나희로서 라마교 사원의 가면극인 '참(Cham)'이 그것인데, 중국어로는 치앙무(羌姆)라고 한다. 사실 참은 나례라고 보기 어렵다. 이것은 티베트의 불교인 라마교에서 생겨난 가면극으로, 중국의 나례와는 거리가 있다.

군나는 옛날 군대에서 거행하던 나례로서 주로 삼국시대, 수나라, 당나라의 역사를 담은 「삼국지연의(三國志演義)」 「설인귀전(薛仁貴傳)」 등 씩씩하고 용맹스런 내용을 담은 가면극을 연행했다. 특히 중국에서는 군대에서 행하던 군나가 민간에 전파되어, 귀주성(貴州省)의 지희(地戲)에서 연행되는 「설악(說岳)」 「삼국연의」 「봉신방(封神榜)」 「양가장(楊家將)」 「설인귀정동(薛仁貴征東)」 「설정산정서(薛丁山征西)」, 운남성(雲南省)의 「관색희(關索戲)」, 청해성(靑海省)의 「오장(五將)」 「삼장(三將)」, 안휘성(安徽省)의 「화관색전포삼랑(花關索戰鮑三娘)」 「성제등전(聖帝登殿)」 등의 역사적인 전쟁 이야기가 가면극으로 전승되고 있다.

이러한 나례는 발전 과정에서의 성격과 내용 변화에 의해 고나시대(古儺時代)와 금나시대(今儺時代)로 나누어 살펴볼 수 있다. 고나는 역병과 잡귀를 몰아내는 구나의식이 중심을 이루기 때문에 신비하고도 장중한 분위기 속에서 거행되었다. 그러나 후대에는 점점 구나의식이 약화되었고, 그 대신 가무와 오락적인 면이 강화되었으며, 가면을 쓴 연극 형식으로 발전했는데, 이것을 금나라고 부른다.

## 1) 나례의 기원과 고나시대

중국에서 언제부터 나례가 행해졌는지 정확히 알 수는 없지만, 적어도 춘추시대(春秋時代) 이전부터 행해진 것만은 틀림없다. 일부에서는 나의식(儺儀式)이 상주(商周)에서 비롯되었다고 주장한다.[10] 음산(陰山)의 바위그림 중에 귀면(鬼面), 신면(神面), 무속가면(巫俗假面) 등의 그림이 새겨져 있기 때문에 나의식을 확인할 수 있다는 것이다. 나의식의 갑골문은 구(寇)인데, 이것은 사람과 짐승을 희생시켜 귀신을 쫓는 제사의식을 의미한다. 나의식에 사용되는 가면은 갑골문자로 '기(供)'로 표기한다. 이는 귀신을 쫓는 자가 쓰는 가면을 상징하는 것으로, 후대에 나면(儺面)을 기두(供頭)라고 부른 것은 여기에서 유래한다.

최근 나희 연구자들은 민족학과 민속학의 자료에 근거해, 나례의 기원에 대해 몇 가지 견해를 제시했지만, "나(儺)는 황제씨(黃帝氏)족의 곰 토템 숭배에서 기원한다. 나는 원래 곰씨족의 토템춤이었는데, 후에 일반적인 타귀도신(打鬼跳神)으로 변한 것이다"[11] 라는 견해가 가장 설득력이 있다.

한편 『고금사류전서(古今事類全書)』『사물기원(事物紀元)』『예기(禮記)』『주례(周禮)』에 나례의 기원시기에 대한 기록이 보인다. 이 문헌들에서 구나에 대한 기록은 서로 차이를 보이는 부분이 많다. 우선 구나의 기원시기에 대해『고금사류전서』는 전욱(顓頊)의 시기라고 본다. 그러나『사물기원』은 주대(周代)에 비로소 구나활동이 있었다고 본다. 양자의 시간상의 차이는 천 년이 넘는다. 또한 네 문헌은 구나의 발생원인과 횟수에서도 차이를 보인다. 그 내용을 종합적으로 정리하면 다음과 같다.[12] 구나는 고대에 매우 성행한 일종의 세시무속의식으로 귀신과 역병을 몰아내고, 복을 구하며 재앙을 떨쳐 버리는 데 목적이 있었다. 구나의식은 대략 원시사회 말기에서 기원해 상주에 이르러서 점차 고정적인 제도로 형성되었다. 주대에는 구나를 예(禮)의 범주에 넣어서 매년 정기적으로 성대한 구나의식을 거행했다. 그 시기는 기후가 바뀌고 음기와 양기가 교체하는 늦봄〔계춘(季春)〕, 중추(仲秋)〕, 늦겨울〔계동(季冬)〕이었다. 계춘과 중추의 나의식에는 오직 천자나 대신, 귀족만이 참가할 수 있었다. 그러나 계동의 나의식에는 궁중뿐만 아니라 일반백성들도 참가했기 때문에 대나(大儺)라고 불렀다. 그 내용은 방상시(方相氏)를 중심으로 하는 순수한 구역의식(驅疫儀式)이었다. 평시에 사람들은 우연히 재앙이나 상사(喪事)를 만나게 되면 수시로 나의식을 거행했는데, 규모가 작고 참가하는 사람의 수가 적을 뿐이었다. 또한『논어』에 의하면, 이미 공자의 생존 당시에 민간에서도 나의식이 행해졌음을 알 수 있다.

『주례(周禮)』권31, '하관사마(夏官司馬)' 제4에는 다음과 같이 구체적인 나례의식이 기록되어 있다.

> 방상시는 곰 가죽을 덮어쓰고, 황금의 네 눈을 갖고, 검은 저고리에 붉은 치마를 입고, 창을 들고 방패를 가지고, 백예(百隸)를 거느리고서 철에 따라 나(儺)를 행함으로써 집안을 뒤져 역귀를 몰아냈다.

이와 같이 주나라 때 나의식의 대표적인 신은 방상시였다. 방상시는 곰가죽을 뒤집어쓰고 머리에는 황금사목(黃金四目)의 가면을 썼다. 또한 방상시는 장례행렬의 앞에서 귀신을 쫓고 길을 열기도 했으며, 무덤을 팔 때 창으로 무덤 안의 네 모퉁이를 쳐서 방량(方良)을 몰아냈다.

한대(漢代) 이후 나의식의 규모는 점차 커지고, 예절과 의식의 요소가 늘어났다. 그래서 몇몇 문헌에서는 이를 나의(儺儀) 또는 나례라고 칭한 것이다.『후한서』「예의지(禮儀志)」에서도 역시 고나의 모습을 살펴볼 수 있는데, 후한의 고나는 방상시, 십이지신, 진자(侲子)들이 역귀를 쫓아내는 순수한 구역의식이었다. 이런 의례가 한나라 이후에는 흥성기에 들어섰고, 궁중 안에서 정기적으로 거행하는 하나의 완전한 의례로 형성되어 송나라 때까지 계속되었다.

## 2) 가면극으로서의 나희의 형성과 금나시대

위진남북조(魏晉南北朝) 시기에 중원 지역은 시종 전란과 봉건할거(封建割據)에 빠져 있었고, 지배계급의 권력 교체도 매우 빈번했다. 삼백육십여 년이란 오랜 기간 동안 정권이 안정되지 않아 궁중나례는 거의 폐지되다시피 했다. 수·당 시기에 이르러 중앙집권제 국가의 형성과 더불어 궁중나례는 다시 회복되기 시작했다. 그런데 이때의 나례는 벌써 선진(先秦)과 양한(兩漢) 시기와 다른 모습이었다. 중국 나문화는 고나시대를 마무리짓고 금나시대로 접어들기 시작했던 것이다.

『신당서(新唐書)』「예악지(禮樂志)」와 당나라 문인 단안절(段安節)의『악부잡록(樂府雜錄)』「구나」에 의하면, 당나라의 나례는 선진 이래의 나의와 나제고례

(儺祭古禮)를 계승하는 동시에 한편으로는 많은 개혁과 창조를 진행했다. 그래서 고나에 있던 신비하고도 장중한 분위기가 점점 약화되고, 그 대신 가무와 오락적인 면이 강화되었다.

또한 『악부잡록』 「구나」 대목에 의하면, 나례를 거행하기 열흘 전에 나의와 제악(諸樂)을 검열한 것으로 나타난다.

> 사전 열흘에 태상경과 여러 관원들이 본사(本寺)에서 먼저 나(儺)를 사열했는데, 아울러 여러 가지 음악도 모두 사열했다. 그날 크게 잔치를 벌이는데, 너덧 관청의 관원과 조정 대신들의 집에서도 모두 악붕(樂棚) 위로 올라가 그것을 구경했다. 백성들도 역시 들어와 구경했는데 대단한 장관이었다. 태경(太卿)은 이 연말의 하루 전날 우금오(右金吾)의 용미도(龍尾道) 아래에서 다시 사열을 했는데, 음악은 쓰지 않았다.

정식 나례가 있기 열흘 전에 나례를 심열하는 이와 같은 예행연습 의식은 전대에는 볼 수 없었던 것이다. 이는 당대(唐代)의 나례에서 역귀를 몰아내는 주제가 이미 상징적 의미로 변화되었음을 의미한다. 특히 여러 관리들과 함께 백성들도 들어가서 구경했으며, 제악까지 동원되어 장관을 이루었다. 여기에서 제악이라 함은 산악도 포함되고, 가무잡희까지 합한 총칭이다.[13]

그리고 나례의 배역도 변화를 보였다. 당나라 중엽 이후에는 종규(鐘馗)라는 새로운 축귀(逐鬼) 대신(大神)이 창조되었다. 그래서 고나에서는 네 눈을 황금으로 장식하고 창과 방패를 손에 든 방상시가 구나의식의 주역이었지만, 당 중엽 이후에는 종규가 구나의식의 주역으로 등장했다.

당대 이후의 나례는 민간에 복귀하는 추세를 보여주었다. 『구당서(舊唐書)』 「예의지(禮儀志)」의 기록에 의하면, 개원시기에는 주(州), 현(縣)에서도 나례를 거행했던 것으로 나타난다. 상급 주에는 예순 명, 중하급 주에는 마흔 명, 현급은 전부 스무 명씩 정하고 방상 네 사람이 창과 방패를 들고 그들을 영솔한다. 나례를 거행하기 전날 밤에 소사가 영솔해 주문(州門) 밖에서 밤을 지낸다. 나례를 거행할 때 현령(縣令)이나 판색관(辦色官) 혹은 외인(外人)이 나자(儺者)를 안내해 관아에 들어간다. 북을 치고 법석대며 실내, 대문, 골목 곳곳을 샅샅이 살핀 다음 대문으로 나가서, 네 성문 쪽으로 걸어가 성곽을 나서면 행사가 끝난다. 이런 민간나례를 중국에서는 '향인나' 혹은 '서인나'라고 하는데, 그 당시 매우 보편적이었다.

송대, 특히 남송시대는 중국 나희의 형성시기이다. 맹원로(孟元老)의 『동경몽화록(東京夢華錄)』에서는 북송의 서울 개봉에서 대나를 거행하던 정경을 상세히 기록했다. 주목되는 점은 방상시, 십이지신, 진자 등 고대 나례에서의 전통적 배역은 나례에서 완전히 사라지고, 교방영인(敎坊伶人)이 역을 맡은 종규, 소매, 사신, 장군, 문신, 판관, 토지신, 조왕신 등이 출현했다는 사실이다. 이들은 나례가 진행될 때 간단한 연극적 표현을 했는데, 이것이 곧 금나의 최초 형식이며, 흔히 말하는 나희(儺戱, 假面劇)이다. 고대 나례에서의 가면의 사용이 신을 위한 오락에서 인간을 위한 오락으로 발전하는 과정에서, 세속적 이야기를 담은 표현들이 가미되면서 중국 연극의 최초 형태가 성립된 것이다.[14]

이러한 나희의 형성시기는 13세기 중엽 이전으로 보인다. 왜냐하면 남송의 시인인 유당(劉鐺, 1220-?)이 지은 칠언고시 「관나(觀儺)」에 이미 나희의 모습이 발견되기 때문이다. 이 시는 나를 행하는 시간, 장소, 악기, 복식, 도구, 배역, 연기, 분위기 등에 대해서 모두 생생하게 묘사하고 있다. 이 시에서는 상연하는 것이 극희, 즉 연극이며 또한 나희임을 분명하게 지적하고 있다.[15]

송대 주거비(周去非, 1177년경)의 『영외대답(嶺外代答)』 권7에는 계림나(桂林儺)에 대한 기록이 보인다. 계림 지방에는 민간나례가 매우 성행했고, 등장인물의 분장 용구가 훌륭했으며, 동작과 말이 볼 만했고, 가면도 잘 만들었음을 밝히고 있다.

남송은 절강 임안(臨安, 지금의 항주시)에 안거했는데, 이로 인해 중국 나문화의 중심도 정치 중심의 이동과 더불어 남방으로 옮겨 갔다. 동남 연해부터 서남 변경에 이르는 남방 지역에서 나문화는 온전하게 전승되었다. 그래서 지금도 중국 장강 이남의 절강, 강서, 안휘, 호남, 호북, 사천, 귀주, 광서, 운남 등의 농촌 지역에서 다양한 나문화 현상과 나희를 찾아볼 수 있는 것이다. 원래 중원 지역에서 형성된 나문화는 남송에서 백오십여 년의 기간을 통해 남방의 민간무술(民間巫術), 신앙습속과 결합될 수 있는 충분한 기회를 갖게 되었다.

반면에 이 기간 동안 중국의 북방은 요, 서하, 금의 지배하에 들어가면서 샤먼 문화를 신앙하는 민족들에게 관할되었다. 그래서 원나라 때 몽골족이 중원의 주인으로 들어와 소수민족 정권인 원왕조를 건립했을 때, 북방 고유의 나문화는 궁중에서 민간으로 흘러들어 가 사라져 버렸다.

나희는 원말명초(元末明初), 명대 중기 이후 성숙했다. 이 시기에 나희의 상연은 이미 상당히 보편적인 것이 되었으며, 상연하는 작품 역시 아주 다채로워졌다. 명대의 저명한 연극가인 서복조(徐復祚)가 쓴 희곡이론서 『화당각총담(花當閣叢談)』 중 「나(儺)」라는 글에서 당시의 나희에 대해 생동하게 묘사하고 있다.

가장 웃기는 것은 옛날 나에는 나옹(儺翁)과 나모(儺母)라는 두 노인이 있었는데, 지금은 그것을 고쳐서 조공(竈公)과 조파(竈婆)를 두고, 그들이 아내를 맞이해 결혼하는 형상을 연희하며 갖가지로 난잡하게 업신여기니, 동주군(東廚君)이 본다면 마땅히 배를 잡고 웃을 일이 아니겠는가. 그러나 그 중에서도 취할 만한 것이 있다. 여러 귀신들이 다투고 뛰어다니며 각각 한 모퉁이를 차지해 좋지 못한 흉한 일들을 만들어내는데, 속세에서 천사(天師)라고 부르는 장진인(張眞人)이 나타난다. 장진인은 단상 위에 올라가 술법을 쓰고 부적을 만들며 비결을 던져서 그 귀신들을 겁주려 했다. 그러나 귀신들은 더욱 방자해지고, 진인은 오히려 기교가 궁해 도리어 귀신이 붙는 바가 되어, 마치 술 취해 꿈꾸는 것처럼 혼미해져서 죽을 지경까지 갔다. 그때 홀연히 종규가 나타나자, 여러 귀신들이 종규를 한번 보고는 피하며 머리를 싸매고 사방으로 도망가면서 살려 달라고 빌기에 겨를이 없었다. 종규가 그들을 하나하나 잡아 버리자, 진인이 비로소 소생하게 되었다. 이것을 보니 진인의 술책이란 게 별볼일없는 것이고 또 소중하지도 않다는 것을 알 수 있다.

인용문에서 묘사하는 나희는 「오귀료판(五鬼鬧判)」 「장천사착귀미(張天師着鬼迷)」 「종규희소귀(鐘馗戱小鬼)」이다.

이상의 여러 자료들을 종합해 볼 때, 나희는 남송 시기에 형성되었고, 원말명초에 성장해, 명대 중기 이후 광범위하게 유행했던 것으로 나타난다.[16]

청대(淸代)에 들어오면 나례는 더욱 고의(古儀)와는 멀어졌다. 고철경(顧鐵卿)의 『청가록(淸嘉錄)』 권12, '12월' 조에 의하면, 도조왕(跳竈王), 도종규(跳鐘馗) 같은 것들이 민간에서 나례 대신 행해졌다. 도조왕은 12월 초하룻날에 거지 너덧 명이 한패가 되어 조공과 조파로 분장한 후, 각각 대나무 가지를 들고 문 앞마당에서 시끄럽게 굴며 돈을 구걸하기 시작해 24일이 되어야 그치는 것이다. 도종규는 12월초에 거지가 해어진 갑옷을 입고 종규로 분장한 후, 집집마다 찾아다니며 뛰고 춤추며 귀신을 쫓아 주기 시작해 제석(除夕)이 되어야 그치는 것이다. 이것은 완전히 민속화된 행사이므로 지방에 따라 풍습이 상이했을 것으로 생각된다.[17]

한편 나례는 도교와 밀접하게 관련되어 있다. 중국에서 생긴 종교인 도교는 그 형성 과정에서 민간의 무술신앙행사와 현상에서 많은 것을 받아들였다. 도교는 발전 과정에서 민간의 여러 신들을 광범위하게 받아들여 점차 신계(神界)를 풍부하게 함으로써 명성과 위엄을 부단히 높였으며, 또한 신권의 지배를 강화하고 민간신앙을 통솔했다. 예를 들면 나희 표현에서 나공(儺公)과 나모는 현저한 지위를 차지하고 있어 항상 나례활동에서의 제단관장신으로 추대되었으며, 아울러 나제의 조사(祖師) 역할을 담당했다.

민간나례에서 청배하는 제신(諸神)으로 말하면 나단(儺壇)에 진열된 장계(張戒)의 〈삼청도(三淸圖)〉(도교의 상청, 옥청, 태청)를 보아도 청배한 제로(諸路) 신선이 삼백여 명에 달한다. 이로부터 민간의 무술활동과 도교는 아주 밀접하게 결합되었고, 신전청배가 민간나의의 중요한 내용이 되었음을 알 수 있다.

또한 송나라 시대에 '나'가 민간에 전파되면서 '나'와 점복, 예조, 기자, 축수 등의 무속 및 민간신앙이 매우 긴밀하게 결합되었다. 궁중나례와 달리 민간나례는 고정된 복잡한 절차에 구애됨이 없이 수요에 따라 수시로 적응하고 변이될 수 있었다. 민간에서 가장 흔히 볼 수 있는 것은 나제의 방식으로서 길흉을 점복하고 미래를 예측하고 자식을 얻고 장수를 기원하는 목적에 도달하는 것이다.

이상의 발전 과정을 거쳐 현재 중국에는 수많은 지역에서 가면극인 나희가 전승되고 있다.

### 3) 중국의 나례와 지신밟기

진(晉)나라 종름(宗懍, 500-563년경)의 『형초세시기(荊楚歲時記)』에 의하면, 당시에 이미 민간의 나의는 집집마다 돌아다니며 구역을 해주고 놀이를 하며 향응이나 보수 같은 것을 받은 것으로 보인다.[18]

송나라 오자목(吳自牧, 1270년경)의 『몽량록(夢梁錄)』권6 '제야(除夜)' 조와 '12월' 조에 다음과 같이 지신밟기의 모습이 발견된다.

(가) 12월이 다 갈 때면 세상에서 말하기를, 달이 끝나고 해가 다하는 날이라 하는데, 이를 제야라 한다. 선비와 서민들 집에서는 집의 대소를 막론하고 모두 문 앞을 청소해 먼지와 더러운 것을 씻어낸다. 마당과 문 앞을 깨끗이 한 후 문신(門神)을 갈아 붙이고, 종규를 내걸고, 도부(桃符)를 매어 달고, 춘패(春牌)를 써 붙이고, 조상들

에게 제사를 지낸다. … 궁중에서는 제야에 크게 역귀를 쫓는 나의식을 거행하는데, 모두 황성사(皇城司)의 여러 관원들을 동원해, 가면을 쓰고 그림을 수놓은 잡색의 옷을 입고, 손에는 금창과 은갈래창 및 무늬가 그려진 나무칼, 오색의 용과 봉황, 오색의 깃발을 들게 했다. 그리고 교악소(教樂所)의 악공들로 하여금 장군, 부사, 판관, 종규, 육정(六丁), 육갑(六甲), 신병(神兵), 오방귀사(五方鬼使), 조군(竈君), 토지(土地), 문호(門戶), 신위(神尉) 등의 신으로 분장하게 했다. 궁중으로부터 북을 치고 악기를 연주하면서 역귀를 몰아 동화문(東華門) 밖으로 나가서 용지만(龍池灣)을 돌아가 그것을 매수(埋祟)라 부르며 해산했다.[19]

(나) … 이달로 들어서면, 시가에 가난한 거지들이 너덧 명씩 떼를 지어 <u>신귀, 판관, 종규, 소매 등의 모습으로 분장한 후 징을 치고 북을 두드리며 집집마다 찾아다니면서 돈을 구걸한다.</u> 세상에서는 이것을 타야호(打夜胡)라 불렀는데, 역시 구나의 뜻이 있는 것이다.[20]

(가)와 (나) 모두 고대 나례에서 등장하던 방상시, 진자, 십이지신은 간 곳 없다. 대신에 민간의 설화 속에 전래되는 여러 신들이 등장한다. 이들은 거의 특수한 성격에 독특한 외모의 소유자들이다. 그리고 등장인물들이 다채롭기 때문에 나례의 행사 자체만으로도 훌륭한 가면극이 되었을 것이다. 또 '12월' 조와 같은 풍속은 '도종규'라 해 청대를 거쳐 현대에 이르기까지도 중국의 여러 지방에서 비슷한 방법으로 행해지고 있다.[21]

인용문 가운데 밑줄 친 부분을 주목해 보자. (가)에서는 궁중에서 역귀를 몰아 밖으로 나가서 '매수(埋祟)'라 부르며 해산했다고 한다. 이는 한국에서 정초에 풍물패가 집집마다 방문해 '지신밟기' 하는 것을 '매귀(埋鬼)'라고 부르는 것과 너무나 유사하다. 그리고 (나)에서는 징을 치고 북을 두드리며 집집마다 찾아가서 돈을 구걸하는데, 역시 구나의 뜻이 있다고 지적한다. 이는 바로 '지신밟기'의 모습 그대로다. 특히 '12월' 조에 나례의 구역신으로 조군, 토지, 문호도 나오고, 원대(元代) 유당경(劉唐卿, 1279년경)의「강상심채순봉모(降桑椹蔡順奉母)」잡극 제2절에는 가정의 잡신들, 즉 증복신(增福神), 문신(門神), 호위(戶尉), 토지, 우물신, 조신(竈神), 측신(厠神) 등이 등장한다. 이는 바로 한국 풍물패의 지신밟기에서 풍물패가 각 가정을 방문해 조왕, 문신, 우물신, 성조신, 천룡신, 지신, 측신, 조상신 등에게 기원하고 집안 구석구석의 잡귀를 쫓아내는 모습과 매우 유사하다.

그러므로 한국 풍물패의 지신밟기는 나례의 유풍이라는 사실을 확인할 수 있다.

## 2. 한국의 나례와 나희

나례가 한국에 들어온 사실을 전하는 첫 기록은 고려시대 정종(靖宗) 6년(1040)에 나타나지만, 실제로 나례가 한국에 들어온 것은 그 이전이었을 것으로 추정된다. 정종 6년의 기록은 중국의 궁중나례가 한국의 궁중나례에 수입된 것을 말한다. 그러나 그 이전에 중국의 민간나례인 향인나도 들어왔을 가능성이 있지만, 현재로서는 그같은 사실을 확인할 만한 자료가 발견되지 않는다.

다만 『삼국사기』에 수록된 최치원의 「향악잡영」에 나오는 '대면(大面)'의 등장인물이 벽사색인 황금색의 가면을 쓰고 나와서 채찍을 휘두르며 귀신을 쫓는 모습은 신라시대에 이미 나례가 존재했을 가능성을 보여준다. 그리고 귀와(鬼瓦)와 김유신 장군 묘의 주위에 조각해 놓은 십이지신상 등을 통해서도 신라시대에 이미 나례와 유사한 '귀신쫓기 신앙'이 있었음을 알 수 있다. 처용설화도 처용이 자기 아내에게 붙은 역신을 쫓아내는 내용이므로 나례와 유사한 구역(驅疫) 즉 '역귀쫓기 행사'이다. 따라서 이상의 여러 예로 보아 신라시대에 이미 나례나 나례와 유사한 귀신쫓기 행사가 있었을 것이 틀림없다.

원래 나례는 섣달 그믐날 궁중과 민간에서 가면을 쓴 사람들이 일정한 도구를 가지고 주문을 외치면서 귀신을 쫓는 동작을 해, 묵은해의 잡귀를 몰아내던 의식이다. 그러던 것이 고려말에는 점차 구역의식보다 잡희부(雜戲部)가 확대되면서 나례가 잡희인 나례희(儺禮戲) 즉 나희로 인식되어 갔다. 조선시대에는 이러한 현상이 더욱 심해져서 본말이 전도된 느낌이 든다고 말한 바 있다. 조선조 『문종실록(文宗實錄)』 권2, '즉위년 6월 10일' 조에 의하면 중국의 사신을 영접할 때도 나(儺)를 쓴다고 되어 있다. 이때의 나는 구역의식을 가리키는 것이 아니라, 나례에 동반되었던 잡희 즉 나희를 가리킨다. 중국 사신의 영접에도 나례에서 연행하던 잡희인 나희를 그대로 가져와서 공연했기 때문에 나라고 한 것이다. 중국 사신을 영접할 때 연행하던 이러한 연희는 원래 일반적으로 산대희라고 부르던 것이었다.

조선조에 들어 나례도감 또는 산대도감이 관장하던 산대희는 나례, 나희, 산대

나례, 산대잡희 등으로 그 명칭을 혼용했다. 그리고 중국 사신을 영접할 때, 나례 의식 때, 왕의 신주를 종묘에 모실 때(祔廟還宮), 왕이 종묘에서 제사지낼 때(宗廟親祭), 왕이 문묘에 참배할 때(謁聖), 왕의 각종 행차 때(行倖), 왕후의 잉태를 축하할 때, 지방장관 등의 환영 때, 각종 궁중잔치 때에 광범위하게 쓰였으며 그 종류도 다채로워졌다. 그러나 기본적으로는 고려시대의 산대잡극이나 나례희의 내용과 크게 차이가 없었던 것 같다. 조선시대의 계동나례는 흉년, 또는 기타의 유고시(有故時)에 정파되는 경우도 있었으나, 거의 정례적으로 매년 섣달 그믐날 밤에 거행되었으며, 역신을 쫓아내는 축역(逐疫) 외에 잡희인 나희가 공연되었다. 이러한 나희는 중국 사신의 영접행사와 조정의 각종 행사에 반드시 필요한 절차가 되었고, 조선 전기에는 국가 신흥의 기운과 함께 그 규모도 성대해졌다. 그러나 임진·병자 양란 뒤에 조선조가 쇠운에 접어들자, 인조(재위 1623-1649) 이후에는 나례의 규모도 축소되어 축역행사 정도로 그치고, 명·청의 교체 이후는 숭명배청(崇明排淸)의 감정과 함께 청나라 사신을 영접할 때의 산대 시설도 열의가 감소되었다. 영조(재위 1724-1776), 정조(재위 1777-1800) 때는 그나마 나희가 몇 번 거행되었으나, 그 이후 공의로서의 나의는 정파되고 말았다.[22]

특히 중국이나 한국이나 모두 나례는 시대의 변천에 따라서 민속적 신앙이 결부되고, 지방색까지 가미되어 변모했다. 그 가운데 주목되는 것은, 이미 앞에서 살펴본 바와 같이, 한국에서 흔히 정초에 풍물패가 가가호호를 방문해 지신밟기를 하는 민속도 나례에서 유래했다는 사실이다. 그리고 풍물패의 지신밟기를 매구, 매귀라고도 부르는데, 나례 또한 매귀라고 불렀다는 기록이 여러 군데 나타난다.

### 1) 고려시대의 나례와 나희

한국의 초기 나례는 『고려사』 권64, 「지(志)」 권18, '예(禮)' 6, 군례(軍禮)조의 계동대나의(季冬大儺儀)를 통해 살펴볼 수 있다. 이 기록에 의하면 12월에 대나의식을 거행하기 위해 열두 살 이상 열여섯 살 이하의 아이들을 뽑아 진자로 삼았다. 그리고 이들에게 가면을 씌우고 붉은 고습(袴褶)을 입혔다. 스물네 명이 한 대(隊)가 되는데, 여섯 명을 한 줄로 하며 대개 두 대이다. 집사자(執事者)는 열두 명인데, 붉은 모자와 소창옷을 입고 채찍을 잡는다. 공인(工人)은 스물두 명이며 그 중 한 사람은 방상시로 황금색 눈이 네 개인 가면을 쓰고 곰가죽을 걸치고 검은 윗옷과 붉은 치마를 입고, 오른손에는 창을 왼손에는 방패를 잡는다. 또 그 중 한 사람은 창사(唱師)인데, 가면을 쓰고 가죽옷을 입고 몽둥이를 든다. 고각군(鼓角軍)은 스무 명을 한 대로 삼는데, 깃대를 잡는 사람이 네 명, 퉁소를 부는 사람이 네 명, 북을 가진 사람이 열두 명이다. 이렇게 해서 궁중에서 악귀를 쫓아내는 것이다. 이때 악공들의 반주에 맞추어 진자들이 춤을 추었는데, 그 중에는 처용무도 추었다. 이 계동대나의는 『신당서』 권16, 「예악지」의 대나와 등장인물 및 구나의 내용이 완전히 일치하고 있다. 그러므로 한국의 나례에 직접적인 영향을 준 것은 당대(唐代)의 나례임을 알 수 있다.[23]

『고려사』 권64, 「예지(禮志)」 권6에서는 나례에서 연행된 여러 가지 연희의 모습을 기록하고 있다.

> 예종(睿宗) 11년(1116) 12월 기축일에 대나를 행했다. 이에 앞서 환관들이 나희하는 자들을 좌우로 갈라 서로 겨루게 했다. 왕은 또 친왕(親王)들에게 명해 이들을 나누어 지휘토록 했다. 무릇 창우들의 잡기에서 지방의 유기(遊伎)에 이르기까지 징집당하지 않은 것이 없어, 멀고 가까운 곳에서부터 몰려들어 깃발이 길에 널리고 궁중에 가득 찼다.[24]

인용문과 같이, 나례에서는 창우(전문적 연희자)의 잡기나 지방의 유기 등 각지에서 모여든 수백 명의 연희자들에 의하여 여러 연희가 매우 성대하게 연행되었다. 환관들이 나희를 주도하고, 친왕들에게 좌우의 승부를 주관케 했는데, 모여든 전문적 연희자들 가운데 내쫓은 자들만 사백여 명이었다는 것이다. 그러면 이때의 잡기란 어떤 연희들일까. 『고려도경(高麗圖經)』에 "백희를 연행하는 자가 수백 인인데, 들으니 모두 민첩하기 이를 데 없다고 한다(其百戱數百人 聞皆敏捷特甚)"라는 내용이 있다. 또 『고려사』 권136, 「열전」 권49, '신우(辛禑)' 4에는 신우 13년(1387)에 "〔우왕(禑王)이〕 8월 15일에 육도의 창우들을 징발하여 동강에서 백희를 연행하게 했다(以中秋 徵六道倡優 陳百戲于東江)"는 기록도 있다. 이상의 기록에서 창우의 잡기나 창우의 백희는 전문적인 연희를 가리킨 것인데, 전국적으로 직업적인 연희자가 매우 많았음을 알 수 있다.

이미 제4장에서 살펴본 바와 같이, 고려말 이색의 한시 「구나행」은 나례에서 연행된 연희들을 구체적으로 묘사하고 있다. 이 시의 후반부(15구-28구)는 나례에서 구역이 끝난 뒤에 행해진 연희들을 보고 읊은 것이다. 즉 나희이다. 여기에서는 오방귀무(五方鬼舞), 사자무, 불 토해내기, 칼 삼키기, 서역의 호인희(胡人戲), 줄타기, 처용무, 각종 동물로 분장한 가면희 등을 묘사했는데, 이는 대부분 산악, 백희, 산대잡극, 산대희, 잡희 등으로 부르던 연희들이다.

## 2) 조선시대의 나례와 나희

조선시대에는 성현(成俔)의 「관나희(觀儺戲)」라는 한시와 『용재총화』, 그리고 『신증동국여지승람』『동국세시기』, 오횡묵(吳宖默)의 『고성총쇄록(固城叢鎖錄)』과 『함안총쇄록(咸安叢鎖錄)』, 북한학자 김일출의 현지조사자료 등을 통해, 궁중과 지방관아 그리고 민간에서 거행하던 나례의 모습을 살펴볼 수 있다.

성현의 『용재총화』에 소개된 조선 전기의 궁중나례는 고려시대의 궁중나례와 차이를 보인다. 우선 방상시(도판 75), 십이지신 이외에 판관, 조왕신, 소매 등 새로운 배역이 등장한다는 점을 지적할 수 있다. 이는 앞에서 인용한 『몽량록』권6, '제야' 조에서 알 수 있듯이, 중국에서도 송대에 오면 옛날의 나례에는 없던 장군, 부사, 판관, 종규, 육정, 육갑, 신병(神兵), 오방귀사, 조군(竈君, 조왕신), 토지, 문호, 신위 등이 등장하는 점과 유사하다. 나례가 시대의 변천에 따라 변모하는 모습을 엿볼 수 있다. 그런데 문제는 『용재총화』에 새로 등장하는 소매가 바로 현전하는 대부분의 가면극에도 등장하는 인물(소무, 소매각시)이라는 점이다.

앞서 이색의 「구나행」 등을 통해, 고려시대의 나례에서 여러 가지 연희들이 연행되었음을 살펴보았다. 조선시대의 나례에서도 각종 연희가 연행되었다.

우선 성현이 나례에서 연행된 연희를 보고 지은 「관나희」를 살펴보자.

| | |
|---|---|
| 궁궐의 봄빛이 채붕 위에 일렁이고 | 祕殿春光泛彩棚 |
| 붉은 옷 노란 바지 입고 종횡으로 오가네. | 朱衣黃袴亂縱橫 |
| 신묘한 방울놀이는 의료의 솜씨인 듯 | 弄丸眞似宜僚巧 |
| 줄 타는 모습은 비연처럼 날렵하네. | 步索還同飛燕輕 |
| 네 벽 두른 좁은 방에 인형을 놀리고 | 小室四旁藏傀儡 |
| 백 척 솟대 위에서 잔 잡고 춤추네. | 長竿百尺舞壺觥 |
| 우리 임금님 광대놀이 즐기지 않지만 | 君王不樂倡優戲 |

신하들과 태평성대 누리려 함이라네.　　　　要與群臣享太平
　　—『허백당집(虛白堂集)』 권7

　이 시는 나례에서 방울받기(弄丸), 줄타기(步索), 인형극(傀儡), 솟대타기(長竿戲) 등이 연행되었음을 전해 준다. 이때 방울받기를 하는 모습은 중국의 유명한 연희자인 의료(宜僚)처럼 잘한다고 비유했다. 또 줄타기를 하는 모습은 중국의 미인 조비연(趙飛燕)이 춤을 추듯이 날렵하다고 비유했다.

　한편 조선시대의 나례에서는 우희가 매우 중요한 공연 종목이었다. 이 점이 고려시대 나례와의 차이점이다. 고려시대에 우희의 공연은 길거리, 궁중연회, 사냥터, 절에서의 연회 등에서 다양하게 이루어졌던 것으로 나타나지만, 나례에서 우희가 연행된 예는 별로 발견되지 않는다. 그러나 조선의 나례에서는 우희가 자주 연행되었다. 우희에는 임금을 풍간하는 내용, 부패한 관원을 풍자하는 시사적인 성격을 띤 내용, 흉내내기 연희, 주유희(侏儒戲, 난쟁이놀이)가 있었다.
　『세종실록』 권91, '22년 12월' 조에 나례에서의 연희에 대한 기록이 보인다.

　　왕은 장사전(張思殿)에서 나희를 구경했고, 후궁들도 발을 드리우고 그것을 구경했는데, 밤이 깊어서도 끝나지 않았다.[25]

　또 『연산군일기(燕山君日記)』 권39, '6년 12월' 조에도 나례에 대한 기록이 보인다.

　　무신(戊申)날 왕이 인양전(仁陽殿)에서 나를 구경했는데, 기녀와 악공 배우들에게 명하여 온갖 놀이를 연출하게 하고 종일토록 즐겼다.[26]

　이 기록들에서 "밤이 깊어서도 끝나지 않았다" "종일토록 즐겼다"는 언급으로 보아, 그 내용이 매우 다채로웠음을 짐작할 수 있다.
　한편 성종 24년(1493)에 편찬된 『악학궤범』의 '학연화대처용무합설' 조에 의하면, 나례에서 악공들이 음악을 연주하고 기녀들이 노래하는 가운데 처용무, 학무와 연화대무를 춘 것으로 나타난다.
　다음은 조선시대에 지방의 관아에서 행하던 나례의 모습을 살펴보자.

　　황해도 봉산(鳳山) 관아에서는 섣달 그믐날 밤에 광대들을 불러다 매귀를 했다. 각 청의 청사 마당에서도 하고 군수 부인이 있는 집의 마당에서도 했다. 광대는 가창리의 재인

(才人)들이다. 대개 세 명 정도 온다. 그 중에서 덕담
을 하고 축원을 하는 사람이 탈을 쓴다. 탈놀이
에서 쓰는 탈과는 다르다. 이날 밤 동헌(東
軒) 마당에는 얼음 기둥 두 개를 세운다. 기
둥 하나의 직경은 맷돌 정도 되고, 기둥의 높
이는 한 길쯤 된다. 이 얼음 기둥의 한가운데
에 구멍을 뚫고 그 안에 등잔을 넣어 아주까리
기름으로 불을 켠다. 불빛은 투명한 얼음 기둥
의 밖을 비춘다. 광대가 "매귀야" 하고 외치면서 두
얼음 기둥 사이로 뛰어 들어온다. 탈을 쓴 광대가 덕
담을 외우고 축원을 한다. 이것이 섣달 그믐밤에
잡귀를 쫓는 매귀행사이다. 이를 빙등(氷燈)이라
고 한다.[27]

75. 방상시가면. 창덕궁 창고에서
장례용구와 함께 발견되었다.
방상시가면은 나례뿐만 아니라 장례
때에도 악귀를 쫓기 위해 사용되었다.

인용문은 황해도 봉산의 관아에서 섣달 그믐날 밤에 잡귀를 쫓는 나례인 빙등
을 행한 내용이다. 광대들이 관아의 여러 곳을 돌아다니며 잡귀를 쫓는 모습은 바
로 풍물패의 지신밟기와 일치하고 있다. 그리고 지신밟기를 매귀라고도 부르는
데, 나례 또한 매귀라고 불렀다는 사실을 전해 준다. 그래서 풍물패의 지신밟기가
나례와 관련해 생겨났음을 알 수 있다.

다음 인용문들은 지방 관아나례의 모습을 더욱 구체적으로 전해 준다.

(가) 날이 저물어 촛불을 밝히고 문을 닫은 후에, 갑자기 밖에 여러 사람들이 시끄럽게
떠드는 소리가 들리고, 등롱에 불을 밝혀 뜰과 섬돌이 훤하게 밝아졌다. 내가 통인
을 불러 물으니, "소위 관속배들이 초하루 아침에 문안을 올리겠다고 합니다"라고
했다. 잠시 동안 차례대로 문안을 받은 뒤에 갑자기 북, 뿔피리, 징, 생황의 소리가
나면서 아이들 이삼십 명이 소리를 맞추어 들어왔다. 이어서 장정들 몇십 명이 제각
각 자신들이 잘하는 악기를 들고 광장에서 음악을 연주했다. 음악소리가 넘치고,
뛰며 재주도 부리는데, 그 중에 한 거한이 얼굴에 탈을 쓰고 동에 번쩍 서에 번쩍,
엎어졌다 눕기도 하고, 어떤 때는 소리를 길게 빼어 거리낌없는 태도를 짓기도 하
고, 어떤 때는 거짓으로 넘어져서 중풍에 걸린 모양을 짓기도 하니, 빙 둘러서 구경
하는 사람들이 실성한 듯 배를 움켜쥐고 웃지 않는 사람이 없었다. 또 몇몇 묘한 모
습의 어린아이들이 어른의 어깨 위에 똑바로 서서 손을 들고 훨훨 날갯짓하며 춤추
고 나아가기도 하고 물러나기도 했다. 세속에서 말하는 '매귀희(埋鬼戲)'라고 하는

것이었다. 내가 돈 열 냥, 백지 두 묶음, 백미 서 말, 북어 한 쾌, 대구 세 마리, 막걸리 한 동이를 주었더니, 차일 아래에서 나누어 먹은 후에 또 관아 안으로 들어와서 한바탕 두드린 다음, 육청을 돌면서 그렇게 했다. 아마도 이런 것이 연례적으로 하는 행사이면서 역병과 마귀 따위를 물리치는 것인가 보다.[28]

(나) 경상남도 통영에서도 통제사의 영문이 설치된 후부터 매해 섣달 그믐달 통제사 동헌에 들어가서 밤 늦게까지 매귀를 치고, 탈놀이를 했다고 한다. 각 도(島)에서 소집되어 수군(水軍)에 배치된 악공들 삼십여 명을 동원하여 섣달 28일경부터 집사, 이방 등의 감독하에 연습했다. 그믐날 매귀 행렬에는 나무탈을 쓴 양반, 큰에미, 작은에미, 까마귀탈(검붉고 코가 돼지 주둥이 같고 새 같은 얼굴), 주지(獅子, 옛날에는 세 명이 들어가는 크기였으나 근래에는 한 명의 크기), 비비탈(영노), 중광대탈(중매구탈) 등이 따라다녔다. 까마귀탈과 비비탈들은 독무(獨舞)였다. 특히 중광대탈은 매귀 행렬 앞에 서며, 매귀를 친 다음에 중타령, 염불, 천수경을 외우고, 방 안에 들어가서 혼자 귀신을 쫓았다고 한다.[29]

(다) (내가) 풍운당(風雲堂)을 돌아다보니 아전의 무리들(諸吏輩)이 나악(儺樂)을 갖추고 유희를 하고 있다. 이것이 무어냐고 물으니 "해마다 치르는 관례입니다"라고 대답한다. … 관아에 돌아왔을 때는 날이 이미 어두웠다. 조금 있으니 나희배(儺戱輩)들이 징을 치고 북을 두드리며 펄쩍 뛰어오르는 등 온통 시끄러이 떠들며 일제히 관아의 마당으로 들어온다. 마당 가운데의 석대(石臺) 위에는 미리 큰 불을 마련해 놓았는데, 마치 대낮처럼 밝다. 악기를 마구 두들기기 때문에 어지럽고 시끄러워서 사람의 말을 구분하기 어렵다. 월전(月顚)과 대면(大面), 노고우(老姑優)와 양반창(兩班倡)의 기이하고 괴상한 모양의 무리들이 순서대로 번갈아 가며 나와, 서로 바라보며 희롱하고 혹은 미쳐 날뛰며 소란스럽게 떠들거나 혹은 천천히 춤을 춘다. 이같이 오랫동안 한 후에 그쳤다. 이곳의 잡희는 함안(咸安)의 것과 대략 비슷하지만 익살은 보다 나은데, 복색의 꾸밈은 다소 떨어졌다.[30]

(가)는 고종 28년(1891) 당시 경상남도 함안의 부사였던 오횡묵이 제석(除夕)에 관아에서 거행된 나례를 보고 기록한 것이다. 관속배들이 부사에게 문안을 올린 후, 나희배가 들어와 놀이를 벌이는 내용이다. 여러 악기를 연주하는 가운데 어린아이들 이삼십 명이 음악에 맞춰 들어오는데, 이는 궁중나례에서 어린아이 수십 명을 진자로 삼았던 점과 일치한다. 그리고 몇십 명의 장정들이 악기를 들고 관아의 광장에서 연주한다는 기록은 풍물패의 연주를 말하는 것이다. 한 거한이

가면을 쓰고 추는 춤은 병신춤으로 생각되고, 이어서 어린아이들이 어른의 어깨 위에 올라가서 추는 무동춤이 묘사되고 있다.

(나)는 통영 관아에서 제석에 거행한 나례를 소개한 것이다. 집사, 이방 등 향리의 감독 아래 악공 삼십여 명을 동원해 나희를 거행했는데, 여러 가면이 나온다. 이 나희는 현존하는 통영오광대와는 별개의 것으로 나례에서의 매구치기가 중심이었다.[31]

(다)는 고종 30년(1893) 경상남도 고성의 부사로 부임한 오횡묵이 제석을 맞아 읍내의 풍운당이라는 제당에서 벌어진 제의와 관아에서의 나례를 보고 기록한 내용이다. 풍운당의 제의에서는 제리배들 즉 향리들이 나악을 갖추고 유희를 하고 있고, 관아나례에서는 나희배들이 여러 종류의 가면을 쓰고 가면극을 연행하고 있다. 풍운당의 제의는 향리들이 중심이 되어 거행하는 것이므로, 제리배들이 나악을 갖추고 유희를 하고 있다고 표현한 것이다. 그러나 관아의 나례에서는 나희배들이 가면극을 연행하고 있다.

한편 『동국세시기』 '12월' 조에 의하면, 강원도 고성 지방에서는 연말에 사당에서 신을 맞이해, 관아뿐만 아니라 마을의 집집마다 방문하며 나례를 거행했다. 바로 풍물패의 지신밟기와 동일한 모습이다.

다음은 성현의 『용재총화』 권2의 기록을 통해 조선 전기에 민간에서 행하던 나례의 모습을 살펴보자.

섣달 그믐날에 어린아이 수십 명을 모아 진자로 삼아 붉은 옷에 붉은 두건을 씌워 궁중으로 들여보내면, 관상감이 북과 피리를 갖추고, 새벽이 되면 방상시가 쫓아낸다. 민간에서도 또한 이 일을 모방하되 진자는 없으나 녹색 댓잎, 붉은 형지(荊枝), 익모초 줄기, 도동지(桃東枝)를 한데 합해 빗자루를 만들어 펴고 대문을 막 두드리고, 북과 방울을 울리면서 문밖으로 몰아내는 흉내를 내는데, 이를 방매귀(放枚鬼)라 한다. 이른 새벽에는 그림을 대문간에 붙이는데, 그림에는 처용, 각귀(角鬼), 종규, 복두관인(幞頭官人), 개주장군(介胄將軍), 경진보부인(擎珍寶婦人) 그림, 닭 그림과 호랑이 그림 따위였다.

다음은 제주도의 민간에서 행하던 나례의 모습인데, 『동국여지승람』에 소개되어 있다.

풍속이 음사(淫祀)를 숭상해 산, 숲, 시내, 못, 높은 언덕이나 낮은 언덕, 나무, 돌에 모두 신의 제사를 베푼다. 매년 정월 초하루부터 보름날까지 남녀 무당이 신의 기(旗)를 함께 받들고 경을 읽고 귀신 쫓는 놀이(儺戱)를 한다. 징과 북이 앞에서 인도하며 마을을 나왔다 들어갔다 하면, (사람들이) 다투어 재물과 곡식을 내어 제사한다.[32]

인용문은 제주도의 민간에서 무당들이 주도해 마을을 돌아다니며 나례를 거행했던 사실을 전해 준다.

이상에서 살펴본 황해도 봉산, 경상남도 함안과 경상남도 고성의 경우는 지방 관아의 나례에서 잡귀를 쫓기 위해 거행한 의식이다. 이때 연행된 놀이인 나희에 가면을 쓴 인물이 등장하기는 하지만, 이는 아직 현존하는 가면극과 같은 수준이라고는 볼 수 없는 간단한 잡희임을 알 수 있다.

그런데 경상남도 고성과 통영의 관아나례에는 가면을 쓴 인물들이 다수 등장하며, 현존하는 고성오광대와 통영오광대의 등장인물과 일치하는 것도 여럿 발견된다. 그래서 이훈상은 고성과 통영의 관아나례에서 연행된 가면극이 바로 현재 전승되고 있는 고성오광대와 통영오광대이며, 그 내용도 일치하는 것으로 보았다.[33] 그러나 나는 우선 고성, 통영을 비롯해 봉산, 함안의 자료로 소개한 내용이 대부분 관아나례에서 연행된 나희라는 점을 강조하고 싶다. 그리고 고성과 통영의 관아나례에서 연행된 가면극에 현존 가면극의 등장인물과 일치하는 가면들이 등장한다고 해서, 이를 현존 고성오광대나 통영오광대와 일치하는 것으로 볼 수는 없다고 생각한다. 왜냐하면 고성이나 통영의 오광대 가면극은 1900년 이후에 창원오광대로부터 배워 온 것이기 때문이다. 그러므로 고성과 통영의 나례에서 연행된 가면극은 구나의식의 일부로서 아직 현존 가면극과 같은 양식으로 발전하지 못한 잡희의 수준이었는데, 1900년 이후에 유랑예인집단인 초계 밤마리의 대광대패로부터 전파된 창원오광대의 영향 아래 현재의 고성오광대와 통영오광대가 성립된 것으로 보인다.

## 3. 나례의 구나형식과 가면극의 연극적 형식

궁중의 나례나 중국 사신의 영접시에 산대희에 참가해 공연한 놀이꾼은 세 부류로 나눌 수 있다. 첫째 부류는 평소 관가에 매여 있던 교방기녀와 악공들이다. 둘째 부류는 평소 각 도의 재인청(才人廳)에 속해 있다가 산대희가 있을 때면 서울로 올라와 공연하던 재인들이다. 셋째 부류는 서울에 살면서 산대도감 또는 나례도감에 동원되던 반인들이다.

　서울에는 조선 전기부터 나례에 동원되던 놀이꾼들이 살고 있었다. 그러므로 나례가 있을 때 지방에서 동원되던 재인들과 구별된다. 조선 전기의 여러 기록에 경중우인(京中優人), 경중남녀재인(京中男女才人) 등의 용어가 보이고, 우인 또는 재인이 서울의 사대문 안에 살았다는 내용도 발견된다.[34] 조선 전기에는 관나라는 소규모의 정기적인 공연이 궁궐에서 벌어졌다. 이때 참가한 재인을 관나재인(觀儺才人)이라고 부른다. 이는 중국 사신을 영접할 때 벌이는 대규모의 나례와는 다른 것이다. 대규모의 나례를 거행하기 위해서는 나례도감을 설치했지만, 관나는 의금부(義禁府)가 경중우인 즉 서울에 사는 놀이꾼을 동원해 거행하는 소규모의 궁중행사였다. 경중우인의 일부로 주목되는 것이 반인이다. 반인은 원래 성균관에 소속된 노비인 전복(典僕)들이었는데, 문묘를 지키고 유생 부양에 필요한 잡무를 처리했다. 반인들은 반촌 내에서 산붕을 설치해 놀이를 베풀었는데, 중국 사신 영접시에 나례도감에서 창우들을 모아 산붕을 배설할 때 동원되었던 것으로 보인다. 이 반인들 가운데 소의문(昭義門) 밖 현방에 속해 있던 사람들이 애오개산대놀이를 놀았던 것이다. 소의문은 서소문인데, 서소문 밖은 바로 애오개이다. 그리고 사직골의 본산대놀이도 백정 등이 놀았다는 사실에 비추어 볼 때, 육조 앞에 있던 현방의 반인들이 사직골산대놀이를 놀았던 것으로 추정된다.[35] 현존하는 가면극에 나례의 영향이 많이 남아 있는 것은 현존 가면극의 모체인 본산대놀이를 성립시킨 놀이꾼들이 나례에 동원되던 반인들이었기 때문이라는 것은 앞서 밝힌 바 있다.

## 1) 나례의 오방귀무·오방처용무와 가면극의 오방신장무

고려말 이색의 한시 「구나행」의 후반부에서는 오방귀무, 사자무, 불 토해내기, 칼 삼키기, 서역의 호인희, 줄타기, 처용무, 각종 동물로 분장한 가면희 등을 묘사하고 있다. 이 가운데 제일 처음 나오는 '오방귀무'는 이미 중국의 나례에서도 발견되는 것이다. 『몽량록』 권6, '제야' 조에 보면, 나례의 역귀를 쫓는 신으로 장군, 부사, 판관, 종규, 육정, 육갑, 신병, 조군, 토지, 문호, 신위 등의 신과 함께 오방귀사가 나온다.

중국과 한국의 나례에서 모두 오방귀가 보이는데, 특히 「구나행」에서는 후반부의 첫 구절인 15구에 오방귀의 춤이 설명되어 있다. 후반부는 각종 잡희를 연행하는 내용인데, 그 첫 부분에 오방귀무가 있는 것이다. 이 춤은 성현의 『악학궤범』에 나례에서 연행한 것으로 기록하고 있는 「학연화대처용무합설」의 오방처용무(五方處容舞)와 함께, 현존하는 가면극의 오방신장무(五方神將舞) 과장과 관련된 것으로 보인다. 『악학궤범』에 의하면 나례에서는 오방처용이 다섯 방위를 상징하는 청색, 적색, 황색, 백색, 흑색의 의상에 처용의 가면을 쓰고 사방의 잡귀를 물리치는 춤을 추었다. 「구나행」의 오방귀도 각기 다섯 방위를 상징하는 색의 의

76. 가산오광대의 오방신장무.

상과 가면을 쓰고 나왔을 것으로 추정된다.

그렇다면 진주오광대, 마산오광대, 가산오광대 등의 가면극에서 오방신장무가 가면극의 첫 과장에 설정되어 있고, 동, 남, 중앙, 서, 북의 다섯 방위를 맡은 다섯 신장이 각 방위의 색을 나타내는 청색, 적색, 황색, 백색, 흑색의 가면과 의상을 착용하고 나와 춤을 추면서 사방의 잡귀를 쫓고 놀이판을 정화하는 의식무의 성격을 띠고 있다는 점을 주목해 보자. 가면극의 오방신장무는 고려말 나례에서 연행되던 오방귀무 및 조선시대의 나례에서 연행되던 오방처용무와 그 성격, 기능, 의상 등에서 매우 밀접한 관련을 보이는 것이다. 그러므로 가면극의 오방신장무는 나례의 오방귀무와 오방처용무의 영향 아래 형성된 것으로 생각된다.[36] (도판76)

## 2) 나례의 사자춤과 가면극의 사자춤

사자춤은 중국과 한국의 나례에서 모두 발견된다. 명대(明代) 고경성의 『기주지(蘄州志)』와 『백모당집(白茅堂集)』 「향나시(鄕儺詩)」에는 나례에서 사자춤이 연행되었음을 알려 주는 내용이 보인다.

고려말 이색의 「구나행」은 나례에서 사자무가 연행된 사실을 전해 준다. 이 시 후반부의 첫 구절인 15구에서 "오방귀 춤추고 사자가 뛰놀며(舞五方鬼踊白澤)"이라는 내용을 통해, 구나의식이 끝난 후 거행되는 나희의 첫 순서로 오방귀무와 백택무가 있었음을 알 수 있다. 백택은 신수(神獸) 또는 사자의 별칭인데, 여기서는 사자의 별칭으로 생각된다.[37] 중국의 전례에 비추어 볼 때 나례에 등장하는 벽사적인 동물은 사자이기 때문이다. 그러므로 중국의 나례에서 흔히 사자무가 연행되었듯이, 한국에서도 고려말에 이미 나례에서 사자무가 연행된 것을 확인할 수 있다.

현존하는 가면극 가운데 사자춤은 봉산탈춤, 강령탈춤, 은율탈춤, 수영야류, 통영오광대, 북청사자놀이, 하회별신굿탈놀이 등에서 발견된다. 이 중 함경남도 북청 지방의 사자놀이가 나례의 사자무와 가장 흡사한 모습을 보인다.

북청사자놀이는 나례의 매귀행사와 동일한 성격을 갖고 있다. 사자놀이패는 정월 4일부터 14일까지 마을 가가호호를 방문해 나례의 매귀, 즉 지신밟기와 유사한 의식을 거행했다. 동물의 왕인 사자가 등장하는 것만으로도 벽사적인 기능을 하지

77. 북청사자놀이. 사자가 집 안을 돌아다니며 귀신을 쫓아낸다.

만, 특히 사자가 방울소리를 울리면서 가가호호를 방문해 집안 구석구석의 잡귀를 쫓는 모습은 바로 나례의 매귀라고 하는 행사와 완전히 일치한다.(도판77)

### 3) 나례의 소매와 가면극의 소무·소매각시

성현의 『용재총화』는 조선 전기에 궁궐에서 거행하던 나례를 소개하고 있다. 그런데 이미 앞에서 살펴보았듯이, 이 나례는 『고려사』에 소개된 고려시대의 궁중 나례와 상당한 차이를 보인다. 우선 방상시, 십이지신 이외에 판관, 조왕신, 소매 등 새로운 배역이 등장한다. 이 중 소매는 바로 당나라 중엽 이후 중국의 나례에서 방상시를 대신해 구나의식의 중심 역할을 맡았던 종규의 여동생이다. 중국 송나라 시대의 나례에는 종규와 함께 소매가 나온다. 즉 중국과 한국의 나례에 모두 소매(小妹)가 등장하고 있는 것이다. 한국에서는 소매를 '小妹' 또는 '小梅' 두 가지로 표기하고 있다.

또한 유득공의 『경도잡지』 권1, '성기(聲伎)' 조에 "연극에는 산희(山戲)와 야희(野戲)의 두 부류가 있는데 나례도감에 소속된다. 산희는 다락을 매고 포장을 치고 하는데, 사자, 호랑이, 만석중 등이 춤을 춘다. 야희는 당녀(唐女)와 소매(小

梅)로 분장하고 논다"라는 내용에서, 나례도감에 속하는 연극에 당녀와 소매를 등장시켜 노는 야희가 있었음을 알 수 있다. 야외놀이화한 연극적 놀이에 당녀와 소매가 등장하는 것이다. 양주별산대놀이에도 왜장녀와 소무가 등장하므로, 이 야희는 가면극과 깊은 관련이 있음을 보여준다.

그런데 『용재총화』의 나례와 『경도잡지』의 야희에 나오는 소매는 현존하는 대부분의 가면극에 등장하는 인물인 소무와 관련이 있다. 이미 김학주는 『경도잡지』의 야희에 나오는 소매(小梅)를 가면극의 소무로 간주하고, 이는 중국과 한국의 나례에 등장하는 인물인 소매(小妹)에서 온 것이라고 지적한 바 있다.[38]

가면극의 소무를 나례의 소매에서 유래한 인물로 보는 것은 타당해 보인다. 우선 가면극의 소무가 소매의 와전이라는 점에서 그러하다. '소무'라는 용어는 1920년대 후반에 학자들이 가면극을 조사하는 과정에서 '소매'를 무당으로 오인해 '소무(小巫)' 또는 '소무당(小巫堂)'으로 표기한 데서 비롯되었다.

그러면 이제 예전의 기록에서는 노장의 상대역인 여성을 어떻게 표기하고 있는지 살펴보자. 이미 지적한 바와 같이 유득공의 『경도잡지』에는 당녀와 함께 소매가 나오는데, 소매가 옛날 미인의 이름이라는 설명이 보인다. 또한 강이천이 남대문

78. 봉산탈춤의 소무 (오른쪽).
소무는 소매가 와전된 것으로, 무당의 모습이 아니다.

밖에서 연행된 산대놀이를 보고 지은 「남성관희자」에도 노장의 상대역 여성으로 소매가 등장한다. 1872년에 정현석이 엮은 『교방가요』에는 열네 종류의 춤 가운데 「승무(僧舞)」가 들어 있는데, 가면극의 노장(노승, 老僧) 과장과 매우 흡사한 내용이다. 이 춤에서는 노장의 상대역인 여성을 '소기(少妓)' 즉 어린 기생으로 표기했다. 그러므로 현존 가면극에서 노장을 유혹하는 젊은 여성은 어린 무당이 아니라 기생과 같은 인물이며, 본래 이름은 소매였음을 알 수 있다.(도판78)

### 4) 나례의 처용·역신과 가면극의 취발이·노장

나례의 구나형식과 취발이와 노장의 관계도 서로 관련된 모습을 보인다. 노장은 가면부터가 시커멓고 음흉한 모습이다. 그래서 봉산탈춤에서는 노장이 놀이판에 입장하다가 자취를 감추었을 때, 먹중들이 노장을 흐린 날씨, 옹기짐, 숯짐, 대망이(큰 뱀) 등 검고 부정적인 대상으로 비유한다. 이는 곧 노장이 물리쳐야 할 사회적 재앙으로 간주되는 인물임을 의미한다. 그러므로 취발이가 노장을 쫓아내는 연극적 형식은 나례에서 귀신을 쫓아내는 구나형식과 대응된다.

79. 처용가면. 처용의 붉은 얼굴과 머리에 꽂은 복숭아나무 가지는 귀신을 쫓기 위한 것이고, 머리에 꽂은 모란은 부귀를 상징한다.

특히 취발이는 붉은 가면을 쓰고 술에 취한 모습으로, 손에 버드나무 가지를 꺾어서 머리 위로 치켜들고 등장한다. 이는 고려말 이색이 「구나행」에서 처용무를 "신라의 처용은 칠보장식을 했는데, 머리 위의 꽃가지에선 향기가 넘치네. 긴 소매 날리며 태평무를 추는데, 불그레하게 취한 얼굴은 아직도 다 깨지 않은 듯"이라고 묘사한 내용과 매우 유사하다. 붉은색은 벽사할 수 있는, 즉 귀신을 쫓을 수 있는 색이다. 고려말의 나례에서 처용이 붉은색의 가면을 쓰고 벽사적인 성격을 띤 복숭아나무 가지를 머리에 꽂고 나와 역신을 쫓는 모습[39]이나(도판 79), 취발이가 붉은색 가면을 쓰고 역시 벽사할 수 있는 푸른 버드나무 가지를 머리 위로 치켜들고 나와서 사회적 재앙인 노장을 쫓아내는 모습[40]이 통하고 있는 것이다. 취발이가 다리에 방울을 매달고 나오는 것도 방울소리를 통해 역귀를 쫓아내려는 사고의 반영으로 보인다.

　이상과 같이 고려말의 나례에 보이는 처용과 역신의 성격과 구나형식, 처용의 벽사적인 붉은 가면과 소도구(머리에 꽂은 복숭아나무 가지)는 취발이와 노장의 성격과 연극적 형식, 취발이의 벽사적인 붉은 가면과 소도구(버드나무 가지)에 그대로 대응된다.

## 5) 나례의 십이지신·역귀와 가면극의 말뚝이·양반

나례에서는 십이지신이 가면을 쓰고 채찍을 들고 나와 역귀를 쫓는다. 여기에 왜 대부분의 한국 가면극에 등장하는 말뚝이(양반의 하인역)가 채찍을 들고 나오고, 무릎에 방울을 차고 나오는가 하는 의문을 해결할 수 있는 실마리가 있다.

　가면극의 양반 과장에서는 말뚝이가 가면을 쓰고 무릎에 방울을 매달고 나와서 채찍을 휘두르며 양반들을 함부로 다루다가 쫓아낸다. 민중의 입장에서 보면, 가면극에 등장하는 양반들은 부정적이고 적대적인 대상이며 사회적 재앙으로 간주될 수 있는 인물들로서 역귀와 같은 존재이다. 그래서 양반들은 언청이(대부분의 가면극), 째기(한 다리와 한 팔을 잘 못 쓰는 반신불수의 병신, 서흥탈춤), 삐뚜르미탈(얼굴이 삐뚤어진 모습, 통영오광대), 홍백가(얼굴의 반쪽은 홍색이고 반쪽은 흰색인 모습, 통영오광대), 손님탈(곰보양반, 통영오광대), 흑탈(검은색의 가면, 통영오광대), 조리중(방정맞은 모습으로, 보살첩에게서 난 양반, 통영오광대) 등 한결같이 추한 모습을 하고 있다. 이들은 부정적이고 적대적이며 혐오의 대상이기 때문에 가면극에서 쫓아내야 할 인물들이다. 그래서 가산오광대에서는 말뚝이가 "옛끼놈, 돼지새끼들" 하면서 채찍으로 양반의 얼굴을 후려갈기고, "두우 두우" 하고 돼지 모는 시늉을 하면서 양반들을 몰아낸다. 이러한 내용에 유의하면, 나례의 십이지신과 역귀의 관계는 바로 가면극에서 말뚝이와 양반의 관계와 대응하고 있다는 점을 인정할 수 있을 것이다.

## 6) 나례의 구나형식과 팔먹중춤의 연극적 형식

봉산탈춤의 팔먹중은 그 가면이 귀면(鬼面)으로서 다른 가면들과 크게 차이를 보인다. 그리고 여덟 명의 먹중들이 한 명씩 차례로 등장했다가 퇴장하는 연극적 형식에서 나례의 구나형식과 대응하는 모습을 살펴볼 수 있다. 현재 연행되는 팔먹중 과장에서는 둘째 먹중부터 여덟째 먹중까지 계속 놀이판에 등장해 자기보다 먼저 나왔던 먹중의 얼굴을 한삼으로 때려서 쫓는 동작을 한다. 그러나 원래는 복숭아나무 가지나 버드나무 가지로 다른 먹중을 때렸다고 한다. 그러면 먼저 나왔던 먹중이 쫓겨서 놀이판을 나간다. 이미 지적한 바와 같이, 중국과 한국에서 복숭아나무나 버드나무의 가지는 벽사의 기능을 갖고 있는 것으로 간주된다.

팔먹중의 가면이 귀면이고 그것을 때려서 내쫓는 복숭아나무 가지나 버드나무 가지가 벽사적인 의미를 갖고 있다면, 뒤에 나온 먹중이 앞서 나온 먹중을 복숭아나무 가지나 버드나무 가지로 때려서 쫓는 식으로 반복되는 이 동작은 곧 귀신을 쫓는 동작으로 볼 수 있다.[41] (도판 80) 첫째 먹중이 다리에 왕방울을 달고 나오는 것도 방울소리를 통해 귀신을 쫓아내려는 사고의 반영이다.

궁중이나 민간의 나례에서는 구나의식에서 흔히 복숭아나무 가지로 악귀를 쫓았다는 점을 생각해 보자. 먹중들이 차례로 등장해 왕방울을 울리면서 자기보다 먼저 나온 먹중을 복숭아나무 가지나 버드나무 가지로 때려서 내쫓는 연극적 형식은 나례에서 귀신을 쫓는 구나형식의 영향으로 인해 생겨난 것으로 보인다.

80. 봉산탈춤.
뒤에 등장한 먹중이
앞의 먹중을 한삼으로
때리면서 쫓아낸다.

## 7) 나례의 구나가면과 가면극의 연잎·눈꿈쩍이가면

1930년에 경성제국대학 조선어문연구실에서 조사하고, 김지연이 필사한『산대도감극각본』은 양주별산대놀이의 대본이다. 이 대본의 고사 장면에 "연잎과 눈꿈쩍이가 중요한 자이기 때문에 가운데 둔다"라는 설명이 보인다. 그리고 연잎은 천살성(天殺星), 눈꿈쩍이는 지살성(地殺星)이라고 적어 놓았다.

양주별산대놀이에서 연잎은 부채로 얼굴을 가리고, 눈꿈쩍이는 그 뒤에서 장삼으로 얼굴을 가린 채 등장한다. 연잎은 하늘만 쳐다보고 춤을 추며, 눈꿈쩍이는 땅만 내려다보고 춤을 춘다. 상좌들이 차례로 곱사위춤을 추고 연잎 앞에 가서 쳐다볼 때, 연잎이 부채를 얼굴에서 떼면 상좌들이 놀라서 들어간다. 이때 옴중이 "아따 그 자식들 무엇을 가 보고 그렇게 기절경풍을 하느냐?" 하고 큰소리치면서 눈꿈쩍이가 얼굴을 가리고 있는 것을 홱 벗기면, 눈꿈쩍이가 눈을 꿈쩍꿈쩍하며 옴중을 쫓아 버린다. 눈꿈쩍이가면의 눈동자 속에는 쇳조각을 달아 눈을 꿈쩍이게 만들었다.

양주별산대놀이에서 상좌와 옴중은 타락한 중으로서 부정적 인물이다. 옴중은 마마에 걸린 중으로서 역귀에 해당한다고 볼 수 있다. 이 옴중을 눈꿈쩍이가 눈을 꿈쩍꿈쩍하며 쫓아내는 모습은 바로 나례에서 역귀를 쫓는 구나의 주인공인 방상시가면을 연상시킨다. 연잎과 눈꿈쩍이도 양주별산대놀이에서 중요한 배역이기 때문에 고사를 지낼 때 가운데 두며, 그 춤은 역귀를 쫓아내는 모습이므로, 이 가면들은 나례의 구나의식의 영향 아래 형성된 것을 알 수 있다. 나례를 담당했던 연희자들이 후대에 가면극을 놀게 되면서 나례의 방상시가면과 같은 구나가면을 변형해 연잎과 눈꿈쩍이가면을 만들어낸 것으로 보인다.[42]

특히 연잎은 머리 부분을 연잎 모양으로 만든 가면을 착용한다. 그래서 연잎이라는 명칭이 생긴 것이다. 그런데 처용무의 무동도 역시 머리에 연꽃과 연잎 모양으로 된 가면인 동연화관(銅蓮花冠)을 착용해 주목된다.

앞에서 살펴본 바와 같이, 조선 전기의 나례에서는 오방처용무가 연행되었는데,『악학궤범』권9, '무동관복도설(舞童冠服圖說)' 조에 동연화관의 그림과 함께 다음과 같은 설명이 보인다. (도판 81)

동연화관. 〔가면을 첨부한다. 관처용(觀處容)에 쓴다.〕 이 관은 구리로 얇게 만들되

81.『악학궤범』에 실려 있는, 무동가면인 동연화관.

위는 연꽃을 엎어 놓은 모양으로 하고, 아래는 연잎을 드리운 모양으로 하며, 가면은 옻칠한 베로 껍데기를 만드는데, 모두 채색한다.[43]

인용문에서 구리로 얇게 만든 연화관을 붙인 가면을 착용하는 관처용은 명칭으로 보아 처용무와 관련이 있는 듯한데, 구체적으로 무엇을 의미하는가 하는 의문이 생긴다.『악학궤범』의 '학연화대처용무합설' 조에는 관처용이라는 무동이 보이지 않기 때문이다.

그런데 마침 성현의『용재총화』권1의 '처용지희(處容之戱)'에 다음과 같이 무동관복의 관처용이 어떤 존재인지를 짐작할 수 있는 내용이 있다.

처음에 승도(僧徒)가 불공하는 것을 모방해 기생들이 영산회상불보살을 제창하고, 외정(外庭)에서 돌아 들어오면 영인(伶人)들이 각각 악기를 잡는데, 쌍학인(雙鶴人), 오처용(五處容), 가면십인(假面十人)이 모두 따라가면서 느리게 세 번 노래하고, 자리에 들어가 소리를 점점 돋우다가 큰북을 두드리고 영인과 기생이 한참 동안 몸을 흔들며 발을 움직이다가 멈추면, 이때 연화대놀이(蓮花臺戱)를 한다.[44]

인용문은 조선 전기의 오방처용무를 설명하는 대목의 일부인데, 학의 가면을 쓰고 학으로 분장한 두 명, 처용가면을 쓴 다섯 명, 그리고 가면을 쓴 열 명이 있다. 이 가면십인이 바로 '관처용'이라고 표기된 무동인 것으로 보인다.[45] 결국 조선 전기의 오방처용무에서는 다섯 명의 처용 이외에 열 명의 무동이 가면을 썼는데, 이 무동가면은 가면극의 연잎가면과 매우 흡사한 모습을 하고 있는 것이다.

연잎이 하늘만 쳐다보는 이유는 연잎의 눈살을 맞으면 생물체가 죽기 때문이다. 그런데 물색없는 상좌들이 차례로 곱사위춤을 추며 앞에 가서 쳐다보면, 연잎이 부채를 떼어 상좌들을 쫓아 버린다.(도판 82) 이 상좌들은 파계한 중들로서 탈판에서 몰아내야 할 부정적인 인물이다. 그러므로 가면극의 중요한 배역인 연잎이 타락한 상좌들을 쫓아 버리는 것은 나례의 구나의식과 매우 유사함을 알 수 있다. 그런데 조선시대의 나례에서 거행된 오방처용무에서는 연잎가면을 쓴 무동들이 처용과 함께 등장해 벽사의식을 거행했으므로, 무동가면과 가면극의 연잎가면은 더욱 그 상관성을 인정할 수 있다.

연꽃은 불교에서 오랜 수행 끝에 번뇌의 바다에서 벗어나 깨달음에 이른 수행자의 모습으로 비유되고, 빛의 상징이자 생명의 근원인 연꽃 하나하나에 부처가 탄생한다는 무한창조 관념이 들어 있다. 『무량수경(無量壽經)』에서 연꽃은 정토에 생명을 탄생시키는 화생(化生)의 근원으로 설명되고 있다. 부처의 세계에 태어나고자 하는 세 종류의 사람 중, 상배자(上輩者)는 부처님을 따라 극락의 칠보연화 가운데 화생하며, 신통자재(神通自在)로운 존재가 된다.[46]

82. 양주별산대놀이의 연잎가면.

처용무의 무동가면이나 가면극의 연잎가면은 바로 이런 불교적 배경에 의해 형성된 인물로 보인다. 조선 전기의 처용무는 「학연화대처용무합설」로 연행되었는데, 처용무를 두 번 추었다. 앞의 것을 '전도(前度) 처용무', 뒤의 것을 '후도(後度) 처용무'라고 한다. 이 중 후도 처용무는 청학춤과 백학춤, 오방처용무, 연화대무로 짜여 있을 뿐만 아니라, 다양한 음악 반주와 노래가 동원되는 등 종합가무극의 성격을 띠고 있다. 먼저 악공들이 영산회상(靈山會相) 만기(慢機)를 연주하면, 여기(女妓)와 악공들이 일제히 가사 「영산회상불보살(靈山會相佛菩薩)」을 부르고, 오방처용은 춤을 춘다. 이어 음악이 보허자(步虛子)의 영(令)을 연주하고 박을 치면, 청학과 백학이 나아가고 물러나며 춤을 추다가 연화를 쫀다. 그 속에서 두 동녀가 나오면 두 학이 놀라 뛰어서 물러간다. 두 동녀가 지당(池塘)에서 내려가 가지런히 한 줄을 지어 서서, 절차대로 연기한다. 이것이 연화대무다. 다시 음악이 처용의 만기를 연주하면, 오방의 처용이 춤을 춘다. 이어서 「미타찬(彌陀讚)」「본사찬(本師讚)」「관음찬(觀音讚)」의 연주에 맞추어 여기들이 노래를 부른다.

이상과 같이, 오방처용무의 반주 음악과 노래 가사는 「영산회상」「영산회상불보살」「미타찬」「본사찬」「관음찬」 등 불교음악이다. 그러므로 처용무에서 연잎 모양의 동연화관을 착용하고 나오는 무동가면은 바로 불교적 배경 아래 형성된 것을 알 수 있다. 무동가면은 이러한 불교적 성격과 함께 처용무가 연행되는 나례의 성격을 함께 갖고 있다는 점에 주목해 보자. 이는 가면극의 연잎가면이 오랜 수행 끝에 번뇌의 바다에서 벗어나 깨달음에 이른 수행자의 모습이고, 부처의 세계에 태어날 신통자재로운 존재를 상징하고 있으며, 파계한 중인 상좌를 물리치는 역할을 하는 점과 매우 유사하다. 그리고 눈꿈쩍이가면도 머리 부분이 연잎 모양으로 되어 있다. 따라서 가면극의 연잎가면과 눈꿈쩍이가면은 오방처용무의 무동가면과 밀접한 관련 아래 성립된 것으로 추정된다.

### 8) 처용설화의 처용, 처용의 처, 역신, 그리고 가면극의 양반광대, 소매각시, 시시딱딱이

『삼국유사』권2, '처용랑 망해사' 조를 통해 처용과 역신의 관계를 살펴보자. 신라시대 헌강왕대의 처용설화는, 처용이 밖에 나가 밤늦도록 놀다가 집에 들어오니, 역신이 자기의 아내를 차지하고 있어서 「처용가」라는 향가를 지어 불렀더니, 역신이 나타나 용서를 빌며 "맹세코 이후로는 공의 형용을 그린 것만 보아도 그 문에 들어가지 않겠습니다"라고 말하고는 물러갔다는 내용이다.

그런데 처용이 문신으로서 역신을 쫓고 역신의 침입을 막는 것은 바로 중국의 나례신인 종규와 통하고 있다. 처용과 종규는 발생설화, 문신으로서의 성격, 가면무희로서의 특징, 나례의 구역신으로서의 위치 등 모든 면에서 유사점 내지 공통점이 있다.[47]

고려·조선시대에 처용무가 나례에서 중요한 역할을 담당하게 된 것도 갑자기 생긴 현상이 아니고, 원래 신라시대의 처용설화에서부터 처용이 나례신의 성격을 갖고 있었기 때문에 생긴 결과라고 생각된다.

그런데 강릉관노가면극에 등장하는 양반광대, 소매각시, 시시딱딱이의 삼각관계도 처용, 처용의 처, 역신의 관계와 관련해 이해할 수 있다.[48] 홍역의 역신으로 간주되는 시시딱딱이는 양반과 소매각시가 다정하게 춤추며 노는 것을 훼방 놓는다. 그리고 소매각시를 억지로 끌고 가서 차지한다. 하지만 결국 양반이 시시딱딱이를 물리치고 다시 소매각시를 찾아 온다. 처용설화에서 처용이 자기의 처를 차지하고 있는 역신을 쫓아내고 처를 다시 찾는 구나형식과, 양반광대가 자기 여자인 소매각시를 빼앗아 갔던 시시딱딱이를 물리치고 소매각시를 되찾는 연극적 형식이 일치하고 있다.

# 제7장
# 가면극과 우희

　우희(優戱)는 흔히 산악 또는 백희라고 부르는 연희들의 한 종목이었다. 그 동안 우리나라에서는 우희를 소학지희(笑謔之戱), 조희(調戱), 화극(話劇) 등으로 불러 왔다. 그러나 우리의 여러 기록에 나타나 있는 명칭이나 중국의 예로 볼 때, 우희가 가장 적당한 용어로 생각된다.
　이미 소학지희가 후대 연희인 가면극과 판소리의 성립에 큰 영향을 끼친 것으로 추정한 학자들이 있었다. 또한 소학지희와 무당굿놀이, 재담, 만담 등을 관련시켜 논의한 학자도 있었다.
　이두현은 고대제의에서 연극 일반의 기원을 찾아 이를 가면극과 관련시키면서, 산대극의 모태로서 기악(伎樂)을 원형으로 설정하고, 나례잡희를 선행예능으로 인정하면서 현존하는 산대가면극의 형성 문제를 다루었다. 산대도감극은 음악반주에 춤이 주가 되며, 거기에 묵극적인 몸짓과 동작(科), 대사로써 덕담과 재담이라고 하는 사설(白)과 노래를 곁들이는 연출형태인데, 그것의 가무적 측면은 나례잡희 즉 규식지희(規式之戱)의 전승이고 연극적 측면은 광대소학지희(廣大笑謔之戱)의 희곡적 전개에서 이루어진 것이라는 견해를 제시했다.[1]
　김동욱(金東旭)은 판소리의 광대소학지희 기원설을 제시했다. "판소리는 애초의 광대소학지희의 외정적(外庭的) 형태가 삽입가요와 소설적인 서술형태의 영향을 받고 고도한 문학성을 가지고 변모한 것이니, 전단계(前段階)의 배뱅이굿의 일인창(一人唱)의 형태에 소설형태를 주입한 것이라 하겠다"라고 하면서, 판소리의 기원으로 소학지희를 인정했다.[2]

사진실(史眞實)은 18-19세기에 서울을 중심으로 활동했던 광문, 오물음, 김중진, 김옹 등이 연행한 골계희를 재담이라고 부르면서, 이들을 전문적 연희자로 보았다. 그리고 1754년 나례가 폐지되자, 나례 같은 국가적인 행사에 동원되던 놀이꾼들이 궁정의 소학지희를 대신해 민간에서 재담을 공연했던 것으로 파악했다.[3] 그리고 19세기까지 서울 시정에서 인기를 얻은 재담 공연은 20세기초 극장 문화가 형성되면서 자연스럽게 옥내극장의 무대에 오르게 되었는데, 당시 명창이며 재담의 명수였던 박춘재(朴春載, 1883-1950)의 공연활동은 바로 그런 전통 속에 위치한 것으로 보았다.[4]

또한 사진실은 소학지희와 무당굿놀이의 대사를 비교해 논의하면서, 양자는 우리의 화극적 전통에서 서로 밀접한 관련이 있으며, 양자의 연희자는 무부(巫夫)라는 공통점도 있음을 지적했다. 그리고 무당굿놀이의 기능과 형식이 공식연희인 나례에 채용되어 소학지희가 발생했다고 하면서, 소학지희와 유사한 고려시대의 연희도 무당굿놀이에서 나왔다고 보았다.[5]

그러나 나는 그 동안 흔히 소학지희라고 불러 왔던 우희의 기원에 대해서 견해를 달리한다. 나는 삼국시대에 중국에서 전래된 산악·백희의 한 종목인 우희가 고려시대와 조선시대의 우희(소학지희)로 계승되었고, 이 전통 속에서 우희가 판소리, 가면극, 무당굿놀이, 재담, 만담 등에 영향을 끼친 것으로 본다.

그 동안 기존의 연구에서 우희가 판소리와 가면극에 영향을 끼쳤다는 지적은 있었지만, 구체적인 내용이나 대사를 비교하면서 그 관련양상을 고찰하는 작업은 과제로 남아 있었다. 그러므로 이 장에서는 가면극에 끼친 우희의 영향에 대해, 구체적인 자료를 예로 들어 실증적인 논의를 펴고자 한다. 중국과 일본의 경우도 우리와 마찬가지로, 산악의 우희가 후대의 전통연희에 많은 영향을 끼쳤는데, 그 전개양상이 우리와 매우 유사하다. 따라서 우선 중국과 일본의 우희를 대상으로 우희의 내용, 주제, 형식 등을 살펴봄으로써, 한국의 우희도 결국 산악의 한 종목으로서 내용, 주제, 형식이 중국의 우희와 일치함을 밝히고자 한다. 아울러 중국과 일본의 우희가 후대 연희에 끼친 영향을 살펴봄으로써, 한국과 중국, 일본의 우희는 그 전개양상도 일치한다는 사실이 드러날 것이다.

그리고 한국 우희의 역사와 내용을 살펴보면서, 외래 기원의 우희가 한반도에서 토착화해 가는 모습을 고찰하고, 가면극의 많은 대목들이 우희의 전통 속에서 형성되었음을 밝힐 것이다.

이러한 논의는 18세기 전반기에 서울에서 성립된 본산대놀이 가면극의 등장과 그 연극적 성격을 해명하는 데 기여할 수 있을 것이다. 나는 그 동안 산악·백희를 연희하던 반인들이 기존의 산악·백희 계통의 연희들을 발전시켜, 당시의 사회상과 시대상을 반영하면서 우리의 문화적 정서에 맞게 새로운 공연물인 본산대놀이를 창출했다는 사실을 계속 주장해 왔다. 이러한 나의 견해는 이 장에서 산악·백희 계통의 연희인 우희가 실제로 가면극의 내용과 대사 형성에 직접적인 영향을 끼쳤음을 확인함으로써 더욱 설득력을 갖게 될 것이다.

## 1. 중국과 일본의 우희

중국의 선진(先秦) 시기에는 예인을 우(優)와 영(伶)으로 구분했다. 창우(倡優)는 가무를 위주로 한 전문예인의 칭호였고, 배우(俳優)는 골계(滑稽)와 조소(調笑)를 전문으로 하는 직업예인의 호칭이었다. 영(伶)은 악곡을 연주하는 사람을 말한다. 한나라 이후부터 송나라 이전까지 '優'와 '伶'을 '우령'으로 합쳐 부르면서, 우령은 가무, 음악, 백희, 골계를 직업으로 하는 예인을 총칭하게 되었다.

중국에서 골계희는 '배우'에 의해 연희되었으므로, 흔히 골계희를 배우희, 우희라고 부른다. 골계희를 시사희(時事戲)라고도 하는데, 이는 골계희가 시사풍자적인 내용을 많이 연출했기 때문이다. 또한 골계희에는 흉내내기 연희도 포함되어 있었다. 배우의 출현은 매우 빨랐던 것으로 보인다. 『국어(國語)』 「정어(鄭語)」에 의하면, 이미 기원전 774년 서주(西周) 유왕(幽王)의 궁정에 주유(侏儒, 난쟁이)와 척시(戚施, 꼽추)가 배우로 있었다고 한다. 배우는 골계를 주요 내용으로 하기 때문에 외형적으로 우스꽝스러운 난쟁이나 기형자(畸形者)가 많았다. 『사기(史記)』 「골계열전(滑稽列傳)」에 등장하는 우전(優旃)도 바로 진(秦)나라의 난쟁이 배우였다. 배우는 국왕과 귀족을 위해 우스꽝스런 언행으로 웃음을 자아내는 것이 주요 직무였지만, 풍간(諷諫)의 기회도 가질 수 있었다. 그래서 당시에는 배우가 비록 무슨 말을 하더라도 죄를 받지 않는 것이 불문율이었다.

그 대표적인 예가 『사기』 「골계열전」에 보이는 우맹(優孟)의 일화다. 초(楚)나라에 손숙오(孫叔敖)라는 재상이 있었는데, 그는 장왕(莊王, 기원전 613-591 재위)을 패자로 만든 초나라의 명재상이었다. 그가 죽은 뒤에 집이 무척 가난해서 자식들은 땔나무를 해서 연명해야만 했다. 당시 우맹이라는 배우가 이를 알고서, 연기를 해서 초왕의 잘못을 일깨워 바로잡고자 했다. 그는 손숙오의 옷을 입고, 손숙오의 행동과 아주 흡사하도록 일 년 동안 연습했다. 어느 날, 그는 손숙오의 옷을 입고 초왕 앞으로 갔다. 초왕은 보자마자 깜짝 놀라 손숙오가 다시 살아난 줄 알고, 그에게 계속 재상이 되어 주기를 청했다. 그러자 우맹이 "좀 생각해 보고요. 돌아가 처자식과 의논해 보겠습니다"라고 말했다. 그가 돌아오자 초왕이 또 물었다. "어떻게 됐소?" 우맹은 "마누라가 하지 말라고 하던데요"라고 대답했다. 초왕이 왜냐고 묻자, 그는 "보십시오. 손숙오는 초나라를 위해서 평생을 바쳐 초나라를 부강케 했는데, 죽은 뒤에는 자식조차 먹여 살릴 수 없습니다. 그래서 못하게 하는 겁니다"라고 말했다. 우맹의 말을 듣고 깨달은 초왕은 손숙오의 아들에게 땅을 분봉해 주어 편히 살도록 했다.

　춘추시대의 배우가 수행했던 풍자는 남북조시대에 참군희(參軍戲)라는 놀이로 계승된다. 참군희는 남북조시대에 발생해서 당대에 크게 유행했다. 이에 관한 최초의 기록은 후조(後趙) 고조(高祖) 때 석륵(石勒)의 참군 주연(周延)에 대한 기사이다. 석륵에게 주연이라는 참군이 있었는데, 관도령(館陶令)을 지낼 때 관의 비단 수백 필을 착복해서 하옥되었다가 여러 번 논의 끝에 풀려났다. 이후 석륵은 잔치 때마다 배우들을 시켜 이 부정한 관리를 풍자하고 놀렸다고 한다. 그 내용은 다음과 같다. 한 명의 배우로 하여금 두건을 쓰고 누런 비단 홑옷을 걸치도록 분장을 시켰다. 다른 배우가 묻기를, "너는 무슨 벼슬을 하였는데 우리들 속에 들어왔느냐?" 하면, "나는 원래 관도령이었습니다"라 하고, 또 자신의 옷을 흔들면서 "바로 이것을 착복했기에 당신들 속에 들어왔소"라고 대답해서 우스갯거리로 삼았다는 것이다. 이때부터 두 명의 배우가 연기를 하게 되었는데, 한 명의 연기자는 풍자를 받는 대상으로 분장했다고 한다. 이들이 분장하는 인물은 작품에 따라 달라지지만 이들을 가리키는 명칭은 극중 인물의 이름보다도 역할을 가리키는 명칭이 되어서, 풍자되는 대상을 '참군(參軍)'이라 하고, 풍자하는 연기자를 '창골(蒼鶻)'이라고 부르게 되었다. 두 명의 연기자가 출현한 것은 우희의 진일보로서, 통상 이를 '참군희'라고 부른다.

　당대(唐代)에 참군희는 매우 성행했다. 당대 전반기 참군희에 관한 기록에는 여전히 두 명의 연기자밖에 없다. 송대(宋代)의 잡극(雜劇)은 기본적으로 바로 이러한 골계희를 계승한 것이다. 뿐만 아니라 훗날 완숙한 잡극과 전기(傳奇) 등의 극종(劇種)에서도 흔히 찾을 수 있는 '삽과타원(挿科打諢)', 즉 '우스꽝스런 동작과 말'도 바로 이 골계희의 영향인 것이다.[6]

한편 우희의 범주에 유희(儒戲)라는 골계희도 있었다. 유희는 선비를 풍자하고 유가(儒家)를 희롱하는 내용인데, 이를 위해 유학의 경전도 자주 인용되었다. 중국에서는 당·송대에 유희가 공연되고 있었다.

(가) 지도(至道) 2년(태종, 996) 중양절(重陽節) 황태자와 여러 왕들이 함께 경림원에서 연회를 가졌는데, 교방에서 공자로 연희를 했다. 태자의 빈객 이지(李至)가 태자에게 "당 대화 연간에 악부에서 공자로 연희를 했을 때, 문종이 즉시 명하여 그것을 멈추게 하고 배우를 매질하여 그것이 이치에 닿지 않음을 징계했습니다. 노(魯)나라의 정공(定公)은 유생을 희(戲)로 삼는 것도 불가하다 했는데 하물며 성인을 어찌 감히 그럴 수 있겠습니까!"라고 말했다. 태자가 놀라 탄식하며 임금에게 아뢰어 그것을 금지시켰다. 이에 이 희가 없어졌다.[7]
― 황감(黃鑑), 『양문공담원(楊文公談苑)』(송대)

(나) 원우(元祐) 연간(1086-1093), 상원절(上元節)에 임금이 영상지(迎祥池)로 행차하여 종신들에게 연회를 베풀었다. 교방의 영인이 공자로 희를 했다. 형부시랑 공종한(孔宗翰)[공도보(孔道輔)의 아들]이 상주(上奏)했다. "당 문종 때 일찍이 이 희가 있었는데 하명하여 그것을 내쳤다. 지금 성군께서 군신들을 호궤(犒饋)시키는데 어찌 이런 일을 용납할 수 있으리까!" 검관에게 맡겨서 처리토록 했다.[8]
― 왕벽지(王闢之), 『민수연담록(澠水燕談錄)』(송대)

(다) 경정(景定) 5년(1264)에 명당이 완성되자, 치사하고, 태을궁에서는 재전에다 연회를 베풀었는데, 교방의 우령이 경전의 문구로 연희를 했다. 형부시랑 서복(徐復)이, 공도보가 거란에 사신으로 갔을 때 공자로 연희를 만든 것을 책망했던 고사를 인용하여 악부를 벌하고 육경(六經)이나 전대의 현인으로 연희를 하지 못하게 할 것을 청했다.[9] ― 무명씨(無名氏), 『애일재총초(愛日齋叢鈔)』 2(송대)

(가)에서 (다)의 인용문에는 교방의 배우가 공자나 선비를 풍자하고 유가를 희롱하고 있는데, 이를 위해 경전의 문구도 차용했음을 알려 준다.[10]

일본에서는 나라시대에 중국으로부터 받아들인 산악이 사루가쿠(猿樂)라는 이름으로 불리면서 전문적 놀이꾼들에 의해 여러 행사에서 연행되었다. 일본에서는 기가쿠(伎樂), 부가쿠(舞樂)에 이어 혹은 병행해서 동아시아 대륙에서 전래된 제 삼의 악무(樂舞)와 예능이 산가쿠(散樂)이다. 부가쿠가 귀족계급에서 귀족계급 으로 전래된 음악 무용이었던 데 반해, 대중적인 예능이었던 산가쿠는 일본 고유 의 민속 예능과 재빨리 융합해 일본 연극의 토양이 되고 지하수가 되어 후세의 제 반 연극과 예능의 기초를 이루었다. 노오가쿠, 노오교겐, 닌교조루리, 가부키 그 어느 것도 산가쿠의 영향을 받지 않은 것이 없을 정도로 산가쿠의 역사적 의의는 매우 크다.[11]

훗날 일본에서 산가쿠의 '산(散)' 대신 '사루(猿)'를 써서 사루가쿠라고 부르 게 된 이유는 다음과 같다. 원래 산가쿠의 대표적인 예능은 우스꽝스럽고(滑稽) 비속한 흉내내기였는데, 원숭이(猿)가 흉내를 내어 사람을 웃기는 동물이기 때문 에 '散' 대신 '猿'를 쓰게 되었다. 또한 '散樂'도 그 내용으로 보아 히라가나로 쓸 때는 'さるがく(사루가쿠)'라고 쓰던 것을, 같은 음으로 흉내를 잘 내는 동물인 '猿'를 전용해 '猿樂'라고 쓰게 된 것으로 생각된다.[12]

사루가쿠의 내용은 각 종목의 성격에 따라 곡예적인 것과 가무연극적인 것으로 크게 나눌 수 있다. 이 중 가무연극적인 것이 바로 우희와 관련이 있다. 가무연극 적인 것이란, 음악과 춤을 볼거리로 하거나 언어나 몸동작을 통해서 의미를 전달 하는 연극적인 것을 말한다. 연극적인 것은 특히 웃음을 자아내는 흉내내기나 골 계희가 중심 종목이다. 헤이안 중기의 문인 후지와라 아키히라(藤原明衡)의 「신 사루가쿠기(新猿樂記)」에서 소개한 바와 같이, 너무 우스워서 턱이 빠지고 창자 가 끊어질 정도의 유쾌한 소재가 산악 연극, 즉 우희의 특징이 되었다.[13]

사루가쿠 가운데 우스꽝스러운 짓, 두 사람이 이야기를 주고받는 예능, 흉내내 기 예능 등은 확실한 줄거리를 가진 골계극으로 발전해 갔다. 골계극은 헤이안시 대의 다음 시대인 가마쿠라시대에는 악극적인 요소가 첨가되었고, 이어서 무로마 치시대(室町時代, 1336-1568)에는 대사극에 가무극이 첨가된 고전연극으로 발 전해 갔다. 산악이 변천되어 새로운 연희이자 본격적인 고전연극이라 할 수 있는 노오와 교겐이 발생하자, 산악이라는 장르 자체는 독립적인 성격을 잃고 소멸해 버리고 말았다.[14]

남북조시대(1336-1392)에는 각 지역에 사루가쿠 놀이패가 생기게 된다. 이 중

야마토사루가쿠(大和猿樂)의 유자키좌에서는 간나미라고 하는 기예가 매우 뛰어난 사람이 중심적인 존재였다. 간나미의 아들 제아미는 아버지를 이어 노오를 집대성했다.

## 2. 삼국시대와 통일신라시대의 우희

삼국시대에는 산악 또는 백희라고 부르는 외래 기원의 연희들이 서역과 중국으로부터 유입되었다. 고구려의 고분벽화에는 산악에 해당하는 연희들이 많이 그려져 있는데, 이 고분들의 연대는 3세기 중엽부터 5세기 중엽 사이로 추정된다.[15] 그러므로 우희도 이때부터 연행되었을 것이다.

우희에 대한 구체적인 자료는 『삼국사기』「잡지」중 최치원의「향악잡영」다섯 수에서 처음 찾아볼 수 있다. 이 시에 묘사된 금환, 월전, 대면, 속독, 산예의 다섯 가지 놀이는 모두 산악에 속하는 연희다. 이 중 월전이 바로 우희이다.

| | |
|---|---|
| 어깨를 높이고 목을 움츠리고 머리털은 빳빳 | 肩高項縮髮崔嵬 |
| 팔소매를 걷은 군유(群儒)가 술잔 다툰다. | 攘臂群儒鬪酒盃 |
| 노랫소리를 듣고서 모두 웃어 젖히며 | 聽得歌聲人盡笑 |
| 초저녁에 꽂은 깃발이 새벽을 재촉하네. | 夜頭旗幟曉頭催 |

월전은 구경꾼들의 반응을 통해 골계적 연희임을 짐작할 수 있다. 쓰치다 교손(土田杏村)은 월전에 대해 어깨는 숏고 목은 움츠린 예인들이 여러 명 등장해 팔소매를 걷고 술잔을 다투면서 골계스런 대화를 주고받는 내용의 골계희로서 산악의 일종이라고 보았다.[16] 양주동(梁柱東)은 월전에서 군유의 '유(儒)'는 주유(侏儒)로서, 난쟁이들이 다리(가발)를 머리에 쓰고 술잔을 다투어 마시는 놀음 혹은 가면 인형극인지도 모르겠다고 설명했다.[17] 양재연은 월전에 대해 배우들이 꼽추 시늉으로 골계 가무를 하는 우리나라 전래의 향토적 연희라고 보았다.[18] 이두현은 월전에 대해 호인형(胡人型)의 가면을 쓴 배우들이 만좌를 웃음으로 이끄는 미믹(mimic)이며, 골계희나 경희극임이 분명하다고 보았다.[19]

나는 월전의 내용에 대해 다음과 같이 두 가지 해석이 가능하다고 생각한다.

첫째, 이 시에서 놀이꾼을 "어깨를 높이고 목을 움츠리고"라고 묘사한 점에 주목한다. 주유 즉 난쟁이가 바로 놀이꾼이었다면 난쟁이가 등장해 이런 놀이를 한다고 소개했을 터인데, 처음에 놀이꾼의 모습을 이와 같이 묘사하면서 시작한 것은 놀이꾼이 난쟁이의 흉내를 내며 놀이를 하기 때문이 아닐까. 이후에 인용하겠지만, 『고려사』에 의하면 충렬왕 14년(1288) 9월 임자일에 왕이 베푼 연회에서 상장군(上將軍) 정인경(鄭仁卿)이 주유희(侏儒戱) 즉 난쟁이를 흉내내는 놀이를 했다고 한다. 상장군 정인경이 난쟁이였을 리가 없다는 점을 고려하면, 그가 연행한 주유희는 난쟁이를 흉내내서 춤을 추거나, 난쟁이 흉내를 내며 우희를 했을 것으로 보인다. 어쨌든 고려시대에 난쟁이의 흉내를 내며 골계적 내용을 연출하는 흉내내기 놀이가 있었음을 확인할 수 있다. 그렇다면 통일신라시대에도 월전처럼 충분히 이런 놀이가 있었을 가능성이 있는 것이다.

둘째, 이 시의 놀이꾼이 중국의 산악에서 골계희를 담당했던 놀이꾼 중의 한 부류인 척시나 주유와 유사하다는 점, 그리고 양주동의 견해처럼 군유를 여러 주유로 볼 수 있다는 점도 함께 고려하고자 한다. 월전의 짧은 내용만으로는 이 시의 놀이꾼이 바로 주유일 가능성도 배제할 수 없기 때문이다. 일본에서 산악의 내용을 자세하게 소개한 「신사루가쿠기」에 주유무(侏儒舞) 즉 난쟁이춤이 있는데, 이는 실제로 난쟁이가 등장해 춤을 추는 것이라고 한다.[20]

그러나 월전의 연희 내용에 대해 이상의 두 가지 중 어느 것으로 보든지 간에, 양자 모두 산악의 종목인 우희에 포함되는 것이다.

## 3. 고려시대의 우희

기존 연구에서는 고려시대의 우희를 조희,[21] 화극[22]이라고 불렀다. 그러나 이 연희들은 결국 산악·백희를 놀던 놀이꾼인 창우, 우인들에 의해 연행되었고, 그 내용도 중국이나 조선시대의 우희와 동일한 주제와 내용을 다루고 있다. 그러므로 이는 바로 우희인 것이다. 더욱이 고려시대에도 이미 다음 인용문 (가)와 같이 우희라는 용어가 쓰이고 있다.

> (가) 염흥방(廉興邦) 집의 노비와 이림(李琳)의 사위인 판밀직(判密直) 최렴(崔濂) 집의 노비들이 부평(富平)에 살면서 권세를 믿고 방자하게 횡포가 심했다. …흥방이 일찍이 아비가 다른 형인 이성림(李成林)과 함께 집에 갔다가 돌아오는데 말과 마

부가 길에 가득 찼다. 어떤 사람이 우희를 하며 극세가(極勢家)의 노비가 백성을 괴롭혀 조세를 거두는 모양을 보았다. 성림(成林)은 부끄러워했는데, 흥방은 즐겁게 구경하면서 깨닫지 못했다.²³—『고려사』권126,「열전」39, '염흥방' 조

(나) 예종 5년(1110) 9월 갑술일에 천수전에서 연회를 배설하여 모든 종친, 재상들과 함께 놀다가 새벽녘이 되어서야 헤어지면서 각각 선물을 주었다. 이날 왕이 시를 지어 유신들로 하여금 화답시를 바치게 하고 물품을 차등있게 주었다. 이때에 우인 한 사람이 놀이를 통해 선대(先代)의 공신 하공진(河拱辰)을 예찬하자, 왕이 하공진의 공로를 회상하여 그의 현손인 내시 위위주부(衛慰尉注簿) 하준(河濬)을 합문지후(閤門祗候)로 임명하고 그 자리에서 시 한 절을 지어 주었다.²⁴
—『고려사』권13,「세가」13

(다) 충렬왕 14년(1288) 9월 임자일. 이날은 세자의 생일인 까닭에 왕이 여러 신하들을 위해 연회를 배설했는데, 상장군 정인경은 난쟁이놀이(侏儒戲)를 하고 장군 간홍(簡弘)은 창우놀이(倡優戲)를 했으며, 왕도 또한 손뼉을 치며 일어서서 춤을 추었다.²⁵—『고려사』권30,「세가」30

(라) 고려 장사랑(長仕郎) 영태(永泰)는 배우희(俳優戲)를 잘했다. … 또 영태가 충혜왕(忠惠王)을 따라 사냥을 갔을 때도 늘 우희를 하니, 임금은 그를 물 속에 던져 버렸다. 영태가 물을 헤치고 나오니, 임금은 크게 웃으며, "너는 어디로 갔다가 지금 어디서 오느냐"라고 물으니, 영태는 "굴원(屈原)을 보러 갔다가 옵니다"라고 하였다. 임금이 "굴원이 뭐라고 하더냐"하니, "굴원이, '나는 어리석은 임금을 만나 몸을 강에 던져 죽었지만, 너는 명군(明君)을 만났는데 어찌 되어 왔느냐'라고 하였습니다"하니, 임금은 기뻐서 은구(銀甌) 하나를 주었다.²⁶—『용재총화』권3

　(가)는 당대 권세가의 횡포를 풍자하는 시사성을 띤 우희가 민간에서 연행되고 있었음을 보여준다.
　(나)는 일명 '하공진놀이'다. 하공진은 고려 현종 1년(1010) 거란의 침입시에 철군 교섭을 위해 적진에 들어갔다가 포로가 되어 연경에 억류되었으나, 거란 왕의 갖은 회유에도 불구하고 끝내 변절을 거부하다가 살해된 충신이다. 이러한 하공진의 이야기를 우희로써 공연했다. 이는 이미 소개한『사기』「골계열전」중 우맹이 초나라 장왕에게 재상 손숙오의 후손을 후대하라고 풍간한 내용과 유사하다.
　(다)는 왕이 베푼 연회에서 상장군 정인경은 난쟁이놀이 즉 난쟁이를 흉내내는 주유희를 하고, 장군 간홍은 창우놀이를 했다는 내용이다. 고려시대에 난쟁이를

흉내내며 골계적 내용을 연출하는 흉내내기 놀이가 있었음을 알 수 있다. 그리고 장군 간홍이 했다는 창우희도 우희인 것으로 생각된다.

(라)는 장사랑 영태가 관리로서 배우희와 우희를 잘했다는 내용이다. (라)는 비록 조선 초기의 기록이긴 하지만, 이런 연희를 역시 배우희, 우희라고 표현하고 있다.

그런데 (라)는 중국과의 교류를 보여주는 대표적인 예다. 안상복(安祥馥)은 고려 충렬왕 9년(1283)에 원나라의 남녀 배우가 내조하여 백희를 펼쳤다는 기록(『고려사』 권29)과 조선시대 이수광(李睟光)의 『지봉유설(芝峰類說)』 권18, 「기예부(技藝部)」 중 우리나라 배우는 중국의 배우나 환술가 무리에서 나왔고 고려 말 노국대장공주(魯國大長公主)가 나올 때 따라왔다는 기록, 그리고 (라)와 동일한 내용이 『태평광기(太平廣記)』 권249, '고최외(高崔嵬)' 조에서 『조야첨재(朝野僉載)』를 인용해 소개하는 기록에서 발견된다는 점을 들어 한국과 중국의 우희가 교류했었음을 밝혔다. 그러면 『태평광기』 권249 '고최외' 조의 내용을 살펴보자.

> 당나라의 산악 고최외는 농치(弄癡)를 잘했다. 태종이 급사에게 명해 그의 머리를 물속으로 집어넣었다. 한참 뒤에 나오면서 최외가 웃었다. 태종이 그 까닭을 묻자 이렇게 대답했다. "굴원을 만났는데, 그가 말하길 '나는 무도한 초(楚)나라 회왕(懷王)을 만나서 멱라수에 뛰어들었지만 너는 성명한 주인을 만났는데 왜 왔느냐?' 고 했습니다."[27]

이 내용은 (라)와 구체적 내용까지 일치하고 있다. 결국 장사랑 영태는 우희를 즉흥적으로 펼친 것이 아니라, 전래된 우희를 익혀서 연행했던 것이다.[28]

『고려사』에 의하면, 의종(毅宗) 19년(1165) 4월에 좌우번(左右番)의 내시들이 다투어 왕에게 놀이를 바쳤는데, 좌번은 모두 유사(儒士)였고, 우번에는 귀족 자제들이 많았다고 한다. 우번은 채붕을 설치하고 이국인이 고려에 와서 공물을 바치는 광경을 흉내내는 놀이를 연출했다. 우번에 귀족의 자제들이 많았다는 기록으로 볼 때, 이는 우번의 내시들이 원래 전문적 놀이꾼들이 연행하던 '공물바치기 놀이'를 모방한 흉내내기 연희라고 할 수 있다.

이미 소개한 바와 같이, 중국의 우희에는 임금을 풍간하는 내용, 부패한 관원을 풍자하는 시사적인 성격을 띤 내용, 흉내내기 연희, 주유희(난쟁이놀이)가 있었는데, 고려시대의 우희도 동일한 모습을 보이고 있음을 확인할 수 있다. 또 그 놀이 명칭은 (가)의 우희, (다)의 창우희, (라)의 배우희로 나타난다.

고려시대에 우희의 공연은 길거리, 궁중연회, 사냥터, 절에서의 연희 등에서 다양하게 이루어졌던 것으로 나타난다. 그리고 그 형식과 주제는 중국의 우희와 매우 유사하지만, 구체적인 연희 내용은 한국적 정서와 배경을 반영해 새롭게 창작된 것이 대부분이었다.

## 4. 조선시대의 우희

조선시대의 우희를 그 동안 소학지희라고도 불렀는데, 이는 부적절한 용어이다.

〔국상(國喪)을 당했기 때문에〕백성들이 부모를 잃은 것과 같이 하고, 함부로 떠들고 희학할 수 없다고 한다면, 광대와 서인의 주질, 농령, 근두 등과 같은 '규식이 있는 놀이(규식지희)'는 예전대로 하고, 수척과 승광대 등의 '웃고 희학하는 놀이(소학지희)'는 늘여 세워서 수만 채우는 것이 가하다. 음악은 마땅히 예전대로 하고, 금지하는 것이 불가하다.[29] ─『문종실록』권2, '즉위년 6월 10일' 조

그 동안 여러 학자들이 위 인용문의 규식지희와 소학지희라는 용어를 마치 고유명사처럼 사용했는데, 그것은 잘못된 것이다. 왜냐하면 '注叱弄鈴斤頭等 有規式之戱'는 '줄타기, 방울받기, 땅재주 등의 규식이 있는 놀이'로 해석된다. 그래서 '규식지희'라는 고유명사는 성립될 수 없다. 마찬가지로 소학지희도 고유명사가 될 수 없다.[30] 더욱이 만약 소학지희가 어떤 연희양식에 대한 고유명사였다면, 한두 번은 더 용례가 나타나야 하는데, 소학지희라는 용례는 이것이 유일하다.[31]

그러면 이제 조선시대의 우희를 구체적으로 살펴보자.[32]

(가) 공헌대왕(恭憲大王)이 대비전을 위해 대궐 내에서 진풍정(進豊呈)을 펼쳤다. 서울의 우인인 귀석(貴石)이 배우희를 잘해 진풍정에 나갔다. 풀을 묶어 꾸러미 네 개를 만들었는데 큰 것이 두 개, 중간 것이 하나, 작은 것이 하나였다. 귀석이 자칭 수령(守令)이라 하며 동헌에 앉아서 진봉색리(進奉色吏)를 불렀다. 한 배우가 자칭 진봉색리라 하고 무릎으로 기어 앞으로 나왔다. 귀석이 소리를 낮추고 큰 꾸러미 하나를 들어 그에게 주며 말하기를 "이것을 이조판서께 드려라" 하고, 또 큰 꾸러미 하나를 들어 그에게 주며 말하기를 "이것은 병조판서께 드려라" 하였다. 또한 중간 것 하나를 주며 말하기를 "이것은 대사헌께 드려라" 하였다. 그러고 나서 작은 꾸러미를 주면서 "이것은 임금께 진상하여라" 하였다.[33] ─ 유몽인, 『어우야담』

(나) 이에 앞서 강옥(姜玉) 등이 궁시(弓矢) 만드는 공인(工人)을 구하여, 상의원첨정(尙衣院僉正) 문수덕(文修德), 군기시첨정(軍器寺僉正) 조준(趙俊) 등이 명을 받고 역사를 동독(董督)하였는데, 이에 이르러 문수덕이 와서 아뢰기를, "야장(冶匠) 고룡(高龍)은 본래 우인으로 장님이 술 취한 모습을 놀이로 하는데, 강옥 등이 그것을 보고 즐거워하여 자꾸 놀이를 시킵니다. 만약 그만두지 않는다면 끝내는 잡희를 갖추어 이르지 않는 바가 없지 않을까 두렵습니다. 청컨대 다른 사람으로 대신하게 하소서."[34]—『세조실록』권46, '14년 5월 17일' 조

(다) 귀석은 종실(宗室)의 종이다. 그 주인은 시예(試藝)하는 데 참여하여 품계(品階)를 얻었으나 실제 관직이 없었고 봉록도 더해지지 않은 채 주위에 거느리는 종도 없이 여러 능침의 제사지내는 데 뽑혀 거의 겨를이 없었다. 귀석이 진풍정에 들어가 여러 우인과 약속을 했다. 한 명이 시예 종실이라 이르고 비루먹은 말을 탔고, 귀석은 그 종이 되어 고삐를 쥐고 갔다. 한 명은 재상이 되어 준마를 탔고 가마꾼들이 길을 옹위하며 갔다. 앞선 졸개가 길을 피하라고 외치는데 종실이 걸려들었다. 귀석을 잡아가서 땅에 엎드리게 하고 곤장을 쳤다. (귀석이) 큰 소리로 하소연하며 말했다. "소인의 주인은 시예 종실로서 관직이 대감보다 낮지 않은데 봉록이 더해지지 않아 거느리는 종도 없이 능마다 전에 제사지내는 일에 뽑혀 한가한 날이 없으니 오히려 시예가 되기 전보다 못합니다. 소인에게 무슨 죄가 있습니까?" 재상을 맡은 배우가 경탄하여 그를 놓아 주었다. 얼마 안 있어 특명으로 그 주인에게 실제 관직이 주어졌다.[35]— 유몽인, 『어우야담』

(라) 중종 때 정평부사(定平府使) 구세장(具世璋)은 탐욕스럽기가 끝이 없었다. 어떤 말안장 파는 사람을 관가의 뜰로 끌고 들어가서 친히 값을 흥정하면서 싸니 비싸니 따지기를 며칠이나 하다가 끝내 관가의 돈으로 샀다. 우인이 세시(歲時)에 그 상황을 놀이로 만들었는데, 임금이 묻자 대답하기를, "정평부사가 말안장을 산 일입니다"라고 했다. 마침내 명을 내려 그를 잡아다가 심문을 하고 처벌을 했다. 배우 같은 자도 능히 탐관오리를 규탄하고 공박할 수 있다.[36]
— 어숙권(魚叔權), 『패관잡기(稗官雜記)』

(마) 잡희가 함께 시작되어 밤 이고(二鼓)에 역귀를 쫓았다. 우인이 놀이를 통해 서로 문답하면서 관리들이 탐오(貪汚)하는 모습이나 민간의 자질구레한 일에 이르기까지 들추어내지 않는 것이 없었다.[37]—『세조실록』권34, '10년 12월 28일' 조

(바) 사신이 이르기를, 임금이 구중(九重)에 깊숙이 살아서 정치의 득실이나 풍속의 미악(美惡)을 듣지 못하는 것이 있다. 따라서 비록 배우의 말이나 어떤 것은 규풍(規

風)의 뜻이 있어 채용하지 않을 수 없는 일이다. 이것이 바로 나례를 설치하는 까닭 이다. 요즘 들어 본뜻을 잃어버리고 단지 기기(奇技)와 음교(淫巧)로 마음과 눈을 현혹하게 하니 설치하지 않는 것만 못하도다.[38]
―『명종실록』권27, '16년 12월 29일' 조

(가)는 소위 '진상(進上)놀이'로서 항간에서 일어나는 사건을 꾸며 보여준 시사풍자극이라고 할 수 있다.

(나)는 소위 '맹인취인지상(盲人醉人之狀)'으로서 흉내내기 연희이다. 야장 고룡은 궁시장(弓矢匠)으로 구해 온 사람인데, 본래 놀이꾼(優人)으로서 장님이 술에 취한 모습을 잘 흉내냈다고 한다. 『용재총화』에도 "우리 이웃에 함북간(咸北間)이라는 사람이 있는데 동계(東界)에서 왔다. 피리를 좀 불 줄 알고 우스갯소리와 창우놀이(倡優之戱)를 잘했다. 남의 행동거지를 볼 때마다 문득 흉내를 내면 진짜인지 가짜인지 구분할 수 없었다. … 매번 궁궐의 내정(內庭)에 들어가 많은 상을 받았다"는 내용이 보인다. 여기서도 우희로서 우스갯소리와 흉내내기 연희를 언급하고 있다.

(다)는 소위 '종실양반놀이'로서 『사기』「골계열전」 중 우맹이 초나라 왕에게 재상 손숙오의 후손을 후대하라고 풍간한 내용과 유사하다.

(라)는 소위 '탐관오리놀이'인데, 실제로 있었던 일을 소재로 부패한 관원을 비판한 시사풍자적 성격의 우희이다.

(마)는 나례에서 우희를 연행하는 내용인데, 놀이꾼이 관리들의 탐오하는 모습과 민간의 자질구레한 일에 이르기까지 여러 사건들을 들추어내어 다루었음을 전해 준다.

이상에서 우희의 내용은 (가)는 시사풍자희, (나)는 흉내내기 연희, (다)는 임금에 대한 풍간, (라)는 탐관오리 풍자, (마)는 탐관오리 풍자와 민간의 시사풍자 등이다. 또한 우희는 한 명에 의해 연행된 경우도 있고, 여러 사람에 의해 연행된 경우도 있었던 것으로 나타난다. 이런 형식과 주제의 우희는 이미 고려시대의 우희와 중국의 우희에도 모두 있었던 것이다.

(바)는 우희의 시사적 성격과 풍간의 기능에 대해 말하고 있다. 우희가 임금에게 정치의 득실이나 풍속의 미악을 깨우치게 한다는 것이다. 이것이 나례에서 연희되는 배우의 말이라는 점으로 보아 기존에 소학지희라고 부르던 놀이, 즉 우희

에 대한 평임을 알 수 있다.

또한 유몽인의 『어우야담』에도 "옛부터 우희에서 하는 말은 구경하고 웃기 위함이 아니라, 세상을 교화시키는 데 도움이 되고자 함이었으니, 우맹과 우전의 우희가 바로 그렇다.(自古優戱之說 非爲觀笑 要以稗益世敎 優孟優旃是也)"라는 내용이 있다. 어숙권의 『패관잡기』에는 "배우 같은 자도 능히 탐관오리를 규탄하고 공박할 수 있다(若優者又能彈駁貪汚矣)" 또는 "배우도 또한 백성에게 유익함이 있다(優亦有益於民矣)"는 내용이 보인다. 즉 우희는 관객에게 웃음만을 주려는 것이 아니라 항간의 시사를 엮어 백성에게 유익함도 준다는 점을 강조하고 있다.

이런 연희의 명칭에 대해 (가)는 배우희(俳優戱), (바)는 배우지언(俳優之言), 『용재총화』의 함북간에 대한 이야기에서는 창우지희(倡優之戱), 유몽인의 『어우야담』에서는 우희라고 칭하고 있다. 또한 『지양만록(芝陽漫錄)』의 '도목정사(都目政事)놀이'에서는 "임금이 심기가 불편하여 침울함을 참고 있다가 명을 내려 창우희를 펼치게 했다. 임금이 조금도 웃음을 보이지 않자 창우가 이에 간청하여 이조와 병조의 도목정사놀이를 행했다(上不豫時 靡堪沈鬱 命陳倡優戱 未嘗一笑 倡優乃請爲吏兵都目政事)"라고 하며, 창우희라는 말을 사용하고 있다. 즉 고려시대와 마찬가지로 조선시대에도 우희, 배우희, 창우희라는 용어가 모두 우희를 가리키는 말로 사용되고 있다.

(가)에서 (바)가 주로 궁정을 중심으로 행해진 우희인 반면, 다음 인용문은 민간에서 행해진 우희이다.

(장생은) 이야기와 웃기를 잘했으며, 특히 노래를 잘 불렀다. 노래를 하면 애처로워서 남의 마음을 움직였다. … 그는 술이 반쯤 취하면 눈먼 점장이, 술 취한 무당, 게으른 선비, 소박 맞은 여편네, 밥비렁뱅이, 늙은 젖어미들의 시늉을 하되 가끔 실물에 가깝고, 또 가면으로써 십팔나한을 본받되 흡사치 않음이 없고, 또 입을 찌푸리며 호각, 통소, 피리, 비파, 기러기, 고니, 두루미, 따오기, 까치, 학 따위의 소리를 짓되 참인지 거짓인지를 분간하기가 어려웠으며, 밤이면 닭 울음, 개 짖는 소리를 흉내내면 이웃집 개와 닭이 모두 따라서 우짖었다. 아침이면 야시(野市)에 나가 구걸을 하는데 하루에 얻는 것이 거의 서너 말이나 되었다. 몇 되를 먹고 나면 다른 거지에게 흩어 주었기에 나가면 뭇거지 아이들이 뒤를 따랐다.[39]

인용문은 허균(許筠, 1569-1618)의 「장생전(蔣生傳)」 중 주인공 장생의 재주를 묘사한 부분이다. 허균이 직접 만난 적이 있다고 하는 실존 인물이다. 양반층에서 몰락한 인물인데, 오랫동안 호남, 호서를 떠돌다가 1589년경에 서울로 올라왔다고 한다. 아침이면 시장에 나가 걸식을 했는데, 매우 많은 양이었으므로 다른 거지들에게 흩어 주었다는 말은 장생이 구걸을 잘했다는 의미가 아니다. 재주를 팔아 걸식했다는 사실을 말하는 것이다. 장생이 연행한 놀이는 이야기와 웃기, 노래, 그리고 눈먼 점장이, 술취한 무당, 게으른 선비, 소박맞은 여편네, 밥비렁뱅이, 늙은 젖어미 등의 흉내내기, 악기와 새 소리 흉내내기 등이었다. 특히 장생의 우희에는 흉내내기가 많았음을 알 수 있다.

한편 조선시대에는 우희의 하위범주에 유희(儒戲)라는 공연방식이 있었다. 이것은 선비를 풍자하고 유가를 희롱하는 내용을 지닌 것이다. 『성호사설(星湖僿說)』 유선(類選) 권5 하(下)의 「기예문(技藝門)」 '이유위희(以儒爲戲)' 조에 유희에 대한 언급이 보인다.

> 유자(儒者)를 조롱거리로 삼다
> 지금 등과한 자들은 반드시 창우를 써서 낙으로 삼는다. 창우들의 놀이에는 반드시 유희라는 것이 들어 있다. 다 떨어진 옷과 찢어진 갓을 쓰고 꾸며낸 이야기와 억지 웃음으로 온갖 추태를 연출하여 축하연의 즐거움으로 삼는다. 대저 요새 벼슬하는 사람들이 모두 다 유(儒)로써 이름을 삼으면서도, 천한 사람들로부터 이렇게까지 모욕을 당하니, 저 배우들은 책망할 것도 없으려니와, 요즘 사대부들이 태연히 수치를 알지 못하는 것이 괴이할 뿐이다.[40]

인용문에 의하면, 과거급제자의 집에서 벌이는 축하잔치인 문희연(聞喜宴)에서 창우가 유자를 조롱거리로 삼아 연행하는 '유희'가 있었다는 것이다. 유자들이 천한 놀이꾼으로부터 모욕을 당하면서도 태연히 수치를 알지 못하는 것이 괴이할 뿐이라는 말을 통해, 바로 앞의 "다 떨어진 옷과 찢어진 갓을 쓰고 꾸며낸 이야기와 억지 웃음으로 온갖 추태를 연출"하는 내용이 바로 유희임을 알 수 있다. 인용문에 의하면, 창우가 선비역을 했던 것으로 나타난다.

이이명(李頤命, 1658-1722)이 기록한 『소재집(疎齋集)』의 '만록(漫錄)'에 의하면, 박남(朴男)이라는 광대가 문희연에서 유희를 연행한 것으로 나타난다.

> 이귀(李貴)는 유생 때부터 상소문 쓰기를 좋아했다. 그 첩이 노래를 잘 불렀는데, 노

래를 할 때마다 반드시 "오늘이야 오늘이야" 하는 노래를 불렀다. 이귀가 "너의 '오늘이야' 노래는 그만둘 때도 되었는데"라고 하자, 그 첩이 "나으리의 '성황성공(誠惶誠恐)'은 어떻고요"라고 했다는 것이다.

청음(淸陰) 김상헌(金尙憲)은 평생토록 말수가 적었고, 잘 웃지를 않았다. 창우들의 잡희를 보고 다른 사람들은 모두 포복절도를 해도 청음공은 여전히 이를 드러내 웃지 않았다. 어떤 집에 과거급제자가 있어 문희연을 베풀었는데, 그때 우인 박남이란 자가 헌희(獻戲)로 세상에 이름을 날렸다. 그 집에서 박남에게 말하기를 "오늘 청음상공께서 반드시 이 잔치에 오실 것이다. 네가 아주 우스운 일을 꾸며내어 청음공을 한번이라도 웃게 할 수 있다면 마땅히 후한 상을 주겠다"라고 했다. 청음이 잔치에 참석하자, 박남이 잡희를 펼쳤는데, 청음은 전혀 돌아다보지도 않았다. 그러자 박남은 종이 한 장을 상소문처럼 말아서 두 손으로 받들고 천천히 걸어나가서 "생원 이귀가 바친 상소이옵니다" 하며 꿇어앉아 종이를 펼치고 읽기를, "생원 신(臣) 이(李)는 성황성공(誠惶誠恐) 돈수돈수(頓首頓首)…"라고 했다. 만좌가 모두 포복절도를 했고 청음 또한 부지불각간에 실소(失笑)하고 말았다.[41]

인용문은 17세기의 우인인 박남에 대한 일화인데, 그는 헌희에 능했던 인물로서 문희연에서 이귀라는 유자를 풍자하고 있다. 그런데 이미 살펴본 바와 같이 『성호사설』에서는 문희연에서의 이런 연희를 유희라고 부르고 있다. 그러므로 위 인용문에서 헌희는 바로 유희를 가리키고 있는 것이다.

인조 4년(1626)의 『나례청등록(儺禮廳謄錄)』을 통해 박남은 실존 인물이었음을 확인할 수 있다.

전라도 재인(才人)
김제(金堤) 돈일(頓一) 성복(成福) 유덕금(劉德金) **박남(朴男)**

이 자료는 1626년에 거행된 나례의 자료이므로 김종철이 박남을 17세기 인물이라고 추정한 사실과도 들어맞고, 전라도 김제 사람이므로 다른 일화에서 그가 호남 사람이라고 한 사실과도 부합한다.[42] 그리고 청음 김상헌(1570-1652)의 생존 시기와도 맞아서 위 일화의 신빙성을 인정할 수 있다. 즉 박남은 전라도에서 상송(上送)된 나례우인의 일원이었던 것이다.

또한 『계서야담(溪西野談)』의 '유일사족등과(有一士族登科)'에는 당시 상국(相國)이던 기천(沂川) 홍명하(洪命夏, 1608-1668)가 참석했던 문희연에 박남이

배우로 불려 왔던 일화가 있다.[43]

구수훈(具樹勳)의 『이순록(二旬錄)』에도 박남의 일화가 나오는데, 그가 판소리 창자였다는 사실을 전해 주고 있다.[44] 그 내용은 다음과 같다. 박남은 유생인 척하고 한천(寒泉) 이재(李縡)란 도학자를 방문해, 『논어』「무우장(舞雩章)」에서 증자(曾子)가 '관자(冠者) 대여섯 명, 동자(童子) 예닐곱 명을 데리고 기수(沂水)에서 목욕하고 무우에서 바람을 쐬며 시를 읊으며 돌아온다'는 내용에 나오는 관자와 동자의 정확한 숫자가 몇인지를 물었다. 한천이 별 특별한 뜻이 없고 단지 대여섯 명인과 예닐곱 명을 말하는 것이 아니냐고 하자, 박남은 관자는 서른 명이고 동자는 마흔두 명이 아니냐고 하면서 한천의 학문이 짐작할 만하다고 비웃으며 나왔다고 한다. 즉 『논어』를 들먹이며 유자인 이재를 비웃은 것으로서, 이는 유희이다. 후일 한천이 호남 사람을 만나 유생 박남에 대해 물으니, 그 사람의 대답이 "유생에 박남이란 이는 없고 명창(名唱)에 박남이란 놈이 있지요"라고 대답했다는 이야기에서 박남은 판소리와 우희를 겸했던 인물임이 드러난다.[45]

또 유희에 관한 자료는 우인 공결(孔潔)이 우희를 하면서 삼강령(三綱領)과 팔조목(八條目) 등을 논했다는 『연산군일기』 권35, '5년 12월' 조의 기록과, 우인 공길(孔吉)이 노유희(老儒戲)를 하면서 『논어』의 구절을 외웠다는 『연산군일기』 권56, '10년 12월' 조의 기록이 있다. 이 두 기록의 시기로 볼 때, 공결의 우희와 공길의 노유희는 연말의 나례에서 연행된 것으로 보인다. 유희는 우희의 일종이기 때문에 나례에서 연행될 수 있었던 것이다.

> 이보다 앞서 공길이라는 우인이 노유희를 만들어 가지고 말하기를, "전하는 요순 같은 임금이요 저는 고요(皐陶) 같은 신하입니다. 요순과 같은 임금은 항상 있는 것이 아니지만, 고요와 같은 신하는 언제나 있을 수 있습니다"라고 했다. 또한 『논어』를 외우면서 말하기를, "임금이 임금답고 신하가 신하답고 아버지가 아버지답고 아들이 아들다워야 합니다. 임금이 임금답지 못하고 신하가 신하답지 못하면 설사 쌀이 있은들 내가 먹을 수 있겠습니까"라고 했다. 임금은 말이 공경스럽지 못하다고 해서 형장을 치고 먼 지방으로 귀양을 보냈다.[46] ― 『연산군일기』 권60, '11년 12월 29일' 조

인용문에서 공길은 늙은 신하의 역을 맡아 『논어』를 외우면서 노유희를 하여 임금을 풍간했는데, 박남이 『논어』를 외우며 이재를 비웃은 이야기와 유사하다. 그리고 공길이 선비 역을 맡아서 연희를 진행하는 것은 『성호사설』에 기록된 유

희 형태와 일치하므로, 노유희는 바로 우희임을 알 수 있다.

공길의 풍간에 대해, 연산군은 "말이 공경스럽지 못하다"고 해서 형장을 치고 귀양을 보냈다. 그리고 이 우희가 연행된 같은 날짜의 기록에서, 연산군은 "나례는 배우의 장난으로 볼 만한 것이 없다"는 등의 이유를 들어 나례의 중지를 명했다. 중국에서 우희는 원래 풍간의 기능이 있었으나, 후대에는 국왕을 풍자하는 것이 아니라, 잘못을 한 관원을 풍자하는 것으로 바뀌었다. 처음에는 배우가 왕을 풍자해도 죄가 되지 않았으나, 훗날에는 국왕이 그런 비판을 쉽게 받아들이지 않게 되었으므로 우희에 변화가 생겼고, 이로부터 배우는 탐관오리에게 풍자를 가했던 것이다. 그래서 중국에서는 연희자가 우희를 통해 임금에게 풍간하다가 고난을 겪은 이야기를 흔히 찾아볼 수 있는데, 조선의 우희에서도 그런 상황이 벌어졌던 것이다.

이상과 같이, 조선시대에 우희의 공연은 궁중의 진풍정, 세시의 나례, 중국 사신의 영접행사, 문희연 등에서 이루어졌던 것으로 나타난다.

## 5. 우희가 가면극에 끼친 영향

이미 제5장에서 살펴본 바와 같이, 서울의 대표적 가면극인 애오개산대놀이의 연희자는 반인이었다. 반인들은 산대도감 또는 나례도감에 예속되어 있었다. 그리고 『승정원일기』 권45, '영조 12년 2월 20일' 조에 의하면, 반인들은 중국 사신의 영접시에 설치하는 산붕을 빌려, 성균관 동북쪽의 널찍한 장소에서 연희를 베풀기도 했다.

마침 아극돈의 『봉사도』 제7폭에 모화관 마당에서 산붕을 설치하고 접시돌리기, 땅재주, 줄타기, 탈춤을 연행하는 장면이 묘사되어 있다.[47] 산붕은 소규모의 산대로서 이 앞에서 공연하던 연희들을 '산대희'라고 불렀다. 특히 산대 앞에서 가면을 쓴 네 사람이 탈춤을 추고 있다. 이는 서울 근교의 가면극을 산대놀이라고 부른 이유를 알려 주는 매우 중요한 자료이다.

서울의 본산대놀이 가면극의 내용을 전해 주는 가장 이른 시기의 자료는 강이천의 한시 「남성관희자」이다. 이 시를 통해 1770년대에 상좌춤 과장, 선녀춤 과장, 노장 과장, 샌님·포도부장 과장, 거사·사당 과장, 할미 과장을 갖춘 본산대놀이

가면극이 현존하는 별산대놀이, 해서탈춤, 야류, 오광대와 거의 같은 모습으로 서울 근교에서 전문적 연희자에 의해 연행되고 있었다는 사실을 확인할 수 있다.[48]

본산대놀이의 형성에는 여러 요인들이 작용했을 것이지만, 대사의 구성이나 양반 과장 중 양반의 모습 등은 우희와 유희의 영향을 직접적으로 보여준다.

> 말뚝이: 양반 나오신다아, 양반이라거니 노론 소론 이조 호조 옥당을 다 지내고, 삼정승 육판서 다 지낸 퇴로재상으로 계신 양반인 줄 아지 마시오. 개잘양이라는 양자에 개다리소반이라는 반자 쓰는 양반이 나오신단 말이요.
> 양반: 이놈 뭐야아!
> 말뚝이 : 아아 이 양반 어찌 듣는지 모르겠소. 노론 소론 이조 호조 옥당을 다 지내고, 삼정승 육판서 다 지내고 퇴로재상으로 계시는 이생원네 삼형제분이 나오신다고 그리했소.
> 양반: (합창) 이생원이라네에.
> ―봉산탈춤 양반 과장

인용문은 양반을 조롱하는 내용이다. 처음에는 점잖게 양반을 소개하다가 갑자기 개잘양(개가죽)의 '양' 자와 개다리소반의 '반' 자를 양반과 연결해 양반을 조롱하고 있다. 유희에서 유자를 조롱하듯 양반을 조롱하고 있는 것이다.

또 봉산탈춤의 양반 과장에서 양반은 말뚝이에게 나랏돈을 떼어먹은 취발이를 잡아오라고 명령한다. 취발이를 잡아온 말뚝이는 양반에게 "샌님 말씀 들으시오. 시대가 금전이면 그만인데, 하필 이놈을 잡다가 죽이면 뭣 하오. 돈이나 몇백 냥 내라고 하여 우리끼리 노나 쓰도록 합시다"라고 말한다. 그러면 양반은 그 제안을 받아들인다. 이러한 양반의 태도는 우희의 부패한 관리와 일치하고 있다.

> 진한: 들어 봐라. "지주불폐(知主不吠)허니 군신유의(君臣有義)요, 모색상사(毛色相似)허니 부자유친(父子有親)이요, 일폐중폐(一吠衆吠)허니 붕우유신(朋友有信)이요, 잉후원부(孕後遠夫)허니 부부유별(夫婦有別)이요, 소부적대(小不敵大)허니 장유유서(長幼有序)라."
> ―강령탈춤 양반 과장

인용문에서 진한양반(辰韓兩班)은 "개는 주인을 알아보고 짖지를 않으니, 군신유의요. 개는 어미와 새끼의 털 색깔이 같으니, 부자유친이요. 개는 한 마리가 짖으면 여럿이 함께 짖으니, 붕우유신이요. 개는 새끼를 가진 후에는 수컷을 멀리

하니, 부부유별이요. 개는 덩치가 작은 놈은 결코 큰 놈에게 대들지 않으니, 장유유서라"라고 말한다. 양반층에서 중시하던 유교적 덕목인 오륜(五倫)을 개와 관련시켜 한문으로 설명하면서 오륜을 웃음거리로 만들고 있다. 이처럼 유학자, 유학 경전, 삼강오륜 등 유학과 관련된 내용을 풍자의 대상으로 삼아 조롱하는 것이 바로 유희이다.

또 강령탈춤의 양반 과장에서는 마한양반(馬韓兩班)이 진한양반의 머리에 쓴 관의 정체를 확인하면서, 진한양반을 조롱하고 있다.

마한: (좀 앞으로 나와서 진한을 보고) 네가 쌍놈이지 내가 쌍놈이냐! 너 허년 일이 끗끗이 쌍놈이다. 네 머리에 싼 것만 봐도 쌍놈이 아니냐.
진한: 내 머리에 싼 것을 네 뭘로 아너냐?
마한: 여보게 게 양이…
진한: 양이라니?
마한: 양을 몰라?
진한: 양자강두양류춘(揚子江頭楊柳春)에 양화수쇄도강인(楊花愁殺渡江人)이란 양 말이냐?
마한: 그 양도 아니다.
진한: 남원 옥중에 갇힌 춘향이란 양 말이냐?
마한: 그 양도 아니다.
진한: 홍문연 잔체시에 검무허던 항량(項梁)이란 양 말이냐?
마한: 그 양도 아니다.
진한: 박랑사중(博浪沙中) 모진 철퇴 창해역사(滄海力士) 다시 주어 오중부거(誤中副車)하던 장량(張良) 말이냐?
마한: 그 양도 아니다.
진한: 그럼 무슨 양이란 말이냐?
마한: 네 머리에 쓴 게 개잘양이란 말이다.
진한: 이것이 개잘양으로 생각하너냐? 개잘양이 아니다. 용수관이다. 개잘양이라 해도 가이도 오륜(五倫)이 있다.
—강령탈춤 양반 과장

인용문에서 진한양반이 머리에 쓴 것의 정체를 확인하기 위해 질문과 대답이 오가는 동안 그것이 개가죽관이라는 사실이 밝혀짐으로써, 진한양반은 웃음거리가 되고 있다.(도판 83) 정체확인을 위한 문답의 반복이 계속되는 동안 정작 관을 쓰고 있는 진한양반은 그 관의 정체가 무엇인지 몰라서 어리둥절해 하는 모습을 통해, 진한양반이 어리석고 허망한 인물임을 폭로하고 있다.

주목되는 점은 강령탈춤의 진한양반이 개가죽관을 쓰고 있고, 대부분의 가면극에서 양반들의 가면이 추한 모습이며, 의복이 비정상적인 경우가 많다는 점도 바로 유희와 통하고 있다는 것이다. 『성호사설』의 「기예문」 '이유위희' 조에서 "다

83. 강령탈춤의 진한양반가면.

떨어진 옷과 찢어진 갓을 쓰고 꾸며낸 이야기와 억지 웃음으로 온갖 추태를 연출한다"는 기록과 같이, 유희에서는 놀이꾼이 유자로 분장할 때 유자를 조롱하기 위해 비정상적인 모습으로 치장했다. 그런데 가면극의 양반 과장에 등장하는 양반들도 유희와 마찬가지로 대부분 비정상적인 모습인 것이다.

말뚝이: 아니로소이다. 새안님 마누라가 새안님을 홍보하시는데, 새안님이 낮거리를 하야 낳다 합디다. …
말뚝이: 여보 새안님, 새안님이 글자나 읽었다 하오니 자서히 들으시오. 청천백일에 우소 소도 아니요, 탕건의 부자 소도 아니요, 하락의 치자 소도 아니요, 장량의 옥통 소도 아니요, 문(門) 안에 적을 소(少) 한 자가 무신 잡니까?
작은양반: 이후후후 …. (서로 쳐다보며) 씹소, 씹소? (하며 서로 희희덕거린다.)
큰양반: 어라, 야들아, 가만 있거라, 보자 그것이 저 사서삼경(四書三經) 뒷장에 보면 둔병 소자 아니냐? 둔병 소자란 여자의 성기(性器)니라.
　—가산오광대 양반 과장

인용문에서 말뚝이는 샌님이 낮거리를 통해 태어났다고 조롱하고 있다. 그리고 말뚝이가 "문 안에 적을 소 한 자가 무신 잡니까" 하고 고상한 말로 물으면, 작은양반이 "… 씹소, 씹소?" 하고 대답한다. 여성의 성기를 적은 문이라는 의미로 '문 안에 적을 소 한 자'라고 하고, 그것의 훈과 음을 '씹 소'라고 해석한 것이다.

더구나 큰양반은 그것이 사서삼경 뒷장에 있는 '둔빙 소' 자라면서 유학의 경전을 들먹이며 대답한다. 말뚝이가 교묘하게 질문을 던져 양반에게서 이런 대답을 얻어낸 것이다. 양반층에서 한자를 분합해 수수께끼식으로 즐기던 파자(破字)놀이를 통해 말장난의 재미를 즐길 뿐만 아니라, 양반층의 문화를 조롱하며 비웃고 있는 점이 주목된다. 양반층의 전유물인 문자를 통해 양반층을 모욕하고 있는 것이다.

   생원: 여보게 동생. 우리가 본시 양반이라. 이런 데 가만히 있자니 갑갑도 하네. 우리 글이나 한 수씩 지어서 심심풀이나 하세.
   서방님: 형님 좋은 말씀이요. 형님이 먼저 지으시요.
   생원: 그러면 동생이 운자를 하나 부르게.
   서방: 산자 영자외다.
   생원: 아 그것 어렵다. 여보게 동생, 되고 안 되고 내가 부를 것이니 들어 보게. (영시조로) 울룩줄룩 작대산(作大山)하니 황천(黃川) 풍산(豊山)에 동선령(洞仙嶺)이라.
   서방: 거 형님 잘 지었오. (하며 형제같이 환소한다.)
   생원: 동생 한 귀 지어 보게.
   서방: 형님이 운자를 부르시요.
   생원: 총자 못자네.
   서방: 아 그 운자 벽자(僻字)로군. (한참 끙끙 하다가) 형님 들어 보시요. (영시조로) 짚세기 앞총은 헌겁총이요, 나막신 뒷축에 거말못이라.
   말뚝이: 샌님 저도 한 수 지을 테이니 운자를 하나 불러 주시요.
   생원: 재구삼년(齋狗三年)에 능풍월(能風月)이라드니, 네가 양반에 집에서 몇 해를 있드니 기특한 말을 다 하는구나. 우리는 두 자씩 불러 지었지마는 너는 단자(單字)로 불러 줄게, 한 자씩이나 달고 지어 보아라. 운자는 강자다.
   말뚝이: (곧, 영시조로) 썩정 바자 구녕에 개대강이요, 헌 바지 구녕에 좆대강이라.
   생원: 아 그놈 문장이로구나. 운자를 내자마자 지어내는구나. 자알 지었다.
   —봉산탈춤 양반 과장

인용문에서 양반들은 양반답게 심심할 때 운자를 내어 글을 짓는다. 하지만 "짚세기 앞총은 헌겁총이요, 나막신 뒷축에 거말못이라"처럼 한자의 운자와는 전혀 상관없이 우리말로 글을 지었다. 그러다가 결국 말뚝이마저 운자인 '강' 자를 이용해서 "썩정 바자 구녕에 개대강이요, 헌 바지 구녕에 좆대강이라" 하며, 양반층의 문자놀이를 우스꽝스럽게 만들고 있다. 그런데 양반들은 사태의 심각성을 전혀 인식하지 못하고, 오히려 운자를 내자마자 글을 지은 말뚝이를 칭찬하고 있다. 양반층의 문화 가운데서도 매우 중요한 문자를 이용해 그들을 웃음거리로 만들고 있는 것이다.

하회별신굿탈놀이에서 양반과 선비는 기녀인 부네를 차지하려고 서로 싸우면서 다음과 같이 지체와 학식을 자랑한다.

> 양반: 나는 사대부(士大夫)의 자손인데…
> 선비: 뭣이, 사대부? 나는 팔대부(八大夫)의 자손일세.
> 양반: 팔대부는 또 뭐냐?
> 선비: 팔대부는 사대부의 갑절이지.
> 양반: 우리 할아버지는 문하시중(門下侍中)이거든.
> 선비: 아 문하시중, 그까짓것. 우리 아버지는 바로 문상시대(門上侍大)인데.
> 양반: 문상시대, 그것은 또 뭔가?
> 선비: 문하(門下)보다 문상(門上)이 높고, 시중(侍中)보다 시대(侍大)가 더 크다.
> 양반: 그것 참 별꼴 다 보겠네.
> 선비: 지체만 높으면 제일인가?
> 양반: 그러면 또 뭣이 높단 말인가?
> 선비: 첫째 학식이 있어야지. 나는 사서삼경을 다 읽었네.
> 양반: 뭣이 사서삼경. 나는 팔서육경을 다 읽었네.
> 선비: 도대체 팔서육경이 어데 있으며 대관절 육경은 뭐냐?
> 초랭이: 나도 아는 육경! 그것도 몰라요? 팔만대장경, 중의 바래경, 봉사 안경, 약국의 질경, 처녀 월경, 머슴 새경.
> 이매: 그것 다 맞다 맞어.
> 양반: 이것들도 다 아는 육경을 소위 선비라는 자가 몰라.
> ─하회별신굿탈놀이 양반·선비 과장, 유한상본(柳漢尙本)

양반과 선비가 지체 자랑을 하는 동안 사대부라는 신분, 문하시중이라는 벼슬은 우스꽝스런 것으로 전락한다. 그들의 하인인 초랭이와 이매는 그들의 학식을 웃음거리로 만든다. 특히 사서삼경을 "팔만대장경, 중의 바래경, 봉사 안경, 약국의 질경, 처녀 월경, 머슴 새경"의 차원으로 격하시키면서 유학을 조롱하고 있다. 하회별신굿탈놀이는 마을굿에서 유래하여 발전해 온 가면극이지만, 우희와 유희의 영향으로 이와 같이 유학과 유자를 조롱하는 내용이 삽입된 듯하다.

　이상 가면극의 인용문들은 모두 양반이나 유자를 조롱하는 내용이다. 더구나 유가의 오륜과 경서, 그리고 문자 등 양반층의 문화조차도 조롱의 대상이 되고 있다. 양반의 가면은 대부분 추한 모습이고 의복도 비정상적인 경우가 많아서, 그 모습 자체만으로도 조롱의 대상이 되기에 충분하다. 그러므로 우희·유희와 가면극의 양반 과장은 그 형식과 내용이 너무나 유사한 것이다.

　양반 과장 이외에도 노장 과장 중 먹중과 취발이의 대사나 영감·할미 과장 중 영감과 할미의 대사에는 골계적인 내용의 재담들이 많이 발견된다. 그 중 일부만 살펴보자.

(가) 말뚝이: 대부인마누라가 하란에 비껴 앉아 녹의홍상에 칠보를 단장하고 보지가 재 빨개하옵디다.
　　 제양반: 이놈 재 빨개라니.
　　 말뚝이: 보기 다 재 빨개하단 말이요.
　　 원양반: 허면 그렇지. 내가 전에 대국 사신 드르갈 제 홍당목(紅唐木) 아흔아홉 자 샀더니 홍당목저고리, 홍당목치마, 홍당목단속곳 모다 홍당목이라 보기가 모도 재 빨개하단 말이여. 이놈 그래서.
　　 ―동래야류 양반 과장

(나) 말뚝이: 의막사령(依幕使令), 의막사령아.
　　 쇠뚝이: 누 네미할 놈이 남 내근하는데, 의막사령 의막사령 그래?
　　 말뚝이: 내근하기는 사람이 백차일 치듯한데 내근을 해?
　　 쇠뚝이: 어찌 듣는 말이냐? 아무리 사람이 백차일 치듯해도 우리 내외(內外) 앉았으니까 내근하지.
　　 말뚝이: 옳것다. 내외 앉았으니 내근한단 말이렷다.
　　 ―양주별산대놀이 샌님 과장

(다) 먹중 6: 노시님이 유유정정 화화(柳柳井井 花花)했더라.
　　 먹중 7: 아 그놈 벽센 말 한 마디 하는구나. 유유정정 화화, 유유정정 화화야? 그것 유유정정 화화라니, 아! 알었다. 버들버들 우물우물 꼿꼿이 죽었단 말이구나.
　　 ―봉산탈춤 노장 과장

　(가)에서 말뚝이는 대부인 마누라가 치마, 저고리, 단속곳을 모두 홍색으로 입

었기 때문에 '보기가 모두 빨갛다'는 말을, 고의로 유음어를 사용해 "보지가 재(죄) 빨개하옵디다"라고 말함으로써, 수양반의 부인이나 어머니까지도 모욕하고 있다.

(나)에서 쇠뚝이는 내외 즉 부부가 가까이 앉았다는 뜻으로 내근(內近)이란 말을 썼는데, 말뚝이는 이 말을 직장 안에서 하는 근무라는 뜻의 내근(內勤)으로 생각하고 있었던 것으로 나타난다. 동음이의어를 통해 재담을 벌이고 있는 것이다.

(다)에서 먹중 6은 노장이 죽은 듯이 꼼짝도 않고 있는 모습을 '유유정정화화'라고 표현한다. 이는 '버들 유(柳)' '우물 정(井)' '꽃 화(花)'의 '유' '정' '화'를 의미하므로, '유유정정화화'를 뜻으로 풀면 '버들버들 우물우물 꽃꽃'이 된다. 그래서 먹중 7은 그 뜻을 "버들버들 우물우물 꼿꼿이 죽었단 말이구나"하고 이해할 수 있었던 것이다.

이상에서 살펴본 바와 같이, 가면극의 골계적 재담들은 우희의 전통과 일정한 관련이 있는 것으로 나타난다. 이는 나례도감에 동원되던 반인들이 이미 우희를 하고 있었고, 18세기 전반기에 본산대놀이가 성립될 때 반인들이 그 연희 내용에 우희를 적극 활용한 결과인 것이다.

가면극의 골계적 대목들은 우희의 형태로서 재담이라고도 부를 수 있다. 이런 재담들은 개화기 이후의 재담과 만담 등에서도 그대로 발견된다. 그래서 이러한 우희의 전통은 구한말의 유명한 재담꾼인 박춘재의 재담, 일제시대 신불출의 만담, 1960년대까지도 성행했던 장소팔, 고춘자 등의 만담과도 일정한 관련을 맺고 있는 것으로 보인다. 김재석(金宰奭)은 1930년대 유성기(留聲機) 음반에 "넌센스, 희, 스케취, 촌극, 만담" 등으로 표기된 연희들을 촌극이라고 부르면서 그 내용을 소개했는데, 가면극의 골계적 대목들과 관련성을 엿볼 수 있는 내용이 많다.[49] 사진실은 20세기초 박춘재의 재담을 분석한 후, 그의 재담은 우리의 전통적 재담을 이어받고 있으며, 나아가 재담은 만담으로 전승된 축을 따라 방송 코미디물의 토대가 되었다고 지적했는데, 매우 설득력이 있는 견해다.[50] 그러므로 이제 우희의 전통 속에서 성립된 재담과 만담에 대한 구체적 고찰이 과제로 남아 있다.

제8장

# 가면극과 북방문화

한국 가면극과 북방문화의 관련성은 크게 두 가지로 나눌 수 있다. 첫째는 본산대놀이의 놀이꾼인 반인 가운데 북방민족의 후예도 일부 있었다는 점이다. 둘째는 가면극의 내용 가운데 북방문화의 영향이 많이 남아 있다는 점이다.

일찍이 아유가이 후사노신(鮎貝房之進)은 다음과 같이 한국 가면극과 몽골문화가 깊은 관련이 있음을 밝힌 바 있다.[1]

① 광대는 고려 고종 무렵 몽고에서 들어와 오로지 가면희를 연행한 창우의 이름이었다.
② 고려의 현판에 목찰에 써서 꽂아 놓은 것에 완보(完甫)가 쒸어져 있다. 완(完)과 완안(完顏)의 성씨는 한국에는 없고, 중국 금나라와 원나라의 성씨에는 많으므로, 이 완보는 몽고 광대의 성씨가 오늘날에 전해진 것으로 추정된다.

이 견해가 사실과 부합하는 것은 아니지만, 한국 가면극과 몽골문화가 관련이 있음을 언급한 사실은 주목할 만하다.

한국에서 산악·백희 계통의 연희를 놀던 사람들은 세습무당 집안 출신의 재인, 수척 등 북방민족의 후예, 서역(西域) 계통 연희자, 재승(불교 사원에서 연희를 담당하던 승려) 계통 연희자 등이었다.[2] 그런데 이미 제5장에서 살펴본 바와 같이, 서울에서 전승되던 가면극인 산대놀이는 성균관에 속했던 노비인 반인들에 의해 성립되었고, 반인들 중에는 북방민족의 후예도 있었던 것으로 보인다. 그래서 본산대놀이에는 몽골 등 북방문화의 영향이 남아 있다.

반인들이 소의 도살과 유통에 관여하면서 설붕잡희, 본산대놀이 등 전문적 연희까지 놀았던 사실은 이들이 바로 양수척, 수척, 화척, 재인, 달단, 백정, 신백정,

재백정, 화백정 등으로 불렸던 북방민족의 후예임을 입증한다.

반인들의 공연종목은 가면극과 인형극이었다. 일본의 유랑예인집단인 구구쓰(傀儡子)는 수렵, 수공업제품의 제조, 놀이, 매춘 등을 생업으로 했는데, 한국의 양수척과 매우 유사하다. 그래서 일본에서는 구구쓰를 한국의 양수척과 마찬가지로 북방민족으로 간주하는 학자들이 있다.

평안도, 황해도 등 북한 지역에서는 북방민족의 후예들이 외딴 지역에 '재인촌'이라는 천민마을을 형성해 살았다. 이들은 음악 연주와 놀이가 주업이었지만, 키, 고리짝, 체, 바디, 부채 등 수공업을 통해서도 생계를 유지했다. 이들은 북방민족의 후예였기 때문에 농사를 짓지 않고 이런 일에 종사했던 것이다.[3]

가면극에 남아 있는 북방문화의 영향은 우선 탈, 탈박, 탈바가지, 완보 등의 용어가 몽골어라는 점을 지적할 수 있다. 그리고 가면극에 등장하는 팔먹중, 취발이(최괄이)도 북방문화와 관련된 인물로 보인다.

## 1. 몽골어의 차용

그 동안 '탈'은 가면을 가리키는 한국말로 간주되었다. 그러나 몽골어 특히 고대 몽골어에서 '탈'은 얼굴을 가리키는 말이다. 찰스 바우덴(Charles Bawden)이 편집한 『몽영사전(*Mongolian-English Dictionary*)』(1997)에 의하면, 몽골어 '탈(tal)'은 '일면(side)' '한쪽 면'의 의미와 함께 '생김(feature)'의 의미를 갖고 있다. 몽골사회과학원의 수미야바타르(Sumiyabaatar) 교수에 의하면, 머리의 앞면 즉 얼굴은 머리의 앞면과 뒷면 중 '한 면'에 해당하기 때문에, 현재도 '탈'은 얼굴이라는 의미로 사용할 수 있다고 한다.

이 밖에도 고대 몽골어에서 '탈'이 얼굴의 의미로 쓰였던 흔적이 현대어에 남아 있다. 현대 몽골어에서 "체면을 세우다"의 체면(體面)이나 면목(面目)을 '누르탈'이라고 하는데, 이는 '누르'와 '탈'의 합성어이다. '누르'는 현대 몽골어에서 얼굴이라는 뜻이다. 주목되는 점은 몽골어에서는 합성어를 만들 때, 단어의 의미를 확실히 하기 위해 동의어를 중첩하는 경우가 많다는 사실이다. 그러므로 '누르탈'에서 '누르'가 얼굴이라는 뜻이면, '탈'도 얼굴이라는 뜻이 될 수 있다.[4]

『우리말큰사전』(한글학회)에서는 '탈박'을 '탈바가지'의 준말로 보았다. 그러나 '박'과 '바가지'는 각각 몽골어로 '가면'과 '도구'라는 뜻이다. 이는 현재도 쓰는 말이다. 티베트와 몽골의 라마교 사원에서 거행되는 가면극인 '참'의 가면은 '참박'이라고 불린다. 그러니까 탈박은 얼굴가면이란 뜻이고, 탈바가지는 얼굴을 가리는 도구 즉 가면이라는 뜻이다. 따라서 탈박은 탈바가지의 준말이 아니다.

한편 양주별산대놀이에 등장하는 '완보'는 팔먹중 가운데 하나다. 양주별산대놀이에서는 상좌 둘, 먹중 넷, 옴중, 완보를 합쳐 팔먹중이라고 부른다. 이 중 완보는 머리에 관을 쓰고 있

84. 양주별산대놀이의 완보. 머리에 관을 쓰고 있어서 신분이 높은 중임을 나타낸다.

기에 '관 쓴 중'이라고도 하는데, 관은 신분이 높음을 상징한다.(도판 84) 놀이패 중에서 가장 연장자가 이 역을 맡았으며, 완보는 팔먹중 가운데 우두머리 중이고, 팔먹중 가운데 가장 유식한 중이다.[5] 대개 절에서 가장 신분이 높고, 연장자이자 우두머리이며, 유식한 승려가 그 절의 주지가 된다. 현재 몽골 라마교 사원에서는 주지승을 환바(Qanba)라고 부르고 있다. 그런데 이 말의 고대어는 환보(Qanbo)이다. 몽골어에서 'Q'는 'ㅋ'과 'ㅎ'의 중간음으로 'ㅎ'에 가깝다. 몽골어에서 'ㅎ'음은 흔히 생략되므로, 환보는 바로 완보와 통한다. 그러므로 완보라는 명칭이 몽골인 광대의 이름에서 유래했을 것이라는 일본학자 아유가이의 추측은 허황한 것이 아니었음을 알 수 있다. 완보가 몽골인 광대 이름은 아니지만, 오히려 완보의 극중 역할에 가장 적당한 의미를 고대 몽골어에서 발견하게 된 것이다.

이상과 같이, 몽골어인 탈, 탈박, 탈바가지, 완보가 우리말에 남아 있는 것은 고려 후기에 몽골족이 세운 원나라의 지배를 받으면서 몽골족과의 교류가 잦았기 때문이다. 그리고 거란장(契丹場)의 예에서 알 수 있듯이, 고려시대에는 몽골족과 거란족을 포함한 북방민족들이 한반도에 들어와 집단적으로 활동하고 있었고, 이들은 양수척, 수척, 화척, 달단 등으로 불렸으며, 이들 가운데서 전문적 연희자

가 나옴으로써, 그들에 의해 몽골어가 남아 있게 된 것이다.

## 2. 팔먹중의 유래

팔먹중은 양주별산대놀이, 송파산대놀이, 봉산탈춤 등에 등장한다. 양주별산대놀이에서는 상좌 둘, 먹중 넷, 옴중, 완보를 합쳐서 팔먹중이라고 부른다. 그러나 송파산대놀이와 봉산탈춤 등에는 먹중만 여덟 명이 존재한다.

팔먹중도 역시 몽골문화와 관련이 깊은 듯하다. 다음 두 견해는 팔먹중과 몽골 문화와의 관련성을 강하게 시사하고 있다.

> (가) 내몽골 라마교 사원의 제반 의식 중에서 가장 성대하고 가장 폭넓게 민중과 관계를 맺고 있는 것은 도무의식(跳舞儀式)—타귀(打鬼, 귀신을 퇴치하는 것)—이다. 옛부터 전해 오는 민간의 샤먼적 주술과 악마 퇴치 풍습을 폭넓게 받아들여 불교풍으로 윤색한 것이 바로 타귀가면무(打鬼假面舞, 귀신을 퇴치하는 가면춤)이다. 이 의식에서는 인간가면, 동물가면, 성자가면 등 여러 가지 가면을 쓴 등장인물들이 출현해 춤을 추거나 연극적인 놀이를 하게 되는데, 가면은 붉은색과 검은색의 색상 대조가 뚜렷하고 얼굴보다 크며 전반적으로 귀면 형상이다. 특히 주목되는 점은 흰 가면을 쓴 동자풍(童子風)의 네 사람과 팔대보살(八大菩薩)의 등장이다.[6]

> (나) 타귀가면무의 전 과장을 일일이 다 소개할 필요는 없겠으나, 봉산의 팔먹중의 허리에 꽂은 버드나무 가지와 오보제에서 사용하는 버드나무, 사 인의 상좌와 그곳의 흰 탈을 쓴 동자풍의 사 인, 그리고 팔 인의 먹중과 팔대보살의 유사성은 쉽사리 간과할 수 없으며, 더욱이 타귀가면무 전체의 성격과 우리의 팔관회 내지 나례의식은 일치하는 면이 많다. 문화의 보편성에서 기원한 우연의 일치라는 측면과 함께, 어떠한 경로로든 영향 관계가 작용했음도 충분히 예상된다. 다만 그 구체적인 전개 과정을 문헌적으로 실증적으로 고증하는 작업이 앞으로의 과제일 것이다.[7]

인용문 (가)와 (나)에서 말하는 타귀가면무, 즉 귀신을 퇴치하는 가면무는 바로 '참'을 가리킨다. 이는 원래 티베트 라마교 사원의 가면무가 몽골에 전해진 것이다. (나)에 의하면, 봉산탈춤의 사상좌(四上佐)와 팔먹중은 각각 몽골의 '참'에서 흰 가면을 쓴 동자풍의 네 사람 및 팔대보살과 유사성을 갖고 있다고 한다. 그리고 이것들이 어떤 경로로든 영향 관계가 있었을 것으로 추정했다.

이 견해는 타당해 보인다. 이미 고려 충렬왕 때 원나라의 연희자가 내왕해 궁중 연회에서 공연한 기록이 있고, 고려시대에 양수척, 달단, 거란족 등 동몽골족인 달단을 포함한 북방민족이 한반도에 들어와 직업적인 연희자로 활동하고 있었으며, 그 후예들의 일부인 반인들에 의해 본산대놀이가 성립되었기 때문이다. 따라서 한국 가면극에 몽골문화의 영향이 남아 있는 것은 당연한 일이다.

티베트 동부 지역의 라마교 사원에서는 장력(藏曆, 티베트 역법) 7월 10일에 티베트에 인도의 불교를 전한 파드마삼바바(蓮花生)를 기념하기 위해 '참'을 거행한다. 이때 파드마삼바바가 머물던 청동산(靑銅山)의 정령 여덟 명과 팔서상(八瑞相) 등 여덟 명이 등장하는 연희들이 있다. 티베트 상예스(桑耶寺) 사원의 '참'에서도 파드마삼바바의 여덟 가지 이름의 화신을 나타내는 석가사자(釋迦獅子), 파드마삼바바, 일광(日光), 사자후(獅子吼), 분노금강(忿怒金剛), 연화금강(蓮花金剛), 연화왕(蓮花王), 애혜(愛慧)가 각각 가면을 쓰고 등장한다. 짜선룬뿌스(扎什倫布寺) 사원의 '참' 가운데 열한번째 마당에서는 라마승 여덟 명이 '비구(比丘)가 지팡이를 가지고 추는 춤'을 연행하고, 열두번째 마당은 '용사무(勇士舞)'인데 역시 여덟 명의 라마승이 등장해 공연한다.[8]

여기서 티베트와 몽골의 '참'에 여덟 명이 등장하는 연희가 많다는 점에 주목해 보자. 원나라를 세운 몽골은 라마교를 국교로 삼을 만큼 라마교 신앙이 강했고, 지금도 몽골의 라마교 사원에서는 '참' 가면극이 전승되고 있다. 그런데 고려시대부터 이미 몽골족 계통 연희자가 우리나라에서 활동하고 있었으므로, '참'의 영향으로 팔먹중이 유래했을 가능성이 있다. 더욱이 앞에서 살펴본 바와 같이, 양주별산대놀이에서 팔먹중의 우두머리인 '완보'의 이름이 몽골어에서 유래했다는 점을 고려할 때, 그 가능성은 자못 크다.

한편 정형호(鄭亨鎬)는 팔먹중의 본질적 의미를 불교의 불법 수호신 및 방위신과의 관련성을 통해 규명하고자 했다. 우선 팔먹중은 불법을 수호하는 여덟 신장(神將)인 천(天), 용(龍), 야차(夜叉), 건달파(乾闥婆), 아수라(阿修羅), 가루나(迦樓羅), 긴나라(緊那羅), 마후나가(摩睺羅迦)[9] 등 팔부중(八部衆)에서 유래한 것으로 상정할 수 있다고 한다. 또한 팔먹중은 불교의 방위신인 팔방천(八方天), 즉 동방(帝釋天), 서방(燄魔天), 남방(水天), 북방(毘沙門天), 동북방(伊舍那天), 동남방(火天), 서남방(羅刹天), 서북방(風天)에서 유래했다고 한다. 결국 팔먹중은 불교의 여덟 방위와 불법을 지키는 팔신장에서 유래했지만, 불교적인 의미가 퇴색하고 민중적인 성격이 가미되어, 오히려 탈판에서 흥을 불러일으키는 역할을 하거나 노장을 희롱하는 인물로 나오게 된다고 지적한다.[10]

불교에는 팔정도, 팔방위신, 팔부중 이외에도 팔상(八相), 팔사(八邪), 팔식(八識) 등 팔과 관련된 것이 많으므로, '참' 가운데 여덟 명이 등장하는 연희들이 원래 불교에서 유래했을 가능성이 있다. 그러므로 정형호가 팔먹중의 유래로 지적한 불교의 여덟 방위와 불법을 지키는 팔신장이, '참' 가운데 여덟 명이 등장하는 연희들과 관련이 있는지에 대한 검토도 과제로 남아 있다.

## 3. 최괄이, 취발이의 유래

이미 제3장에서 가면극의 기악 기원설을 검토하면서 살펴본 바와 같이, 경기도의 양주별산대놀이와 송파산대놀이, 황해도의 봉산탈춤과 강령탈춤 등에 등장하는 취발이는 체괄이(최괄이)→취괄이→취발이의 변천 과정을 거친 것으로 나타난다. 은율탈춤에서는 이 배역의 인물을 '최괄이'라고 부른다. 이미 정학유(丁學游)가 지은 「농가월령가(農家月令歌)」의 '시월령'에 나오는 '체괄(體活)이'를 가면극의 '취발이'와 '최괄이'의 옛 표기라고 보는 견해가 제시된 바 있다.[11]

양주별산대놀이, 송파산대놀이, 봉산탈춤, 강령탈춤의 취발이가면들, 그리고 은율탈춤의 최괄이가면은 모두 공통된 모습을 갖고 있다. 즉 얼굴 바탕은 붉은색이고, 이마에 여러 개의 주름이 강하게 잡혀 있으며, 가면의 이마 윗부분에서 한 가닥의 긴 머리카락이 이마를 타고 내려와 늘어져 있는 것이 그것이다.

1865년에 지은 것으로 추정되는 작자 미상의 『기완별록』에도 체괄이가 보인다.

푸른 송락(松落) 숙여 쓰고 검은 장삼(長衫) 떨쳐 입고
백팔염쥬 목에 걸고 구절죽장(九節竹杖) 손에 들고
공손히 허리 굽혀 합장하고 염불할 제
도승(道僧)처로 음전하야 남속(남색)일 성 싶으더니
굿거리 타령조에 엉덩이가 들먹들먹
별안간에 발광한 중이 생각 밖의 내다르니
팔뚝짓에 다리짓에 대가리를 뒤흔들며

가로 뛰고 세로 뛰고 사지육신 흔들흔들
체과린가 취과린가 잡상코도 수선하다
재채음도 야릇하고 헛맹세도 해참(駭慚)할사[12]

　인용문은 노장 과장을 묘사하고 있다. 노장이 등장하고 나서 얼마 후에 신나는 장단이 울리면, 한 인물이 나와서 "팔뚝짓에 다리짓에 대가리를 뒤흔들며 가로 뛰고 세로 뛰고 사지육신을 흔들흔들" 하며 잡상스럽고도 수선한 모습을 보인다. 이는 바로 오늘날의 취발이 모습과 완전히 일치한다. 그런데 이 등장인물의 이름을 "체과린가 취과린가"라고 표현하여, 당시에 취발이를 체괄이나 취괄이로 불렀음을 알려 준다. 그러므로 은율탈춤의 최괄이는 취발이의 잘못된 표기가 아니고, 오히려 예전의 이름을 간직하고 있었던 것이다.

　체괄이를 『기완별록』에서는 "체과린가 취과린가"라고 했다가, 후대에 취발이라고 부르게 된 것은 그가 술에 취해 등장하기 때문인 듯하다. 이미 강이천의 「남성관희자」에서 "또 웬 중이 대취해서 고래고래 외치고 주정을 부린다"라고 하여 취발이를 술에 취한 배역으로 설정하고 있는데, 이는 지금도 마찬가지다. 그래서 술이 취했다는 의미를 나타내기 위해 체괄이를 취괄이로 부르다가, 이것이 취발이로 바뀐 것으로 보인다.

　체괄이는 사설시조「연등가」에도 나오는데, 등을 묘사하는 가운데 "사자 탄 체괄이요, 호랑이 탄 올량합(兀良哈)과 칠성등 벌였는데"라는 구절이 보인다. 체괄과 올량합은 모두 북방 오랑캐를 가리키는 말이다. 오랑캐는 옛날 몽골 동부와 조선의 두만강 일대에 살던 여진족을 말한다. 그러므로 체괄이, 최괄이, 취발이를 같은 말로 본다면, 북방족이 가면극에 등장하는 셈이 된다. 그리고 취발이의 유래는 북방 오랑캐를 가리키는 말인 '체괄이'가 된다. '體适'을 그 의미에 따라 해석하면 '몸 체, 빠를 괄'로서 몸이 빠른 사람을 가리키는데, 북방민족은 도구 없이 맨손으로 수렵을 할 정도로 민첩하다. 그런데 가면극의 취발이도 행동이 민첩하고 힘이 센 자로서, 취발이 스스로 자기를 '사자 어금니 같은 사람'이라고 소개할 정도이다. 그러므로 가면극을 전승했던 몽골족의 후예들이 '긍정적 인물이며 행동이 민첩하고 힘이 센 등장인물'의 명칭을, 자기들을 가리키는 말인 체괄이를 차용해 체괄이, 최괄이, 취발이로 표현한 것으로 생각된다.[13]

제9장

# 가면극과 무속

1930년대에 가면극에 대한 연구가 시작된 이후, 그 동안 김재철, 송석하, 조동일, 김열규(金烈圭), 박진태 등 여러 학자들에 의해 가면극과 무속의 상관성에 대한 논의가 다양하게 전개되었다.

일찍이 김재철은 농사를 마치고 신을 즐겁게 하려는 단순한 무당의 의식에서 점점 복잡한 가무가 발달해 비로소 가무극이 발생하게 된 듯하다고 추론했다. 그리고 산대극, 즉 가면극의 첫 과장에 고사하는 장면이 있는 점, 미얄할미의 죽음 후에 하는 넋두리굿 등 무당과 관련된 내용이 많은 점을 예로 들었다.[1]

송석하는 가면희의 사방신무(四方神舞)와 성행위의 모습을 풍농풍어를 비는 굿의 흔적으로 해석했다.[2]

김열규는 가면극에서 발견되는 흥과 신바람(神明), 그리고 극적인 반란과 도착(倒錯)은 동제(洞祭), 즉 마을굿의 무속적 원리를 배경으로 하고 있다고 해석했다. 마을굿에서 강신(降神)이 이루어지면, 마을굿 준비 기간 동안 지속되던 엄격한 금기는 사라지고 거의 모든 사회적 제약과 억압이 풀어지므로, 성(性)의 제약도 풀어지고 계급의 장벽이 허물어진다고 한다. 평소 인간생활을 억압하던 제약과 인간 사이에 빚어졌던 갈등이 난장(亂場) 속에서 적나라하게 노정되는데, 이와 같이 뒤엎고, 부수고, 대들고, 난장판을 만들고 하는 마을굿의 반란 동기를 인물들이 이끌어 가는 행동과 대립 속에 양식화한 것이 가면극이라고 보았다. 그러므로 가면극에서의 반란과 도착, 즉 양반에 대한 통렬한 풍자와 야유, 그리고 극도로 음란한 재담과 짓거리가 소극적(笑劇的) 효과라면, 그 효과에서 제의는 배

경 구실을 다하고 있다는 것이다.³

또한 김열규는 한국의 마을굿에서 양파경축희(兩派競逐戲)인 석전(石戰, 돌싸움), 화전(火戰, 횃불싸움), 용마전(龍馬戰), 색전(索戰, 줄다리기) 등 편전(便戰, 편싸움)이 수반되는 것을 갈등의 모티프라고 해석했다. 신구(新舊)의 교체가 이루어지는 분기점, 또는 그같은 대립이 첨예화하는 시점에서 거행되는 마을굿이 그 대립들을 인간행위에 담았을 때 각종 편싸움이 생겨나므로, 마을굿의 일부로 연희되는 가면극도 편싸움과 함께 살펴야 한다고 지적한다. 그리고 가면극이 지닌 갖가지 도착─성적(性的)인 도착이나 신분적 도착─이나 반란의 상태는 마을굿에 수반된 각종 편싸움의 갈등과 대립 속에서 시현되는 여러 아노미(anomie) 상태에 비교될 수 있다고 보았다. 그러나 가면극이 지닌 재미가 그 반란의 주지(主旨)에 있고, 그 흥이나 신명이 도착에 있지만, 가면극이 기성질서의 구속이나 금압에 항거하는 서민의 감정을 표현하기만 한 것은 아니라고 한다. 물론 서민들의 동질성을 공감 확대하고, 양반과 승려를 상대로 해서 이긴 보람은 서민사회의 내적 결속이 되지만, 다른 차원의 사회적 결속도 성취한다는 것이다. 양반계급과의 사이에 내재해 있는 갈등을 가면극의 테두리 속에서 노출시킴으로써 그것을 해소 내지 정화하고, 양반과 서민은 서로간의 갱신과 질서 속에서 공존할 수 있게 되는 것으로 해석한다. 표면적으로는 여전히 지난날의 사회적 규범이 존속하지만, 내연(內燃)하고 있는 알력과 마찰이 폭발하고 그로 인해 해소된 심성으로 새로이 맞는 질서는 갱신된 질서라는 것이다. 이와 같이 가면극은 그 도착이나 반란으로 인해 내외(內外) 이중의 사회적 결속을 성취하는데, 이는 마을굿의 의의인 갈등의 제시와 조화라는 측면과 일치하고 있다고 보았다.⁴

조동일은 한국의 마을굿에서 싸움 형태의 굿과 성행위 형태의 굿이 발견된다는 점에 주목해, 이를 바탕으로 가면극의 기원과 가면극의 갈등구조에 대한 논의를 전개했다. 마을굿의 기본 유형은 첫째 농악대가 하는 행사, 둘째 무당이 하는 행사, 셋째 제관(祭官)이 하는 행사로 나눌 수 있는데, 이 세 가지 유형은 서로 복합되는 경우가 많다고 한다. 이 가운데 가면극은 풍물패, 즉 농악대가 주도하는 마을굿에서 출발했기 때문에, 가면극의 내용과 풍물패의 굿을 비교하면 여러 공통점이 발견된다고 한다. 『동국세시기』에 보이는 강원도 고성의 마을굿, 경상북도 영양군 일월면 주곡동의 풍물패굿, 경상북도 안동군 풍천면 하회동의 하회별신굿

등의 예를 보면, 모두 가면을 쓰고 풍물패와 함께 마을 수호신에게 굿을 하면서 가면극을 했다는 사실을 알 수 있다는 것이다. 풍물패, 가면을 쓴 사람들, 구경꾼이 마을의 이곳저곳을 돌아다니며 모의적인 싸움이나 성행위 등을 하는데, 가면의 이름은 이매, 초랭이, 양반, 각시 등 인간의 명칭이지만, 이것은 본래 굿에서의 신의 가면이 연극으로 전이되면서 인간의 가면으로 바뀐 것이라고 보았다.

가면극의 도처에서 발견되는 싸움의 양상은 다양하지만, 그 기본적인 구조는 싸움 형태의 굿에서 유래한다고 한다. 싸움 형태의 굿은 줄다리기, 동채싸움, 나무쇠싸움 등 다양하다는 것이다. 특히 경상북도 영양군 일월면 주곡동에서는 음력 정월달에 풍물패가 서낭대(神竿)를 앞세우고 이웃마을인 가곡동의 풍물패가 앞세운 서낭대와 만나 화해굿을 거행하는 것을 예로 들어 설명한다. 주곡의 서낭은 여서낭이고 가곡의 서낭은 남서낭인데, 둘은 부부라고 한다. 두 마을의 서낭대를 나란히 세워 두고 두 마을 풍물패가 풍물의 경연을 벌이며 서로 싸워 승부를 겨루는데, 이때 두 마을 서낭대에 각기 늘어뜨린 헝겊, 즉 서낭치마(여서낭은 붉은 색, 남서낭은 검은색)가 바람에 날려 휘감기면, 부부 서낭이 성행위를 하는 것으로 이해된다고 한다. 부부 서낭의 성행위는 풍년을 가져올 수 있다고 생각하는 것이다.

이와 같이 마을굿의 과정에서 다산과 풍요를 기원하는 여름과 겨울의 싸움을 볼 수 있는데, 겨울과 여름이 싸움을 벌여서 여름이 겨울을 물리치면 농사를 지을 수 있는 계절인 여름이 빨리 온다는 것은, 이른바 유감주술(類感呪術)의 원리에 의한 주술이라고 보았다. 유감주술의 원리는 싸움 형태의 굿에서만 작용하는 것이 아니라, 성행위 형태의 굿 역시 같은 원리에서 이루어진다고 한다. 그런데 가면극은 풍물패가 주도하는 마을굿에서 유래했으므로, 가면극에서도 이같은 싸움을 찾을 수 있다고 한다. 노장과 취발이의 대결, 미얄할미와 돌머리집의 대결에서 생산력이 약한 늙은이가 구축되고 생산력이 강한 젊은이가 승리하며, 젊은이로부터 새로운 생명이 탄생하는 모습을 보여주는 것은 바로 농경의식에서 행했던 모의주술적인 기풍의례(祈豊儀禮)의 반영이라는 것이다.[5]

박진태는 하회별신굿탈놀이의 각 과장의 내용은 무굿에 대응하며, 각 과장의 순차구조와 굿의 절차 사이에도 대응관계가 있다고 주장했다. 하회별신굿탈놀이는 주지(獅子) 과장, 백정 과장, 할미 과장, 중 과장, 양반·선비 과장으로 구성되어 있는데, 이는 각각 무굿의 부정굿, 타살굿, 계면굿, 세존굿, 천왕굿에 대응한다는 것이다. 그뿐만 아니라 각 과장의 연희 절차가 내림굿(맞이굿)→신유(神遊)→싸움굿→화해굿→환후굿(전송굿)으로 전개되는 무굿의 다섯 단계 절차와 대응하고 있다고 보았다.[6]

이상과 같이 가면극과 무속의 관련 양상에 대한 다양한 논의가 이루어졌지만, 실제로 가면극의 내용에서 발견되는 무속적 측면에 대한 구체적인 논의는 매우 미진하다. 그러므로 여기에서는 가면극의 내용에서 발견되는 무속적 측면과 무계(巫系) 출신의 가면극 참여에 대해 고찰하는 방향으로 논의를 진행하고자 한다.

## 1. 가면극에 나타나는 무속적 측면

### 1) 무속적 의식과 의식무

#### (1) 고사의식

대부분의 가면극에서 고사(告祀)하는 장면이 발견된다. 양주별산대놀이와 봉산탈춤 등에서는 가면극을 연행하기 전에 고사를 지내며 세 종류의 과실, 소머리, 돼지다리, 술 등을 차려 놓는다. 그리고 "각인각성 열에 열 명이 다니시더라도 뉘도 탈도 보지 마시고 적적히 흠향하시고 도와주소서" 하며 빌고 절을 한다.[7] 고사를 지내며 천지신명에게 가면극을 무사히 연행할 수 있도록 기원하는 것은 바로 무속적인 측면이다.(도판 85)

가산오광대에서는 가면극을 연행하기 위해 궤짝에 보관해 두었던 가면을 꺼낼 때, 놀이꾼들이 모인 가운데 양반 역을 맡은 사람이 고사를 지냈다고 한다.[8] 통영오광대에서도 보관해 두었던 가면을 꺼낼 때, 그리고 가면극을 시작하기 전에 간단히 고사를 지냈다고 한다.[9]

수영야류에서는 야류계(野遊契)가 주동이 되어 음력 정월 초사흘, 초나흘 무렵부터 열사흘까지 가가호호를 방문해 지신밟기를 하면서 걸립(乞粒)을 했는데, 이 걸립 기간에 일정한 장소에서 가면극에 사용할 가면을 제작했고, 제작이 완료되면 고사격인 '탈제'를 지내면서 무사히 놀이를 끝마치기를 기원했다고 한다. 그리고 정월 보름날에는 가면극의 수양반 역을 맡은 사람이 주동이 되어, 수영의

85. 양주별산대놀이를
연행하기 전에
고사를 지내고 있다.

'토신지위(土神之位)'와 '둑신지위(纛神之位)'를 모신 제당에서 산신제를 지내며 마을의 평강과 만복을 빌었다고 한다. 이날 저녁 가면극을 마친 놀이꾼들은 가면을 한곳에 모아 놓고 고사를 지내고 불태우면서 제액(除厄)과 행운을 축원했다고 한다.[10] 수영야류의 연행을 준비할 때부터 끝마칠 때까지 탈제, 산신제, 고사 등 무속적 의식이 가면극과 긴밀하게 연결되어 거행되고 있음을 알 수 있다.

하회별신굿탈놀이에서는 평상시에도 가면을 보려면 상임 제주(祭主)인 산주(山主)가 제물을 차려 놓고 고사를 지낸 다음에야 궤문을 열어 가면을 볼 수 있었다. 그렇지 않으면 탈이 난다고 믿었다는 것이다.[11]

(2) 벽사적 의식무

여러 가면극에서는 흔히 벽사적인 의식무가 연희된다. 봉산탈춤의 사상좌춤(제1과장)과 사자춤(제5과장), 양주별산대놀이의 상좌춤(제1과장), 강령탈춤의 사자춤(제1과장)과 상좌춤(제6과장), 은율탈춤의 사자춤(제1과장)과 상좌춤(제2과장), 수영야류의 사자춤(제4과장), 하회별신굿탈놀이의 주지춤(제1과장), 가산오광대의 오방신장무(제1과장), 북청사자놀이의 사자춤 등은 모두 탈놀이판의 잡귀를 몰아내고 놀이판을 정화하는 기능을 수행하고 있다.

사상좌춤은 사방신에 대한 종교적 기원 또는 놀이를 시작하는 의식무의 성격을 띠고 있다. 상좌는 중을 말하지만, 사방의 수호신에게 재배하며 예를 드리고 놀이판의 부정을 몰아내는 것은 무속적 성격이다.(도판 86)

86. 봉산탈춤의 사상좌춤. 사방의 수호신에게 재배하며 예를 드리고 놀이판의 부정을 몰아내는 것은, 이 춤의 무속적 성격을 잘 보여준다.

오방신장무는 동, 남, 중앙, 서, 북의 다섯 방위를 맡은 다섯 신장이 각 방위의 색을 나타내는 청색, 적색, 황색, 백색, 흑색의 가면과 의상을 착용하고 나와서 추는 춤이다. 이 춤 역시 모든 방위의 잡귀를 쫓고 놀이판을 정화하는 기능을 수행하고 있다. 이러한 오방신장무의 성격은 고려말 이색의 「구나행」에 나오는 오방귀무(五方鬼舞)와 조선 전기 성현의 『악학궤범』에 나례에서 연행한 것으로 기록하고 있는 「학연화대처용무합설(鶴蓮花臺處容舞合設)」의 오방처용무에서부터 발견된다.[12]

사자춤은 사자가 등장하는 사실 자체만으로도 벽사의 기능을 보여준다. 하회별신굿탈놀이의 주지춤도 바로 사자춤이다. 사자는 백수(白獸)의 왕이고, 불교에서 문수보살의 사자(使者) 역할을 하기 때문에, 잡귀를 몰아내고 벽사할 수 있는 존재로 인식되었다. 그래서 중국과 한국에서는 음력 섣달 그믐날 궁중, 관아, 민간에서 잡귀를 쫓아내는 나례를 거행할 때 사자가 자주 등장했던 것이다.

무당이 거행하는 무굿은 대개 부정굿부터 시작한다. 바가지에 물을 담고 흰 종이수술이 달린 칼로 바가지의 물을 찍어서 굿판의 여러 곳에 뿌린다. 그리고 종이에 불을 붙여 태운다. 이는 모두 굿판을 깨끗하게 정화하기 위한 것이다. 그러므로 상좌춤, 오방신장무, 사자춤을 통해 잡귀를 몰아내고 벽사하거나 놀이판을 정화하는 것은 바로 이 춤들을 부정굿 같은 의식과 동일시하고 있다는 사실을 나타낸다.

## (3) 무굿

가면극에는 무당 역할을 하는 인물이 등장해 굿을 거행하는 장면이 있는데, 이를 통해 무속의 직접적 영향을 살펴볼 수 있다. 가면극에서는 할미나 영감의 죽음 후에 무당이 등장해 무굿을 거행한다.(도판 32 참조) 양주별산대놀이, 송파산대놀이, 봉산탈춤, 은율탈춤, 동래야류 등에서는 할미가 죽은 후에, 가산오광대에서는 영감이 죽은 후에 무당이 나와서 진오귀굿을 거행한다. 죽은 할미나 영감의 넋을 건지기 위해 거행하는 진오귀굿은 무속에서 가장 일반적인 형태의 무굿 가운데 하나이다. 다른 가면극에서는 대부분 무당 한 명이 등장한다. 그러나 가산오광대에서는 다섯 명의 무당이 등장해 네 명의 무당이 베의 네 끝을 잡으면, 큰무당이 신광주리를 베 위로 오락가락하면서 황천길을 닦는 등 무속적 측면이 더욱 강화되어 나타난다. 통영오광대에서는 할미가 헤어진 영감을 찾기 위해서 용왕산제굿을 거행한다.(도판 87)

87. 통영오광대. 무당 역할을 하는 할미가 헤어진 영감을 찾기 위해 용왕산제굿을 지낸다.

## (4) 독경과 대내림

가면극에서 봉사가 나와 독경(讀經)을 하는 것과 대내림을 하는 것도 무속이다. 독경은 굿과 더불어 한국 무속의례의 두 가지 큰 형식이다. 독경을 행하는 독경무는 주로 봉사인 남자가 하기 때문에 '맹격(盲覡)'이라는 말이 생겼다. 독경무는 강신무(降神巫)와 학습무(學習巫)가 있다. 독경의 내용에는 불교와 도교적 요소가 많이 보인다. 독경신앙의 근간을 이루는 요소는 현실적 인간의 삶을 보호하는 것이고, 악귀를 쫓아내는 주술적 성격을 가지고 있다.

독경에서 읽히는 무경(巫經)은 종래 이미 출판 간행되어 있는 것과, 베껴서 전승되고 있는 것이 있다. 전자에는 가장 자주 독송되는 경문신주류(經文神呪類)가 포함되어 있고, 그 속에는 『옥추경(玉樞經)』 『불설천지팔양경(佛說天地八陽經)』 『불설천수경(佛說千手經)』 등 여러 경이 있다. 『옥추경』은 본래 도가류의 한 위서(僞書)이지만, 어떤 지방에서는 불설(佛說)로 칭해지며 가장 중요하게 이용되고 있다. 『팔양경』도 이전에 조선의 불사(佛寺)에서 자주 사용하던 것이다. 또한 이외에도 불설에 가탁한 무경류로 『태세경(太歲經)』 『조왕경(竈王經)』 『명당경(明堂經)』 『동토경(動土經)』 『성주경(成造經)』 『지신경(地神經)』 『안택경(安宅經)』

88. 가산오광대. 영감이 죽은 뒤에 대잡이에게 대를 잡게 해 대내림을 한다.

『도액경(度厄經)』『삼재경(三災經)』 등이 있다.[13]

수영야류와 동래야류에서는 영감과 할미가 싸우다가 할미가 죽으면, 할미를 살리기 위해 봉사를 불러서 독경을 시킨다. 가산오광대에서는 영감과 할미가 싸우다가 영감이 죽는데, 이때도 영감을 살리기 위해 봉사를 불러서 독경을 시킨다. 통영오광대와 고성오광대에서는 영감의 첩인 제자각시와 제밀지가 아기를 낳을 때 순산을 위해서 봉사를 불러다 독경을 시킨다.

특히 가산오광대에서는 봉사가 독경을 해도 효험이 없자 대잡이에게 대를 잡게 한 후 대내림을 한다. 대내림은 대나 나뭇가지를 통해 신을 내리는 무속의례인데, 강신무와 세습무가 모두 하며 독경무인 맹격들도 한다. 그리고 무당뿐만 아니라 일반인도 대를 내린다. 오히려 무당이 일반인에게 대를 잡히고 신을 내리게 하는 경우가 좀더 일반적이라고 할 수 있다. 그것이 무당의 영험을 보여주는 증거의 하나가 되기 때문이다. 이러한 대를 신간(神竿)이라 하고 대를 잡는 사람을 대잡이라고 한다. 일반적인 대내림의 의례는 대잡이가 대를 잡고 있으면 무당이 강렬한 무악을 울리면서 축원이나 주언을 한다. 그리하여 대가 전율하듯이 흔들리게 되면 곧 신이 내린 표징이라 믿고, 이것으로 신의(神意)를 점친다. 무당의 질문에 따라 대가 흔들리는 모양이나 가리키는 방향을 보고 신의 답변으로 삼는다.[14]

가산오광대에서는 봉사가 대잡이에게 대를 잡게 한 후 북과 꽹과리를 엎어 놓고 두드리면서 경문을 왼다.(도판 88) 그 장면을 살펴보자.

봉사: (경문을 왼다.) 구천원내성부야, 천차지차 상심영차 최고직성 원앙고도소재 혹자혹자핵비언 핵비언 사시 왕래키로 주자 원문 좌우청룡이요, 백마대장군아. (이 대목을 여러 차례 되풀이한다. 이때 대를 내린다.)

봉사: 예, 예— 서소. (대잡이의 대가 떤다.) 백마장군은 천하영신이요 지하영신입네. 앉아서 천리를 보고 서서 만리를 보는 팔만대장군을 오늘 청한 것은 박씨 가중에 박생원이 우연히 병이 나서 백마장군을 청했습니다. 이 댁 소설(騷說)을 명백히 가르쳐 주시오. 나무를 다려 나무동티가 났을까? 흙동티가 났을까? (대잡이의 대가 부정의 뜻으로 좌우로 흔들리며 아니라고 한다.) 그러면 노중객귀(路中客鬼)가 들었나? (대가 아니라고 부정한다.) 그러면 조상의 탈이 났을까? (대가 그렇다고 상하로 흔들린다.) 그러면 미련한 인간이 잘못해서 그러니까 상탕에 목욕하고 중탕에 수족 씻고 정성 들여 빌면, 비는 데는 무쇠도 녹는다고, 빌면 태평할까? (대가 안 된다고 한다.) 그러면 오구를 해야 할까? (대가 긍정의 뜻으로 상하로 흔들리며 수그러진다.) 그러면 백마

장군은 부정을 싹 씻어서 상천하소.
봉사: 마당쇠 어매 경을 읽어도 안 되고 대를 잡아도 안 되니 오구굿을 해야 하오.

이와 같이 대내림을 통해 봉사의 질문에 따라 대가 흔들리는 모양을 보고, 영감이 조상단지를 깼기 때문에 조상의 탈로 죽었음을 알아낸다. 그리고 오구굿을 해야 하는 것도 알게 된다.

(5) 점복

가면극에서 산통점(算筒占)을 치는 것도 무속의 일종이다. 산통점은 육효점(六爻占)의 일종인데, 금속이나 향목(香木)으로 약 십 센티미터 정도 길이의 산가지 여덟 개에 일부터 팔까지 숫자를 새겨 숫자가 보이지 않게 산통 속에 넣고, 그것을 구멍으로 집어내서 치는 점이다. 이 점을 치는 방법은 다음과 같다. 먼저 상 위에 청수를 올려 놓고 향을 피운 다음, 점복자는 왼손으로 이 산통을 들고 주문을 외우면서 문복자의 원(願)을 암송한 후에, 산통을 좌우로 흔들다가 거꾸로 세워 가운데 구멍에서 산가지 하나를 빼낸다. 그리고 그 산가지에 새겨져 있는 숫자를 검사하는데, 이것을 삼 회 거듭해 각 회마다에서 빼낸 산가지에 새겨진 숫자에 의해 각 괘를 만들고 동효(動爻)한다. 이렇게 해서 얻은 괘를 역서에 적힌 괘문과 맞추어 길흉화복의 운명을 판단한다.[15] 봉산탈춤에서 신장수가 잃어버린 원숭이를 찾을 때, 영감이 할미와 만나서 성행위를 한 후 점을 칠 때, 그리고 가산오광대에서 영감이 죽자 옹생원이 점을 칠 때 등 가면극의 여러 곳에서 "축왈(祝曰) 천하언재(天何言哉)시며 지하언재(地何言哉)시리요, 고지즉응(告之卽應)하시나니 감이순통(感而順通)하소서. … 물비소시(勿秘昭示)"하고 점복사설을 외며 산통점을 치는 모습을 발견할 수 있다.

## 2) 무속적 인물의 등장

### (1) 무당으로서의 할미의 모습

봉산탈춤, 강령탈춤, 양주별산대놀이, 통영오광대의 영감·할미 과장에 등장하는 할미와 양주별산대놀이의 영감·할미 과장에 등장하는 도끼누이는 바로 무당이다. 수영야류와 가산오광대에도 할미가 무당이라는 사실을 암시하는 내용이 보인다.

제9장 가면극과 무속 233

89. 봉산탈춤. 할미가 무신도가 그려진 부채와 방울을 들고 등장한다.

봉산탈춤에서 할미는 한 손에 부채를 들고 다른 손에는 방울을 든 모습으로 등장한다.(도판 89) 이는 바로 무당의 모습이다. 무당이 굿을 할 때 기본적으로 드는 것이 부채와 방울이기 때문이다. 일반인은 방울을 들고 다니지 않는다. 특히 할미가 든 부채에는 여러 무속신이 그려져 있는데, 이것도 무당이 드는 부채이다. 그리고 악사가 할미에게 "웬 할멈입나?"라고 물으니까, 할미는 "덩덩 하기에 굿만 여기고, 한 거리 놀고 갈랴고 들어온 할멈이올세"라고 대답한다. 또한 영감이 등장해 할미를 찾자, 악사가 "옳지, 고 할맘 마루 너머 등 너머로 굿하러 갑대"라고 대답한다. 그러면 영감은 "고놈에 할맘 항상 굿만 하러 다녀"라고 말한다. 할미가 무당임을 직접 언급하고 있는 대화이다.

양주별산대놀이에서는 할미가 죽은 후에 도끼누이가 등장해 할미의 넋을 건지기 위한 굿을 거행한다. 무가를 부르면서 춤을 추는 도끼누이는 바로 무당인 것이다. 그런데 조선시대에는 직업이 세습되었으며, 특히 무계집단은 무녀를 중심으로 세습되었다. 이 사실을 고려하면, 도끼누이가 무당이라면 당연히 그녀의 어머니인 할미는 무당이다. 1930년 김지연에 의해 필사된 양주별산대놀이 대본에서는 할미가 죽은 후 영감이 장구를 끼고 앉아서 「가망청배」라는 무가를 부르면서 할미의 넋을 풀어 준다. 세습무는 부부가 함께 굿을 하는데, 할미가 무당이기 때문에 영감도 무가를 부를 수 있는 것이다.

통영오광대에서는 헤어진 영감을 찾아다니던 할미가 영감을 찾기 위해 용왕산 제굿을 거행한다. 할미가 무당으로서 직접 굿을 거행하는 것이다.

한편 수영야류 제3과장에서는 할미와 영감이 오랜만에 만나서 서로 싸운다. 그러다가 영감이 할미에게 "내가 집을 나올 때 삼존당이며, 자식 삼형제를 살기 좋게 마련해 주고 혈혈단신 나온 나를 왜 추잡하게 이리 찾아다닌단 말고" 하고 말한다. 여기에서 삼존당은 삼존, 즉 본존과 그 좌우에 있는 두 보살을 모신 당이다. 할미가 무당이기 때문에 집에 삼존당을 마련한 것이다.

가산오광대 제6과장에서는 할미와 영감이 싸우다가, 영감이 조상단지를 깨고 동티가 나서 죽는다. 그러면 할미가 꽹과리에다 물을 떠 오게 해 부정을 친다. '부정을 친다'는 것은 이미 앞에서 언급한 바와 같이 무당이 굿의 첫 거리인 부정굿에서 하는 내용이다. 할미가 무당임을 암시하는 내용이다.

### (2) 남서낭·여서낭으로서의 영감·할미의 모습

봉산탈춤의 영감·할미 과장에서 영감과 할미는 남서낭과 여서낭으로 간주되는데, 남서낭과 여서낭은 마을굿에서 모시는 무속의 신이다. 난리통에 서로 헤어졌다가 오랜만에 만난 영감과 할미는 만나자마자 격렬한 성행위를 한다. 그후 미얄이 "이봅소 영감, 영감하고 나하고 이렇게 맨날 쌈만 한다고 이 동네서 내여쫓겠답대"라고 말한다. 그러면 영감이 "우리를 내여 쫓겠대. 나가라면 나가지, … 그러나 저러나 너하고 나하고 이 동네 떠나면, 이 동네 인물 동티 난다. 너는 저 웃목기 서고 나는 아랫목기 서면, 잡귀가 범치 못하는 줄 모르드냐"고 대답한다. 이는 바로 영감과 할미가 각기 남서낭과 여서낭의 역을 맡고 있음을 의미한다.

마을굿의 일종인 서낭굿에서 무당이 남서낭당에 가서 남서낭을 서낭대에 모시고 여서낭당으로 온다. 그리고 여서낭당에서 남서낭을 상징하는 남서낭대와 여서낭을 상징하는 여서낭대를 함께 잡고 힘차게 흔든다. 남서낭과 여서낭의 화해굿이다.[16] 두 서낭이 성행위를 하는 장면을 표현하는 것이다. 봉산탈춤 등 여러 가면극에서 오랜만에 만난 영감과 할미가 만나자마자 격렬하게 성행위를 하는 장면과, 일 년에 한 번 남서낭과 여서낭이 만나 화해굿을 하는 장면이 일치하고 있다.

더욱이 남서낭당과 여서낭당은 각각 마을의 앞과 뒤에 위치하고 있으면서, 마을을 지키는 수호신이라는 사실에 주목해 보자. 여러 지역에서 보통 남서낭을 당산할아버지, 여서낭을 당산할머니라고 부른다. 당산할아버지와 당산할머니의 신체(神體)는 나무, 솟대, 장승 등으로 나타난다. 장승은 부부인데, 마을 입구의 양편에서 마을을 수호하면서 잡귀가 마을에 들어오지 못하도록 하는 역할을 맡고 있다.[17] 그래서 이들을 '수구맥이'라고 부른다. 봉산탈춤에서 영감의 대사 가운데 '할미가 동네의 윗목에 서고 영감이 아랫목에 서면, 잡귀가 범치 못한다'는 말과 부합하는 것이다.

## 3) 무가의 서술방식 차용

가면극에는 무가의 서술방식을 차용해 대사를 형성한 경우도 발견된다.

① 말뚝이: 서울이라 칫치달아 안남산, 밖남산, 먹자골, 주자골, 안동밭골, 장안골, 등고개, 만리재, 일금정, 이목골, 삼청동, 사직골, 오부, 육조앞, 칠간안, 팔각정, 구리개, 십가로 두러시 다 다녀도 생원님은커녕 내 아들놈도 없습디다.
—동래야류 양반 과장

② 말뚝이: 일원산, 이강경, 삼푸주, 사마산, 오삼랑, 육물금, 칠남창, 팔부산을 두루시 다 찾아도 아무 내 아들놈도 없습디다. —수영야류 양반 과장

③ 말뚝이: 동 개골, 서 구월, 남 지리, 북 향산 다 찾아다녀도 찾일 길이 없어, 소상팔경열 다 찾어다녔십니다. (노래조로) 강릉 경포대, 양양 낙산사, 울진 망양정, 평해 월송정, 고성 삼일포, 삼척 죽서루, 통천에 총석정, 간성 청간정 다 찾아도 찾일 길이 없어….
—강령탈춤 양반 과장

④ 원양반: 길주, 명천, 회령, 종성, 진보, 청송, 이원, 단천 꼬사리 망풍밖에 더 가겠느냐.
—동래야류 양반 과장

⑤ 말뚝이: 아이고 마누라! 어떻게 날 찾아 여게 왔소? 초정골, 이문안, 삼청동, 사직골, 오거리, 육조앞, 칠관암, 팔각재, 구리가, 십자가, 오강으로 드르르 당겨도 찾지 못하고, 일월산, 이강계, 삼포도, 사법전, 드른입 백사장, 인천 제물포로 찾아도 못 찾고, 의주 통군정, 개천 무진대, 안주 백상루, 성천 강선루, 강계 인풍루, 평양 연광정 거쳐 평해 월성정, 울진 망향정, 삼척 죽설루, 강릉 경포대, 양양 낙산사, 간성 청간정, 고성 삼일포, 통천 총석정을 다 찾었는데 여기서 만났군. 마음 놓고 한번 멋들어지게 살아 보세. —통천가면극 제3과장

이러한 서술방식은 무가와 판소리에서 흔히 발견되는 노정기(路程記)와 흡사하다. ①에서 ⑤는 말뚝이가 양반을 찾아 여러 곳을 찾아다녔다면서 그 지명을 열

거하는 내용으로, '말뚝이 노정기'라고 부를 수 있다. 무가 가운데 손님굿, 군웅굿, 시루청배, 지두서, 비념, 초감제, 베포도업침, 세존굿 등 무속신의 이동 형태가 등장하는 무가에서는 반드시 노정기가 나온다. 판소리의 암행어사 노정기, 제비 노정기, 선인 노정기, 자라와 토끼 노정기 등도 모두 무가의 노정기에서 유래한 것이다.[18] 그러므로 ①에서 ⑤도 무가의 서술방식을 차용해 형성된 것으로 볼 수 있다.

그리고 무가에서는 노정기 외에도 관북 지방의 무가 문굿 가운데 나오는「팔도명산풀이」등에서 노정기와 유사한 서술방식이 보이고, 명산대천이나 누대(樓臺)를 열거하는 방식도 발견된다.

 팔도로 뻗어 나가 명산이 생기는데, 한 줄기는 행(함)경도로 뻗어 가서 발용산이 생기시고, 절구정이 생기시고, 치매대(馳馬台)가 생기시고, 만구르복파를 삼고 성천강이 배합되야 주(州)는 이십사관이요 수(스)물네 골을 매겼습니다. 두 줄기를 벋어다가 피얀도(평안도)에 가서 자무산이 생기시고 모란산이 생기시고, 모란봉이 생기시고, 대동강이 우둑하야 압록강이 지득하오. 줄을 벋어나가 황해도 벋어 가니 안악이라 생기시고, 만경당이 우득하야 … 네 줄기를 벋어다가 가완도(강원도)라 벋어 갔소. 가완도라 벋어 가니 통천 들어 송석덩(총석정)에 아양(양양) 들어 양산(낙산)이요, 울진 들어 마양대(망양정)요, 삼척 들어 죽설루(죽서루) … 다섯 줄을 벋어다가 겡(경)기도 와 벋어 왔소. 겡기도서 삼각산이 생기시고, 도랜산(도봉산)이 생기시고, 불가산이 생기시고, 한강을 배합시기 … 여섯 줄기를 벋어다가 경상도가 벋어 가니, 호수 낙동강이 배합이고 … 일곱 줄기를 벋어다가 충청도로 벋어 가니, 계룡산이 생기시고, 선기산이 생기시고, 망경강이 우듭하여 청풍강이 자듭하여 … 여덟 줄기를 벋어다가 전라도로 벋어 가니, 더욱산(덕유산)이 생겼소다. 지리산이 생겼소다. …[19]

이상과 같이 무가 중에는 팔도의 지명과 누대를 열거하는 내용이 나오는데, 여기에서 가면극의 대사 가운데 지명이나 누대를 열거하는 방식이 유래한 것으로 생각된다.

### 4) 무속적 의식의 반영

#### (1) '동티난다'는 의식

가면극에서 '동티난다'는 의식(意識)도 무속적 측면으로 볼 수 있다. 봉산탈춤에서 영감과 할미가 싸운 후에, 할미는 영감에게 재산을 나눠 달라고 요구한다. 그러면 화가 난 영감이 세간을 마구 부수다가 사당을 짓모아 사당동티가 나서 쓰러진다. 가산오광대에서는 영감이 조상단지를 깨고 동티가 나서 까무러쳐 죽는다.

동티는 한자어로 '동토(動土)'라고 한다. 금기된 행위를 했을 때 귀신을 노하게 해 받는 재앙이다. 동티는 신체(神體)를 상징하는 물체나 귀신이 거주하는 곳, 신이 관장하는 자연물과 인공물을 함부로 훼손 또는 침범하거나 적절한 절차에 따라서 다루지 않았을 때 일어난다. 신이 진노해 벌을 내리거나, 정해진 종교적 질서를 깨뜨림으로써 그 자리에 사악한 잡귀가 침범하기 때문에 동티가 나게 된다는 것이다. 동티의 예는 서낭당을 헐어 버리거나 장승을 불태운 뒤 벌을 받아 죽었다는 이야기 등에서 찾아볼 수 있다. 봉산탈춤에서 할미가 영감에게 둘이 항상 싸운다고 동네사람들이 내쫓겠다는 말을 하더라고 하자, 영감은 할미와 자기가 동네를 떠나면 인물동티가 난다고 한다. 앞에서 봉산탈춤의 영감과 할미는 각각 남서낭과 여서낭에 해당하는 것으로 밝혀졌다. 그렇다면 영감과 할미를 동네에서 내쫓는 것은 바로 남서당과 여서낭을 내쫓는 것이므로 동티가 나는 건 당연할 것이다. 동티를 잡으려면 무당을 불러서 푸닥거리를 하게 하는 경우도 있고, 맹격을 불러 독경을 시킴으로써 귀신을 쫓도록 하는 경우도 있다. 즉 '동티가 난다'는 생각도 무속적인 의식이고, 그것을 해결하는 방식도 무속에 의해서 진행되

90. 송파산대놀이의 침놀이 장면. 먹중의 자식과 손자들이 체해 죽을 지경에 이른 것을 무속적으로 해석한다.

는 것이다.

### (2) 병에 대한 의식

가면극에서는 등장인물이 병이 든 것도 무속적으로 해석한다. 양주별산대놀이 (1930년본) 제5과장 중 침놀이 장면에서는(도판 90) 먹중의 자식과 손자들이 산대놀이 구경을 왔다가 무엇을 먹고 관격이 되어 다 죽게 된다. 이때 완보가 "야 그것 봐. 한즉 뭐 음식 먹고 관격된 것 같지 않고 내 마음에는 신명에 체한 것 같다. 널더러 안 할 말이다마는 너 집에 혹시 신명의 부치로 부리가 있느냐" 하고 묻는다. 그러면 먹중이 "옳것다. 우리집에 그런 일이 있다. 무당의 부리 말이야. 우리집에 한 삼대째 증조모, 조모, 모 모두 무당이다"라고 대답한다. 부리는 조상의 영혼이나 집안에 대대로 내려오는 신(神)을, 무당이 일컫는 말이다. 먹중의 자식과 손자들이 체해 죽을 지경에 이른 것을 무속적으로 해석하는 것이다.

## 2. 무계 출신의 가면극 참여

양주별산대놀이의 놀이꾼은 다른 가면극의 경우와 같이 대부분 반농반예(半農半藝)의 비직업적인 놀이꾼들로 구성되어 왔으며, 관아에서 천한 일을 하던 사람들과 무부(巫夫)가 많았다. 일반인들은 가면을 쓰면 조상의 제사를 못 지낸다고 해 꺼려 왔다고 한다. 놀이꾼 김성태(金星泰, 1894-1962)의 모친은 일명 옴팽이 만신으로 양주 일대에서 유명한 안무당(案巫堂)이었고, 부친 김성운(金盛運)은 무당서방으로서 다른 놀이꾼들에 비해 경제적으로나 시간적으로 여유가 있었다. 그래서 김성운은 자기집 사랑방을 양주별산대놀이의 집합장소이자 연습장소로 제공해 매일같이 연습했다. 따라서 양주별산대놀이의 초청에 따른 순회공연도 그가 주관했다고 한다.[20] 물론 김성운이 경제적 시간적 여유가 있어서 그의 집이 가면극을 연습하는 장소가 되었겠지만, 한편으로는 그가 무당의 남편으로서 춤, 노래, 악기 등에 능한 전문적인 놀이꾼이었기 때문에, 아무래도 비전문적인 반농반예의 놀이꾼이나 하급 관속인 놀이꾼을 지도했을 것으로 생각된다. 실제로 김성운은 왜장녀 역을 잘했다. 애사당놀이에 등장해 허리가 드러난 부인복을 입고 배를 내놓고 미친 듯이 날뛰는 춤을 추는데, 이때 배꼽춤을 추게 된다고 한다. 김성태의 배꼽춤은 그의 부친인 김성운과 이창유(李昌裕)를 본받아 배운 것이다. 그리고 양주별산대놀이의 가면을 제작했던 신순필(申順弼)도 승냥이 만신의 남편이었다. 김성태의 아들 김상용(金相容, 1926년생)은 삼대째 양주별산대놀이를 계승했다.

이상과 같이 양주별산대놀이에는 무당의 남편이 직접 놀이꾼으로 또는 가면의 제작자로 참여했다. 무계 출신인 이들은 춤, 노래, 악기 등에 능했으므로, 이 가면극의 전승에 중요한 역할을 담당했을 것은 당연한 일이다. 그 결과 무속이 양주별산대놀이의 내용에 영향을 끼친 것으로 나타난다. 앞에서 살펴본 바와 같이 양주별산대놀이에는 첫째, 가면극 시작 전의 고사, 둘째, 할미 죽음 후의 굿에서「가망청배」와 같은 무가의 구송, 셋째, 천신의 일종인 연잎과 지신의 일종인 눈꿈쩍이의 등장, 넷째, 먹중의 자식과 손자가 무엇을 먹고 관격이 된 것을 '부리'와 관련시켜 해석하는 점 등 무속적 측면이 자주 발견된다. 이 중에서 두번째와 네번째는 바로 무계 출신이 양주별산대놀이의 놀이꾼으로 참여했기 때문에 수용될 수 있었던 내용이다.

송파산대놀이에서는 무부이며 악사인 화랭이들이 반주음악을 담당했는데, 이들은 재인집단과 연결된다. 송파산대놀이의 반주악기인 삼현육각은 전문적인 악사들이 아니면 연주하기 힘들기 때문이었다.[21] 피리, 장구, 해금, 대금 등을 연주하던 기능보유자였던 이충선(李忠善, 1901년생)은 모친이 경기도당굿의 무당으로 양주, 망우리 등지에서 정자나무굿을 하던 세습무당 집안 출신이다.[22] 그래서 그의 형제들은 모두 송파산대놀이의 악사로도 활동했고, 경기도당굿의 악사로도 활동했던 것이다.

강릉관노가면극의 기능보유자였던 차형원(車亨元, 1890년생) 옹의 제보에 의하면, 원래 이 가면극의 반주악기는 날라리, 꽹과리, 북, 장구, 징 등이었는데, 무당의 남편인 화랭이들이 반주음악을 연주했다고 한다.[23] 결국 무계 출신이 강릉관노가면극의 연행에 참여했다는 것을 알 수 있다.

통영오광대는 1900년 무렵부터 놀기 시작했다고 한다.[24] 처음에 의흥계(義興契)를 조직해서 이 가면극을 놀았는데, 의흥계의 구성원들은 대부분 통영에 위치한 수군통제사의 통제영의 부속관아인 '취고수청(吹鼓手廳)'의 악공들이었다.[25] 취고수청이 해산된 이후(1895년 무렵) 몇 년 뒤에 그곳에 소속되었던 악공들을 주축으로 통영오광대를 놀기 시작한 것으로 보인다. 취고수청의 악공들 가운데 관현악기를 연주하던 사람들은 주로 승전무를 전승하게 되었고, 타악기를 연주하던 사람들은 주로 통영오광대를 전승하게 되었다고 한다.[26] 그런데 이들은 대부분 세습무 집안 출신이었다고 한다. 다른 지방에서도 악사청에 속한 악공들은 대부분 무계 출신이었던 것으로 나타난다.

그러므로 취고수청의 악공들이 통영오광대를 놀기 시작했다는 이야기는 결국 통영오광대의 놀이꾼들은 원래 대부분 무부 출신이었다는 이야기와 통한다. 통영지방에는 남해안별신굿이 중요무형문화재로 지정되어 있을 정도로 무굿이 성행했고 예술적으로도 상당한 수준을 갖추었던 것으로 보인다. 굿을 거행하는 무당의 남편들은 으레 굿에서 음악반주를 담당하는 악사들이다. 그래서 흔히 '재비'라고 불린다. 이들이 취고수청의 악공으로도 활동했을 것인데, 취고수청이 해산된 이후 이들 중에 타악기를 연주하던 사람들이 중심이 되어 통영오광대를 놀기 시작한 것이다.

통영오광대에서는 영감과 헤어진 할미가 영감을 찾기 위해서 용왕산제굿을 거행하는데, 이는 다른 가면극에서는 전혀 찾아볼 수 없는 내용이다. 통영오광대를 놀기 시작했던 놀이꾼들이 대부분 무부 출신이기 때문에 이러한 연희 내용도 자연스럽게 수용된 것으로 생각된다.

또한 통영오광대는 날이 가물 때에 비를 기원하는 기우제의 행사로 공연되기도 했다. 날이 가물면 비가 올 때까지 사나흘간 계속 가면극을 공연했다고 한다. 그래서 일제시대에 다른 지역의 가면극들은 일제의 탄압으로 전승이 중단된 적이 있으나, 통영오광대는 기우제를 핑계로 일제시대에도 중단되지 않고 계속 놀이를 전승할 수 있었다는 것이다. 기우제는 원래 무당이 거행하던 것이므로, 통영오광대가 기우제에 참여했다는 사실은 바로 이 가면극의 놀이꾼 중에 무부 출신이 많았던 점과 관련이 있을 것이다.

제10장

# 가면극 대사의 표현언어

가면극의 대사는 민중의 삶의 모습을 반영한 언어들로 가득 차 있다. 그리고 가면극의 대사에서는 일상생활에서 금기시되는 언어들도 거침없이 구사되고 있다.

가면극의 대사에 표현된 언어는 비속어, 육담(肉談), 사투리, 동음이의어와 유음어, 속담, 수수께끼, 관용어, 은어, 한시구, 한자성어와 고사성어 등으로 나누어 살펴볼 수 있다. 그런데 이 표현언어의 특징은 국문체의 비속한 언어와 한문체의 전아한 언어가 함께 사용되고 있어서, 이분화된 문체를 보인다는 점이다. 이는 가면극에 수용된 기존 가요들도 서민 취향의 민요, 잡가, 무가, 민간신앙요와 양반 취향의 한시, 시조, 십이가사, 판소리 단가 등이 함께 불리고 있다는 사실과 동일한 맥락이다.

그 동안 유종목(柳鍾穆) 정상박(鄭尙朴) 김욱동(金旭東) 조만호(趙萬鎬)에 의해 가면극의 대사에 대한 연구가 이루어졌다.

유종목은 가면극 대사의 표현기법인 반복법, 대조법, 반어법, 의인법, 과장법, 풍유법, 의성법, 의태법, 직유법, 은유법 등을 정리하고, 표현언어인 비속어, 은어, 외설어, 고사 및 한자성어를 분석했다.[1]

정상박은 시차를 두고 서로 다른 시기에 조사된 고성오광대와 통영오광대의 대본들을 대상으로 대사의 전승양상을 고찰했다.[2] 그 결과 가면극의 구비전승에서 중요한 것은 동일한 율격조건임을 밝혔다. 등장인물은 짧은 대화를 발화할 때는 일상회화와 비슷하게 말하지만, 긴 대화를 발화할 때는 길게 율격을 맞추면서 낭송조에 가깝게 말한다고 지적했다. 그리고 다른 가면극의 양반 과장에 해당하는 오광대 과장이 다른 과장에 비해 전승에서 변화가 적은데, 이는 오광대 과장이 운율에 맞추어 낭송조로 발화하는 긴 대화와 구비관용구가 많은 사실과 상관성이 있는 것으로 보았다.

김욱동은 가면극의 외설어, 동음이의어 등의 말장난, 반어법, 숫자놀이, 수사법 등을 서구의 카니발이론으로 분석했다.[3] 가면극은 언어의 카니발 축제가 벌어지는 흥겨운 놀이마당으로 볼 수 있다고 한다. 가면극에서 사용하는 언어는 상당히 비유적이고 수사적인 언어이며, 언어의 다의성에 기초하는 말장난이나 말재롱을 자주 사용하고 있고, 등장인물은 언어의 지시적 기능보다는 오히려 언어의 표현적 기능을 더 중요하게 간주한다고 설명했다. 궁극적으로 일상생활에서 억압되어 있던 언어는 가면극에서 자유와 해방을 맞고 있으며, 가면극은 유희에 대한 인간의 본능을 유감없이 발휘하고 있다고 지적했다.

조만호는 가면극 대사의 표현양상으로 파자(破字)놀이, 천자문과 언문뒤풀이, 수수께끼식 문답, 동일음, 유사음, 유사어의 반복, 욕설, 전고(典故) 및 한시 인용을 고찰했다.[4] 그리고 '불림'은 국가적 제전(祭典)에서의 구호치어(口號致語)와 그 형식과 기능면에서 상응하는 것으로, 오신(娛神) 즉 풀이와, 갱신(更新) 즉 신명 등과 관련이 있으며, 언어유희와 재담과 덕담을 매개로 하면서, 역설적 하례(賀禮)를 목적으로 하는 대사라고 밝혔다. 가면극의 대사에서 언어유희와 육담이 지배적인 까닭은 바로 불림적 속성을 바탕으로 하기 때문일 것이며, 제의적(祭儀的) 가치들이 미학적 가치(곧 해학)로 전환된 것이 가면극의 대사라고 보았다.

이 장에서는 가면극의 대사에 사용된 국문체와 한문체의 표현언어들을 정리하고, 두 표현언어의 의미와 혼효양상을 고찰하고자 한다. 이를 위해서는 모든 가면극의 대사를 검토하는 것이 필요하지만, 전국의 가면극 대사에 표현된 언어를 모두 정리하면 엄청난 분량이 될 것이다. 그러므로 여기에서는 각 지역의 가면극 가운데 하나씩을 선정하되, 비교적 이른 시기에 채록되어 후대본에 비해 윤색된 흔적이 적고, 예전 가면극의 모습을 잘 보여주는 대본을 선택해 논의를 진행하고자 한다. 이런 기준에 의해 선택된 대본은 양주별산대놀이(김지연 필사본, 1930), 봉산탈춤(임석재 채록본, 1936), 동래야류(송석하 채록본, 1934)이다.[5]

## 1. 국문체의 표현언어

### 1) 비속어

비속어는 남을 낮추어 부르는 말이나 품격이 낮은 상말을 말하는데, 주로 하류계급, 빈민계급에서 사용된다.

비속어는 통상언어가 너무나 진부하다고 느껴져서 새로운 것을 요구하는 욕망을 만족시키려는 동기, 또는 해학이나 쾌감을 요구하는 욕망을 만족시키려는 동기, 또는 현재 쓰고 있는 통상언어에 어떠한 변화를 가함으로써 정상적이고 보편적인 것에 대한 반감을 표현하고 이것을 희화하려는 동기에서 발생한다. 그러므로 비속어는 일종의 언어적 유희라고 할 수 있으며, 여성적이라기보다는 남성적이요, 노년적이라기보다는 청년적이요, 또한 이보다 더 소년적이다. 그러므로 비속어는 학생층과 군대에서 많이 산출되고 즐겨 사용하고 있다.[6] 다음 항에서 살펴볼 육담도 대부분 비속어에 속하는데, 중복을 피하기 위해 여기서는 생략했다.

그러면 우선 가면극에서 구사되는 비속어를 살펴보자.

① 옴: …너 요년석들 하던 지랄이나 다 했나?(옴 과장)
② 묵승: …억끼놈 이 년석을 인제 만났구나.(제3과장)
③ 관 쓴 중: 이년아, 저리 가거라. 이 육실할 년아, 저리 가.(팔먹 과장)
④ 묵승: 요년 요 요망 방정스런 년아, 남의 크나큰 놀음에 나와서 계집아이년이 무엇을 콩콩 쾡쾡 하느냐?(애사당놀이 과장)
⑤ 취발이: …저런 육실할 놈을 어떻게 하면 저 년을 다 빼앗나! … 그 중놈 단단하구나. … 아 이놈 보게.(취발이 과장)
⑥ 샌님: …급살이나 맞아 죽어라.(샌님 과장)
⑦ 신할아비: …이 때갈녀석이 이런 데 나왔을까?(영감·할미 과장)
　―양주별산대놀이

① 먹중 2: …상통은 붉으디디하고 코는 줄룩줄룩 매미잔등 같고 입은 기르마까치 같은 놈들이…(팔먹중 과장)
② 먹중 일동: 아 이놈 지랄을 번다.
③ 먹중 7: …대갱이를 횟물 먹은 메기 대갱이 흔들 듯이 하더라.
④ 취발이: 아 시러배 아들년 다 보겠다.(이상 노장 과장)

⑤ 말뚝이: 이놈에 목쟁이를 뽑아다 밑구녕에다 꽂는 수가 있이면, 내 좆으로 샌님에 입술을 떼여 드리겠입니다.(양반 과장)
⑥ 영감: 이년을 만나면 씹중방을 꺾어 놓겠다.
⑦ 미얄: 어느 년에 보지는 금테두리 했었드냐.(이상 영감·할미 과장)
　—봉산탈춤

① 말뚝이: …떨어진 중우 가래 좆대강이 나온 듯.
② 원양반: 이놈 말뚝이…
③ 말뚝이: …말뚝인지 개뚝인지 제 의붓아비 부르듯이…
④ 원양반: 이놈 말뚝아 … 너 같은 개똥쌍놈 내 같은 넓적한 소똥양반이 너 한 놈 죽이면 …
⑤ 말뚝이: 종년 서답 빨래 가고 … 대부인마누라가 하란에 비껴 앉아 녹의홍상에 칠보를 단장하고 보지가 재 빨개하옵다.
⑥ 말뚝이: 마리에 떡 올라가니 좆자리를 두루시 폅다.
⑦ 원양반: 너 같은 쌍놈 오면…(이상 양반 과장)
　—동래야류

인용문은 일부의 예만 든 것인데, 이 외에도 가면극에는 도처에서 비속어가 튀어나온다. 남성은 물론이고 할미 같은 여성도, 청년은 물론이고 샌님, 영감, 원양반 같은 노인도, 하류계급은 물론 샌님, 양반 같은 상층계급도 비속어를 사용한다. 더욱이 옴중, 묵승, 관 쓴 중 같은 종교인도 거침없이 비속어를 사용한다.

김욱동은 가면극에서 사용되는 비속어를 카니발이론으로 설명한다. 카니발이 벌어지는 시간과 공간 안에서는 사실상 무슨 일이든지 다 허용되듯이, 가면극에서도 일상세계에서라면 마땅히 금기시되는 언어가 사용되고 있다. 일상세계에서 평소 억압되었던 언어가 탈판에서 비로소 해방과 자유를 맞고 있다는 것이다.[7]

유종목은 해학과 풍자를 내용으로 하는 가면극의 성격상 그 대사에 비속어가 많은 것은 당연하지만, 비속어는 또 다른 문제와 성격을 내포하고 있다고 지적한다.

첫째, 비속어의 남용은 서민층의 자아 발견에 대한 몸부림이라고 해석된다는 점이다. 우리 민족은 전통적으로 사람과 사람 사이의 인간관계를 매우 중시해 왔는데, 가면극에서는 신분적 상하관계를 경시하고 존칭적 기능을 무시하는 비속어와 욕설 따위를 마구 사용함으로써 우리 고유의 언어상의 특성이나 장벽을 무너뜨리고 자아라는 더 중대한 것을 찾았던 것으로 보았다.

둘째, 이것은 권위주의, 형식주의, 보수성에서의 탈출을 의미한다고 지적한다. 조선조 오백 년을 통해 유교의 정신적 예속 아래 권위와 형식에 억눌려 개인의 자유로운 의사는 무시되었는데, 가면극에서 비속어를 함부로 구사하며 권위주의, 형식주의, 보수성에 도전하고 거기에서 힘차게 벗어나고자 한 것은 혁신적 사고라 할 만하다고 보았다.[8]

여기에서는 가면극의 극적 형식 가운데 싸움의 형식이 매우 빈번하게 사용되고 있다는 점과 앞에서 소개한 비속어의 발생동기 등을 고려해 가면극에서 비속어가 많이 구사되는 이유를 해명하고자 한다.

조선 후기의 가면극에서는 신분적 특권, 관념적 허위, 남성의 횡포 등 당대의 사회적 갈등을 다루게 됨에 따라 등장인물끼리 갈등을 풀기 위해 싸움을 벌인다. 이 과정에서 싸움의 양상이 격렬해지고 일상생활에서는 생각할 수도 없는 심한 비속어가 난무하게 된 것으로 볼 수 있다. 특히 가면극은 민중의 연희이므로 민중은 평소에 억압받았던 갈등을 해학과 풍자를 통해 표현하는데, 해학과 풍자는 비속어와 밀접한 관련을 맺고 있다. 앞에서 지적한 비속어의 발생동기 가운데, '정상적이고 보편적인 것에 대한 반감을 표현하고 이것을 희화하는 동기'를 다른 각도에서 해석하면 '상층계급인 양반층에 대한 반감을 표현하고 그것을 희화하는 동기'로 바꿀 수 있는 것이다.

## 2) 육담

가면극에는 성(性)의 개방의식이 강하게 표현되고 있으며, 육담을 거침없이 구사하고 있다. 육담은 '꾸밈없이 속되고 투박스럽게 하는 말' 또는 '음담 따위와 같이 야비한 이야기'라는 사전적 의미를 갖고 있다. 이와 비슷한 용어인 외설어(猥褻語)는 '육욕(肉慾)에 관해 너무 추잡하고 더러운 말' 또는 '남녀간의 색정에 관해 너무 난잡하게 묘사하는 말'이라는 사전적 의미를 갖고 있다. 여기에서는 육담이라는 용어를 외설어를 포함하는 의미로 사용한다.

그러면 우선 가면극에서 구사되는 육담의 일부를 살펴보자.

① 옴: 네밀할 놈.(제3과장)
② 중: …너 만일 이 금 밖에 나오면 네 어멈을 날 주느니라.(애사당놀이 과장)
③ 완보: …스님이 절간에 계시면 … 상제 비역이 세 번인데, 뭘 하러 내려와 계시우?
   (노장 과장)
④ 말뚝이: … 이건 자벌레가 중패를 질렀소?
⑤ 말뚝이: … (노래) 봉지 봉지 봉지야. 깨소금 봉지도 봉지요.
   후추 봉지도 봉지요, 고추가루 봉지도 봉지요.
   짝짝콩 짝짝콩 쥐얌 쥐얌 쥐쥐얌
   돌이 돌이 돌돌이
   계수나무 요분틀 자기 녹비 끈을 꿰어
   어슥비슥 차는고나.
   네밀 붙고 발겨 간다.
   요 녀석아 네미를 붙는데도 조렇게 두르느냐?
⑥ 말뚝이: …요런 안갑을 할 녀석 봤을까? 요 체면에 무슨 생각이 있어서 요 녀석아 숫국을 걸르고 와? 솔개미 꾸미 가게 보낸 모양이지, 나는 어떻게 하란 말이냐? 네 비역이라도 할 수밖에 없다.(이상 말뚝이 과장)
⑦ 취발이: …이놈아, 너고 나고는 소용없다. 만첩청산 깊은 골에 쑥 들어가서 눈이 부옇게 멀도록 생똥구멍이나 하자.
⑧ 취발이: …얘 딴은 좋다. 평생 살아도 후정(後庭)이라고는 처음 들어와 봤는데, 잔솔이 담상담상 난 게 참 좋다. (일어나서 소무의 치마를 붙잡고 서로 등을 대고 선다.)
   뒷집 신개(흰개, 白犬) 흘녀 허―(이상 취발이 과장)
⑨ 쇠뚝이: 술이나 한 잔 먹고, 두 잔 먹고, 석 잔 먹어서, 한 반취(半醉)쯤 되면 세 댁(샌님, 서방님, 도령님댁―저자)으로 다니면서 조개라는 조개, 작은 조개, 큰 조개, 묵은 조개, 햇조개 여부 없이 잘 까먹는 영해 영덕 소라, 고등어 애들놈 문안 드리오 이렇게 하였다오.(샌님 과장)
―양주별산대놀이

양주별산대놀이의 예문 중 ①의 '네밀할 놈'은 '네 어미를 할'의 뜻으로 근친상간을 의미한다. ③의 비역은 남자끼리 하는 성행위로서 계간(鷄姦), 남색(男色)이라고도 한다. ④의 자벌레 중패질은 성행위를 의미한다. 자벌레가 몸을 움츠렸다 펴면서 기어가는 동작이 성행위를 연상시키기 때문이다. ⑤는 원숭이가 신값을 받으러 갔다가 신값 대신 소무의 뒤에 붙어 성행위를 하고 오자, 신장수 역의 말뚝이가 부르는 노래다. 노래 전체가 성행위를 은유하고 있다. 요분들은 여성의 성기를 은유한 말이고, 녹비는 원래 사슴가죽인데 여기서는 남성의 성기를 은유한 말이다. 성교를 할 때에 여자가 남자에게 쾌감을 주려고 몸을 요리조리 움직이는 짓을 요분질이라고 한다. ⑥의 숫국은 숫보기(숫처녀)로 여기서는 소무를 가리킨다. 안갑은 근친상간으로 ①의 '네밀할'과 같은 뜻이다. ⑦의 '생똥구멍이나 하자'는 ③과 같이 남색을 의미하는 말이다. ⑨의 조개는 여성의 성기를 은유하고, 그것을 잘 까먹는 소라, 고등어는 남성을 은유한다. 즉 쇠뚝이가 샌님, 서방님, 도령님 세 집의 여자들과 성행위를 했다는 뜻이다.

① 먹중 4: 내가 이제 노스님께 가서 오도독이타령을 돌돌 말어 귀에다가 소로르 하니까, 대갱이를 용두치다가 내버린 좆대갱이 흔들듯이 하더라.
② 신장수: 여보 구경하는 이들. 내 노리개 작란감 어데로 가는 걸 못 봤소. (하며 사방으로 원숭이를 찾으러 돌아다닌다. 소무 허리 등에 붙어 있는 것을 보고) 야 요놈 봐라. 요놈 신값 받아 오라니까 돈은 받아 거기다 다 써 버렸너나. (원숭이를 붙잡아 가지고 전에 있던 자리로 와서) 요놈아, 너는 소무를 하였으니 나는 네 뼉이나 한번 하겠다. (하며 원숭이를 엎어 놓고 음외한 동작을 한다.)
③ 취발이: 아 그 제에미를 할 놈에 집안은… (이상 노장 과장)
④ 말뚝이: …낙향사부(落鄕士夫)라 경성본댁을 찾아가니 샌님도 안 계시고 둘째샌님도 안 계시고 종갓집도령님도 안 계시고 마내님 혼자 계시기로, 벙거지 쓴 채 이 채찍 찬 채, 감발한 채, 두 무릎을 꿇고하고하고 재독(再讀)으로 됐습니다.
⑤ 영감·미얄: 거 누구가, 거 누구가. 아무리 보아도 우리 영감(할맘)일시 분명쿠나. 지성이면 감천이라드니 이제야 우리 영감(할맘)을 찾았구나. (합창) 반갑도다 반갑도다 우리 영감(할맘) 반갑도다. 좋을시고 좋을시고 지화자자 좋을시고. 얼러 보세 얼러 보세.〔양인은 서로 얼른다. 미얄은 영감의 전하부(前下部)에 매달려 매우 노골적인 음행동(淫行動)을 한다. 영감이 땅에 누우면 미얄은 영감의 머리 위로 기어 나간다.〕
영감: (발딱 누운 채로) 알날날날. 세상이 험하기도 험하다. 그놈에 곳이 좌우에 솔밭이 우거지고, 산고심곡(山高深谷) 물 많은 호수 중에 굽이굽이 동굴섬 피섬이요. 갈피갈피 유자로다. 자아 여기서 봉산을 갈라면 몇 리나 가나. 육로로 가면 삼십리요, 수로로 가면 이천 리외다. 에라 수로에서 배를 타자. 배를 타고 오다가 바람을 맞어서 표풍이 되야 이에다 딱 붙어났으니, 어떻게 떼여야 일어난단 말이요.(영감·할미 과장)
―봉산탈춤

봉산탈춤의 ①에서 '용두치다'는 자기의 성기를 손으로 자극해 성적 쾌감을 얻는 것이다. 즉 '자위하다'는 뜻이다. 그런데 노장이 머리를 흔드는 모습을 자위하다가 그만둔 성기가 흔들리듯이 흔들린다고 비유하고 있다. ②는 원숭이가 신값 대신 소무의 뒤에 붙어 성행위를 하고 오자(도판 92), 신장수가 원숭이에게 뺙 즉 비역(남색)을 하는 내용이다. ⑤의 영감 대사는 할미와의 성행위를 은유적으로 표현한 것이다.(도판 91)

① 양반: 이 엇던 제 어미를 붙고 금각 담양을 갈 이 양반들이…
② 말뚝이: 쉬— 엿다. 이 제기를 붙고 금각 담양을 우둥우둥 갈 이 양반들아. (다섯 번 나옴)
③ 제양반: 통시 깨고리 보지 문다 하더니…
④ 말뚝이: 대부인 마누라도 청춘이요, 말뚝이도 청춘이라. 청춘 홍몽(興夢)이 겨워 두 몸이 한 몸 되야 왼갖 수작 놀아시니, 그 농락 어떠하리.(이상 양반 과장)
—동래야류

동래야류의 ①에서 '금각 담양을 갈'은 '경각 담양을 갈'이다. 우리 속담에 '담양(潭陽) 갈 놈'이라는 말은 남을 욕하거나 천시할 때 쓰는 것이다. 원래는 '담양 아홉 바위 돌아갈 놈'인데, 흔히 '담양 갈 놈'이라고 한다. 전라남도 담양의 아홉 바위를 돌아가 숨어 살 놈이란 뜻이다. 설화에 의하면, 옛날 자기 아들을 버리고 떠났던 여자가 후일 젊은 남자와 잠자리를 같이했는데, 그 남자가 바로 자기가 버

91. 봉산탈춤. 할미가 영감 위에서 성행위를 한다.

렸던 아들임을 알게 된다. 그래서 고을 사또가 그 아들을 담양으로 귀양 보냈다는 것이다. 여기에서 '제 어미를 붙을 놈'을 의미하는 '담양 갈 놈'이란 속담이 유래한 것이다. 그래서 야류와 오광대 가면극에서는 '담양 갈 놈' 앞에 으레 '제 어미를 붙고'라는 말이 먼저 나온다. ③의 '통시'는 변소의 사투리이다.

기존 연구에서는 가면극 대사의 육담에 대해 다양한 해석을 시도했다.

김광일(金光日)은 가면극에 나타나는 성의 개방과 권력에 대한 저항정신이 오이디푸스 콤플렉스와 깊은 관련을 갖고 있다고 보고, 프로이트의 정신분석학의 입장에서 이를 해석했다. 오이디푸

92. 은율탈춤. 원숭이가 소무 뒤에 올라타 성행위를 한다.

스 콤플렉스는 이성(異性)의 부모에 대해서 사랑을 느끼며, 동성(同性)의 부모에 대해 경쟁심과 적개심을 품는 유아기의 정신현상이다. 프로이트는 유아기적 친족상간의 환상이 일차적인 의욕이고, 이를 달성하기 위해 동성의 부모를 적대시하게 된다고 주장한다.

민속극에서 보는 성의 개방은 유아기 친족상간 의욕의 전이된 양상으로 해석된다. 탈놀이에 나오는 양반은 폭군과 같이 준엄한 아버지의 상징이요, 양반의 부인은 아버지의 부인 즉 어머니의 상징일 수 있다. 노승은 거세당한 아버지의 상징이요, 소무는 '천사-창녀(Saint-Harlor)'로서 그것이 바로 어린이의 어머니에 대한 '이미지'인 것이다. 친족상간은 절대의 금기인 까닭에 성의 대상은 사회에서 용납되는 다른 인물로 전이되게 마련이다. 상놈이 양반의 부인을 범한다는 것은 권력자들에 의해 금지된 일이지만, 민중의 입장에서 볼 때는 통쾌한 보복으로 느껴져서 오히려 영웅시될 수 있는 일이므로 민중사회에서는 적어도 금기가 아니다. 그리고 소무를 범하는 일도 금기는 아니다. 그 소무가 아버지의 '이미지'인 노승의 소유였고, 아버지의 부인을 아버지와 경쟁해 쟁취했다는 이야기가 된다.[9]

그러나 이러한 해석은 조선 후기에 당시의 사회상을 반영해 성립된 본산대놀이

계통 가면극들이 시대적으로 어떤 의미를 갖고 있는지에 대해 구체적으로 해명하는 작업을 과제로 남겨 두고 있다.

김열규는 가면극 등 각종 민속연희에 보이는 에로티시즘과, 반란의 주지를 단순히 서민의 해학이니 사회적 항거의식이니라는 말로 설명하는 것만으로는 부족하다고 한다. 에로티시즘과 반란같이 일상생활 뒤에 감추어져 있던 욕구들은 마을굿에서 신성에 접하는 순간에 드러나며, 마을굿에 에로티시즘과 반란이 등장하면서 집단적인 신열(神悅)을 체험하게 된다고 주장한다. 즉 가면극은 마을굿과 기원적으로 관련이 있으므로 에로티시즘과 반란의 주지를 갖게 된 것으로 보인다는 설명이다.[10]

여기에서는 가면극에 육담뿐만 아니라 성행위의 장면이나 성행위를 은유한 내용이 많은 사실을 가면극의 연극적 형식과 관련시켜 해석하고자 한다. 가면극에는 등장인물이 상대방과 티격태격하며 싸우는 장면이 많다. 그래서 가면극의 연극적 형식 중 가장 두드러진 것으로 싸움의 형식을 꼽을 수 있을 정도이다.[11] 영감과 할미가 오랫동안 서로 찾아 헤매다가 상봉하자마자 싸우는 장면 외에, 노장과 팔먹중, 노장과 소무, 양반과 말뚝이, 할미와 첩, 사자와 마부, 영노와 양반 등 등장인물들은 서로 티격태격한다. 이러한 티격태격 가운데 일부는 장난기 어린 것도 있지만, 대부분의 경우는 심각한 싸움으로 발전한다. 싸움은 으레 욕설을 동반하게 마련이다. 조선 후기의 가면극에서는 신분적 특권, 관념적 허위, 남성의 횡포 등 당대의 사회적 갈등을 다루게 됨에 따라 등장인물끼리 싸움을 벌인다. 이 과정에서 싸움의 양상이 격렬해지고, 일상생활에서는 생각할 수도 없는 심한 욕설이 난무한다. 이러한 욕설 가운데 육담적 욕설도 함께 튀어나온 것이다.

다음 견해는 여기에서 주장하는 견해의 타당성을 뒷받침해 준다.

정신분석의 입장으로 볼 때 인간의 삶은 본능과 의식의 두 가지로 구성되어 있다. 본능은 쾌락원칙을 따르고, 의식은 현실원칙에 의존한다고 말할 수 있다. 인간의 삶은 쾌락원칙과 현실원칙의 양면성을 포함하고 있는 것이다.

의식은 본능의 억압이므로, 인간의 문화는 결국 본능의 억압에 그 토대를 두고 있다. 그런데 의식이 본능을 억압하는 그 정도는 사회와 시대에 따라 서로 다르다. 이러한 억압의 과정 가운데에서 언제 어디서고 부득이해, 결코 풀어 버릴 수 없는 면을 기본억압이라고 부른다. 이것은 문명에 있어서 인류의 영속을 위해 필요한 본능의 수정이다. 특정한 시대와 특정한 사회에 국한되어, 필연적인 것이 아닌데도 여러 가지 이유로 첨가된 면을 과잉억압이라고 일컫는다. 이는 사회적인 지배를 위해 필요한 억제이다.

삶이 쾌락원칙과 현실원칙의 양면성을 지니고 있듯이, 본능 자체에도 양면성이 함축되어 있다. 본능은 화합본능(Eros)과 파괴본능(Thanatos)으로 형성되어 있다.

과잉억압의 상태 아래서는 화합본능과 파괴본능의 어울림이 무너질 뿐 아니라, 화합본능이 축소되고, 파괴본능이 강화된다. 파괴본능은 원래 화합본능을 도와주는 구실을 하던 것이나, 본능의 고른 실현이 불가능하게 되면, 파괴본능 자체가 본능을 대표하게 된다.

파괴본능의 실현인 증오와 부정은 어디까지나 화합본능의 존중과 염려와 이해를 돕는 것인데, 이것이 전도되어 증오와 부정 자체가 삶의 목적이 되고 쾌락의 대상이 된다. 소위 '성기 성욕'의 강화도 화합본능이 축소된 결과이다.

양주별산대놀이에 나타나는 싸움과 애욕의 표현은 건전한 본능의 실현이 아니라, 과잉억압 상태 아래서 파괴본능이 강화된 모습을 드러내고 있다. 욕설과 싸움만이 아니라 그 지나친 성기 애욕의 표현도 화합본능이 축소된 결과임을 보여준다.

그러나 본능에 대한 의식의 억압이 아무리 심해도, 상상력과 놀이는 언제나 남아서 생생하게 활동한다. 어떠한 경우에도 상상력과 놀이는 쾌락원칙에 위탁되어 있다. 그러므로 양주별산대놀이는 그 내용에 섞여 있는 싸움과 애욕의 표현을 검토하면 왜곡된 본능의 표현이지만, 그것을 구조적으로 검토해 놀이라는 성격에 유의할 때는 화합본능의 표현이 된다.[12]

인용문은 김인환(金仁煥)이 마르쿠제(Herbert Marcuse)의 『에로스와 문명(*Eros and Civilization*)』에서 전개하고 있는 정신분석의 입장에서 양주별산대놀이에 나타나는 격렬한 싸움과 애욕의 의미를 고찰한 것이다. 가면극에 등장하는 인물들은 신분적 특권, 관념적 허위, 남성의 횡포 등에 억압받아 온 사람들로서, 조선 후기의 사회적 갈등을 온몸으로 체험하고 있었기 때문에 갈등을 일으킨 상대방과 격렬한 싸움을 벌이게 마련이다. 말뚝이-양반, 취발이-노장, 할미-영감 등 가면극에 등장하는 대립적인 인물들의 명칭에서도 이들의 싸움이 개인적인 갈등이 아니고, 계층, 부류, 남성과 여성 간의 사회적 갈등이라는 사실을 확인할 수 있다. 그래서 가면극에 나타나는 싸움과 애욕의 표현(육담이나 성행위)은 건전한 본능의 실현이 아니라, 과잉억압 상태에서 파괴본능이 강화된 모습을 드러내고 있는 것이다. 그러나 가면극을 통해 이러한 갈등들을 적나라하게 제시하고 풍자하는 가운데 갈등을 해소하고, 다시 일상생활로 돌아가 정상적인 삶을 영위할 수 있었던 것은 가면극이라는 놀이를 통해 화합본능을 회복할 수 있었음을 의미한다.

## 3) 사투리

지역방언이라고 할 수 있는 사투리는 원래의 공통한국어에서 분열해서 오랜 시일이 흐르는 사이에 각 지방의 독자적인 발달을 이루게 되고, 다른 지방의 언어와 음운, 어법, 어휘, 악센트 등에서 차이가 있게 된 말이다.[13]

한국의 가면극은 경기도, 황해도, 경상도, 강원도 등에서 전승되어 왔으므로, 그 대사에서 각 지방의 사투리가 발견된다. 실제 가면극을 공연할 때는 그 대사에 그 지방 특유의 악센트가 사용되었겠지만, 여기서는 채록된 대본을 중심으로 어휘에 한정해 가면극의 사투리를 살펴보기로 한다.

우선 가면극에서 발견되는 사투리를 일부만 살펴보자.(괄호 안의 어휘는 해당 사투리의 표준어를 삽입한 것이다)

① 완보: …사람을 셋씩이나 쥑여(죽여) 놓고 무에(무엇이) 좋아 뛰노느냐?
② 완보: (노래) …모시 닷동, 베 닷동, 미명(무명) 닷동, 명주 닷동.
③ 완보: 이놈아 사람을 셋이나 쥑이고(죽이고) 뭘 이렇게 지체하느냐? (이상 팔먹 과장)
④ 취발이: …뒤집 신개(白犬, 흰개) 흘너 허―.
⑤ 취발이: …아수(아소) 그러지 마우(마오). (이상 취발이 과장)
⑥ 왜장녀: …또 와서 그짓말(거짓말)을 하느냐?
⑦ 왜장녀: …전에는 어머니 얼굴이 분옥(粉玉)을 따고는 듯하더니 희금자다식(흑임자다식)이 다 됐소그려. (이상 영감·할미 과장)
　―양주별산대놀이

① 먹중 2: …하하 거 다 거짓부리(거짓부리)다.
② 먹중 3: …태공망 찾이랴고(찾으려고) … 대천명이라 하였이니(하였으니)…
③ 먹중 8: …여산이 여게로다(여기로다)… (이상 팔먹중 과장)
④ 먹중 4: 내가 이제 자서히(자세히) 들어가 본즉 날이 흐려서 대명(대망, 大蟒)이가 났더라.
⑤ 먹중 일동: 그랴(그래) 와이이(왜). (이상 노장 과장)
⑥ 영감: 내 얼굴이 어렿단(어떻단) 말이냐 … 어렇게 자라나나.

⑦ 영감: 가주(갓) 죽었이니(죽었으니) 말하지. (이상 영감·할미 과장)
　—봉산탈춤

① 양반: …전후좌우 버려서서(벌여서서) … 광쇠(꽹쇠) 치고 … 홍문연 놉흔 잔채(잔치) ….
② 말뚝이: …오날이(오늘이) 따따무리하니 온갖 김생(짐승) 다 모았다(모였다). 손골목에 도야지(돼지)새끼 모은 듯(모인 듯), 옹당새암(샘)에 실배암(실뱀)이 모은 듯(모인 듯) 논두룽(논두렁) 밑에 … 삼도 네그리(네거리) … 떨어진 중우(중의) 가래(가랭이) 좆대강이 나온듯 모도모도(모두모두) 모아 가주(모여 가지고)…
③ 원양반: …모구(모기) 뒷다리 만침(만큼) 들리니…
④ 말뚝이: …보라매 질뒤리고(길들이고) … 그문고(거문고) 줄 골아 거러두고…
⑤ 말뚝이: …임우(이미) 다 멀거니와 우리 오대조 하라바시(할아버지) … 팔도 선배(선비) … 참판 지냈시니(지냈으니) … 파초선 압시우고(앞세우고) … 얼골(얼굴)은 관옥이요 … 그리그리 단일망증(다닐망정) … 제와집(기와집)에…
⑥ 원양반: 이전에 대들보 양자를 시더니마는(쓰더니마는) 낭기(나무가) 정간목에…
⑦ 원양반: 쉬— 이때가 어너(어느) 때고(땐가) 모아 가주(모여 가지고) … 떳시(뜻이) 달라… (이상 양반 과장)
　—동래야류

인용문에서 각 가면극은 그 전승 지역의 사투리를 잘 보여준다. 양주별산대놀이에는 경기도, 봉산탈춤에는 황해도, 동래야류에는 경상도의 사투리가 쓰였음을 알 수 있다. 원래 공연에서는 봉산탈춤에 남아 있는 '웬 할멈입나' '놀고갑쇄' '어데메와' '잃었읍나' '잃었읍네' 등과 같이 용언의 활용도 그 지방 특유의 사투리로 모두 구사되었을 것인데, 대사의 채록 과정에서 표준어로 많이 고쳐 적은 듯하다.

## 4) 동음이의어와 유음어

가면극에서는 동음이의어와 유음어도 흔히 발견된다. 동음이의어와 유음어는 해학적이고 풍자적인 효과를 연출하는 데 적절하게 사용되고 있다. 그러면서 이러한 언어를 구사하는 등장인물이 기지가 넘치는 인물임을 보여준다.
　그러면 먼저 가면극에서 발견되는 동음이의어를 살펴보자.

① 묵승: 너 쓴 게 무엇이냐?

옴: 내가 너한테 쓰기는 무엇을 써?

묵승: 저놈이 평생 가난한 것은 알아볼 거야 남의 일수(日收)나 월수(月收)만 써 버릇하여서 말 대답도 그렇게 하느냐? 너 머리에 쓴 것 말이다.

옴: 옳것다. 내 머리에 쓰신 것 말이지?(제3과장)

② 묵승: 어이 어이.

옴: (들고 있던 홰기로 묵승의 얼굴을 치며) 네밀할 놈, 대방 노름판에 나와서 무얼 어이 어이하니?

묵승: 남 채 나오지도 않아서. (앉는다.)

옴: (우― 하고 꾸부리고 앉는다.) 나오지 안 한 놈이 저렇게 커?

묵승: 너 어쩬 말이냐? 나오기는 한 육십 년 되었지만 노름판에를 인제 나왔단 말이야.(이상 제3과장)

③ 완보: (노래) 백구(白鷗)야 펄펄 날지 마라.

너를 잡을 내 아닌데.

성상이 버리시니 너를 좇아 여기 왔다.

오류춘광(五柳春光) 경(景) 좋은데

백마금편 화류가자…

중: 화류? 에미 먹감나무는 아니구? (춤춘다.) (팔먹 과장)

④ 아해: 여보 아버지 글을 좀 배워야겠소.

취발: 그 이를 말이냐.

아해: 황해도하고 평안도하고 배우겠소.

취발: 옳것다. 양서(兩西, 兩書)를 배워?

(창) 하늘천 따지 가물현 누루황.

하늘이 있을 제 땅이랴 없으랴!

가마솥이 있을 제 누른밥이 없으랴.(취발이 과장)

⑤ 말뚝이: 의막사령(依幕使令), 의막사령아.

쇠뚝이: 누 네미할 놈이 남 내근하는데, 의막사령 의막사령 그래?

말뚝이: 내근하기는 사람이 백차일 치듯한데 내근을 해?

쇠뚝이: 어찌 듣는 말이냐? 아무리 사람이 백차일 치듯해도 우리 내외(內外) 앉았으니까 내근하지.

말뚝이: 옳것다. 내외 앉았으니 내근한단 말이럿다. (샌님 과장)

―양주별산대놀이

①에서 묵승은 '머리에 모자를 쓰다' 라는 의미로 '쓰다(冠)'를 사용했는데, 옴은 '일수나 월수를 쓰다' 즉 돈을 차용한다는 의미의 빚을 '쓰다(借金)'로 말하며 어깃장을 놓고 있다. 동음이의어를 사용해 상대편의 말에 엇가고 있는 것이다.

②에서 묵승은 '나오다'를 '등장하다'의 뜻으로 썼는데, 옴은 '나오다'를 '출생하다' 즉 어머니 뱃속에서 나온다는 뜻으로 해석하며 신소리를 하고 있다.

③에서 '백마금편 화류가자'의 화류(花遊)와 먹감나무의 한자음인 화류(樺榴)가 음이 같으므로, 중은 동음이의어인 화류(樺榴)의 우리말인 먹감나무를 들이댄 것이다.

④에서 아이가 황해도와 평안도를 언급한 것은 양서(兩西)를 말하기 위해서다. 그런데 양서(兩西)의 동음이의어인 양서(兩書)는 국문과 한문을 의미한다. 결국 아이는 국문과 한문의 양서(兩書)를 배우겠다는 뜻으로, 양서(兩西)인 황해도와 평안도를 배우겠다고 해학적 표현을 하면서 재치를 발휘하고 있다.

⑤에서 쇠뚝이는 내외 즉 부부가 가까이 앉았다는 뜻으로 내근(內近)이란 말을 썼는데, 말뚝이는 이 말을 직장 안에서 하는 근무라는 뜻의 내근(內勤)으로 생각하고 있었던 것으로 나타난다.

① 먹중 6: 노시님이 <u>유유정정 화화</u>(柳柳井井 花花)했더라.
　먹중 7: 아 그놈 벽센 말 한 마디 하는구나. 유유정정 화화, 유유정정 화화야? 그것 유유정정 화화라니, 아! 알았다. <u>버들버들 우물우물 꽃꽃이 죽었단 말이구나.</u>
② 취발이: (소아소리) 그러면 아버지 나를 <u>양서</u>로 배워주시요. (제소리) <u>양서라니 평안도하고 황해도하고.</u> (소아소리) 아아니 그거 아니라오. <u>언문하고 진서하고.</u>(이상 노장 과장)
③ 말뚝이: ㉠<u>양반</u> 나오신다아. 양반이라거니 노론 소론 이조 호조 옥당을 다 지내고, 삼정승 육판서 다 지낸 퇴로재상으로 계신 양반인 줄 아지 마시오. 개잘양이라는 양자에 개다리소반이라는 반자 쓰는 ㉡<u>양반</u>이 나오신단 말이요.
　양반들: 이놈 뭐야아!
　말뚝이: 아아 이 ㉢<u>양반</u> 어찌 듣는지 모르겠소. … 이생원네 삼형제분이 나오신다고 그리 했소.
　양반들: (합창) 이생원이라네에.
　말뚝이: 쉬— 여보 구경하는 ㉣<u>양반</u>들 말씀 좀 들어 보시요.(이상 양반 과장)
　—봉산탈춤

①에서 먹중 6은 노장이 죽은 듯이 꼼짝도 않고 있는 모습을 '유유정정화화'라고 표현한다. 이는 '버들 유(柳)' '우물 정(井)' '꽃 화(花)'의 '유' '정' '화'를 의미하므로, '유유정정화화'를 뜻으로 풀면 '버들버들 우물우물 꽃꽃'이 된다. 그래서 먹중 7은 그 뜻을 "버들버들 우물우물 꼿꼿이 죽었단 말이구나"고 이해할 수 있었던 것이다. 매우 기지가 넘치는 표현임을 알 수 있다.

②에서 아이가 국문과 한문을 배우겠다는 뜻으로 양서(兩書)를 배우겠다고 한다. 그러자 취발이는 '양서(兩書)'를 동음이의어인 '양서(兩西)'로 간주하고 평안도와 황해도를 말한다.

③의 ㉠에서 ㉣은 모두 '양반'이라는 동일음이지만 뜻은 다른 동음이의어로서, '양반'이라는 말을 다의적으로 사용하고 있다. ㉠은 양반(兩班)으로 본래의 의미 그대로 지체나 신분이 높은 사람을 말한다. ㉡에서는 개가죽과 개다리소반이라는 뜻으로 '양반'의 의미가 바뀌었다. ㉢은 '이 양반 왜 이리 남의 말을 안 들어'처럼 '양반'이 '사람'의 뜻으로 쓰이면서, 상대방을 멸시하는 의미를 갖고 있다. ㉣은 높이는 말도 낮추는 말도 아닌, 단순히 일반 사람들을 두루 부르는 표현이다.[14] '양반'이라는 동음이의어를 활용해 재치있게 양반을 풍자하고 있다.

한편 가면극에는 다음과 같이 유음어의 활용을 통한 말장난도 종종 나타난다.

① 중: 자네 이새 드문드문해그려.
    완보: 드문드문? 네미 경둥경둥 아니고? 족통이나 안 났느냐?
    중: 아이고 그런 효자(孝子)야.
    완보: 소재라는 게 오줌 앉힌 재?
    중: 어찌 듣는 말이냐? 효자란 말이다. 자네 요새 들으니까 영업이 대단히 크다데그려.
    —양주별산대놀이 애사당놀이 과장

② 말뚝이: 작년 8월에 샌님댁에서 등산갔다 남아온 좆대갱이 하나 줍다다.
    생원: 이놈 뭐야.
    말뚝이: 아아 이 양반 어찌 듣소. 등산 갔다 남아온 어두일미라고 하면서 조기 대갱이 하나 줍다다 그리하였소.
    —봉산탈춤 양반 과장

③ 말뚝이: 본댁을 석 더르가니 네 보든 노생원이 계십디다.
    제양반: 이놈 노생원이라니.

말뚝이: 이 양반아. <u>청노새</u>란 말이요.
―동래야류 양반 과장

④ 말뚝이: 대부인마누라가 하란에 비껴 앉아 녹의홍상에 칠보를 단장하고 <u>보지가 재 빨개</u>하옵디다.
제양반: 이놈 재 빨개라니.
말뚝이: <u>보기 다 재 빨개</u>하단 말이요.
원양반: 허면 그렇지. 내가 전에 대국 사신 드르갈 제 홍당목(紅唐木) 아흔아홉 자 샀더니 홍당목저고리, 홍당목치마, 홍당목단속곳 모다 홍당목이라 <u>보기가 모도 재 빨개하단</u> 말이여. 이놈 그래서.
―동래야류 양반 과장

⑤ 말뚝이: 마리에 떡 올라가니 대부인마누라가 <u>좆자리</u>를 두루시 폅디다.
원양반: 이놈 말뚝아 <u>좆자리</u>라니.
말뚝이: 엿다 이 양반아 초석(草席)을 두루시 폈단 말이요.
원양반: 우리집이 근본 인심집인 고로 너 같은 쌍놈 오면 덕석도 가이오 멍석도 가이지마는, 너만한 놈을 초석을 폐여주니 그리 아라. 그래서.
―동래야류 양반 과장

①은 효자와 소재가 유사음이므로 이를 활용해서 말장난을 하고 있다. 양주별산대놀이에서는 ①과 동일한 내용의 대사가 제5과장 가운데 중과 완보의 대사, 제10과장 가운데 말뚝이와 쇠뚝이의 대사에서도 쓰이고 있다. 효자를 오줌 앉힌 재인 '소재'와 동일시하고 있다. 효(孝)라는 사회규범조차도 놀잇감으로 삼는 것은 서민적 정서가 극대화되었을 때 일어날 수 있는 단편이다. 이때 잘못 들은 척하는 능청이 구경꾼으로 하여금 재미를 갖게 한다.[15]

②에서 말뚝이는 조기 대갱이 즉 생선 조기의 머리를 고의로 '좆대갱이'라는 유음어로 말한다. '좆대갱이'는 남성 성기의 머리 부분이란 뜻이다. 유음어를 사용해 양반에 대한 저항을 시도하고 있는 것이다.

③에서는 말뚝이가 청노새를 노생원(老生員)이라는 유음어로 발음하면서, 양반인 노생원님을 동물인 청노새와 동일시하며 모욕하고 있다.

④에서 말뚝이는 대부인 마누라가 치마, 저고리, 단속곳을 모두 홍색으로 입었기 때문에 '보기가 모두 빨갛다'는 말을, 고의로 유음어를 사용해 '보지가 재(죄)

93. 동래야류. 말뚝이가 양반을 풍자하여 대화를 나눈다.

빨개하옵디다'라고 말함으로써, 수양반의 부인이나 어머니까지도 모욕하고 있다.

⑤에서 말뚝이는 '돗자리'를 '좆자리'라는 유음어로 발음하고 있다. '돗자리를 두루시 폈다'는 말은 원양반의 부인이 말뚝이와 정을 통하기 위해서 마루 위에 돗자리를 폈다는 뜻도 함축하고 있다. 그러므로 유음어를 활용해 '돗자리'를 '좆자리'로 말하는 것은 문맥상 매우 기발한 표현으로, 말뚝이의 번득이는 재치를 잘 보여준다.

②에서 ⑤의 인용문에서는 말뚝이가 유음어의 활용을 통해 양반과 양반의 부인을 모욕한다. 그러나 양반은 그 사실을 눈치채지 못한다. 말뚝이는 유음어를 활용함으로써, 겉으로는 복종하는 체하면서 실제로는 양반을 풍자하는 면종복배(面從腹背)의 매우 재치있고 지혜로운 저항을 시도하고 있는 것이다.(도판 93)

## 5) 속담

속담은 '민간에 전해 오는 쉬운 격언'이다. 속담은 대화 중에 삽입되어 언술의 효과를 거둔다. 속담은 구체적이고 특수한 사례를 진술함으로써 일반적이고 보편적인 의미를 유발하는 기능을 가지고 있다. 그래서 언술된 문면(文面) 그대로의 의미 외에 좀더 넓은 일반적 의미를 추상할 수 있도록 하는 것이 속담의 특징이다.[16] 속담에는 처세의 교훈이 있고, 민중의 신념이 있으며, 세태의 풍자가 있고 인생관이 있다. 그래서 가면극의 대사에 수용된 속담에서도 민중의 생활철학을 엿볼 수 있다.

그러면 가면극의 대사에 나오는 속담을 살펴보자.

① 중: 게가 구멍을 찾지 구멍이 게를 찾드냐?(애사당놀이 과장)
② 완보: 잇집(藁)에도 뱀이 있다고.(노장 과장)
③ 쇠뚝이: 세무십년(勢無十年)이요 화무십일홍(花無十日紅)이라드니.(샌님 과장)
④ 샌님: …깍쟁이 태 차가듯.(샌님 과장)
⑤ 신할아비: 청개고리 밑에 실뱀 쫓아다니듯…(영감·할미 과장)
⑥ 신할아비: 이거 성미는 가랑잎에 불붙기였다.(영감·할미 과장)
　―양주별산대놀이

94. 봉산탈춤. 신장수가 신을 팔면서 노장과 흥정을 한다.

① 신장수: 쌈은 말리고 흥정은 붙이랬이니.(노장 과장)
② 취발이: 아 그년 쇠줄피 받는 것을 보니 문고리 쥐고 엿장수 부르겠다.(노장 과장)
③ 말뚝이: 무른 메주 밟듯하고… (양반 과장)
④ 생원: 재구삼년(齋狗三年)에 능풍월(能風月)이라드니.(양반 과장)
⑤ 미얄: 고리쟁이가 죽어도 버들가지를 물고 죽는다드니.
⑥ 영감: 성깔도 급하기도 급하여 가랑잎에 불붙기로구나.(영감·할미 과장)
　—봉산탈춤

① 말뚝이: 이 제기를 붙고 금각 담양을 우둥우둥 갈 이 양반들아.(양반 과장)
　—동래야류

이상과 같이 가면극에서는 간결한 형식의 속담을 자주 사용해 재치있는 말로 구경꾼들의 흥미를 유발하면서, 표현하고자 하는 의미를 효과적으로 전달하고 있다.

양주별산대놀이의 ①은 원래 남성이 여성을 찾아간다는 뜻인데, 여기서는 아쉬운 사람이 상대방을 찾아간다는 뜻으로 쓰였다. ②도 속담으로 쓴 말인 듯한데, 의미는 미상이다. ③은 요즘도 흔히 사용하는 속담으로 "세도는 십 년을 가지 못하고 열흘 붉은 꽃이 없다"는 뜻이다. 사람의 권세와 영화는 오래 계속되지 못하며, 한번 성한 것은 얼마 못 가서 반드시 쇠함을 이르는 말이다. ④는 매우 약삭 빠르게 채 간다는 뜻이다. 깍쟁이는 조선시대에 포도청 포교의 심부름꾼으로 도적 잡는 데 거들던 사람이다. ⑤는 귀찮게 쫓아다니는 것을 비유한 속담이다. ⑥은 성질이 급한 것을 비유할 때 사용하는 속담이다.

봉산탈춤의 ①은 장사꾼이 흥정할 때 거래를 성사시키기 위해 흔히 사용하는 속담이다.(도판 94) ②는 돈을 아주 좋아한다는 뜻이다. ③은 쉽게 다녔다는 뜻이다. ④는 서당개 삼 년에 풍월을 읊는다는 뜻으로, 비록 무식한 사람이라도 유식한 사람들과 오래 상종하게 되면 자연 견문이 생긴다는 의미로 사용하는 속담이다. ⑤는 사람은 자기 직업을 속일 수 없다는 뜻이다. ⑥은 성질이 급하다는 뜻이다. 동래야류의 ①은 '제 어미를 붙고 담양으로 귀양갈 놈'이란 뜻이다. '담양 갈 놈'은 남을 욕하거나 천시할 때 사용하는 속담이다.

한편 속담은 향토성을 반영하기 때문에 지방에 따라 특유한 것이 많이 있다. 가면극의 대사에 삽입된 속담 중에도 향토성을 보여주는 것이 있다. 양주별산대놀이의 ④는 서울, 경기 지방의 특징적인 속담이다. 동래야류의 ①은 주로 영남 지방에서 사용하던 속담이기 때문에 다른 지방 가면극에는 이 속담이 나오지 않지만, 야류와 오광대에는 모두 이 속담이 쓰이고 있다.

또한 속담은 끊임없이 생성되고 사멸하면서 시대성을 반영하고 있다. 그래서 가면극의 대사에 삽입된 속담 중에는 요즘의 감각에 맞지 않는 것도 발견된다. 예를 들어, 봉산탈춤의 ②와 ⑤를 살펴보자. ②는 돈을 좋아한다는 뜻인데, 조선시대에는 엽전을 사용했으므로 쇠줄피라는 말을 썼고, 문고리도 쇠로 되어 있기 때문에 이 속담의 의미가 성립될 수 있다. 그러나 요즘은 동전이 잔돈이기 때문에 지폐가 여기서의 돈이라는 의미와 통할 수 있다. ⑤도 조선시대에는 버들가지로 옷을 담는 고리짝이나 키 등을 만드는 사람(고리쟁이) 많았으므로 이런 속담이 성립할 수 있으나, 요즘은 고리버들로 이런 물건을 만드는 사람이 거의 없기 때문에 속담으로서의 의의가 약화되었다.

## 6) 수수께끼

수수께끼는 가면극에 매우 적은 편이다. 등장인물이 상대방의 정체를 확인하는 형식의 대사를 수수께끼에 포함시킨 연구[17]도 있지만, 가면극에서 자주 발견되는 정체확인형식의 대사는 수수께끼의 문답 형식으로 볼 수 없다.[18]

수수께끼는 설문(設問)과 응답으로 구성되어 있기 때문에, 화자와 청자의 쌍방이 다같이 구연(口演)에 참여한다는 특징을 갖고 있다. 수수께끼는 묘사가 극히 단순하고, 어떤 사물에 대해 직선적으로 표현하지 않고 은유적으로 표현한다. 수수께끼는 어떤 사물의 의미를 감추어서, 그 결과 청자의 지적 상상력을 계발시키기 위해 의도적으로 애매한 용어들을 사용한다. 그러므로 암시가 될 만한 점은 슬쩍 돌리도록 하는, 고의적 오도성을 띠고 있다.[19]

이 장에서 논의 대상으로 삼은 양주별산대놀이와 진주오광대의 대본에는 수수께끼가 보이지 않는다. 봉산탈춤과 동래야류에서만 수수께끼가 발견된다.

① 생원: …그러면 이번에는 파자(破字)나 하여 보자. 주둥이는 하얗고 몸뚱이는 알락달락한 자가 무슨 자냐.
서방: (한참 생각하다가) 네에 거 운고옥편(韻考玉篇)에도 없는 자인데 그것 참 벽자

요. 그거 그거 피마자(蓖麻子)자가 아니요.
　　―봉산탈춤 양반 과장

② 서방: 논두럭에 살피 짚고 섰는 자가 무슨 자요.
　　생원: (한참 생각한다.) 아 그것은 논임자가 아닌가.
　　―봉산탈춤 양반 과장

③ 원양반: 이놈 소승상(蘇丞相)이라니 소자는?
　　말뚝이: 기화요초(琪花瑤草) 초도 밑에 삼강수 치친 점에 오백미 쌀미 밑에 낙양소진(洛陽蘇秦)이 남각북각 전이라 하오.
　　원양반: 이놈 그 자는 번(藩)자어든.
　　말뚝이: 게는.
　　원양반: 월중 덜중 단계목(丹桂木)이란 목(木)자 밑에 만승천자(萬乘天子)란 자(子)자로다.
　　말뚝이: 엿다 이 양반아, 그 자는 우리나라 금상(今上)님의 성씨(姓氏)로다. 게 내 성자(姓字)를 찬찬히 드르보오. 바라목댁이란 목자 밑에 후루개 자식(子息)이란 자(子)자를 씨오.
　　원양반: (차양반에게) 게는?
　　차양반: 좌(左) 삼삼 우(右) 삼삼 좌(左) 홍둑개 우(右) 홍둑개, 등 터지고, 배 터지고, 춘래무처불비화(春來無處不飛花)란 화자로 씨요.
　　―동래야류 양반 과장

①과 ② 생원이 파자나 해 보자고 했지만, 이는 파자놀이가 아니다. 파자놀이란 한문 글자의 자획(字劃)을 분합(分合)해 맞추는 수수께끼이다. 질문은 자(字)로 유도했으나 답은 피마자의 자(子)와 같이 씨앗이거나 논임자와 같이 사람(者)이다. '살피'는 '살포'의 사투리다. 살포는 논에 물을 댈 때 쓰는 농기구이다. 두툼한 쇳조각의 머리 쪽 가운데에 괴통이 붙은 모진 삽으로, 긴 자루를 박아 지팡이처럼 짚고 다닌다. 등장인물들은 수수께끼를 통해 말장난의 재미를 즐기고 있다.

③의 말뚝이 대사에서 "초두(艹) 밑에, 삼강수 치친 점(氵)에, 오백미 쌀 미(米) 밑에, 낙양소진이 남각북각 전(田)"을 짜맞추면, 번(藩)자가 된다. 또한 원양반의 대사에서 "… 목(木)자 밑에, … 란 자(子)자"를 짜맞추면 이(李)자가 된다. 차양반의 대사는 아닐 비(非)자를 설명한 것인데, '아닐 비(非)' 자와 '날 비(飛)' 자가 음이 같으므로 동일시하여 쓴 말이다. 이와 같이 파자놀이를 하다가 원양반이 "게

는?" 하고 묻자, 종갓집도령이 '게'를 '개'로 간주하고 "좌 홍둑개 우 홍둑개" 하며 말장난을 한다.

여기에서 자료로 삼은 대본 이외에는 전국의 가면극 중 유일하게 가산오광대에서만 다음과 같은 수수께끼가 발견된다.

> ④ 말뚝이: 아니로소이다. 새안님 마누라가 새안님을 흥보하시는데, 새안님이 낯거리를 하야 낳다 합디다. …
> 말뚝이: 여보 새안님, 새안님이 글자나 읽었다 하오니 자서히 들으시오. 청천백일에 우소 소도 아니요, 탕건의 부자 소도 아니요, 하락의 치자 소도 아니요, 장량의 옥통 소도 아니요, 문 안에 적을 소 한 자가 무신 잡니까?
> 작은양반: 이후후후…. (서로 쳐다보며) 씹소, 씹소? (하며 서로 희희덕거린다.)
> 큰양반: 어라, 야들아, 가만 있거라, 보자 그것이 저 사서삼경 뒷장에 보면 둔병 소자 아니냐? 둔병 소자란 여자의 성기니라.
> ―가산오광대 양반 과장

④에서는 말뚝이가 "낯거리를 하야 낳다 합디다" 하고 거침없이 성적 표현을 하자, 작은양반과 큰양반도 그에 응해 거침없이 성적 표현을 한다. 실제로 문(門) 자 안에 적을 소(少)자를 넣은 한자는 없다. 그러므로 여성의 성기를 '적은 문' 이라는 의미로 '문(門) 안에 적을 소(少) 한 자'라고 하고, 그것의 훈과 음을 '씹소'라고 하며 웃으면서 즐거워하고 있다. 말장난의 재미를 흠뻑 즐기고 있는 것이다. 그런데 양반층에서 한자를 분합해 수수께끼식으로 즐기던 파자놀이를 통해 노골적인 성적 표현을 구사함으로써, 말장난의 재미도 즐길 뿐만 아니라 양반층의 문화를 조롱하고 비웃고 있는 점이 주목된다.

## 7) 관용어

가면극의 대사에서는 관용어도 다양한 표현으로 자주 사용되고 있다. 그래서 문맥적 상황이나 대사의 의미를 매우 효과적으로 전달하고 있다. 속담, 수수께끼 등도 관용어에 해당한다. 그러나 이에 대해서는 이미 앞에서 살펴보았으므로, 여기서는 논의에서 제외한다.

우선 가면극에 나타나는 관용어를 살펴보자.

① 옴: 사람이 백절(백차일) 치듯한데.(옴 과장)
② 옴: 소상반죽 열두 마디.(팔먹 과장)
③ 중: 게가 구멍을 찾지 구멍이 게를 찾느냐?(애사당놀이 과장)
④ 말뚝이: …해남 관머리께 선 종가집 도령님께… (샌님 과장)
　—양주별산대놀이

① 먹중 8: 길로래비 훨훨.(팔먹중 과장)
② 취발이: 소상반죽 열두 마디.(노장 과장)
③ 말뚝이: 방방곡곡이 면면촌촌이 바위틈틈이 모래쨈쨈이 참나무결결이.(양반 과장)
④ 미얄: 대한칠년(大旱七年) 왕가물에 빗발같이 보고지고. 구년지수(九年之水) 대탕수에 햇발같이 보고지고.
⑤ 미얄: 어느 년의 보지는 금테두리 했었드냐.(이상 영감·할미 과장)
　—봉산탈춤

① 양반: 말 잡아 장고 매고, 소 잡아 북 매고, 안성마침 광쇠 치고, 운봉내기 징 치고, 술 빚고 떡 거리고, 차일 깔고 덕석 치고, 홍문연 높추 잔채 항장사 칼춤 출 제…
② 말뚝이: 이 제기를 붙고 금각 담양을 우둥우둥 갈 이 양반들아.
③ 말뚝이: 오날이 따따무리하니 온갖 김생 다 모았다. 손골목에 도야지새끼 모은 듯, 옹당샘에 실배암이 모은 듯, 논두룽 밑에 돌나무생이 모은 듯, 삼도 네그리 힛둑새 모은 듯…
④ 말뚝이: 얼골은 관옥이요 말은 소진 장의라.
⑤ 말뚝이: 군왕부귀 모란화 … 만고충신 향일화 … 한사방불 동매화 … 청춘소년 석죽화 … 절대가인 해당화 … 약수 삼천 요지연에 소식 전튼 청조새 … 제혈삼경 두견새…
　—동래야류 양반 과장

　양주별산대놀이의 ①은 흰 차일을 친 것처럼 흰옷을 입은 사람들이 많다는 뜻인데, 이 말이 여러 번 사용되고 있다. ②는 주로 등장인물이 악사에게 장단을 요청하는 신호인 불림으로 쓰이는데, 이 말은 송파산대놀이, 봉산탈춤 등 다른 가면극에서도 관용적으로 자주 사용된다. ③은 원래 남자가 여자를 찾는다는 뜻이다. 이두현 채록본에는 노장 과장의 신장수놀이에서 신장수가 "옳겠다. 안수해(雁隨海) 접수화(蝶隨花) 해수혈(蟹隨穴)이라. 게가 궁글을 찾지 궁글이 게를 찾으랴. 물건 팔 녀석이 살 사람한테로 오너라 이런 말이로구나"라고 말한다. '안수해 접수화 해수혈'은 "기러기는 바다를 좇고 나비는 꽃을 좇고 게는 구멍을 좇는다"는 뜻이다. 춘향가에서는 춘향이가 자기를 부르러 온 방자한테, 이도령에게 '안수해 접수화 해수혈'이라고 전하라고 한다. 이처럼 이 말은 관용적으로 쓰던 표현이다. ④는 '저 끝에 선'이라는 뜻이다. 해남이 우리나라 육지의 가장 남쪽 끝에 있는 지방이기 때문이다. 이 말은 꼭두각시놀음에서도 표생원이 "내가 해남 관머리 사는 표생원이다"라고 말하듯이, 관용적 표현에 해당한다.

봉산탈춤의 ①은 어린아이들이 놀 때 "도리도리 곤지곤지 짝짝궁 쥐암쥐암 길라래비 훨훨"하고 재롱을 부리는 구호이고, 어린아이에게 새가 훨훨 날듯이 팔을 흔들라고 시키면서도 "길로래비 훨훨"이라고 외쳤다. 길라래비는 지신밟기에서 맨앞에 서서 길을 인도하는 사람을 말한다. ②와 ③은 다른 가면극에서도 흔히 쓰이는 점으로 보아 관용적 표현이다. ④는 춘향가 중 이도령이 관아에서 춘향의 집을 찾아가기 위해 밤이 되기를 기다리는 대목이나, 관북 지방의 무가, 문굿에도 나오는 「보고지고타령」의 일부로서 관용적 표현이다. ⑤는 여성이 상대방 여성을 질투할 때 흔히 쓰는 관용적 표현이다.

동래야류의 ①에서 ③은 다른 야류와 오광대의 대사에서도 으레 발견되는 관용적 표현이다. ①에서 ③은 다른 지방의 가면극에는 없고, 영남 지방의 야류와 오광대에서만 관용적으로 사용되고 있다. ④는 소위 상투적 표현으로 소설 등 다른 갈래에서 흔히 사용하는 관용어이다. ⑤는 꽃과 새와 관련된 관용적 수식어이다. 이러한 관용적 표현은 시조, 가사, 판소리, 소설 등 다른 갈래에서도 흔히 발견되는 것이다.

## 8) 은어

은어는 특정의 사회집단에서 쓰이는 언어로서 은비(隱秘)를 목적으로 관습화된 언어이며 특수어이다. 그래서 은어는 주로 도적, 부랑배, 악당 들이 사용하는데, 그 언어를 일반인이 이해하지 못하게 함으로써 자기들의 행동을 그들 사이에서만 비밀로 지키려는 욕망에서 발생한 것이다. 은어를 발생하게 하는 구체적인 이유는 첫째, 법률 위반자들의 은폐작용, 둘째, 금기의 동기, 셋째, 죽음에 대한 두려움 등을 들 수 있다.[20]

우선 가면극에서 사용되는 은어를 살펴보자.

① 옴: 대방에 휘몰아예소.(옴 과장)
② 완보: …너 집에 혹시 신명의 부치로 부리가 있느냐?(팔먹 과장)
③ 말뚝이: 이건 자벌레가 중패를 질렀오?(말뚝이 과장)
④ 취발이: 이 안갑을 할 녀석들.(취발이 과장)
⑤ 샌님: 빙신?(샌님 과장)
⑥ 신할아비: 애 너 어머니가 세빙고를 쳤단다.
⑦ 도끼: 어머니가 정말 새평이를 쳤어요.(이상 영감·할미 과장)
　—양주별산대놀이

① 원양반: 금쟁반 선수박은 호로히 뺑뺑이요.(양반 과장)
　—동래야류

　이상과 같이 가면극의 은어는 매우 적은 편이다. 특수집단인 남사당패의 꼭두각시놀음에서는 은어가 많이 사용되지만, 가면극에서는 주로 양주별산대놀이에서만 은어가 일부 사용될 뿐이다. "대방에 휘몰아예소"는 대중에게 인사했다는 뜻이다. 놀이꾼 사이의 은어라고 볼 수 있다.
　'부리'는 조상의 영혼이나 집안에 대대로 내려오는 신을 무당이 일컫는 말이므로 은어로 볼 수 있다. '부리가 세다'고 하면 그 집의 귀신이 드세다는 말이 된다. 양주별산대놀이의 놀이꾼들은 무속과 관련이 깊으므로[21] 이런 무속적 은어가 사용된 것으로 생각된다.
　'빙신'은 돈의 은어이다. '세빙고를 치다'와 '새평이를 치다'는 '죽었다'는 뜻의 은어다. 이는 사평리에 공동묘지가 있었기 때문에 생긴 말이다. 송파산대놀이에서는 '죽었다'를 '고택골로 가다'와 '숟가락을 놓다'로 표현한다. 고택골은 화장터가 있는 마을의 이름이다. 죽음에 대한 말을 은어로 표현하는 것은 일종의 금기에서 기인한다. 즉 죽음을 일반적인 명칭 그대로 부르면 자기들의 신상에 불운과 불행이 온다는 종교적 공포심에서, 노골적으로 표현하는 것을 두려워하는 마음에서 '죽음'을 다른 말로 표현하는 것이다.
　'자벌레 중패질'은 성행위의 동작을, '안갑'은 근친상간을 뜻하는 은어인데, 이는 일반어로 표현하기에 너무 민망한 말이므로 다른 말로 바꾼 것이다.
　'금쟁반 … 뺑뺑이요'는 금쟁반의 선수박은 아직 나은 편이라는 뜻이다.

## 2. 한문체의 표현언어

### 1) 한시구

가면극의 대사에 차용된 한시구는 매우 다양하다. 한시구는 원래 서민층의 놀이인 가면극에 어울리지 않는 것으로 생각된다. 그럼에도 불구하고 한시구는 어떤 이유에서 가면극에 차용되었으며, 문맥상 어떤 기능을 하고 있는가 하는 의문이 생긴다.

우선 가면극의 대사에 수용되어 있는 한시구의 일부를 살펴보자.

중 3: (노래) 양양조(소)아 제백(박)수(襄陽小兒齊拍手)하니 난가동천(쟁창)배(백)동제(攔街爭唱白銅鞮)라.
—양주별산대놀이 팔먹 과장

위의 인용문은 십이가사의 하나인 「양양가(襄陽歌)」를 차용한 것인데, 와음이 보인다. 이것은 원래 이태백의 「양양가」를 차용한 것으로, 양양 지방의 어린이들이 손뼉을 치면서 다투어 '백동제'라는 구절이 있는 동요를 부른다는 뜻이다. 백동제(白銅鞮)는 원래 '백동제(白銅蹄)'로 성당시대(盛唐時代)에 유행하던 민요인데, 양(梁)나라 무제(武帝)가 의병을 일으켜 양주(楊州) 지방을 평정한 기념으로 지었는데, 마침 양주별산대놀이와 지명이 일치하고 있다.

① 먹중 2: 백수한산심불로(白首寒山心不老)…
② 먹중 5: 일세효웅이금안재재(一世梟雄爾今安在哉)…(이상 팔먹중 과장)
③ 취발이: 전원장무호불귀(田園將蕪胡不歸)(노장 과장)
④ 말뚝이: 백인당중유태화(百忍堂中有泰和)(양반 과장)
⑤ 영감: 막비왕토(莫非王土) 막비왕신(莫非王臣)(영감·할미 과장)
—봉산탈춤

봉산탈춤에는 한시구가 매우 많은데, 여기서는 일부만 인용했다. ①은 "머리털은 희어졌으나 일 없이 한가해 마음만은 늙지 않았다"는 뜻이다. 이 한시구는 춤을 추기 위해 장단을 요청하는 신호로 외치는 '불림'의 하나이다.

②는 일세지웅이금안재재(一世之雄而今安在哉)의 와전이다. "그 당세의 영웅도 지금은 소용없다"는 뜻이다. 소동파(蘇東坡)의 「적벽부(赤壁賦)」의 한 구절이다.

③은 "고향의 전원이 거칠어지려 하는데 어찌 돌아가지 않겠느냐"는 뜻이다. 도연명(陶淵明)의 「귀거래사(歸去來辭)」의 한 구절이다.

④는 "백 번 참는 집에 편안함과 화락함이 있다"는 뜻이다.

⑤는 『시경(詩經)』「소아(小雅)」'곡풍지십(谷風之什)' 중 북산(北山)에 나오는 "溥(普)天之下 莫非王土 率土之濱 莫非王臣" 즉 "넓은 하늘 밑이 모두 임금님 땅 아님이 없고, 모든 땅의 그 누가 임금님의 신하가 아니리"라는 구절에서 따온 말이다.

① 차양반: 좌 삼삼 우 삼삼 좌 홍둑개 우 홍둑개 등 터지고 배 터지고 춘래무처불수의한 의자로 씨요.
② 말뚝이: ㉠차문주가(借問酒家) 하처재(何處在)요, 목동(牧童)이 요지행화(遙指杏花) 집과, … ㉡지재차산(只在此山) 운심(雲深)이, ㉢사군불견(思君不見) 반월(半月)이 집…
③ 말뚝이: 또 한 벽을 바래보니 진처사(晋處士) 도연명은 오두록 마다하고 전원에 돌아와서 종국동리(種菊東籬)하여 두고, 무고송이반환(撫孤松而盤桓)할 제 요금서이소우(樂琴書以消憂)함을 역력히 그려 있고…
— 동래야류 양반 과장

동래야류에는 한시구가 매우 많은데, 여기서는 일부만 인용했다. ①은 아닐 비(非)자를 설명하다가 '비' 자가 들어가는 한시구를 말하는 내용이다. 천재동 채록본에는 "춘래무처불비화(春來無處不飛花)"로 되어 있다. 그러나 이는 한웅(韓雄)의 「한식(寒食)」의 한 구절인 "춘성무처불비화(春城無處不飛花)"의 와전인 듯하다.

②는 기생의 이름을 한시구로 수식한 「기생점고사설」이다. 이는 원래 판소리 「춘향가」에서 신관사또가 기생을 점고하는 대목에 나오는 것이다. 여기서는 말뚝이가 양반을 찾기 위해 기생집을 여러 군데 찾아다녔다고 얘기하는 대목에 '기생점고사설' 과 유사한 방식으로 기생 이름을 한시구로 수식하고 있다.[22] ㉠은 당나라 두목(杜牧, 803-853)의 「청명(淸明)」의 한 구절인 "차문주가하처재 목동요지행화촌(借問酒家何處在 牧童遙指杏花村)"에서 차용한 것이다. "목동에게 술집이 어디냐고 물으니, 손을 들어 살구꽃이 핀 마을을 가리킨다"는 뜻이다. 기생 이름인 행화(杏花)를 수식하기 위해 이 시구를 차용한 것이다. ㉡은 가도(賈島, 779-843)의 시 「방도자불우(訪道者不遇)」의 한 구절인 "지재차산중 운심부지처(只在

此山中 雲深不知處)"에서 차용한 것이다. "이 산속에 계시기는 한데, 구름 짙어 계신 데를 모른다"는 뜻이다. 이도 역시 기생 이름 운심(雲深)이를 수식하기 위한 것이다. ㉢은 이태백의 「아미산월가(峨眉山月歌)」의 한 구절인 "사군불견하유주(思君不見下渝州)"를 인용한 것이다. "그대를 그리면서도 만나지 못하고 유주로 내려간다"는 뜻이다. 기생 이름 반월이를 수식하기 위해 쓴 것이다.

③은 「사벽도사설」의 일부이다.[23] "동쪽 울타리 밑에 국화를 심어 두고, 외로운 소나무를 어루만지며 어정거린다. … 거문고와 책을 즐기면서 근심을 잊는다"는 뜻이다. 도연명의 「귀거래사」를 차용한 것이다.

이상 한시구의 수용양상에서 주목되는 점은 양주별산대놀이에 한시구가 하나 밖에 없다는 사실이다. 양주별산대놀이는 육담, 비속어, 사투리, 은어 등 서민층의 비속한 구어체가 도처에서 사용되고 있는 반면, 한시구나 한자성어, 고사성어와 같은 양반 취향의 유식한 한문체는 매우 드물게 나타난다.

한시구가 가장 많이 수용된 것은 봉산탈춤이다. 그런데 이 한시구들은 대부분 개별적으로 차용된 것이 아니라는 점이 중요하다. 봉산탈춤의 한시구들은 대부분 대사에 십이가사, 잡가, 시조, 사설시조, 판소리 단가 등 기존 가요들을 차용함에 따라, 원래 그 가요들에 삽입되어 있던 한시구들이 그대로 따라 들어온 것이다. 그러므로 놀이꾼들은 그 의미도 제대로 모른 채 관습적으로 한시구를 사용한 경우도 있었을 것이다. 실제로 가면극 대사의 한시구에서 와음이 많이 발견되는 것은 이런 사실을 입증한다. 양주별산대놀이와 동래야류의 한시구도 대사에 기존 가요가 차용됨에 따라 함께 들어온 것이다. 그러나 진주오광대의 한시구들은 기존가요에 수용되어 있던 것이 아니고, 개별적으로 여러 한시구의 구절들을 차용해 결합한 것으로 보인다.

## 2) 한자성어와 고사성어

가면극의 대사에서는 수많은 한자성어와 고사성어, 그리고 고사와 관련된 인물들의 이름과 고사의 내용이 많이 나오고 있다. 한자성어, 고사성어는 한시구와 마찬가지로 원래 서민층의 연희인 가면극에 어울리지 않는 것으로 생각된다.

우선 가면극의 대사에 수용되어 있는 한자성어와 고사성어를 일부만 살펴보자.

① 옴: 적반하장(賊反荷杖)도 분수가 있지.
② 옴: 요년석 어른보다 차포오졸(車包五卒)을 더 두르느냐?(이상 옴 과장)
③ 옴: 호구별성(戶口別星)이 가구적간(家口摘奸), 인물추심(人物推尋) 다니실 때…
(제3과장)
④ 중: 사고무친(四顧無親)한데 나와서…(팔먹 과장)
⑤ 완보: 군자는 사불범정(邪不犯正)이라…(노장 과장)
　―양주별산대놀이

① 먹중 2: … 세이인간사(洗耳人間事) 불문(不聞)하여 산간(山間)에 뜻이 없어 … 적하인간(謫下人間) 하직하고 … 봉제사연후(奉祭祀然後)에 접빈객(接賓客)하고 수인사연후(修人事然後)에 대천명(待天命)이라니 수인사 한 마디 들어가오.
② 먹중 2: 산중(山中)에 무력일(無曆日)하여 철 가는 줄 몰랐더니, 꽃 피여 춘절(春節)이요 잎 돋아 하절(夏節)이라. 오동엽락(梧桐葉落) 추절(秋節)이요, 저 건너 창송녹죽(蒼松綠竹)에 백설이 펄펄 휘날였으니 이 아니 동절(冬節)인가.(이상 팔먹중 과장)
③ 취발이: 육출기계(六出奇計) 진평(陳平)이가 황금 삼만 냥을 초군중(楚軍中)에 흩었으니 거 금이란 말도 당치 않다. 그러면 옥인가? (노장한테 한 발 가까이 가서) 너 옥이여든 옥에 내력을 들어 봐라. 홍문연(鴻門宴) 높은 잔체 범충이가 깨친 옥이 옥석이 구분(俱焚)이라.(노장 과장)
④ 먹중: …실이목지소호(悉耳目之所好)하며 궁심지지소락(窮心志之所樂)하여 인간에 갖은 행락 마음대로 다 하다가.(사자춤 과장)
⑤ 영감: 욕거선이순풍(欲去船而順風)일다. 하늘이 들장지 같고 길이 낙지발 같고, 막비왕토(莫非王土)에 막비왕신(莫非王臣)이지.(영감·할미 과장)
　―봉산탈춤

① 말뚝이: 이제야 다시 보니 동정(洞庭)은 광활(廣濶)하고 천봉만학(千峰萬壑)은 그림을 둘러 있고, 수상부안(水上浮雁)은 지당(池塘)에 범범(泛泛), 양류천만사(楊柳千萬絲)는 계류춘풍(繫留春風)을 자랑할 제, 탐화봉접(探花蜂蝶)은 너울너울 춘흥을 못 이겨서 헌을헌을 넘노난다. 장부공성신퇴후(丈夫功成身退後)에 임천(林泉)에 초당 짓고, 만권시서(萬卷詩書) 쌓아 두고, 천금준마 솔질하며 보라매 질디리고, 노속(奴屬) 불러 밭 갈어라, 절대가인 곁에 두고 금준(金樽)에 술을 넣어 옥반(玉盤)에 앉혀 두고, 벽오동 거문고 줄 골라 걸어 두고, 남풍시를 화답할 제 강구연월(康衢烟月) 반성반취(半醒半醉) 누웠으니,…
　―동래야류 양반 과장

이상에서는 양주별산대놀이, 봉산탈춤, 동래야류의 한자성어와 고사성어를 극히 일부만 인용했다. 봉산탈춤의 대사는 한국의 가면극 가운데 가장 많은 한자성어와 고사성어를 수용하고 있는 것으로 나타난다. 이 중에는 취발이의 대사 ③이나 먹중의 대사 ①과 ④, 영감의 대사 ⑤처럼 개별적으로 한자성어와 고사성어를 활용하고 있는 경우도 있다. 그러나 상당한 분량의 한자성어와 고사성어는 먹중 2의 대사인 ②처럼 사설시조, 먹중 3의 대사처럼 춘향가의「사벽도사설(四壁圖辭說)」, 먹중 4의 대사처럼 판소리 단가「불수빈(不須嚬)」, 먹중 5의 대사처럼 판소리 단가「범피중류(泛彼中流)」, 먹중 6의 대사처럼 판소리 적벽가의「와룡강경개(臥龍岡景槪)풀이」와 춘향가의「기산영수(箕山潁水)」, 먹중 7의 대사처럼 십이가사의「처사가(處士歌)」와 십이잡가의「유산가(遊山歌)」, 먹중 8의 대사처럼 판소리 단가「죽장망혜(竹杖芒鞋)」, 취발이의 대사처럼「천자뒤풀이」, 말뚝이의 대사처럼 춘향가의「부벽서사설(付壁書辭說)」, 영감의 대사처럼「점복사설(占卜辭說)」등 기존 가요를 대사에 차용함에 따라, 원래 그 가요들에 삽입되어 있던 한자성어와 고사성어들이 함께 따라 들어온 것이다.[24]

동래야류의 말뚝이 대사인 ①은 춘향가와 무가「성주풀이」의「집사설」에서 차용한 것도 있다.

그러나 양주별산대놀이의 모든 한자성어와 고사성어, 동래야류의 말뚝이 대사인 ①, 이미 언급한 봉산탈춤의 일부 한자성어와 고사성어는 문맥에 맞는 내용을 개별적으로 활용한 것이다.

## 3. 국문체와 한문체 표현언어의 혼효양상

이상에서 살펴본 바와 같이, 가면극 대사의 언어는 매우 다양한 모습으로 나타난다. 언뜻 보기에 가면극의 대사는 즉흥적이고 직설적인 표현이 많은 단조로운 언어로 구성된 것 같지만, 실제로 가면극의 언어는 대부분 비유적이거나 수사적인 표현을 보인다. 이는 가면극의 언어가 상당히 세련된 예술적 성취를 이룩했음을 반증한다.

아울러 가면극의 대사에서는 서민층에서 많이 쓰는 국문체의 비속한 언어와 양반층에서 많이 쓰는 한문체의 전아한 언어가 모두 사용되고 있다. 문맥적 의미의 효과적인 전달을 위해 민중생활의 모든 언어가 동원되고 있을 뿐만 아니라, 양반층의 언어도 동원되고 있는 것이다. 이를 통해서 등장인물이 쌓인 갈등을 발산하는가 하면, 기지와 재치가 넘치는 모습을 보여주며, 풍자와 해학을 연출하고 있다.

가면극 대사의 표현언어에서 주목되는 점은 국문체의 비속한 언어와 한문체의 전아한 언어가 각각 별도로 사용되기도 하지만, 동일 인물의 발화에서 양자가 함께 사용됨으로써 국문체의 비속한 언어와 한문체의 전아한 언어가 혼효양상을 보인다는 사실이다.

다음 인용문들은 동일 인물의 발화에서 국문체의 비속한 언어와 한문체의 전아한 언어가 함께 사용됨으로써, 양자가 혼효되는 양상을 잘 보여준다.

① 취발이: 에에케, 아 그 제 에미를 할 놈에 집안은 곳불인지 행불인지 … 쉬ㅡ. 산불고이수려(山不高而秀麗)하고 수불심이청징(水不深而淸澄)이라. 지불광이평탄(地不廣而平坦)하고, 인부다이무성(人不多而茂盛)이라. 월학(月鶴)은 쌍반(雙伴)하고 송죽(松竹)은 교취(交翠)로다. 녹양(綠楊)은 춘절(春節)이다. … 나도 본시 오입쟁이로 금강산 좋단 말을 풍편에 잠간 듣고 녹림간 수풀 속에 친고 벗을 찾아 갔드니,…
　ㅡ봉산탈춤 노장 과장

② 말뚝이: 아 이 양반 어찌 듣소. 자좌오향(子坐午向)에 터를 잡고 낭간 팔자로 오련각(五聯閣)과 입구(口)자로 집을 짓되, 호박주초(琥珀柱礎)에 산호(珊瑚)기동에 비취연목(翡翠椽木) 금파(金波) 도리를 걸어 입구(口)자로 풀어 짓고, 체다보니 천판자(天板子)요 내려다보니 장판방(壯板房)이라. 화문석 첫다펴고 부벽서(付壁書)를 바라다보니, 동편에 붙은 것이 담박정녕(澹泊靜寧) 네 글자가 분명하고, 서편을 바라보니 백인당중유태화(百忍堂中有泰和)가 완연히 붙어 있고, … 썹털 같은 기사미를 저 평양 동푸루 선창에 돼지똥물에다 축축이 추기여 놨습니다.
　ㅡ봉산탈춤 양반 과장

③ 말뚝이: 이 제기를 붙고 금각 담양을 갈 이 양반들아. 이제야 다시 보니 동정은 광활하고 천봉만학은 그림을 둘러 있고, 수상부안은 지당에 범범, 양류천만사는 계류춘풍을 자랑할 제 탐화봉접은 너울너울 춘흥을 못 이겨서 현을현을 넘노난다. 장부공성신퇴후에 임천에 초당 짓고, 만권시서 쌓아 두고, 천금준마 손질하며 보라매 질디리고, 노속 불러 밭 갈어라, 절대가인 곁에 두고 금준에 술을 넣어 옥반에 앉혀 두고, 벽오동 그문고 줄 골라 걸어 두고, 남풍시를 화답할 제 강구연월 반성반취 누웠으니,

이 어든 제기를 붙고 금각 담양을 갈 이 양반들아 말뚝인지 개뚝인지 제 의붓(義父) 아비 부르듯시 임의로 불렀으니 (허리를 굽힌다.) 말뚝이 새로 문안 아뢰오.
―동래야류 양반 과장

①에서 취발이는 "아 그 제 에미를 할 놈"하며 국문체의 비속한 욕설을 퍼붓다가, 갑자기 "산불고이수려하고…"식으로 한문체의 전아한 언어를 구사한다. 그리고 다시 "나도 본시 오입쟁이로…"하며 국문체의 비속한 대사를 말한다.

②에서 말뚝이는 점잖게 한문체의 대사를 늘어놓다가 "씹털 같은 기사미를 저 평양 동푸루 선창에 돼지똥물에다 축축이 추기여 놨습니다"라고 말함으로써 양반에게 항거한다. 이러한 반전을 통해서 점잖은 한문체의 대사를 일시에 우스꽝스러운 것으로 만들고 있다.

③에서 말뚝이는 ①과 동일한 방식으로 국문체의 비속한 대사와 한문체의 전아한 대사를 함께 구사한다.

이상과 같이 가면극에서는 동일 인물이 국문체의 비속한 대사와 한문체의 전아한 대사를 함께 발화함으로써, 양자가 혼효되는 모습을 살펴볼 수 있다. 이러한 대사는 양주별산대놀이나 송파산대놀이에는 별로 나오지 않지만, 봉산탈춤을 비롯한 해서탈춤과 대부분의 야류와 오광대에서는 자주 사용되고 있다.

한편 수수께끼 중 파자놀이는 원래 양반 취향의 언어이지만, 가면극에서는 파자놀이를 통해 양반층의 문화를 조롱하며 비웃고 있다. 이미 수수께끼를 다룬 항목에서 살펴본 바와 같이, 동래야류의 양반 과장에서 원양반이 "이놈 소자는?" 하고 물으면, 말뚝이는 "기화요초 초도 밑에 삼강수 치친 점에 오백미 쌀미 밑에 낙양소진이 남각북각 전이라 하오"라고 대답한다. 이는 번(藩)자를 설명하는 고상한 내용의 파자놀이다. 그러나 바로 이어 원양반이 "월중 덜중 단계목이란 목(木)자 밑에 만승천자란 자(子)자로다"라고 말하면, 말뚝이는 "엿다 이 양반아, 그 자는 우리나라 금상님의 성씨로다. 게 내 성자(姓字)를 찬찬히 드르보오. 바라 목댁이란 목(木)자 밑에 후루개 자식(子息)이란 자(子)자를 씨오"라고 말함으로써 양반의 성씨(姓氏)를 '후루개 자식' 같은 비속한 것으로 간주하고 있다.

가산오광대 양반 과장에서 말뚝이가 "…문 안에 적을 소 한 자가 무신 잡니까"라고 고상한 말로 물으면, 작은양반이 "…씹소, 씹소?"라고 대답한다. 여성의 성기를 적은 문이라는 의미로 문(門) 안에 적을 소(少) 한 자라고 하고, 그것의 훈과

음을 '씹 소'라고 해석한 것이다. 말뚝이가 교묘하게 질문을 던져 양반으로부터 이런 대답을 얻어낸 것이다.

  양반층에서 한자를 분합해 수수께끼식으로 즐기던 파자놀이를 통해 말장난의 재미를 즐길 뿐만 아니라, 양반층의 문화를 조롱하며 비웃고 있다. 양반층의 전유물인 문자를 통해 양반층을 모욕하고 있는 것이다. 그 과정에서 한문체의 전아한 언어와 국문체의 비속한 언어가 혼효되고 있다.

# 제11장
# 가면극의 대사와 가요의 형성원리

 가면극의 대사에는 일상적 대화와는 달리 그 속에 일정한 운율이 있고, 기존 가요의 사설이 많이 포함되어 있으며, 단어, 구절, 문장, 서술방식, 단락의 반복 등 다양한 반복법이 빈번하게 사용되고 있다. 그래서 가면극의 대사는 율동감이 넘친다. 흥겨운 장단이 울리고 신나는 춤을 추며 흥청거리는 탈놀이판의 분위기와 율동감 넘치는 대사가 썩 잘 어울리고 있다.
 가면극은 흥겹고 신나는 춤, 장단, 노래가 어우러지는 가운데 놀이꾼과 구경꾼이 함께 어울려 흥과 신명을 풀어 버리는 신명풀이의 대방놀이라는 점을 생각할 때, 가면극의 대사가 율동감을 갖고 있는 것은 가면극의 미학적 특징인 신명풀이와 관련이 있는 듯하다. 가면극의 등장인물들은 대부분 신명이 과한 인물들이다. 봉산탈춤에서 먹중 2는 "나도 본시 외입쟁이로 산간에 묻혔더니 풍류소리 반겨 듣고 염불에 뜻이 없어 이러한 풍류정을 찾아왔거던"이라 하면서, 풍류소리를 듣고 신명을 참지 못해 나왔음을 밝힌다. 할미는 "덩덩하기에 굿만 여기고 한 거리 놀고 갈랴고 들어온 할맘이올세"라고 하며, 장단소리에 그냥 지나치지 못하고 놀고 가려고 나왔음을 밝힌다. 이들은 등장하면서부터 자기들이 신명이 과한 인물이라는 점을 강조하고 있는 것이다.
 양주별산대놀이의 침놀이에서는 중의 자식과 손자가 신명이 과해 신명에 체해서 관객이 되자, 완보가 「백구타령」과 「동타령」을 불러 준다.
 가면극의 등장인물들이 대사를 일상회화조로 말하지 않고 율동감 넘치게 표현하는 것은, 그들이 넘치는 흥과 신명을 주체하지 못하고 그것을 춤과 노래뿐만 아니라 대사를 통해서도 표출하고 있기 때문이다.

특히 가면극에서는 놀이의 현장성 속에 살아 있는 즉흥성과 반복의 방식 등 구연적 화술을 자유자재로 발휘하고 있어서, 대사 형성원리의 특징과 함께 가면극의 구비전승적 성격을 고찰할 수 있다.

그 동안 유종목[1], 정상박[2], 김욱동[3], 조만호[4]에 의해 가면극의 대사에 대한 연구가, 그리고 박광옥[5], 디터 아이케마이어(Dieter Eikemeier)[6]에 의해 가면극의 가요에 대한 연구가 이루어졌다.

이상과 같이, 최근 들어 부쩍 가면극의 대사에 대한 연구가 활발해졌다. 그러나 대사와 가요의 형성원리나 가면극 대사의 특징이라고 할 수 있는 율동감의 원천에 대한 논의는 매우 미진하다. 그러므로 여기에서는 이러한 측면에 대한 고찰을 위해 다음과 같은 방향으로 논의를 진행하고자 한다.

첫째, 가면극에 단어, 구절과 문장, 공식적 표현단위를 반복해 형성된 대사와 가요, 그리고 여러 반복방식을 결합해 형성된 대사와 가요가 매우 많다는 점에 주목해, 대사와 가요의 형성원리와 반복방식의 관련양상을 살펴보고자 한다. 특히 반복에 의해 형성된 대사는 기존 가요를 차용해 형성한 대사와 함께 가면극 대사의 율동감을 조성하는 기저층위를 이루고 있으며, 구비전승의 특징을 엿볼 수 있는 면모를 갖고 있으므로, 이러한 점에 주목하고자 한다.

둘째, 봉산탈춤의 팔먹중 과장, 양반 과장, 미얄 과장과 동래야류의 양반 과장 등의 대사가 과장 구성의 극적 형식과 긴밀한 관련을 갖고 형성된 점에 주목해, 대사의 형성원리와 과장 구성의 극적 형식과의 관련양상을 살펴보고자 한다.

셋째, 정체확인형식, 수수께끼식의 문답형식, 티격태격형식, 자문자답형식, 무언 및 일인다역형식 등의 대사가 놀이판에 등장한 인물들이 서로 대화를 주고받으며 전개하는 극적 형식과 긴밀한 관련을 갖고 형성된 점에 주목해, 대사의 형성원리와 등장인물 간의 극적 형식과의 관련양상을 살펴보고자 한다.

넷째, 가면극에 기존의 가요들을 차용하고 다양하게 개작해 형성된 대사가 발견된다는 점에 주목해서, 대사의 형성원리와 기존 가요의 차용, 개작양상을 관련시켜 살펴보고자 한다.

여기에서 자료로 삼은 가면극의 대본은 양주별산대놀이(김지연본), 송파산대놀이(이병옥본), 봉산탈춤(임석재본), 강령탈춤(임석재본), 은율탈춤(이두현본), 서흥탈춤(김일출본), 수영야류(강용권본), 동래야류(천재동본), 통영오광대(이민기본), 고성오광대(정상박본), 가산오광대(이두현본), 진주오광대(정인섭본), 통천가면극(미상), 하회별신굿탈놀이(유한상본) 등이다.[7]

## 1. 반복의 방식과 대사의 형성원리

가면극의 대사에서는 단어, 구절과 문장, 공식적 표현단위를 빈번히 반복하고 있다. 반복에 의해 형성된 대사는 구비전승물인 가면극의 특징적 면모를 잘 보여준다. 이러한 반복방식으로 형성된 대사와 기존 가요를 차용해 형성된 대사는 가면극의 대사에서 율동감을 조성하는 기저층위를 이루고 있다. 구비전승물은 일회적인 구연을 통해 내용을 전달하기 때문에 반복의 방식을 자주 사용하고 있다. 가면극도 일회적인 구비전승의 예술양식이기 때문에, 각 대목의 문맥을 효과적으로 전달하기 위해 반복을 자주 사용하고 있다. 그래서 가면극의 대사에서는 다양한 반복의 방식이 발견된다. 흥청거리는 탈놀이판의 분위기 속에서 반복을 통해 동일한 혹은 유사한 내용의 사설을 거듭 제시함으로써, 등장인물의 대사를 효과적으로 전달하고 있는 것이다.

### 1) 단어의 반복

가면극에서는 지명의 열거, 인명의 열거, 관직명의 열거, 약명(藥名)의 열거, 각운이 같은 단어의 열거, 동일 단어의 열거 등을 통해 단어를 반복하는 방식으로 형성된 대사가 발견된다. 이상과 같은 단어의 반복은 가면극의 도처에서 발견되므로, 여기서는 일부만 살펴보기로 한다.

① 말뚝이: 서울이라 첫치달아 <u>안남산</u>, <u>밖남산</u>, 먹자골, 주자골, <u>안동밭골</u>, 장안골, <u>등고개</u>, 만리재, 일금정, <u>이목골</u>, 삼청동, <u>사직골</u>, 오부, 육조앞, <u>칠간안</u>, 팔각정, <u>구리개</u>, <u>십가로</u> 두러시 다 다녀도 생원님은커녕 내 아들놈도 없습니다.
　―동래야류 양반 과장

② 말뚝이: <u>일원산</u>, <u>이강경</u>, 삼푸주, <u>사마산</u>, <u>오삼랑</u>, 육물금, 칠남창, <u>팔부산</u>을 두루시 다 찾아도 아무 내 아들놈도 없습디다.
　―수영야류 양반 과장

③ 말뚝이: 동 개골, 서 구월, 남 지리, 북 향산 다 찾어다녀도 찾일 길이 없어, 소상팔경 얼 다 찾어다녔습니다. (노래조로) 강릉 경포대, 양양 낙산사, 울진 망양정, 평해 월송정, 고성 삼일포, 삼척 죽서루, 통천에 총석정, 간성 청간정 다 찾어도 찾일 길이 없어…
— 강령탈춤 양반 과장

①과 ②는 대부분의 야류와 오광대에서 양반 과장에 나오는 대사이다. ①에서 ③은 모두 지명을 열거하면서 단어를 반복해 대사를 형성하고 있다. 이는 양반이 말뚝이에게 어디를 갔었느냐고 야단치자, 말뚝이가 양반을 두루 찾아다녔다는 문맥적 의미를 강조하기 위해 여러 지명을 열거하는 것이다. 그런데 지명의 반복을 통해 대사에 율동감을 조성하고 있다. 말뚝이가 거들먹거리면서 장난기 어린 말투로 지명을 열거 반복하는 가운데 운율이 형성되어 율동감을 조성하고 있는 것이다.

④ 청보양반: 이때는 어느 때냐? 춘삼월 호시절이라 석양은 재를 넘고 갈마 슬피 울 때 한 곳을 내려가니, 마하에 난양공주, 영양공주, 계섬월, 진채봉, 심요연, 적경홍, 가춘운, 백능파 모두모두 모여서 나를 보고 반기 하니, 이내 작순이가 철철철철. (굿거리장단에 맞추어 일동이 덧베기춤을 춘다.)
— 고성오광대 양반 과장

⑤ 영감: …축왈 천하언재시며 지하언재시리요, 고지즉응하시나니 감이순통하소서. 미련한 백성이 배를 타고 오다가 이곳에 딱 붙어 놓았으니, 복걸 이순풍, 곽곽 선생, 제갈공명 선생, 정명도, 정이천 선생, 소강절 선생 여러 신명은 일시 동참하시사…
— 봉산탈춤 영감·할미 과장

④는 『구운몽』에 나오는 팔선녀의 이름을 열거하고 있다. ⑤는 역대상 점복으로 유명했던 인물들의 이름을 열거하고 있다. 인명을 반복해 열거하면서 대사를 형성하고 있는 것이다.

④에서 청보양반은 팔선녀를 보니 자기의 작순이 즉 성기가 흥분해 발기한다는 말을 통해 스스로를 비하하고 있다. 그런데 팔선녀의 이름을 열거 반복하다가, 불림으로 "이내 작순이가 철철철철" 하고 외쳐 장단을 청함으로써 흥겨운 율동감을 조성하고 있다.

특히 ⑤는 봉사들이 산통을 흔들다가 산가지를 뽑아서 점괘를 풀이하는 「점복사설」을 차용해 영감이 외는 대사인데, 율동감이 매우 강하다.

⑥ 말뚝이: 양반 나오신다아, 양반이라거니 노론 소론 이조 호조 옥당을 다 지내고, 삼정승 육판서 다 지낸 퇴로재상으로 계신 양반인 줄 아지 마시오. 개잘양이라는 양자에 개다리소반이라는 반자 쓰는 양반이 나오신단 말이요.
— 봉산탈춤 양반 과장

⑦ 쇠뚝이: 말뚝아. 샌님께 문안 좀 다시 드리다우. 쇠뚝이가 술 한 잔 안 먹은 날은 샌님, 서방님, 도령님 세 댁으로 다니면서 안팎에 비질을 말갛게 하고요, 술이나 한 잔 먹고, 두 잔 먹고, 석 잔 먹어서, 한 반취(半醉)쯤 되면 세 댁으로 다니면서 조개라는 조개, 작은 조개, 큰 조개, 묵은 조개, 햇조개 여부없이 잘 까먹는 영해 영덕 소라, 고등어 애들놈 문안 드리오 이렇게 하였다오.
— 양주별산대놀이 샌님·말뚝이 과장

⑥은 관직명과 당파명을 열거하면서 단어를 반복함으로써 율동감을 조성하다가, 개잘양 즉 개가죽 양과 개다리소반의 반자를 양반과 연결함으로써, 흥겨운 놀이를 하듯이 양반을 풍자하는 기능을 하고 있다.

⑦은 어패류를 열거 반복해 대사를 형성하고 있다. 여기서 조개는 여성의 성기를 비유한 것이고, '조개를 까먹는다'는 말은 성행위를 뜻한다. 여러 여자와 성행위를 했다고, 그리고 자기는 여러 여자를 차지할 능력이 있다고 거들먹거리는 쇠뚝이의 말과 어패류의 단어를 반복해 조성된 율동감이 잘 어울린다. 그리고 여성의 성기를 비유한 조개를 여러 종류 열거 반복함으로써 해학적 웃음을 유발하고 있다.

⑧ 말뚝이: 예—잇. 사처를 하나 정하랍신다. (채찍을 어깨에 걸쳐 메고 빈정대는 투로 말하며 앞쪽으로 걸어 나오면서) 제기랄 우리 집 샌님인지, 댄님인지, 졸님인지 하는 저런 녀석이 (힐끗 쳐다보며) 날 부르기를 말뚝아, 꼴뚝아, 메뚝아, 깍뚝아 하고 오뉴월 장마통에 나막신 찾듯이 막 불러제키더니만, 겨우 사처를 하나 정하라구?
— 송파산대놀이 샌님·말뚝이 과장

⑧은 각운이 같은 단어를 반복해 대사를 형성하면서 율동감을 조성하고 있다. 샌님을 댄님, 졸님과 함께 열거 반복함으로써 양반인 샌님에 대해 적개심을 갖고 풍자하는가 하면, 말뚝이가 스스로 꼴뚝아, 메뚝아, 깍뚝아를 반복함으로써 웃음

을 유발하는 해학적 모습을 보이기도 한다.

## 2) 구절과 문장의 반복

대부분의 가면극에서는 구절과 문장도 자주 반복해 대사를 형성하면서 율동감을 조성하고 있다. 구절과 문장의 반복은 가면극의 도처에서 발견되므로, 여기서는 일부만 살펴보기로 한다.

 ① 영감: (신아위청으로) <u>절절절 절시구 절절절 절시구</u>.
   ―봉산탈춤 영감 · 할미 과장

 ② 말뚝이: (불림으로) 나비야 청산 가자, 호랑나비야 너도 가자. <u>얼수 절수 얼수 절수</u>.
   ―송파산대놀이 샌님 · 말뚝이 과장

 ③ 취발이: (거꾸로 업고 노랫조로) 아강아강 <u>우지마라</u>. 제발 덕분 <u>우지마라</u>. 너의 어머니 굿에 가서 떡 받아 오면 줄께 <u>우지마라</u>.… 엿 사오면 줄께 <u>우지마라</u>.
   ―양주별산대놀이 노장 과장(이두현본)

 ④ 말뚝이: 저기 선 도련님이 <u>청보도령인지</u> <u>쌔보도령인지</u>, 삼간 제당 열쇠 맡은 <u>도령님인지</u>, 섣달 그믐날 저녁에 제사판 밑에서 낳은 <u>도령님인지</u>, 도령님 문안 드리오.
   ―수영야류 양반 과장

 ⑤ 영감: 자 그래라! 물이 충충 수답(水畓)이며 사래 찬 밭은 <u>내나 가지고</u>, 앵무 같은 여
                         a
종과 날매 같은 남종일랑 새끼 껴서 <u>내나 가지고</u>, 황소 암소 자웅(雌雄) 껴서 새끼까
             a
지 <u>내 가지고</u>, 노류마당 곡석 안 되는 곳은 <u>너를 주고</u>, 숫쥐 암쥐 새끼 껴서 새양쥐까
  a              b
지 <u>너를 주고</u>, 내년에 새끼 너 <u>다 가져라</u>.
  b       b
   ―봉산탈춤 영감 · 할미 과장

 ⑥ 수양반: (오독독이타령) <u>저놈의 양반 거동 보소</u>. <u>저놈의 양반 거동 보소</u>.
   ―수영야류 양반 과장

이상과 같이 구절이나 문장의 반복은 두서너 번에 그치고 있고, 그 기능도 주로 문맥적 의미에 어울리는 내용을 반복하는 데 불과하다.

⑦ 신장수: (사면을 돌아다보며 외치는 소리로) <u>군밤을 사랴 삶은 밤을 사랴</u>. (사러 오는 사람이 하나도 없다.) 그러면 신이나 팔아 볼까. (크게 외치는 소리로) 세코짚세기 육날메투리 고운 아씨에 신을 사랴오.
　ㅡ봉산탈춤 노장 과장

⑧ 노장: (부채 꼭지로 취발이의 면상을 탁 친다. 타령곡과 취발이의 춤, 노래 그친다.)
　취발이: 아 잘은 맞는다. 이, 이게 뭐람. 나라는 인간은 한창 소년시절에도 맞어본 일이 없는데, 아 이거 또 맞었구만. (노장을 쳐다보며) 아 원, 저거 뭐람. 오오 이제 내가 알겠다. 저이 <u>거밋거밋한 것도 보이고</u> 또 <u>번득번득한 것도 보이고</u> 저 <u>번들번들한 것도 보이는</u> 것을 본즉 아마도 금인가 부다.
　ㅡ봉산탈춤 노장 과장

⑨ 미얄: 우리 영감 찾으려고 <u>일원산서 하루 자고</u>, <u>이강경이에서 이틀 자고</u>, <u>삼부조서 사흘 자고</u>, <u>사법성서 나흘 자고</u>,…
　ㅡ봉산탈춤 영감·할미 과장

⑩ 먹중: (전신을 긁적긁적 긁으며) <u>에이쿠 가려워</u> <u>아이구 가려워</u>.
　ㅡ양주별산대놀이 제3과장(이두현본)

⑦에서 ⑩까지 밑줄친 부분은 동일한 구절이나 문장의 반복은 아니지만, 동일한 구조를 가진 문장을 반복함으로써 의미상으로 볼 때는 그 반복방식을 동일 구절이나 문장의 반복으로 간주할 수 있다.

## 3) aaba형의 반복

민요의 사설 가운데는 같은 말이 세 번 반복되고, 그와는 다른 말이 한 차례 출현해 이루어지는 표현이 매우 흔하게 발견된다. 세 번 되풀이되는 말을 a라 하고 한 번 출현하는 말을 b라 하면, a와 b는 대립적인 항으로 볼 수 있고, 그 출현의 횟수와 위치에 따라 이를 기호화하면 aaba형이라고 할 수 있다.[8]

① <u>형님</u> <u>형님</u> <u>사촌</u> <u>형님</u>
　　a　　a　　b　　a
　ㅡ「시집살이 노래」

② <u>형님 오네</u> <u>형님 오네</u> <u>분고개로</u> <u>형님 오네</u>
　ㅡ「시집살이 노래」

③ <u>저 두견새 울음 운다 저 두견새 울음 운다</u> 야월 공산 깊은 밤에 저 두견새 울음 운다
　―「새타령」

　인용문과 같이 민요 중에는 aaba형의 반복적 형성방식을 갖고 있는 것이 많다.
　평시조, 사설시조, 가사, 잡가 등 조선 후기의 시가 전반에서도 aaba형의 반복 방식이 흔히 나타난다. 이는 조선 후기에 문학의 주된 담당층이 서민층으로 바뀌면서, 서민층에서 전승되어 온 민요가 시가 전반에 영향을 끼쳐 생긴 현상으로 보인다.
　그런데 가면극에도 aaba와 같은 반복으로 형성된 대사와 가요가 도처에서 나타나고 있다. 가면극은 서민층을 중심으로 전승되었기 때문에, 탈놀이꾼들이 민요에서 흔히 사용되는 반복방식을 대사의 형성에 활용한 것으로 생각된다. 그 결과 이 형식에 익숙한 구경꾼들에게 친숙감을 주면서 대사를 효과적으로 전달할 수 있고, 구경꾼들의 취향에 부응할 수 있었을 것이다.

① 중: (창) <u>등장가세</u> <u>등장가세</u> <u>하누님한테로</u> <u>등장가세</u>
　　　　　　 a　　　　 a　　　　　 b　　　　　　 a
　―양주별산대놀이 애사당놀이
② 신할아비: (창) 죽어라 죽어라 제발 덕분에 죽어라
　―양주별산대놀이 영감·할미 과장
③ 먹중 2: (불림) 심불로 심불로 백수한산에 심불로
　―봉산탈춤 팔먹중 과장
④ 먹중 7: 산(山) 절로 수(水) 절로 하니 산수간에 나도 절로
　―봉산탈춤 팔먹중 과장
⑤ 취발이: 때렸네 때렸네 뒷절 중놈을 때렸네
　―봉산탈춤 노장 과장
⑥ 미얄: (창) 어디를 갔나 어디를 갔나 우리 영감 어디를 갔나
　―봉산탈춤 영감·할미 과장
⑦ 미얄: (창) 거 누구라 날 찾나 거 누구라 날 찾나 날 찾을 사람 없건마는 거 누구라 날 찾나
　―봉산탈춤 영감·할미 과장
⑧ 양반 일동: 망했네 망했네 양반의 집이 망했네
　―수영야류 양반 과장

이상과 같이 aaba와 같은 반복으로 형성된 대사와 가요는 각 장면의 문맥적 의미를 표현하는 사설이 대부분이다. 즉 각 장면의 내용 연결상 반드시 있어야 할, 문맥적 의미가 있는 대사와 가요인데, 반복을 통해 각 장면의 상황을 강조하면서 율동감을 조성하고 있는 것이다. ②는 영감이 할미가 죽기를 바라는 자기의 마음을 강조하기 위해 "죽어라"를 반복하고 있다. ⑤는 노장이 취발이에게 얻어맞고 퇴장하자 취발이가 외치는 대사이다. 있는 사실을 그대로 전달하는 문맥적 의미를 갖고 있으면서, 반복을 통해 조성된 율동감으로 인해 노장을 내쫓고 소무를 차지하게 된 취발이의 신나는 기분을 매우 적절하게 연출하고 있다. ⑥은 할미가 영감을 애타게 찾고 있는 문맥적 의미를 강조하기 위해 "어디를 갔나"를 반복하고 있다.

한편 ①은 판소리 춘향가에도 나오는 「등장가」이다. ⑦은 판소리 수궁가 중 육지에 올라온 자라가 토끼를 부르자, 토끼가 나타나면서 부르는 「거 누가 날 찾나」이다. 이와 같이 ①과 ⑦은 기존 가요의 일부를 차용한 것이다. 그렇다면 가면극에서 왜 이런 기존 가요의 사설을 차용한 것일까. 그것은 aaba와 같은 반복으로 구성된 사설에 익숙한 서민층 구경꾼의 취향에 부합하기 위한 것이라는 점, 흥청거리는 탈놀이판의 분위기 속에서 aaba와 같이 율동감 넘치는 대사를 수용하는 것이 어울린다는 점, 그리고 특히 이 가요들의 사설이 가면극의 각 해당 장면의 문맥적 의미와 매우 잘 어울리는 내용이라는 점을 들 수 있다.

한편 다음과 같은 대사는 aaba의 구성방식이 상당히 관습화된 표현임을 보여준다.

⑨ 영감: (신아위청으로) 얼시구 절시구 지화자자 절시구
—봉산탈춤 영감·할미 과장

⑨에서는 '얼시구'로 인해서 aaba의 구성방식이 깨어진 듯하다. 그러나 의미상으로는 '얼시구'와 '절시구'가 같은 것이므로, 대사에서 의미의 구현양상을 중시할 때 ⑨를 aaba의 구성방식으로 된 대사로 보는 것은 무리가 없다.

민요의 경우에도 "맨드라미 봉선화 누르덩덩 호박꽃"(「양산도」)에서 a항이 동일한 단위가 아닌 것처럼 보이기도 한다. 그러나 자세히 살펴보면, a항에 해당하는 것은 꽃 이름이고 b항에 해당하는 것은 꽃 이름이 아니라는 점에서 대립적이

며, 그런 뜻에서 aaba형이 됨을 알 수 있다.[9]

## 4) ab형의 반복

민요에서 ab형의 사설은 대체로 대립적인 의미를 가진 노랫말이 대등하게 교체되는 구조를 말한다. 그 되풀이되는 횟수는 대체로 일회성을 띠지만, 여러 양식에서 그리고 여러 지역에서 두루 나타나기 때문에 관습성과 표준성을 가지고 있기도 하다. 그런가 하면 이 형태가 변형양식으로 전개되면서 주기성과 반복성을 띠고 있음도 확인된다.[10]

 ① <u>앞집 금순</u> <u>뒷집 복순</u>
    a    b
  ―경상도,「옹헤야」
 ② <u>사랑도 거짓말이요</u> <u>임 날 위함도 또 거짓말</u>
  ―경기도,「노랫가락」
 ③ <u>물 속에 잠긴 달은 잡힐 듯 말 듯 허구요</u> <u>님에나 속리는 알 듯하고도 몰라</u>
  ―황해도,「잦은 난봉가」
 ④ <u>삼수 갑산 머루 다래는 얼크러 설크러졌는데</u> <u>나는 언제 님을 만나 얼크러 설크러지나</u>
  ―함경도,「신고산타령」

인용문과 같이 민요 중에는 ab형의 반복적 형성방식을 갖고 있는 것이 많다. ab형은 이미 살펴본 aaba형과 마찬가지로 조선 후기의 시가 전반에서도 흔히 나타난다. 그래서 ab형의 반복적 형성방식이 가면극의 대사에 자연스럽게 수용된 것으로 생각된다.

 ① 먹중 7: <u>유상앵비(柳上鶯飛)는 편편금(片片金)이요</u>, <u>화간접무(花間蝶舞)는 분분설(紛紛雪)이라</u>. … <u>주각제금(住刻啼禽)은 천고절(千古節)이요</u>, <u>적다정조(積多鼎鳥) 일년풍(一年豊)이라</u>.
  ―봉산탈춤 팔먹중 과장
 ② 말뚝이: (영시조로) <u>썩정 바자 구녕에 개대강이요</u>, <u>헌 바지 구녕에 좆대강이라</u>.
  ―봉산탈춤 양반 과장
 ③ 먹중: …<u>백지를 옆에 끼고</u> <u>시지를 품에 끼고</u>…
  ―양주별산대놀이 팔먹중 과장(이두현본)

④ 취발이: (노래조로) …은을 준들 너를 사며 금을 준들 너를 사랴.
　—양주별산대놀이 노장 과장(이두현본)
⑤ 수양반: (오독도기타령) …여기도 풍덩 저기도 풍덩…
　—수영야류 양반 과장
⑥ 수양반: 너 같은 개똥 상놈 나 같은 옥당 양반 네 놈 한 놈 때려 죽이면 귀양밖에 더 가겠느냐?
　—수영야류 양반 과장
⑦ 말뚝이: 예, 마판(馬板)에 들어가서 서산나기 몰아내어 가진 안장 차릴 적에, 청홍색 고운 굴레 주먹상모 걸어 매어, 앞도 잡아 걸어 매고 뒤도 잡아 걸어 매니, 호피(虎皮) 등에 새가 난다. 노새님 끌어냈소.
　—고성오광대 양반 과장

이상의 인용문 외에도 가면극에서는 도처에서 ab형의 반복적 형성방식이 사용되면서 대사의 율동감을 조성하고 있다.

## 5) 공식적 표현단위의 반복

가면극에서는 공식적 표현단위를 여러 번 반복하는 방식으로 대사와 가요를 형성하는 경우가 많이 발견된다. 공식적 표현단위의 반복으로 인해 역시 대사에 율동감을 조성하고 있다. 공식적 표현단위는 여기에서 만든 용어인데, 다음과 같이 정의할 수 있다.

　첫째, 일정한 통사체계 안에서 동일한 서술방식과 운율을 지니고 있으며,
　둘째, 그 자체로도 의미가 성립되고,
　셋째, 각 공식적 표현단위의 내용은 각 대사단위나 가요의 주제와 어울리며,
　넷째, 이러한 공식적 표현단위가 두 개 이상 반복 열거되어 하나의 대사단위나 가요를 이룬다.[11]

　가면극에서 공식적 표현단위를 여러 번 반복하는 방식으로 형성된 대사와 가요는 크게 세 가지로 나누어 살펴볼 수 있다.

　첫째, 공식적 표현단위의 반복으로 이루어진 기존의 가요를 가면극에 수용함으로써, 자연스럽게 공식적 표현단위를 반복해 형성한 대사와 가요가 존재한다.

　둘째, 기존 가요의 공식적 표현단위를 차용하되, 사설의 내용은 가면극의 극중

문맥에 맞게 삽입한 대사와 가요가 존재한다.

셋째, 가면극의 놀이꾼들이 새로운 공식적 표현단위를 만들어내고, 이를 반복해 형성한 대사와 가요가 존재한다.

## (1) 공식적 표현단위로 형성된 기존 가요를 차용한 경우

판소리의 가요, 사설시조, 민요 등에는 공식적 표현단위를 반복해 사설을 형성한 경우가 많다. 그런데 가면극에서는 이러한 기존의 가요들을 다수 차용해 대사와 가요 속에 삽입하고 있다.

> 먹중 3: "동편을 바라보니 만고성군 주문왕(周文王)이 태공망(太公望) 찾이랴고 위수양(渭水陽) 가는 경(景)을 역력히 그려 있고, 남편을 바라보니 춘추적 진목공(秦穆公)은 건숙(蹇叔)이를 찾이랴고 농명촌 가는 경을 역력히 그려 있고, 서편을 바라보니 전국(戰國)적 오자서(伍子胥)는 손무자(孫武子)를 찾이랴고 나부산(羅浮山) 가는 경을 역력히 그려 있고, 북편을 바라보니 초한(楚漢)이 요란(擾亂)할 제 천하장사 항적(項籍)이는 범아부(范亞父)를 찾이랴고 기고산(祁高山)으로 가는 경을 역력히 그려 있고," 중앙을 살펴보니 여러 동무들이 풍류를 잡히고 희락히 노니, 나도 한번 놀고 가려던.
> ─봉산탈춤 팔먹중 과장

인용문 중 " " 부분은 「춘향가」에서 이도령이 춘향의 방에 들어가 네 벽에 붙은 그림을 차례로 둘러보는 장면에 나오는 「사벽도사설」을 차용한 것이다. 이 가요는 '어디를 바라보니 누가 무엇 하는 경을 역력히 그려 있고' 라는 공식적 표현단위를 네 번 반복해 형성된 것이다.

> 말뚝이: 화문석 칫다펴고 부벽서(付壁書)를 바라다보니, "동편에 붙은 것이 담박정녕(澹泊靜寧) 네 글자가 분명하고, 서편을 바라보니 백인당중유태화(百忍堂中有泰和)가 완연히 붙어 있고, 남편을 바라보니 인의예지가 분명하고, 북편을 바라보니 효자충신이 분명하니," 이는 가위 양반에 새처방(房)이 될 만하고,…
> ─봉산탈춤 양반 과장

인용문 중 " " 부분은 「춘향가」에서 춘향의 집에 붙어 있는 부벽서를 읊은 「부벽서사설」을 차용한 것이다. 이 가요는 '어디를 바라보니(어디에 붙은 것이) 무슨 글이 분명하고(완연히 붙어 있고)' 라는 공식적 표현단위를 네 번 반복해 형성된 것이다.

먹중 2: (노래조로) "현덕정 새로 짓고 사양문(斜陽門)이 제격이요, 황학루(黃鶴樓) 최
후에넌 풍월부(風月阜)가 제격이요, 열녀 춘향이 죽게 된 데 어사 오기가 제격이로
다." 에라 만수…
―강령탈춤 제10과장

인용문 중 " " 부분은 「춘향가」에서 암행어사 출도 후에 월매가 기뻐하며 부르
는 노래를 차용한 것이다. 이 가요는 '<u>무엇에</u> <u>무엇이</u> <u>제격이요</u>'라는 공식적 표현
단위를 세 번 반복해 형성된 것이다.

취발이: 사자 한 자를 들고 보니, 사월이라 초파일에 연등놀이가 좋을시구.
오자 한 자를 들고 보니, 오월이라 단옷날에 처녀 총각 한데 모여
추천놀이가 좋을시구, 품바나 잘한다.
육자나 한 자를 들고 보니, 유월이라 유두날에 탁주놀이가 좋을시구.
칠자 한 자 들고 보니, 칠월이라 칠석날에 견우 직녀가 좋을시구.
팔자 한 자 들고 보니, 팔월이라 가배날에 오래송편이 좋을시구.
구자 한 자 들고 보니, 구월이라 구일날에 국화주가 좋을시구.
십자 한 자 들고 보니, 시월이라 무오날에 고사 사당이 좋을시구.
저리시구 저리시구 잘한다 품 품바나 잘한다.
―송파산대놀이 노장 과장

인용문은 민요 「각설이타령」을 차용한 것이다. 이 가요는 '<u>무슨 자 한 자를 들
고 보니 무슨 날에 무엇이 좋을시구</u>'라는 공식적 표현단위를 계속 반복해 형성된
것이다.

### (2) 기존 가요에서 공식적 표현단위만을 차용한 경우
가면극에는 기존 가요에서 공식적 표현단위만을 차용하고, 가면극의 문맥에 맞는
사설을 삽입해 반복하는 방식으로 형성된 대사와 가요도 발견된다.

말뚝이: "또 한편얼 바라보니 육환대사 성진이가 석교상 돌다리에 야들개(여덟개) 구실
로(구슬로) 팔선녀럴 얼려 있고, 또 한편얼 바라보니 함박꽃 뉘영벌레 몸언 크고 발언
적어 바람 부넌 대로 뒤엉뒤엉하여 있고, 또 한편얼 바라보니 어여쁜 기집아이가 연적
같은 젖얼 내어 놓고 춘흥얼 못 이기여 와질와질 춤얼 추고 있고," 그래도 찾일 길이
없어 한양성중으로 치다라서 삼각산얼 올라 굽어보니, 장안 만호 등얼 달고 삼호만세

부르넌데 태평성대가 이 아니냐.
—강령탈춤 양반 과장

인용 대사 중 " " 부분은 「춘향가」 중 이도령이 춘향의 방에 들어가서 네 벽에 붙은 그림을 둘러보는 장면에 나오는, 「사벽도사설」의 공식적 표현단위인 '어디를 바라보니 누가 무엇 하는 경을 그려 있고'를 차용해 반복하면서 새로운 사설을 삽입해 형성된 것이다.

(3) 새로운 공식적 표현단위를 창작한 경우

가면극에서는 새롭게 만들어낸 공식적 표현단위에 사설을 얹어 여러 번 반복해 표현하는 방식으로 형성된 대사와 가요도 발견된다.

> 미얄: 우리 영감 찾으려고 일원산서 하루 자고, 이강경이에서 이틀 자고, 삼부조서 사흘 자고 사법성서 나흘 자고, "삼국적 유현덕이 제갈공명 찾으려고 삼고초려 하든 정성, 만고 성군 주문왕이 태공망 찾으려고 위수양에 가든 정성, 초한적 항적이가 범아부 찾으랴고 기고산 가든 정성." 이런 정성 저런 정성 다 부려서, 강산 천리를 다 다녀도 우리 영감을 못 찾겠네.
> —봉산탈춤 영감·할미 과장

인용문 중 " " 부분은 '누가 누구 찾으려고 어디에 가든 정성'이라는 공식적 표현단위를 창작해 세 번 반복함으로써, 할미가 매우 정성스럽게 영감을 찾아다녔다는 사실을 강조하고 있다.

> 진한: 들어 봐라. "지주불폐허니 군신유의요, 모색상사허니 부자유친이요, 일폐중폐허니 붕우유신이요, 잉후원부허니 부부유별이요, 소부적대허니 장유유서라."
> —강령탈춤 양반 과장

인용문은 '무엇 하니 무엇이요'라는 공식적 표현단위를 창작해 다섯 번 반복함으로써 형성된 대사이다. 진한양반이 양반층에서 중시하던 유교적 도덕 덕목인 오륜을 개와 관련시켜 반복하면서 조롱하고 있다.

> 취발이: 네 관상얼 잠간 보니 "양미(兩眉)가 여도(如刀)허니 필시 상인(傷人)이요, 양목(兩目)이 미첨(微尖)허니 필시 삼가(三嫁)요, 양협(兩頰)이 미홍(微紅)허니 필시 음녀(淫女)라." 늬가 시번 시집얼 가고야 말갔다.
> —강령탈춤 노장 과장

인용문은 '무엇이 어떠하니 필시 무엇이요'라는 공식적 표현단위를 창작해 세 번 반복함으로써 형성된 대사이다.

> 샌님: 애애, 내가 살면 얼마나 산단 말이냐? 내 죽으면 "산 밑에 한나절 갈이(일천평) 개 똥밭도 네가 가질 거구, 방에 들어가 깨진 농짝도 너 다 가질 거구, 부엌에 들어가 깨진 그릇도 너 다 가질 거구." 밤 한 톨 도토리 한 톨이 생겨도 달고 단 밤은 내가 먹고, 쓰고 쓴 도토리는 너 먹을 거다.
> ―송파산대놀이 샌님·미얄·포도부장 과장

인용문 중 " " 부분은 '어디에 들어가 무엇도 너 다 가질 거구'라는 공식적 표현단위를 창작해 세 번 반복함으로써 형성된 대사이다.

> 말뚝이: 이 제기를 붙고 금각 담양을 우둥우둥 갈 이 양반들아! 오늘 날이 따따무리하니 온갖 김생 다 모았다. "손골목에 도야새끼 모은 덧, 옹당샘에 실배암이 모은 덧, 논두렁 밑에 돌나무생이 모은 덧, 삼도 네 거리 히둑새 모은 덧, 떨어진 중우 가랭이 신 대가리 나온 덧." 모도모도 모아 가주고 말뚝인지 개뚝인지 부르난 소리 귀에 쨍쨍.
> ―동래야류 양반 과장

인용문 중 " " 부분은 모두 '어디에 무엇이 모은 덧이(모이듯이)'라는 공식적 표현단위를 창작해 여러 번 반복함으로써 형성된 대사이다. 이 대사는 야류와 오광대에만 있는 것인데, 가면극에 따라 구체적인 사설은 차이를 보인다. 양반들을 하찮은 것에 비유하며 풍자하고 있다.

## 6) 여러 가지 반복방식의 결합

가면극에는 앞에서 살펴본 여러 가지 반복방식을 두루 결합해 형성한 대사와 가요도 흔히 발견된다.

> 영감: (唱) 죽어라 죽어라 제발 덕분에 죽어라.
> 너 죽으면 나 못 살고 나 죽은들 네 못 살랴!
> 제발 덕분에 죽어라.
> 옥단춘이가 죽었스랴? 제발 덕분에 죽어라.
> 두 손뼉을 척척 치며, 노란 머리를 박박 뜯고서,
> 제발 덕분에 죽어라.
> ―양주별산대놀이 영감·할미 과장

인용문은 양주별산대놀이에서 창작된 가요로서 문맥적 의미를 지닌 대사를 창으로 전달하고 있다. "죽어라 죽어라 제발 덕분에 죽어라"는 aaba형이고, "너 죽으면 나 못 살고, 나 죽은들 네 못 살랴"와 "두 손뼉을 척척 치며, 노란 머리를 박박 뜯고서"는 ab형이다. 그리고 이 외에도 "제발 덕분에 죽어라"가 세 번 더 반복되고 있다. 문맥적 의미를 갖고 있는 이러한 대사조차도 aaba형과 ab형 그리고 구절의 반복 등 다양한 반복방식을 결합해 율동감을 조성할 뿐만 아니라, 창으로 부름으로써 가요화한 것이다.

특히 이 대사는 영감이 자기 아내인 할미가 죽기를 바라는 마음을 강조하기 위해 이러한 반복방식을 사용하고 있다는 점에 주목해 보자. 자기 아내가 죽으라고 저주하는 사설을 율동감 있게, 더구나 노래로 표현하는 것은 일상생활의 대화에서는 전혀 생각할 수 없는 일이다. 그러나 탈놀이판은 신분적 도착, 성적 도착 등 모든 것이 뒤집어지고, 흥겨운 장단과 춤이 어우러지는 가운데 등장인물끼리 서로 싸우고 욕하며 음란스런 행위를 서슴지 않고 벌이는 난장판이라는 점을 고려하면, 영감의 대사에서 나타나는 내용과 형식의 상반성을 이해할 수 있다.

> 미얄: (춤을 추며 영감 쪽으로 슬금슬금 온다.) (노래조로) 절절 절시고, 지화자자 절시고. / 보고지고 보고지고, 우리 영감 보고지고. / "대한칠년(大旱七年) 왕가물에 빗발같이 보고지고. 구년치수(九年治水) 대탕수에 햇발같이 보고지고." 우리 영감 보잘시면 눈도 대고 코도 대고 입도 대고 귀도 대고. / 연적 같은 젖을 쥐고 신짝 같은 혀를 물고 거드러지게 놀겠구만. 어델 가고 날 찾일 줄 왜 모르나.
> ─봉산탈춤 영감·할미 과장

인용문 중 " "부분은 「춘향가」에서, 이도령이 광한루에서 춘향이를 잠깐 보고 관아에 돌아와 춘향의 집에 찾아가기 위해서 밤이 되기를 기다리는 장면에 나오는 「보고지고타령」이다. 그러므로 미얄할미의 가요는 「보고지고타령」을 중심으로 그 앞뒤에 극중 문맥에 어울리는 사설을 덧붙여 형성한 것임을 알 수 있다. 이 가요에서 "절절 절시고 지화자자 절시고"와 "눈도 대고 코도 대고 입도 대고 귀도 대고"는 구절의 반복이다. "보고지고 보고지고 우리 영감 보고지고"는 aaba형의 반복이다. "연적 같은 젖을 쥐고 신짝 같은 혀를 물고"는 ab형의 반복이다. " "부분은 '무엇에 무엇같이 보고지고'라는 공식적 표현단위를 두 번 반복하고 있다.

다른 채록본에서는 공식적 표현단위를 더 여러 번 반복하기도 한다. 가요 전체가 여러 가지 반복방식을 두루 결합해 형성된 것을 알 수 있다. 다양한 반복방식을 통해 율동감을 조성하는 한편, 할미가 영감과 만나기를 얼마나 간절히 바라고 있는지를 보여준다.

## 2. 과장 구성의 극적 형식과 대사의 형성원리

가면극의 대사 가운데 봉산탈춤의 팔먹중 과장, 양반 과장, 미얄 과장과 동래야류의 양반 과장 등의 대사는 과장 구성의 극적 형식과 긴밀한 관련 아래 형성되었다. 이 과장들은 전체 또는 상당 부분이 단락의 반복에 의해 구성되어 있다. 즉 봉산탈춤의 팔먹중 과장과 양반 과장은 전 과장이 동일한 단락을 여러 번 반복하는 방식에 의해 과장을 구성하고 있다. 봉산탈춤의 미얄 과장과 동래야류의 양반 과장은 과장의 상당한 부분이 동일한 단락을 반복하는 방식에 의해 구성되어 있다.

이 과장들은 등장인물이 동일한 단락을 여러 번 반복하는 방식으로 진행하는 극적 형식을 갖고 있으므로, 대사도 단락의 반복에 의해 형성되었다.

### 1) 봉산탈춤 팔먹중 과장

다음 인용문은 봉산탈춤의 팔먹중 과장에서 여덟 명의 먹중들이 차례로 등장해 대사를 하고 춤을 춘 후 퇴장하는 대목의 일부다.

> 먹중 2의 대사
> ① 쉬―. (반주의 음악이 그친다.)
> ② 산중에 무력일(無曆日)하여 철 가는 줄 몰랐더니, 꽃 피여 춘절(春節)이요 잎 돋아 하절(夏節)이라. 오동엽락(梧桐葉落) 추절(秋節)이요, 저 건너 창송녹죽(蒼松綠竹)에 백설이 필펄 휘날였으니 이 아니 동절(冬節)인가.
> ③ 나도 본시 외입쟁이로 산간에 묻혔더니 풍류소리 반겨 듣고 염불에 뜻이 없어 이러한 풍류정을 찾아왔거던.
> ④ 심불로 심불로 백수한산에 심불로.
> ⑤ (춤)

위에 인용된 먹중 2의 대사에서 ①은 자기가 등장했음을 알리는 소리다. ②는 탈놀이판의 배경에 대한 초월적 관념적 묘사이다. ③은 자신이 등장한 이유를 밝히는 말이다. ④는 춤을 추기 위해서 장단을 청하는 '불림'이다. ⑤는 춤을 추고 퇴장하는 대목이다. 먹중 1은 대사를 하지 않고 춤만 추고 들어가지만, 먹중 2부터 먹중 8까지는 모두 ①에서 ⑤의 순서로 연행한다.[12] 팔먹중 과장은 ①에서 ⑤의 단락을 일곱 번 반복하는 극적 형식으로 과장을 구성하고 있다. 그래서 대사도 단락을 일곱 번 반복하는 방식으로 형성되었음을 알 수 있다.

주목되는 점은 ②에 나오는 대사 즉 탈놀이판의 배경을 초월적 관념적으로 묘사하는 내용은 먹중 2부터 먹중 8까지 모두 기존의 가요들을 짜맞춘 것이라는 사실이다. 먹중 2의 ②는 사설시조이다. 먹중 3의 ②는 「춘향가」 중 이도령이 춘향의 방의 네 벽에 붙은 그림을 묘사하는 「사벽도사설」이다. 먹중 4의 ②는 판소리 단가 「불수빈」의 일부를 차용한 것이다. 먹중 5의 ②는 「심청가」 중 심청이를 실은 배가 인당수로 떠나는 장면에 나오는 가요이면서, 판소리 단가로도 불리는 「범피중류」의 일부이다. 먹중 6의 ②는 「적벽가」의 서두에서 제갈공명이 사는 와룡강 근처의 경개를 묘사한 「와룡강경개풀이」와, 「춘향가」의 서두에서 이도령이 방자에게 광한루로 경치 구경을 나가는 이유에 대해 설명하는 「기산영수」라는 가요를 짜맞춘 것이다. 먹중 7의 ②는 십이가사 「처사가」의 일부와 십이잡가 「유산가」의 일부를 짜맞춘 것이다. 먹중 8의 ②는 판소리 단가 「죽장망혜」의 일부를 차용한 것이다. 이상에서 ②는 모두 경치 좋고 풍류있는 배경을 초월적, 관념적으로 묘사하고 있다. 그래서 일곱 명의 먹중들이 ②부분을 서로 바꾸어 말해도 전혀 상관이 없다. ②는 단순히 탈놀이판의 배경 묘사를 위해 차용된 것이지, 문맥적으로 반드시 각 먹중의 대사와 필연적 인과관계에 의해 고정되어 있다고 볼 수 없기 때문이다.

## 2) 봉산탈춤 양반 과장

봉산탈춤 양반 과장도 단락을 여러 번 반복하는 극적 형식으로 과장을 구성하고 있다.

① ㄱ. 말뚝이: 양반 나오신다아!
ㄴ. 말뚝이: 개잘양이라는 양자에 개다리소반이라는 반자 쓰는 양반이 나오신단 말이요.

ㄷ. 양반: 이놈 뭐야아!
　　ㄹ. 말뚝이: 이생원네 삼형제분이 나오신다고 그리했소.
　　ㅁ. 양반: 이생원이라네에.(춤)
② ㄱ. 양반: 양반을 모시지 않고 어디로 그리 다니느냐.
　　ㄴ. 말뚝이: 본댁에 가서 마나님과 하고 하고 재독으로 했습니다.
　　ㄷ. 양반: 이놈 뭐야!
　　ㄹ. 말뚝이: 문안을 드리고 드리고 하니까.
　　ㄴ. 말뚝이: 좆대갱이 하나 줍디.
　　ㄷ. 양반: 이놈 뭐야!
　　ㄹ. 말뚝이: 조기 대갱이 하나 줍디.
　　ㅁ. 양반: 조기 대갱이라네.(춤)
③ ㄱ. 양반: 우리가 본시 양반이라 … 시조 한 수씩 불러 보세.
　　ㄴ. 말뚝이: 썩정 바자 구녕엔 개대강이요 헌 바지 구녕엔 좆대강이라.
　　ㅁ. 양반: 자알 지었다.(춤)

　봉산탈춤의 양반 과장은 ①,②,③과 같은 단락 구조를 모두 일곱 번 반복하는 형식으로 과장을 구성하고 있다. 그러므로 대사도 단락을 일곱 번 반복하는 방식으로 형성되었다. 각 단락에서 대사 부분 내의 구조는 거의 일정하다. ㄱ은 양반의 위엄을 나타내고, ㄴ은 양반의 위엄을 파괴하는 말뚝이의 항거이고, ㄷ은 말뚝이를 꾸짖는 양반의 호령이고, ㄹ은 말뚝이의 변명이며, ㅁ은 변명을 듣고서 납득해 양반이 안심하는 모습이다. 각 단락은 ①에서처럼 ㄱ에서 ㅁ까지 차례대로 모두 갖고 있거나 ②에서처럼 그 중 몇 개가 거듭되기도 하고, ③에서처럼 몇 개가 빠지기도 하나, 순서에는 변함이 없다.

　이러한 단락구조의 반복으로 인해 양반 과장의 주제를 선명하게 전달하고, 놀이의 흥을 돋우어 준다. 그리고 양반과 말뚝이가 동일한 단락구조의 반복 속에 유사한 내용을 거듭 제시하기 때문에, 원형으로 된 놀이판에서 대사의 전달이 매우 효과적이다. 단락의 반복은 등장인물들이 모두 어울려 춤을 추는 대목에서 하나의 매듭을 짓는데, 춤대목은 등장인물의 대화에서 야기된 대립에서 생긴 구경꾼의 긴장을 풀어 준다.

　춤대목은 극의 진행과정에서 생긴 긴장을 이완시키면서 구경꾼과 놀이꾼의 흥을 돋우어 주며, 단락을 연결하는 기능을 한다. 가면극에서 춤대목이 없는 반복적

인 단락의 구성은 불가능하다고 할 수 있을 만큼, 춤대목은 가면극 특유의 연결기능을 갖고 있다.[13]

## 3) 봉산탈춤 미얄 과장

봉산탈춤의 미얄 과장도 역시 단락을 반복하는 극적 형식으로 과장을 구성하고 있다.

> 미얄: (악공 앞에 가서 운다.) 에에 에에 에에 에에 에에 에에.
> 악공 1: 웬 할맘입나.
> 미얄: 나도 웬 할맘이드니 덩덩하기에 굿만 여기고, 한 거리 놀고 갈랴고 들어온 할맘이 올세.
> 악공 1: 그럼 한 거리 놀고 갑쇄.
> 미얄: 노든지 마든지 허름한 영감을 잃고 영감을 찾아다니는 할미가 영감 찾고야 아니 놀겠읍나.
> 악공 1: 할맘 난지 본향은 어데메와.
> 미얄: 난지 본향은 전라도 제주 망막골이올세.
> 악공 1: 그러면 영감은 어째 잃었읍나.
> 미얄: 우리 고향에서 난리가 나서 목숨을 구하랴고 서로 도망했기 때문에 잃었읍네.
> 악공 1: 그러면 영감에 모색(毛色)이나 한번 댑쇼.
> 미얄: 우리 영감에 모색은 마모색(馬毛色)일세.
> 악공 1: 그러면 말새끼란 말인가.
> 미얄: 아니 소모색일세.
> 악공 1: 그러면 소새끼란 말인가.
> 미얄: 아니 마모색도 아니고 소모색도 아니올세. 우리 영감에 모색을 알아서 무엇 해. 영감에 모색을 대기만 하면 여기서 생길가.
> 악공 1: 모색을 자세히 대면 찾일 수 있지.
> 미얄: (노래조로) 우리 영감에 모색을 대. 우리 영감에 모색을 대. 모색을 대면 좀 흉한데. 난간 이마에 주게턱 웅커눈에 개발코, 상통은 갓 발른 관역 같고 수염은 다 모즈라진 귀열 같고 상투는 다 갈아먹은 망좃 같고 키는 석자 세치 되는 영감이올수에.
> 악공 1: 옳지. 고 영감 마루 너머 등 너머로 망 쪼러 갑데.
> 미얄: 에에 고놈에 영감, 고리쟁이가 죽어도 버들가지를 물고 죽는다드니 상개 망을 쪼러 다녀.

악공 1: 영감을 불러 봅소.

미얄: 여기 없는 영감을 불러 본들 무엇 합나.

악공 1: 그래도 한번 불러 봅소.

미얄: 영감!

악공 1: 너무 짧아 못 쓰겠읍네.

미얄: 여어엉 가아암, 여어엉 가아암.

악공 1: 너무 느려서 못 쓰겠읍네.

미얄: 그러면 어떻게 불르란 말인가.

악공 1: 전라도 제주도 망막골 산다니 신아위청으로 불러봅소.

미얄: (신아위청으로) 절절 절시구, 절절 절시구. 지화자자 절시구. 어디를 갔나. 어디를 갔나. 우리 영감 어디를 갔나. 기산영수 별건곤 소부 허유 따러갔나. 채석강 명월야에 이적선 따러갔나. 적벽강 추야월에 소동파 따러갔나. 우리 영감 찾으려고 일원산서 하루 자고, 이강경이에서 이틀 자고, 삼부조서 사흘 자고 사법성서 나흘 자고. 삼국적 유현덕이 제갈공명 찾으려고 삼고초려 하든 정성, 만고 성군 주문왕이 태공망 찾으려고 위수양에 가든 정성, 초한적 항적이가 범아부 찾으랴고 기고산 가든 정성, 이런 정성 저런 정성 다 부려서, 강산천리를 다 다녀도 우리 영감을 못 찾겠네. 우리 영감을 만나면 귀를 잡고 코도 대고 눈도 대고 입도 대고, 춘향이와 이도령 만나 노듯이 업어도 주고 안어도 보며 건건드러지게 놀겠구만. 어디를 가고 날 찾을 줄 왜 모르나, 어엉 어엉. (굿거리장단에 춤춘다. 한참 춤추다가 주악이 끝나면 춤을 그치고 저편으로 물러 앉는다.)

인용문은 봉산탈춤의 미얄 과장에서 미얄할미가 등장해 악공과 대화를 주고받는 내용이다. 인용문은 미얄의 울음→자기 소개→영감의 모색 설명→영감을 부름→신아위청 노래의 순서로 전개된다. 그런데 인용문 다음에는 영감이 미얄할미가 했던 것과 똑같은 방식으로, 즉 영감의 울음→자기 소개→미얄할미의 모색 설명→할멈을 부름→신아위청 노래의 순서로 극을 진행한다. 할미와 영감이 서로 상대방을 찾으며 악공과 대화를 나누는 단락들은 대화의 순서뿐만 아니라, 구체적인 대사의 내용도 완전히 일치하고 있다. 그러므로 미얄 과장의 대사에서 많은 부분이 단락의 반복에 의해 형성된 것을 알 수 있다.

## 4) 동래야류 양반 과장

다음 인용문은 동래야류에서 말뚝이가 양반들에게 자기의 가문이 훌륭함을 과시하는 내용인데, " "표시한 바와 같이 오대조, 사대조, 삼대조, 할아버지, 아버지의 순서대로 각기 단락을 반복하면서 말한다.

> 말뚝이: 육대 칠대 팔대 구대 십대조는 이미 다 멀거니와 "우리 오대조 할아바시, 시년(時年)이 이십팔에 이음양(理陰陽) 순사시(順四時)하고 승정원(承政院)에 책문(策文) 지어 팔도선비 불러 올려 재조로 입재할 때, 백의로 생원 진사하고 참봉으로 감역(監役)하야 좌찬성, 우찬성, 참의, 참판 지냈으니 그 근본 어떠하며." "우리 사대조 할아바시 치국평천하지술(治國平天下之術)을 가져 삼강오륜 추언 다라 대사헌, 대사성, 홍문관, 대제학을 지냈으니 그 근본 어떠하며." "우리 삼대조 할아바시 십오세에 등과하여 정언으로 대교하고, 양사 옥당에 규장각 천 높고 팔도감사 지낸 후에, 육조에 승천(昇遷)하야 초헌교 높이 타고 파초선(芭蕉扇) 앞시우고 장안 종로로 안안히 다니시니 그 품이 어떠하며." "우리 할아바시 오십에 반무하야 흑각궁(黑角弓) 양(羊)각궁 둘러메고, 무학관 마당에 땅재조하고 상시간에 큰 활 쏘아 우등으로 출신하야 선전관 차음하고, 좌수영, 우수영, 남병사, 북병사, 오군문, 도대장을 지냈시(으)니 그 근본 어떠하며." "우리 아부지는 얼골이 관옥이요. 말은 소진 장의라. 풍채는 두목지요, 문장은 이태백이요, 글은 왕희지라. 고지한신(古之韓信)이요, 금지영웅(今之英雄)이라."

말뚝이는 " "로 표시된 다섯 개의 단락에서 '우리 몇대조 할아바시'로 시작해 근본 자랑을 늘어놓다가 '그 근본 어떠하며'로 끝맺는다. 그 가운데의 근본 자랑은 서로 바꾸어도 문맥상 전혀 상관이 없다. 이 과장은 단락을 다섯 번 반복하는 극적 형식으로 구성되어 있는데, 이에 따라 대사도 단락을 다섯 번 반복하는 방식으로 형성된 것을 알 수 있다.

## 3. 등장인물간의 극적 형식과 대사의 형성원리

가면극의 극적 형식 가운데 정체확인형식, 수수께끼식의 문답형식, 티격태격형식, 자문자답형식, 무언(無言) 및 일인다역(一人多役)형식은 등장인물들이 서로 대화를 주고받는 방식으로 진행된다. 이 극적 형식들은 등장인물 사이의 대화에 의해 진행되므로, 이 부분들의 대사는 등장인물간의 극적 형식과 긴밀한 관련 아래 형성되었다.

## 1) 정체확인형식

가면극에는 등장인물이 상대방의 정체를 확인하기 위해 여러 번 반복해 질문을 던지는 방식으로 진행되는 극적 형식이 발견된다. 정체확인형식의 반복은 가면극과 판소리에서 흔히 발견되는 형식인데, 그 부분을 '정체확인형사설'이라고 부른다.[14] 등장인물이 상대방의 정체를 확인하기 위해 여러 번 반복해 질문을 던지며 대화를 나누는 형식이 진행됨에 따라, 질문과 응답의 반복으로 짜인 정체확인형사설이라는 대사도 형성되었다.

'정체확인형사설'은 용어 그대로 상대방의 정체를 확인하는 장면에 나온다. 그러나 참으로 상대방의 정체를 몰라서 확인하는 것이 아니다. 사실은 상대방의 정체를 이미 알고 있으면서도 상대방의 존재를 부각시키기 위해서, 또는 상황의 강조, 호기심의 자극, 흥미의 유발, 긴장감의 고조, 해학과 풍자의 효과 등 다양한 문맥적 기능을 위해서 정체확인을 위한 질문을 반복한다.[15]

가면극에서는 팔먹중들의 노장 정체확인, 신장수의 원숭이 정체확인, 취발이의 노장 정체확인, 마부의 사자 정체확인, 영노와 비비의 양반 정체확인 등 정체확인형식의 반복이 도처에서 발견된다.

봉산탈춤의 제4과장에서 원숭이는 신장수에 의해 "물짐승, 수어, 농어, 잉어, 메기, 뱀장어, 범, 노루, 사슴, 멧돼지"로 비유되고, 제5과장에서 사자는 마부에 의해 "노루, 사슴, 범, 봉, 기린, 소"로 비유된다. 원숭이와 사자의 정체확인은 반복에 의한 율동감과 해학미가 있고, 호기심을 자극하며, 긴장감을 고조시키고, 흥미를 유발하는 효과가 있다.

통영오광대, 가산오광대, 수영야류, 동래야류의 영노 과장 중 영노의 양반 정체확인, 고성오광대 중 비비의 양반 정체확인도 모두 유형화되어 있다. 영노 과장이나 비비 과장에서는 양반 아흔아홉을 잡아먹고 하나만 더 잡아먹으면 하늘로 올라간다는 영노와 비비가 나타나서 양반을 잡아먹으려고 위협한다.

비비양반: (이상하여 뒤돌아 영노를 보고) 니가 무엇고?

영노: 날물에 날 잡아묵고 들물에 들 잡아묵는 영노다. 양반 아흔아홉 잡아묵고, 네 하나 묵으면 등천(登天)한다.
비비양반: (겁을 내는 표정으로 약간 뒤로 물러서며) 나는 양반이 아니다.
영노: 그러면 뭐꼬?
비비양반: 내가 똥이다.
영노: 똥은 더 잘 묵는다.
비비양반: 내가 개다.
영노: 개면 맛있고 더 좋다.
비비양반: 내가 돼지다.
영노: 돼지는 한 입에 셋씩 묵는다.
비비양반: 내가 소다.
영노: 소는 한입에 둘씩 묵는다.
비비양반: 내가 풀새기(쐐기)다.
영노: 풀새기도 잘 묵는다.
비비양반: 내가 구리(구렁이)다.
영노: 구리도 잘 묵는다. (하고는, 양반의 두루막을 잡아당긴다.)
　—동래야류 영노 과장

　이 장면은 양반에게 참으로 긴장된 순간의 연속이다. 다급해진 양반은 자기는 양반이 아니라고 부인하면서, "똥, 개, 돼지, 소, 쐐기, 구렁이" 등으로 둘러댄다. 그러므로 영노가 양반의 정체를 계속 반복해 확인하는 내용이 전개되면서 양반의 권위와 체통은 여지없이 무너지고 만다. 가면극은 양반층에 의해 부당하게 억압받던 서민층이 그들의 갈등을 해소하는 놀이판이기 때문에, 이런 내용과 형식을 통해 양반층을 풍자하는 것이다.
　강령탈춤의 양반 과장에서는 마한양반이 진한양반의 머리에 쓴 관의 정체를 확인하는 형식의 대사가 나오는데, 정체확인을 위한 주체가 바뀌어 있는 점이 흥미롭다.

마한: (좀 앞으로 나와서 진한을 보고) 네가 쌍놈이지 내가 쌍놈이냐! 너 허넌 일이 끗끗이 쌍놈이다. 네 머리에 싼 것만 봐도 쌍놈이 아니냐.
진한: 내 머리에 싼 것을 네 뭘로 아너냐?
마한: 여보게 개 양이…

진한: 양이라니?

마한: 양을 몰라?

진한: 양자강두양류춘(揚子江頭楊柳春)에 양화수쇄도강인(楊花愁殺渡江人)이란 양 말이냐?

마한: 그 양도 아니다.

진한: 남원 옥중에 갇힌 춘향이란 양 말이냐?

마한: 그 양도 아니다.

진한: 홍문연 잔체시에 검무허던 항량(項梁)이란 양 말이냐?

마한: 그 양도 아니다.

진한: 박랑사중(博浪沙中) 모진 철퇴 창해역사(滄海力士) 다시 주어 오중부거(誤中副車)하던 장량(張良) 말이냐?

마한: 그 양도 아니다.

진한: 그럼 무슨 양이란 말이냐?

마한: 네 머리에 쓴 게 개잘양이란 말이다.

진한: 이것이 개잘양으로 생각하느냐? 개잘양이 아니다. 용수관이다. 개잘양이라 해도 가이도 오륜(五倫)이 있다.

―강령탈춤 양반 과장

이와 같이 진한양반의 머리에 쓴 용수관의 정체를 확인하는 대화에서 마한양반이 질문을 하는 것이 아니고, 오히려 진한양반이 질문을 계속하고 그 답을 마한양반이 제시한다. 진한양반의 머리에 쓴 것에 대한 정체확인을 위한 질문과 대답이 오가는 동안 그것이 개가죽관이라는 사실이 밝혀짐으로써, 진한양반은 웃음거리가 되면서 풍자되고 있다. 주목되는 점은 정체확인을 위한 반복이 계속되는 동안 정작 관을 쓰고 있는 진한양반이 그 관의 정체가 무엇인지 몰라서 어리둥절하는 모습을 통해, 진한양반은 어리석고 허망한 인물임을 폭로하고 있다.

한편 가면극에는 질문의 반복은 아니나, 상대방의 정체를 계속 반복해 확인하는 형식으로 형성된 대사도 발견된다.

봉산탈춤 제4과장과 강령탈춤 제10과장에서 노장은 먹중들에 의해 "흐린 날씨, 옹기짐, 숯짐, 대망이"로 풍자된다. 이 장면의 대사를 요약하면 다음과 같다.

먹중 1: (노장 쪽을 가리키면서) 저 동편을 바라보니 비가 오실랴는지 날이 흐렸구나.

먹중 2: 날이 흐린 것이 아니다. 내가 자서히 들어가 보니 옹기장사가 옹기짐을 버트려 났더라.
먹중 3: 내가 이자 자서히 들어가 본즉 숯장수가 숯짐을 버트려 놨드라.
먹중 4: 내가 이제 자서히 들어가 본즉 날이 흐려서 대맹이가 났더라.
먹중 5: 사실이야 대맹이 분명하더라.
먹중 6: 대맹이니 숯짐이니 옹기짐이니 뭐니뭐니 하더니, 그것이 다 그런 게 아니고 뒷절 노(老)시님이 분명하더라.
　―봉산탈춤 노장 과장

　인용문과 같이 먹중들은 노장의 정체를 계속 반복해 확인한다. 먹중들은 자기들이 자세히 살펴본즉, 노장이 흐린 날씨, 옹기짐, 숯짐, 대망이로 보인다고 한다. 그러다가 결국 그것이 노장이라는 사실을 밝힌다. 먹중들이 노장의 정체를 이미 알고 있으면서도 여러 번 반복해 정체를 확인하는 과정에서 노장은 검고 부정적인 대상으로 비유된다. 노장은 가면부터가 시커멓고 의상도 검은 회색의 칡베 장삼을 입었으니, 검은색의 대상물로 비유되는 것이 당연한 듯도 싶다. 그러나 사실은 정체확인형식의 극적 전개를 통해, 노장은 모습뿐만 아니라 그 속성 자체가 검고 부정적인 인물로 풍자되고 있다.

## 2) 수수께끼식의 문답형식

　수수께끼는 가면극에 매우 적은 편이다. 등장인물이 상대방의 정체를 확인하는 형식의 대사를 수수께끼에 포함시킨 연구[16]도 있지만, 가면극에서 자주 발견되는 정체확인형식의 대사는 수수께끼의 문답형식과는 다르다.
　수수께끼는 설문(設問)과 응답으로 구성되어 있기 때문에, 화자와 청자의 쌍방이 다같이 구연에 참여한다는 특징을 갖고 있다. 수수께끼는 묘사가 극히 단순하고, 어떤 사물에 대해 직선적으로 표현하지 않고 은유적으로 표현한다. 수수께끼는 어떤 사물의 의미를 감추어서, 그 결과 청자의 지적 상상력을 계발시키기 위해 의도적으로 애매한 용어들을 사용한다. 그러므로 암시가 될 만한 점은 슬쩍 돌릴 수 있도록 하는, 고의적 오도성을 띠고 있다.[17]
　가면극에는 등장인물들이 서로 수수께끼식으로 질문하고 대답하는 방식의 극적 형식이 발견된다.[18] 그래서 대사에도 수수께끼를 내고 푸는 형식의 대사가 형성된 것이다.

① 생원: 그러면 이번에는 파자나 하여 보자. 주둥이는 하얗고 몸댕이는 알락달락한 자
　　가 무슨 자냐.
　서방: (한참 생각하다가) 네에 거 운고옥편에도 없는 자인데, 그것 참 벽자요. 그거
　　그거 피마자자가 아니오.
　생원: 아아 거 동생이 용세.
　서방: 형님. 내가 한 자 부르라우.
　생원: 그리하게.
　서방: 논두럭에 살피 짚고 섰는 자가 무슨 자요.
　생원: (한참 생각한다.) 아 그것은 논임자가 아닌가.
　―봉산탈춤 양반 과장

①에서 생원이 파자나 해 보자고 했지만, 이는 파자놀이가 아니다. 파자놀이란 한문 글자의 자획(字劃)을 분합해 맞추는 수수께끼다.

질문은 자(字)로 유도했으나 답은 피마자의 자(子)와 같이 씨앗이거나 논임자와 같이 사람(者)이다. '살피'는 '살포'의 사투리다. 살포는 논에 물을 댈 때 쓰는 농기구이다. 두툼한 쇳조각의 머리쪽 가운데에 괴통이 붙은 모진 삽으로, 긴 자루를 박아 지팡이처럼 짚고 다닌다. 등장인물들은 수수께끼를 통해 말장난의 재미를 즐기고 있다.

다음 인용문들이 파자놀이를 이용한 수수께끼식의 문답형식이다.

② 원양반: 이놈 소승상이라니 소자는…
　말뚝이: 기화요초 초도 밑에 삼강수 치친 점에 오백미 쌀미 밑에 낙양소진이 남각북
　　각 전이라 하오.
　원양반: 이놈 그 자는 번자어든.
　말뚝이: 게는.
　원양반: 월중 덜중 단계목이란 목자 밑에 만승천자란 자자로다.
　말뚝이: 엇다 이 양반아. 그 자는 우리나라 금상님의 성씨로다. 게 내 성자를 찬찬히
　　들어 보오. 바라 목댁이란 목자 밑에 후루개 자식이란 자자를 쓰오.
　원양반: (차양반에게) 게는?
　차양반: 좌 삼삼 우 삼삼 좌 홍둑개 우 홍둑개, 등 터지고, 배 터지고, 춘래무처불비화
　　란 화자로 쓰요.
　원양반: 이전에는 대들보 양(樑)자를 씨더니마는 남기 정간목에 다 들어 가고, 맹자
　　(孟子) 견양혜왕(見梁惠王) 양(梁)자를 씨요. (모양반에게) 게는?

모양반: 게게게. (춤으로 대신한다.)
　　원양반: (종갓집도령에게) 게는?
　　종갓집도령: 좌 삼삼 우 삼삼 좌 홍둑개 우 홍둑개.
　　전원: 좌 홍둑개 우 홍둑개…
　　—동래야류 양반 과장

　③ 말뚝이: 아니로소이다. 새안님 마누라가 새안님을 홍보하시는데, 새안님이 낯거리를
　　하야 낳다 합디다. …
　　말뚝이: 여보 새안님, 새안님이 글자나 읽었다 하오니 자서히 들으시오. 청천백일에
　　우소 소도 아니요, 탕건의 부자 소도 아니요, 하락의 치자 소도 아니요, 장량의 옥통
　　소도 아니요, 문 안에 적을 소 한 자가 무신 잡니까?
　　작은양반: 이후후후… (서로 쳐다보며) 씹소, 씹소? (하며 서로 희희덕거린다.)
　　큰양반: 어라. 야들아, 가만 있거라, 보자 그것이 저 사서삼경 뒷장에 보면 둔병 소자
　　아니냐? 둔병 소자란 여자의 성기니라.
　　—가산오광대 양반 과장

　②가운데 말뚝이의 대사에서 "초두(艹) 밑에, 삼강수 치친 점(氵)에, 오백미 쌀미(米) 밑에, 낙양소진이 남각북각 전(田)"을 짜맞추면, 번(藩)자가 된다. 또한 원양반의 대사에서 "…목(木)자 밑에, …란 자(子)자"를 짜맞추면 이(李)자가 된다. 차양반의 대사는 아닐 비(非)자를 설명한 것이다. 이와 같이 파자놀이를 하다가 원양반이 "게는?"하고 묻자, 종갓집도령이 "게"를 "개"로 간주하고 "좌 홍둑개 우 홍둑개"하며 말장난을 한다.
　③에서는 말뚝이가 "낯거리를 하야 낳다 합디다"하고 거침없이 성적 표현을 하자, 작은양반과 큰양반도 그에 응해 거침없이 성적 표현을 한다. 실제로 문(門)자 안에 적을 소(少)자를 넣은 한자는 없다. 그러므로 여성의 성기를 '적은 문'이라는 의미로 '문 안에 적을 소 한 자'라고 하고, 그것의 훈과 음을 '씹 소'라고 하며 웃으면서 즐거워하고 있다. 말장난의 재미를 흠뻑 즐기고 있는 것이다. 그런데 양반층에서 한자를 분합해 수수께끼식으로 즐기던 파자놀이를 통해 노골적인 성적 표현을 구사함으로써, 말장난의 재미도 즐길 뿐만 아니라 양반층의 문화를 조롱하고 비웃고 있는 점이 주목된다.
　한편 수수께끼식의 파자놀이는 아니지만, 운자(韻字)를 내어 글을 짓는 형식의

대사도 자주 발견된다.

④ 수양반: 쉬―이. (악과 무는 그친다.) 우리 양반의 집 자식으로 과거 때가 임박하였으니 과거 갈 준비를 해야지 않겠나?
차양반: 그러기로 하지.
셋째양반: 암, 그래야지.
넷째양반: 그러기로 함세. (일동 동의를 표시하여 합의한다.)
수양반: (차양반에게) 자네가 노련하니 먼저 운자(韻字)를 떼어보지.
차양반: 그럼 빽빽을 응(應)자가 어떠할꼬.
일동: 그거 좋지.
수양반: (셋째양반에게) 다음은 자네가 내어 보게.
셋째양반: 나는 엷을 박(薄)자로세.
일동: 그거 또 좋겄다.
수양반: 빽빽을 응 엷을 박 응박(應薄). 응박.
―수영야류 양반 과장

⑤ 생원: 여보게 동생. 우리가 본시 양반이라. 이런 데 가만히 있자니 갑갑도 하네. 우리 글이나 한 수씩 지어서 심심풀이나 하세.
서방님: 형님 좋은 말씀이요. 형님이 먼저 지으시요.
생원: 그러면 동생이 운자를 하나 부르게.
서방: 산자 영자외다.
생원: 아 그것 어렵다. 여보게 동생, 되고 안 되고 내가 부를 것이니 들어 보게. (영시조로) 울룩줄룩 작대산하니 황천 풍산에 동선령이라.
서방: 거 형님 잘 지었오. (하며 형제같이 환소한다.)
생원: 동생 한 귀 지어 보게.
서방: 형님이 운자를 부르시요.
생원: 총자 못자네.
서방: 아 그 운자 벽자(僻字)로군. (한참 낑낑 하다가) 형님 들어 보시요. (영시조로) 짚세기 앞총은 헌겁총이요. 나막신 뒷축에 거말못이라.
말뚝이: 샌님 저도 한 수 지을 테이니 운자를 하나 불러 주시요.
생원: 재구삼년에 능풍월이라드니, 네가 양반의 집에서 몇 해를 있드니 기특한 말을 다 하는구나. 우리는 두 자씩 불러 지었지마는 너는 단자(單字)로 불러 줄게, 한 자씩이나 달고 지어 보아라. 운자는 강자다.
말뚝이: (곧, 영시조로) 썩정 바자 구녕에 개대강이요. 헌 바지 구녕에 좆대강이라.

생원: 아 그놈 문장이로구나. 운자를 내자마자 지어내는구나. 자알 지었다.
　—봉산탈춤 양반 과장

④에서 양반들이 과거준비를 위해 글을 짓는다며 운자를 내어 지은 글이 고작 꽹과리 소리나 흉내내는 "웅박 웅박"이다.

⑤에서도 양반들이 역시 양반답게 심심할 때 운자를 내어 글을 짓는다. 그 결과 지은 글이 "짚세기 앞총은 헌겁총이요, 나막신 뒷축에 거말못이라"처럼 한자의 운자와는 전혀 상관없이 우리말로 글을 지었다.

④와 ⑤는 모두 양반층의 문화 가운데서도 매우 중요한 문자를 이용해 양반층을 웃음거리로 만들고 있다. 그러다가 결국 말뚝이마저 운자인 '강' 자를 이용해서 "썩정 바자 구녕에 개대강이요, 헌 바지 구녕에 좆대강이라" 하며, 양반층의 문자놀이를 우스꽝스럽게 만들고 있다. 그런데 양반들은 사태의 심각성을 전혀 인식하지 못하고, 오히려 운자를 내자마자 글을 지은 말뚝이를 칭찬하고 있다.

## 3) 티격태격형식

가면극에서는 등장인물들이 상대방과 티격태격하며 싸우는 장면이 많다. 노장과 팔먹중의 티격태격, 노장과 신장수 사이에 신을 사고팔며 벌어지는 티격태격, 미색을 차지하려고 싸우는 노장과 취발이의 티격태격, 취발이와 아이 사이의 화기로운 티격태격, 양반과 말뚝이 사이에 신분적 갈등 때문에 일어나는 티격태격, 할미와 첩 사이의 처첩간의 갈등 때문에 일어나는 티격태격, 영감과 할미의 티격태격, 사자와 마부 사이의 티격태격, 영노와 양반 사이의 티격태격 등 가면극의 도처에서 등장인물끼리 티격태격하는 형식의 극적 형식이 발견된다.

그래서 가면극의 대사에도 티격태격형식의 대사가 형성된 것이다. 즉 입씨름을 하며 서로 어깃장을 놓는 형식, 복종하는 체하면서 욕하는 형식, 처음에 엄숙하거나 우아한 말을 해 놓고 이어서 비속하거나 모순에 찬 말을 해서 앞의 말을 급격히 뒤집어엎는 형식의 대사를 바로 티격태격형식이라고 할 수 있다.

그러면 우선 입씨름을 하며 티격태격하는 형식의 대사를 살펴보자.

① 도끼: 여보 누님.
　왜장녀: 거 누구냐?

도끼: 내가 도끼요.
왜장녀: 깍귀여?
도끼: 내가 도끼여요.
왜장녀: 대패?
도끼: 이거 뭐 억이는 데 무엇 생기우? 내가 도끼여요.
왜장녀: 이새 너 도무지 안 오더니 왜 왔니?
— 양주별산대놀이 영감·할미 과장

①은 도끼가 자기 누이에게 어머니인 미얄할미가 죽었음을 전하러 가서 나누는 대화이다. 도끼와 그의 누이는 입씨름으로 서로 어깃장을 놓으며 티격태격한다. 이러한 대사는 주로 해학적 표현과 함께 말장난의 재미를 보여준다.

다음에는 복종하는 체하면서 욕하는 형식의 대사를 살펴보자.

② 말뚝이: 하아 이 양반 어찌 듣소. 문안을 들이고 들이고 하니까 마내님이 술상을 차리는데, 벽장문 열고 목이 길다 황새병, 목이 짧다 자라병, 강국주 이강주며 우이쉬기 부란데며 금천대를 내여 놓자, 앵무잔을 마내님이 친히 들어 잔 가득이 술을 부어 한잔 두잔 일이삼배 마신 후에 안주를 내여 놓는데, 대양푼에 갈비찜 소양푼에 저육(猪肉)초 고추 저린 김치 문어 전복 다 버리고, 작년 8월에 샌님댁에서 등산 갔다 남아온 좆대갱이 하나 줍디.
생원: 이놈 뭐야.
말뚝이: 아아 이 양반 어찌 듣소. 등산 갔다 남아온 어두일미라고 하면서 조기 대갱이 하나 줍디. 그리하였소.
— 봉산탈춤 양반 과장

②는 양반이 말뚝이를 불러서 나누는 대사이다. 그런데 말뚝이의 대사를 보면, 처음에는 양반에게 복종하는 체하는 말을 늘어놓다가 마지막에 "좆대갱이 하나 줍디" 하며 양반을 욕한다. 그러면 양반이 말뚝이를 꾸짖고 티격태격하는 형식의 대사가 이어진다.

이제 처음에 엄숙하거나 우아한 말을 해 놓고, 이어서 비속하거나 모순에 찬 말을 해서 앞의 말을 급격히 뒤집어엎는 형식으로 된 대사를 살펴보자.

③ 수양반: …이 몸이 한가하여 공성신퇴 후에 임천에 초당 짓고, 만권시서 쌓아 놓고, 금준에 술빚어 절대가인 곁에 두고, 벽오동 거문고 줄 골라 벽상에 걸어 두고 남풍시

를 화답할 제. 엇따 이 제에기를 붙고 경각 대멍 갈 연식들 저희라사 양반인 체로…
　―수영야류 양반 과장

④ 말뚝이 : (공손히 읍하고 일어서며) 예― 이, 예― 옳소. (재담조로) 동정은 가을 가고 (광활하고) 천봉만학은 그림을 그려 있고, 양류천만사 각유춘풍(楊柳千萬絲 各有春風) 자랑하고 탐화봉접은 춘악(春樂)에 하늘하늘 별유천지요 비인간이라. 어디서 말뚝이를 부르고 계시는지 말뚝이 문안이오. 문안 아홉 가지, 평안 아홉 가지, 이구 십팔 열여덟 가지 문안을 잘못 받으면 생원님의 혀가 쑥 빠질 것이오. (원양반과 말뚝이의 춤이 시작되므로 풍악 당분간 계속하다가 그침.)
　―통영오광대 양반 과장

③은 양반이 우아하고 점잖은 말을 하다가 비속한 말을 함으로써 스스로를 비하하는 형식으로 대사가 형성되어 있다. 이는 양반층의 엄숙하고 우아한 모습이 결국 비속한 모습과 통한다는 사실을 보여주면서, 양반이 스스로 풍자의 대상이 되고 있다.

④도 말뚝이가 점잖게 경치를 묘사하다가, 갑자기 양반들에게 비속한 말을 하며 항거하고 있다.

## 4) 자문자답형식

가면극에는 등장인물이 혼자 묻고 스스로 대답하는 자문자답형식으로 진행되는 극적 형식이 발견된다. 그래서 대사에도 등장인물이 자기가 질문하고 스스로 대답하는 형식의 대사가 형성된 것이다.

① 신할아비 : …그 무엇이 앞에서 곰실곰실하였노 했더니 청개고리 밑에 실뱀 쫓아다니듯 뭘 하러 늙은 것이 쫓아왔노? 모양 대단히 창피하구, 먹동구리 항동아리 부정귀는 다 어찌하고 나왔나? 본시 똑똑하니까, 건느 말(건너 마을) 김동지를 맡겼어? 송아지와 개새끼는 어쨌나? 오! 구장을 맡겼어? 근본 사람이 낙제는 없으니까 튼튼하게는 하였지. 전(前)말이지 지금은 소용이 없어. 자네도 늙고 나도 늙었으니 우리 이별이나 한번 하여 볼까? 아 이것 보게. 마단 말 아니하고 그리하자고 그러네. 할 수 없다.
(창)
죽어라 죽어라 제발 덕분에 죽어라.
너 죽으면 나 못 살고 나 죽은들 네 못 살랴!

제발 덕분에 죽어라.
옥단춘이가 죽었으랴? 제발 덕분에 죽어라.
두 손뼉을 척척 치며, 노란 머리를 박박 뜯고서,
제발 덕분에 죽어라. 〔미얄할미가 장중(場中)에서 죽는다.〕
이거 성미는 가랑잎에 불붙기였다. 그리 하였더니 이거 정말 죽었나?
　─양주별산대놀이 영감·할미 과장

② 취발이: 아 잘은 맞는다. 이, 이게 뭐람. 나라는 인간은 한창 소년시절에도 맞어본 일이 없는데, 아 이거 또 맞었구만. (노장을 쳐다보며) 아 원, 저거 뭐람. 오오 이제 내가 알겠다. 저이 거밋거밋한 것도 보이고 또 번득번득한 것도 보이고 히득히득한 것도 보이고 저 번들번들한 것도 보이는 것을 본즉 아마도 금인가 부다. 이 금이란 말이 당치 않다. 육출기계 진평이가 황금 삼만 냥을 초군중에 흩었으니 거 금이란 말도 당치 않다. 그러면 옥인가? (노장한테로 한 발 가까이 가서) 너 옥이여든 옥에 내력을 들어 봐라. 홍문연 높은 잔체 범중이가 깨친 옥이 옥석이 구분이라, 옥과 돌이 다 탔거든 옥이란 말도 당치 않다. 그러면 귀신이냐. (노장에게로 한 발 더 나간다.) 너 귀신이여던 귀신에 내력을 들어 봐라. 백주청명(白晝淸明) 밝은 날에 귀신이란 말이 당치 않다. 그러든 네가 대명이냐?
　─봉산탈춤 노장 과장

①은 영감인 신할아비가 할미를 앞에 두고 혼자 묻고 스스로 대답하는 대사이다. ②는 취발이가 노장에게 부채로 얻어맞고 노장을 보면서 하는 대사인데, 자문자답하고 있다. ①과 ②에서 할미와 노장은 무언이기 때문에 상대역인 신할아비와 취발이가 자문자답할 수밖에 없는 상황인데, 신할아비와 취발이의 자문자답을 통해서 대사에 속도감이 형성된다. 흥겨운 놀이판에서 벌어지는 사건 속에서 신할아비와 취발이의 장난기 어린 자문자답의 형식과 대사의 속도감이 잘 어울리고 있다.

## 5) 무언 및 일인다역형식

가면극에는 무언 및 일인다역의 형식으로 진행되는 극적 형식이 발견된다. 그래서 등장인물이 전혀 대사를 하지 않는 경우가 있는가 하면, 혼자서 다른 사람의 대사까지 하는 경우도 있다.

어느 가면극에서나 노장과 소무는 무언이나, 이들과 함께 등장하는 먹중이나 취발이는 말이 많다. 노장을 무언으로 설정함으로써 노장이 지닌 성격적인 약점을 효과적으로 폭로한다. 반면에 취발이는 자신의 대사는 물론이고 소무의 말도 하며, 소무가 낳은 자기 아들의 말도 대신한다. 취발이가 다른 인물의 말까지 대신하는 것은 그의 성급한 성격이나 즐거운 심정을 나타내기 위한 기법이다.[19]

## 4. 기존 가요의 차용과 개작방식

가면극의 가요는 탈놀이판의 흥과 매우 밀접한 관련을 맺고 있다. 가면극에 수용된 수많은 가요들은 가면극이 놀이꾼과 구경꾼의 흥과 신명을 풀어 버리는 신명풀이의 성격을 갖고 있다는 사실을 보여주는 뚜렷한 징표이다. 각 지역의 가면극에서는 잡가, 십이가사, 판소리의 단가, 시조, 민요, 무가, 한시 등 상당히 이질적인 기존 가요들을 함께 부르는가 하면, 일반 대사를 가요화한 창작가요도 발견된다.

이러한 가요들은 등장인물의 대화를 돕고, 대화의 단조로움을 깨뜨리며, 놀이꾼과 구경꾼의 흥과 신명을 고조시킨다. 가면극에 수용된 기존의 가요들은 연행의 과정에서 다양하게 변이를 일으키면서 구비전승의 현장성을 살리고 있다.

그리고 각 대본을 비교하면 바로 드러나듯이, 동일한 가면극에 대한 채록본이라도 채록자에 따라 수용된 가요가 다르다. 가요 자체가 다른 경우도 있고, 수용된 가요의 양도 일정하지 않다. 이것은 연행의 상황이나 놀이꾼의 재량이 많이 작용하는 가면극의 현장성 때문이라고 생각된다. 놀이꾼은 탈놀이판의 흥을 고조시키기 위해 혹은 구경꾼의 요구에 부응하기 위해 자신의 재량으로 가요를 수용할 수도 있다.[20] 그 결과 가면극의 가요 중에는 극적 문맥과 필연적 관련이 없는 것도 존재한다.

예전에는 가면극을 한번 공연하면 온종일 놀았다고 하는데, 요즘은 대개 한두 시간으로 줄여서 공연한다. 이 축소의 과정에서 가요 또한 많이 생략된다. 시간의 제약으로 가요를 끝까지 부르지 않고 일부만 부르거나 아예 생략하는 경우도 있다. 봉산탈춤의 제3과장 사당춤은 연희나 대사가 별로 없고 사당과 거사들의 노래와 춤으로 진행된다. 가요는 서도잡가인 「놀량」「앞산타령」「경발림」 등을 부르는데, 요즘은 짧게 부르지만 예전에는 한 시간 이상 걸렸다고 한다. 가요를 부르는 시간이 많아도 놀이꾼과 구경꾼이 함께 어우러져 노래하기 때문에, 놀이판이 흥에 넘치고 지루하지 않았다고 한다. 오히려 구경꾼도 잘 알고 있는 가요들을 부름으로써, 놀이꾼과 구경꾼이 함께 어울려 노래 부르면서 실컷 흥과 신명을 풀 수 있었다는 것이다. 가면극의 가요는 놀이꾼과 구경꾼의 정서적 호응을 조성하고 있었다.

가면극에서는 기존의 가요들을 다수 차용하고 개작해 대사 속에 삽입한 경우가 많다. 특히 기존의 가요가 가면극의 대사 속에 삽입될 때는 창(唱)의 방식으로 차용되기도 하지만, 경우에 따라서는 일반 대사처럼 낭송조의 방식으로 차용되기도 한다. 그래서 이미 앞에서 살펴본 다양한 반복방식으로 형성된 대사나 가요와 함께, 기존 가요의 차용과 개작으로 형성된 대사와 가요는 가면극의 대사에 율동감을 조성하는 기저층위를 이루고 있다.

가면극에서 기존 가요를 차용하고 개작한 방식은 크게 다섯 가지로 나누어 살펴볼 수 있다. 첫째, 기존 가요를 그대로 차용한 방식이다. 둘째, 기존 가요를 개작해 차용한 방식이다. 셋째, 둘 이상의 기존 가요를 짜맞추어 차용한 방식이다. 넷째, 대사의 앞부분은 기존 가요를 차용하고, 뒷부분은 극중 문맥에 맞는 사설을 덧붙인 방식이다. 다섯째, 기존 가요에서 공식적 표현단위만을 차용하고, 사설은 극중 문맥에 맞게 삽입한 방식이다. 그러므로 기존 가요를 차용하고 개작한 방식을 분석함으로써, 가면극 대사의 형성원리의 일면을 살펴볼 수 있다.

## 1) 기존 가요를 그대로 차용한 방식

가면극에서 기존 가요를 그대로 차용한 경우도 두 가지로 나누어 살펴볼 수 있다. 첫째는 문맥의 전후관계와 상관없이 독립적으로 기존의 가요를 차용한 경우다. 둘째는 극중 문맥과의 관련 아래 기존의 가요를 차용한 경우다. 전자의 경우, 봉산탈춤의 사당춤 과장에서는 사당과 거사들이 「놀량」「앞산타령」「뒷산타령」「경발림」 등의 서도잡가를 부른다. 문맥적 전후관계와는 상관없이 독립적으로 기존 가요를 차용하고 있다. 수영야류의 양반 과장에서는 양반들이 작시(作詩)를 한다면서 시창(詩唱) 외에, 차양반이 판소리 단가인 「죽장망혜」를 부르는 것을 비롯해 셋째양반과 넷째양반도 판소리 단가를 부르고, 종갓집도령은 「천자뒤풀이」를 한다. 그리고 양반 일동이 「백구타령」을 합창한다. 이때 양반들이 부르는 가요들은 극중 문맥과 전혀 상관이 없다. 무엇이든지 기존의 가요만 부르면 되는 것이다. 또한 가산오광대에서 중 과장의 마지막 장면에서 노장은 중 노릇을 파하고 속인으로 돌아오면서, 「농부가」 「긴농부가」 「춘향가」 「심청가」 「소상팔경」 같은 기존 가요들을 극중 문맥과 상관없이 부른다.

한편 기존의 가요들을 극중 문맥과의 관련 아래 차용한 경우는 매우 많이 보인다. 봉산탈춤의 노장 과장에서 팔먹중들은 노장을 위해 「백구타령」 「오도독타령」 「염불타령」을 부르고, 취발이는 아이에게 「아기 어르는 노래」와 「천자뒤풀이」 「언문뒤풀이」를 불러 준다. 영감·할미 과장에서 영감과 할미는 서로 상대방을 찾아다니다가 「보고지고타령」을 부르는가 하면, 자기를 부르는 소리를 듣고 각기 「거 누가 날 찾나」를 부른다.

강령탈춤의 제5과장에서는 먹중 3이 등장하며 「중타령」을 부른다. 양반 과장에서 변한양반은 「장타령」과 독경 「만세바지」를 부른다. 영감·할미 과장에서는 영감과 할미가 서로 찾아다니다가 「보고지고타령」을 부르는가 하면, 서로 「거 누가 날 찾나」를 한 마디씩 주고받으며 만난다.

영감: (노래조로) 하아알 머어엄…
할멈: (영감 있는 데로 나가면서) 영감!!
영감·할멈: (둘이 서로 상대편을 찾느라고 반대편으로 더듬어서 찾으며, '영감' '할멈' 하고 서로 부른다.)
영감: (할멈을 찾기를 멈추고 서서 노래조로) 거 누구라 날 찾나. 거 누구라 날 찾나. 기산영수 별건곤 소부 허유가 날 찾나.
할멈: (영감을 찾기를 멈추고 서서 노래조로) 거 누구라 날 찾나. 거 누구라 날 찾나. 적벽강 추야월에 소자첨이가 날 찾나.
영감: (노래조로) 거 누구라 날 찾나. 거 누구라 날 찾나. 진대풍류 자랑코저 죽림칠현 날 찾나.
할멈: (노래조로) 거 누구라 날 찾나. 수양산 백이 숙제 채미하자 날 찾나. 날 찾일 이 바이 없었네. 거 누구라 날 찾나.
영감: (노래조로) 거 누구라 날 찾나. 술 잘 먹넌 이태백이 술얼 먹자 날 찾나. 날 찾일 이 없건마넌 거 누구라 날 찾나.
할멈: (노래조로) 거 누가 날 찾아. 춤 잘 추넌 학두루미 춤얼 추자고 날 찾나.

영감·할멈: (둘이 서로 찾다가 무대 중앙에서 마주치고, 영감! 할멈! 하고 서로 불러 본다. 그리고 자진굿거리장단에 맞추어 춤을 추다가 그 자리에 맞대 앉는다.)
—강령탈춤 영감·할미 과장

이와 같이 영감과 할미가 각각 '할멈' '영감' 하고 부르는 소리를 듣고 「거 누가 날 찾나」를 노래하는 것은 극중 문맥과 관련이 있다. 원래 이 가요는 「수궁가」에서 육지에 올라온 자라가 토끼를 부르자, 토끼가 나타나면서 부르는 것이다. 누가 자기를 찾을 때 부르는 가요이기 때문에, 봉산탈춤과 강령탈춤에서 영감과 할미가 서로를 찾는 장면에 차용된 것이다.

대부분의 야류와 오광대에서는 할미나 영감이 죽은 후에 봉사가 나와 독경하는 장면에 「독경」이 나오고, 할미의 상여를 내가는 장면에 「상엿소리」가 나오는데, 이도 모두 극중 문맥과 관련해 차용된 것이다.

고성오광대에서는 첩인 제밀지가 영감에게 술을 권하는 장면에서 「권주가」를 부르는데, 이것 역시 극중 문맥과 관련이 있다. 흔히 봉사들이 하는 「점복사설」도 가면극에서 점괘를 보는 장면에 나온다. 즉 봉산탈춤의 영감·할미 과장에서 영감과 할미가 성행위를 하다가 딱 붙자 영감이 점괘를 보고, 노장 과장에서는 신장수가 원숭이를 찾기 위해 점을 친다.

## 2) 기존 가요를 개작해 차용한 방식

가면극에는 기존의 가요를 차용하되 극중 문맥에 맞게 일부 개작한 대사와 가요도 발견된다.

말뚝이: 엇다. 그렇지 게만 갔다 말이요. 행여 생원님이 도방에나 계시난지, 도방을 썩 들어서서 일 원산(元山), 이 강경(江景), 삼 포주, 사 마산(馬山), 오 삼량(三浪), 육 물금(勿禁), 칠 남창(南倉), 팔 부산(釜山), 두러시 다녀도 게도 아니 계시기로, 행여 색주가나 계시난지 색주가로 썩 들어서서 (단가조로) "차문주가(借問酒家) 하처재(何處在)요, 목동(牧童)이 요지행화(遙指杏花) 집과, 일락서산(日落西山) 황혼(黃昏)되고 월출동령(月出東嶺) 명월(明月) 집과 오동부판(梧桐付板) 거문고에 타고 나니 탄금(彈琴)이 집과 주홍당사(朱紅唐絲) 벌매집(매듭)에 차고 나니 금랑(錦囊)이 집과, 지재차산(只在此山) 운심(雲深)이, 사군불견(思君不見) 반월(半月)이 집"을 두러시 다 다녀도 게도 아니 계시기로, 행여 (대사조로) 본댁에나 계시난지 본댁으로

썩 들어가니 옛 보던 노생원이 계십디다.
—동래야류 양반 과장

인용문 가운데 " " 부분은 원래 「춘향가」에서 신관사또가 도임해 기생들을 점고하는 대목에 나오는 「기생점고사설」이라는 기존의 가요이다. 「춘향가」에서는 "차문주가하처재요 목동이 요지 행화. 예 등대하왔소. 송하의 저 동자 문노라 선생 소식 수심 청산의 운심이, 예 등대하왔소" 식으로, 호장이 기생 이름을 부르면 기생이 대답하는 형식으로 「기생점고사설」이 짜여 있다. 그런데 동래야류에서는 말뚝이가 양반을 찾기 위해 술집을 두루두루 찾아다녔다는 문맥에 맞추기 위해, "차문주가 하처재요 목동이 요지행화 집과 일락서산 황혼되고 월출동령 명월 집과"처럼 개작해 기생집을 열거하고 있다.

### 3) 둘 이상의 기존 가요를 짜맞추어 차용한 방식

가면극에는 두 개 이상의 기존 가요를 짜맞추어 차용한 대사와 가요도 흔히 발견된다. 봉산탈춤의 팔먹중 과장에서 먹중 6의 대사에는 「적벽가」의 서두에 나오는 「와룡강경개풀이」와 「춘향가」의 서두에 나오는 「기산영수」를 짜맞추어 삽입하고 있다. 먹중 7의 대사는 십이가사 「처사가」의 일부와 십이잡가 「유산가」의 일부를 짜맞추어 차용하고 있다.

대부분의 야류와 오광대에서는 양반 과장 중 말뚝이의 대사가 매우 확대되어 있다. 그런데 말뚝이의 대사는 기존의 가요들을 여러 개 짜맞추어 구성한 것으로 나타난다.

말뚝이: 방문을 썩 열고 보니 청능화(靑菱畵) 도벽(途壁)에 황능화(黃菱畵) 띠 띠고, 황능화 도벽에 청능화 띠 띠어, 꿩새끼 기린(그린) 방에 매새끼 날아들고 매새끼 기린 방에 꿩새끼 날아들 제, 한 벽을 바라보니 한종실 유황숙이 와룡강상(臥龍岡上) 풍설 중에 제갈선생 보려 하니 동자 불러 물을 적에, 익덕은 손을 잡고 자는 잠을 깨우랴고 고래눈을 부릅뜨고 운장은 만류하며 동정을 보는 경을 역력히 기려 있고 … 동창을 열고 보니 때마침 삼춘이라 화발풍(花發風) 자로 불어 만화방창 꽃이 필 제, 퇴끼산등 순님금이 팔원팔개(八元八愷) 다리시고 오현금 남풍시(南風詩)에 해오민지온혜(解吾民之慍兮)하던 군왕부귀 모란화며, 수양산(首陽山) 월운중(月雲中)에 헌원씨(軒轅

氏) 몸이 되어 조갈게라 호령하던 순국충신(殉國忠臣) 향일화(向日花)며 … 선풍도골(仙風道骨) 사안석(謝安石)이 절대가인 손을 잡고 사직으로 전도하며 동산(東山) 위에 올라 노니, 풍류랑은 홍도 벽도 꽃구경도 좋거니와 원근 산천 뭇새들이 경(景)을 좇아 날아든다. 부용당(芙蓉堂) 운무 중에 오채가 영롱하니 그림 속에 공작이며, 양류에 봄이 드니 교교호호 노래하던 꾀꼬리며, 칠월칠석 은하수 다리 놓던 오작이며, 일쌍비거각비회(一雙飛去却飛廻)하니 전불상임 원앙새며 … 경수무풍야벽파(鏡水無風也碧波)에 목욕하던 백구들이 한없이 날아들 제, 구경을 못다 하고 서동부서(婿東婦西) 자리 잡아 꽃방석에 앉은 후에 대부인마누라 벽장문 열어 놓고 온갖 술병 나오는데, 목 길다 황새병과 목 짧다 자라병과 절개있다 죽절병과 홍연자 산호병과 웅글둥글 수박병과 고려자기 양류병에, 술치장 볼작시면 청산호호 위국가에 불로장생 천일주며, 구월구일 용산음(龍山飮)에 띄워 놓은 국화주며, 산중처사 송엽주며, 만고성인 백화주며, 녹파주 과하주를 찹도 덥도 아니하게 마침 맞게 덥혀 놓고, 동래전복 소전복과 울산전복 대전복을 은장도 드는 칼로 맹상군(孟嘗君) 눈섭채로 어석비석 삐저내어, 통영소반 안성유기 보기 좋게 차려 놓고, 노자자 앵무배에 소인 막득이도 한 잔 먹고 대부인마누라도 한 잔 먹어 일배일배부일배에 취흥이 도도하여, 대부인마누라도 청춘이요 소인 막득이도 청춘이라, 양 청춘 마두쳐서 동방화촉이 밝더이다.
―수영야류 양반 과장

이상 말뚝이의 대사는 매우 긴데, 대사의 대부분이 기존 가요인 「사벽도사설」 「꽃타령」 「새타령」 「술병사설」 「음식사설」로 구성되어 있다. 이 중 「사벽도사설」은 「춘향가」 중 초야 장면에서 이도령이 춘향의 방에 들어가 동서남북의 네 벽에 붙은 그림들을 둘러보는 장면에 나오는 가요이다. 「꽃타령」과 「새타령」은 「춘향가」 중 이도령이 광한루 구경을 나가는 도중에 나오는 「산천경개풀이」라는 가요에서 차용한 것이다. 「산천경개풀이」는 「꽃타령」 「나무타령」 「새타령」 「짐승타령」으로 짜여 있다. 「술병사설」과 「음식사설」은 「주효기명(酒肴器皿)사설」이라고 해, 「춘향가」 중 초야 장면에서 이도령을 위해 차려낸 음식상을 「기명사설」 「술병사설」 「술사설」 「음식사설」로 풀이하는 기존 가요에서 차용한 것이다.

동래야류 양반 과장 중 말뚝이의 대사는 「사벽도사설」 「세간사설」 「음식사설」 「술병사설」 「술사설」로 구성되어 있는데, 이는 「춘향가」 중 이도령이 초야에 춘향의 방에 들어간 장면에서 벽에 붙은 그림과 세간살이를 둘러보고 술상을 받는 과정에 나오는 가요들을 완전히 순서대로 그대로 짜맞추어 차용한 것이다.

## 4) 대사의 앞부분은 기존 가요를 차용하고, 뒷부분은 극중 문맥에 맞는 사설을 덧붙인 방식

가면극에서 등장인물의 대사가 긴 경우를 살펴보면, 대부분 대사의 앞부분은 기존 가요를 차용하고 그 앞뒤에 극중 문맥에 맞는 사설을 덧붙이는 방식으로 구성된 대사와 가요가 많다.

> 먹중 4: (등장하면 먹중 3 퇴장) 쉬―. "멱라수(汨羅水) 맑은 물은 굴삼려(屈三閭)에 충혼(忠魂)이요, 삼강수(三江水) 얼크러진 비는 오자서에 정령(精靈)이요. 채미(採薇)하던 백이(伯夷) 숙제(叔齊) 구추명절(九秋名節) 일렀건만 수양산에 아사(餓死)하고, 말 잘하는 소진(蘇秦) 장의(張儀) 열국(列國) 제왕 다 달래도 염라대왕 못 달래며, 춘풍세우 두견성에 슬픈 혼백이 되었으니" 하물며 <u>초로(草露) 같은 우리 인생이야 이러한 풍악소리를 듣고 아니 놀 수 없거던</u>.
> ―봉산탈춤 팔먹중 과장

인용문에서 " " 부분은 판소리 단가 「불수빈」의 일부이다. " " 부분은 인생의 덧없음을 토로하는 내용이다. 먹중 4는 밑줄 친 부분과 같이, 풀잎의 이슬처럼 덧없는 인생이기 때문에 탈놀이판의 풍악소리를 듣고 놀지 않을 수 없다는 말을 하기 위해서 「불수빈」을 차용한 것이다.

> 진한: "삼간(三間) 마구에 들어가서 청노새 덜미럴 집어내어 아래 우이로 솔질얼 솰솰하여 말안장 달안장 층층 다래 구안장, 은입등좌 호피도듬 전후좌우 걸어 짚어 놓고, 대가리 함박 상모끼침 일치 채상모라. 성천(成川) 가 담배 무역해서 박천(博川)도 가 꿀물에 축축이 추겨서 은설합(銀舌盒)에 가득히 넣고, 은목감이 자죽 설대 김해간죽 부산죽 전대에 두르르 말아 말궁 뒤에 딱 부치고" 우산 들고 필연(筆硯) 들고 남문 밖 셋째 술막으로 으이 속히 대령하랏더니, 네가 그지간 어데럴 갔더냐?
> 말뚝이: 호호호 허허허 시안님(생원님)이나 진사님이나 봉사님이나 도령님이나 영얼 거역지 못하여, 삼간 마구에 들어가서 척 노시안님 덜미럴 쿡 집어내어…
> 진한: (말뚝이를 치며) 이놈! 수상수하(手上手下) 남녀노소 아동주졸(兒童走卒) 많이 모였넌데, 그 무슨 소리냐!
> 말뚝이: 어찌 듣넌 말씸이요, 노시안님이 아니라 노새랍니다.
> 진한: (뒤를 돌아보며) 늙으면 죽어야지 먼귀럴 먹어서 노새럴 노시안님으로 들었네 그러…
> ―강령탈춤 양반 과장

인용문에서 " " 부분은 「춘향가」 중 방자가 이도령을 나귀에 태우고 광한루로 나가기 전에 나귀를 꾸미는 「나귀치레」에서 차용한 것이다. 진한양반이 말뚝이에게 노새를 꾸며 대령하랬더니 어디를 갔었느냐고 꾸짖자, 말뚝이는 노새를 유사음인 '노시안님' 즉 노생원님에 비유하고 있다. 위 인용문은 앞과 뒤의 문맥적 사설 사이에 기존 가요인 「나귀치레」를 삽입해 형성된 대사인데, 양자 모두 노생원님을 노새에 비유하며 양반을 풍자하고 있다.

### 5) 기존 가요에서 공식적 표현단위만을 차용하고, 사설은 극중 문맥에 맞게 삽입한 방식

가면극에는 기존의 가요에서 공식적 표현단위만을 차용하고, 사설은 극중 문맥에 맞게 삽입하는 방식으로 형성된 대사도 발견된다.

> 말뚝이: "또 한편얼 바라보니 육환대사 성진이가 석교상 돌다리에 야들개(여덟개) 구실로(구슬로) 팔선녀럴 얼러 있고, 또 한편얼 바라보니 함박꽃 뉘영벌레 몸언 크고 발언 적어 바람 부넌 대로 뒤엉뒤엉하여 있고, 또 한편얼 바라보니 어여쁜 기집아이가 연적 같은 젖얼 내어 놓고 춘홍얼 못 이기여 와질와질 춤얼 추고 있고," 그래도 찾일 길이 없어 한양성중으로 치다라서 삼각산얼 올라 굽어보니, 장안 만호 등얼 달고 삼호만세 부르넌데 태평성대가 이 아니냐.
> —강령탈춤 양반 과장

인용 대사 중 " " 부분은 「춘향가」 중 이도령이 춘향의 방에 들어가서 네 벽에 붙은 그림을 둘러보는 장면에 나오는 「사벽도사설」의 공식적 표현단위인, '<u>어디를 바라보니 누가 무엇 하는 경을 그려 있고</u>'를 차용해 반복하면서 새로운 사설을 삽입한 것이다.

### 6) 기존 가요의 문맥적 기능

지금까지 가면극에서 기존 가요를 차용하고 개작한 방식을 살펴보았다. 그 결과 가면극에는 매우 많은 기존 가요가 차용되어 있으며, 그 기존 가요들에서는 공식적 표현단위의 반복이 매우 자주 사용되고 있음을 알 수 있었다.

그러면 가면극에 기존 가요의 차용과 공식적 표현단위의 반복이 어떤 문맥적 기능을 하고 있는지 살펴보기로 한다.

첫째, 기존 가요의 차용 개작과 공식적 표현단위의 반복은 탈놀이판의 흥과 신명을 고조시키고 있으며, 아울러 율동감 넘치는 대사를 연출하고 있다. 흥과 신명을 푸는 놀이마당인 가면극에서는 흥겨운 장단에 맞추어 신나는 춤을 추는데, 기존의 가요를 부르거나 기존 가요의 사설을 대사에 삽입해 낭송조로 율동감있게 연행함으로써 놀이판에 흥과 신명을 더하고 있는 것이다.

둘째, 기존 가요의 차용으로 대사의 다양성과 형식적 통일성을 추구할 수 있다. 가면극에는 한시, 시조, 십이가사 등 양반 취향의 가요와 사설시조, 잡가, 민요, 무가, 민속신앙요 등 서민 취향의 가요가 두루 삽입되어 있으므로, 대사의 내용이 매우 다양하다.

그리고 이러한 기존 가요의 차용은 가면극 대사의 형식적 통일성을 용이하게 보장한다. 예를 들어 동래야류에서 말뚝이의 대사는「사벽도사설」「세간사설」「음식사설」「술병사설」「술사설」로 구성되어 있어 매우 복잡해 보인다. 그러나 이는 무가「황제풀이」나 판소리「춘향가」에 나오는「집사설」의 일부이므로, 말뚝이의 대사는「집사설」이라는 하나의 가요로서 형식적 통일성을 갖고 있는 것이다.

셋째, 어떤 장면에서는 구경꾼들에게 익숙한 기존 가요를 수용함으로써, 등장인물이 표현하고자 하는 내용을 효과적으로 전달할 수 있다. 그리고 놀이꾼은 대사를 쉽게 기억할 수 있다. 예를 들어 봉산탈춤과 강령탈춤 등에서 영감과 할미가 헤어진 후, 서로 찾아다니며「보고지고타령」을 부르거나, 서로를 부르며 만나게 되는 장면에서「거 누가 날 찾나」를 부른다. 이 가요들은 이미 구경꾼들에게 익숙한 것들이므로, 등장인물은 구경꾼에게 문맥적 상황을 효과적으로 전달할 수 있는 것이다. 아울러 이 가요들을 창으로 부르므로 구경꾼들은 가요 자체의 흥도 즐길 수 있다.

봉산탈춤에서 팔먹중들의 대사도 사설의 대부분은 사설시조(먹중 2),「사벽도사설」(먹중 3),「불수빈」(먹중 4),「범피중류」(먹중 5),「와룡강경개풀이」「기산영수」(먹중 6),「처사가」「유산가」(먹중 7),「죽장망혜」(먹중 8)를 차용해 놀이판의 배경을 묘사하고 있다. 그러므로 구경꾼은 대사의 문맥을 쉽게 이해할 수 있다. 놀이꾼은 자기의 대사가 어떤 가요인지를 기억하면 되기 때문에 대사를 기억하는 데 용이하다.

넷째, 문맥적 의미를 지닌 대사라도 기존 가요의 공식적 표현단위에 실어 전달함으로써 율동감을 조성하고 있다. 이미 앞에서 살펴본 바와 같이, 강령탈춤의 양반 과장 중 말뚝이의 대사에서는 「사벽도사설」의 공식적 표현단위를 차용하고, 거기에 극중 문맥에 맞는 사설을 삽입함으로써 율동감을 조성하고 있다.

다섯째, 어떤 상황이나 장면을 묘사할 때, 구경꾼이 익히 알고 있는 기존 가요를 제시해 예고적인 역할을 담당하게 하고, 그후에 본격적인 서술에 들어감으로써 구경꾼의 예술적 인식과 미적 쾌감을 촉발시킬 수 있다. 가면극에서 문맥적 의미와 관련을 갖고 차용된 기존의 가요는 대부분 이에 해당한다.

# 제12장
# 가면극의 극적 형식

 그 동안 가면극에 대한 연구가 광범위하고 다양하게 전개되어 많은 논문이 축적되었지만, 가면극의 연극적 측면 특히 극적 형식에 대한 논의는 매우 미진하다. 조동일의 선구적 연구[1] 이후에는 아직 가면극의 연극적 측면에 대한 논의가 진척되지 못하고 있다.
 가면극에서는 등장인물끼리 서로 싸우며 극을 전개하는 싸움의 형식, 등장인물이 상대방의 대사와 동작을 따라 하거나 동일인물이 유사한 내용의 대사와 동작을 되풀이하는 반복의 형식, 등장인물이 상대방의 정체를 여러 번 반복해 확인하는 정체확인형식, 등장인물이 상대방을 물리칠 때 마치 나례에서 역귀를 쫓아내는 모습을 연상시키는 구나형식(驅儺形式) 등 다양한 극적 형식이 사용되고 있다. 그리고 가면극은 극중 장소와 공연 장소의 관계에도 극의 진행을 용이하게 하기 위해 무대상의 사실적인 면에 구애받지 않는 등 특징적인 면을 갖고 있다.
 그러므로 여기에서는 가면극에 나타나는 이상의 여러 형식이 어떤 배경 아래에서 형성되었으며, 연극적으로 어떤 기능과 의미를 갖고 있는지를 살펴보고자 한다.
 여기에서 자료로 삼은 가면극의 대본은 양주별산대놀이(김지연본), 송파산대놀이(이병옥본), 봉산탈춤(임석재본), 강령탈춤(임석재본), 은율탈춤(이두현본), 서흥탈춤(김일출본), 수영야류(강용권본), 동래야류(천재동본), 통영오광대(이민기본), 고성오광대(정상박본), 가산오광대(이두현본), 진주오광대(정인섭본), 통천가면극(미상), 하회별신굿탈놀이(유한상본) 등이다.[2]

# 1. 싸움의 형식

가면극은 몇 개의 과장으로 구성되어 있다. 그러나 각 과장은 사건이나 내용에서 서로 유기적 관련 없이 각각 독립적으로 존재한다. 각 과장은 서로 다른 갈등과 주제를 제시하며 조선 후기의 사회상을 비판한다.

탈놀이판에 나오는 등장인물은 다음과 같은 방식으로 극을 진행한다.

> ① 미얄: (악공 앞에 가서 운다) 에에 에에 에에…
> 악공: 웬 할맘입나.
> 미얄: 나도 웬 할맘이드니 덩덩하기에 굿만 여기고, 한거리 놀고 갈라고 들어온 할맘 이올세.
> ─봉산탈춤 미얄 과장
> ② 먹중: 떵꿍하는 바람에 구경을 나왔더니.
> ─양주별산대놀이 옴중·먹중 놀이

①과 ②에서 미얄과 먹중은 자기들이 놀이꾼이라는 생각을 갖고 있지 않다. 구경꾼과 마찬가지로 지나가다 놀고 가려고 또는 극을 구경하러 나왔다고 한다. 이는 어떤 인물이 등장한 이유를 따로 설정할 필요가 없게 하고, 사건의 전개가 간결하면서도 선명하게 이루어질 수 있게 한다.[3]

등장인물은 자세한 설명 없이 바로 상대방과 티격태격하며 싸움을 벌인다.

> ① 영감: 어허어 이년 나를 첫아들로 망신 주었지. 이년을 만나면 씹 중방을 꺾어 놓겠다. 웃 중방은 우툴우툴하니 본대머리에 풍잠 파주고 아랫 중방은 미끈미끈하니 골패 짝 만들 밖에 없구나. (미얄을 때린다.)
> 미얄: 오래간만 만나서 사람을 왜 이리 치는가. 사람을 치는 것이 인사란 말인가.
> 영감: 이년이 무얼 잘 했다고 이 지랄이야. 잔말 말고 가만 있거라. (하며 또 때린다.)
> ─봉산탈춤 미얄 과장
> ② 먹중: 어어으 어어으 어─
> 옴: (삼현청 앞에서 어─ 소리를 듣고 벼락같이 일어서 나와 먹중의 얼굴을 딱 때린다.)
> 먹중: 이키 이게 웬일이냐. 아, 이게 어느 놈이 벼란간에 사람을 채 나오지도 안해설랑 쳐.
> ─양주별산대놀이 옴중·먹중 놀이

①은 영감과 미얄할미가 오랫동안 찾아 헤매다가 상봉하자마자 싸우는 장면이다. ②는 먹중이 등장하자마자 옴중이 싸움을 거는 장면이다. 이 외에 노장과 팔먹중의 티격태격, 노장과 소무 사이에 성적 갈등을 두고 일어나는 티격태격, 노장과 신장수 사이에서 신을 사고팔며 벌어지는 티격태격, 미색을 차지하려고 싸우는 노장과 취발이의 티격태격, 취발이와 아이 사이의 화기로운 티격태격, 양반과 말뚝이 사이에서 신분적 갈등 때문에 일어나는 티격태격, 할미와 첩 사이에서 처첩간의 갈등 때문에 일어나는 티격태격(도판 95), 사자와 마부 사이의 티격태격, 영노와 양반 사이의 티격태격 등 가면극의 도처에서 등장인물끼리 티격태격하는 모습이 보인다. 이러한 티격태격 가운데 일부는 장난기 어린 것도 있지만, 대부분은 심각한 싸움으로 발전한다.

　등장인물들은 성적 갈등, 계급간의 갈등, 부부 사이의 갈등, 처첩간의 갈등 등을 둘러싸고 첨예한 대립을 보이지만, 각 과장이 끝나 퇴장할 때도 처음 등장했을 때와 별로 달라진 것이 없다. 판소리의 경우처럼 기생 춘향이가 정렬부인(貞烈夫人)이 된다든가, 악한 놀부는 벌을 받고 착한 흥부는 부자가 되는 등의 결말은 찾아보기 어렵다. 문제가 되고 있는 갈등을 부각시켜 제시할 뿐, 극의 내용에서는 어떤 해결이 일어나지 않는다. 등장인물 사이의 싸움에서 말뚝이는 여전히 하인

95. 고성오광대. 할미와 첩이 영감을 사이에 놓고 티격태격 싸운다. 가면극에는 등장인물이 상대방과 다투는 싸움의 형식이 많이 발견된다.

으로 퇴장하며, 할미는 영감에게 쫓겨나거나 맞아 죽는 등 긍정적 인물의 승리는 이루어지지 않는다. 이러한 극적 형식으로 인해 가면극에서는 구경꾼의 개입이 적극적이게 된다. 가면극의 등장인물들은 계층이나 부류를 대표하기 때문에 긍정적 인물과 부정적 인물로 양분되어 있다. 그런데 극의 전개과정에서 갈등만 제시될 뿐 해결이 일어나지 않기 때문에, 구경꾼은 일방적으로 긍정적 인물을 적극 지지하고 부정적 인물에 대해 야유를 퍼붓게 되는 것이다.

## 2. 반복의 형식

구비문학의 뚜렷한 형식상의 특징은 반복이다. 가면극에는 단어의 반복, 어구의 반복, 문장의 반복, 단락구조의 반복이 모두 나타난다. 이 중 단락 구조의 반복은 극적 형식에서 중요한 기능을 담당하고 있다.

다음 인용문은 봉산탈춤의 팔먹중 과장에서 여덟 명의 먹중들이 차례로 등장해 대사를 읊고 춤을 춘 후 퇴장하는 대목의 일부이다.

① (등장) 쉬―.
② 천지현황(天地玄黃) 생긴 후에 일월영측(日月盈昃) 되었어라. 천지가 개벽 후에 만물이 번성이라. 산(山) 절로 수(水) 절로 하니 산수간에 나도 절로. 때 마츰 춘절이라 산천경개 구경코저 죽장망혜(竹杖芒鞋) 단표자(簞瓢子)로 이 강산에 들어오니, 만산홍록(滿山紅綠)은 일년 일차 다시 피어 춘색을 자랑하야 색색이 붉었는데, 창송취죽(蒼松翠竹)은 울울창창(鬱鬱蒼蒼) 기화요초(琪花瑤草) 난만중(爛漫中)에 꽃 속에 자든 나비 자취 없이 날아난다. 유상앵비(柳上鶯飛)는 편편금(片片金)이요 화간접무(花間蝶舞)는 분분설(紛紛雪)이라. 삼춘가절(三春佳節)이 좋을시고. 도화만발(桃花滿發) 점점홍(點點紅)이로구나. 무릉도원(武陵桃源)이 예 아니냐. 양류세지(楊柳細枝) 사사록(絲絲綠)하니 황산곡리(黃山谷裏) 당춘절(當春節)에 연명오류(淵明五柳)가 예 아니냐. 충암절벽상에 폭포수가 꽐꽐 흘러 수정렴(水晶簾) 드리운 듯 병풍석에 마주쳐서 은옥같이 헐어지니, 소부 허유 문답하든 기산영수(箕山潁水) 예 아니냐. 주각제금(住刻啼禽)은 천고절(千古節)이요. 적다정조(積多鼎鳥) 일년풍(一年豐)이라. 경개무궁 좋을시고.
③ 장중(場中)을 굽어보니 호걸들이 많이 모여 해금 피리 저 북장고 느려놓고 이리 뛰고 저리 뛰니 이 아니 풍류정인가. 나도 흥에 겨워 한번 놀고 가려던.

④ 옥동도화 만수춘 가지 가지…
⑤ (춤)
　—봉산탈춤 팔먹중 과장

　위에 인용된 먹중 7의 대사에서 ①은 자기가 등장했음을 알리는 소리다. ②는 탈놀이판의 배경에 대한 초월적 관념적 묘사이다. ③은 자신이 등장한 이유를 밝히는 말이다. ④는 춤을 추기 위해서 장단을 청하는 '불림'이다. ⑤는 춤을 추고 퇴장하는 대목이다. 먹중 1은 대사를 읊지 않고 춤만 추고 들어가지만, 먹중 2부터 먹중 8까지는 모두 ①에서 ⑤의 순서로 연행한다.⁴ 그러므로 팔먹중 과장에서는 ①에서 ⑤의 단락이 일곱 번 반복되고 있는 것이다. 그런데 ②에 나오는 대사 즉 탈놀이판의 배경을 초월적 관념적으로 묘사하는 내용은 먹중 1부터 먹중 8까지 모두 기존의 가요들을 짜맞춘 것이다.

　봉산탈춤의 양반 과장도 동일한 단락구조를 일곱 번 반복하는 형식으로 대사를 구성하고 있다.⁵

　봉산탈춤의 미얄 과장도 역시 단락의 반복에 의해 대사를 구성하고 있다. 봉산탈춤의 미얄 과장에서는 먼저 미얄할미가 등장해 악공과 대화를 주고받는다. 그 내용을 순차적으로 정리하면 다음과 같다. ①미얄의 울음→②자기 소개→③영감의 모색 설명→④영감을 부름→⑤신아위청 노래의 순서로 전개된다. 바로 이어 영감이 등장해 악공과 대화를 주고받으면서, 미얄할미가 했던 것과 똑같은 방식으로, 즉 ①영감의 울음→②자기 소개→③미얄할미의 모색 설명→④할멈을 부름→⑤신아위청 노래의 순서로 극을 진행한다.⁶ 미얄할미와 영감이 각각 상대방을 찾는 내용의 단락은 대화의 순서뿐만 아니라, 구체적인 대사의 내용도 완전히 일치하고 있다. 그러므로 미얄 과장은 단락의 반복에 의해 구성된 것을 알 수 있다.

　동래야류의 양반 과장에서 말뚝이는 양반들에게 자기의 가문이 훌륭함을 과시하면서, 오대조, 사대조, 삼대조, 할아버지, 아버지의 순서대로 벼슬살이의 경력에 대해 각각 단락을 반복하면서 말한다.⁷

## 3. 정체확인형식

반복의 형식에는 등장인물이 상대방의 정체를 여러 번 반복해 확인하는 것도 있다. 정체확인형식은 가면극과 판소리에서 매우 흔히 발견되는 형식인데, 그 부분을 일반적으로 '정체확인형사설'이라고 부른다.

'정체확인형사설'은 용어 그대로 상대방의 정체를 확인하는 장면에 나온다. 그러나 참으로 상대방의 정체를 몰라서 확인하는 것이 아니다. 사실은 상대방의 정체를 이미 알고 있으면서도 상대방의 존재를 부각시키기 위해서 또는 상황의 강조, 호기심의 자극, 흥미의 유발, 긴장감의 고조, 해학과 풍자의 효과 등 다양한 문맥적 기능을 위해서 정체확인을 위한 시도가 거듭된다.[8]

가면극에서는 팔먹중들의 노장 정체확인, 신장수의 원숭이 정체확인, 취발이의 노장 정체확인, 마부의 사자 정체확인, 영노와 비비의 양반 정체확인 등 정체확인형식이 도처에서 발견된다.

봉산탈춤의 제4과장과 강령탈춤의 제10과장에서 노장은 먹중들에 의해 '흐린 날씨, 옹기짐, 숯짐, 대망이'로 풍자된다. 이 장면의 대사를 요약하면 다음과 같다.

먹중 1: (노장 쪽을 가리키면서) 저 동편을 바라보니 비가 오실랴는지 날이 흐렸구나.
먹중 2: 날이 흐린 것이 아니다. 내가 자서히 들어가 보니 옹기장사가 옹기짐을 버트려 놨더라.
먹중 3: 내가 이자 자서히 들어가 본즉 숯장수가 숯짐을 버트려 놨드라.
먹중 4: 내가 이제 자서히 들어가 본즉 날이 흐려서 대맹이가 났더라.
먹중 5: 사실이야 대맹이 분명하더라.
먹중 6: 대맹이니 숯짐이니 옹기짐이니 뭐니뭐니 하더니, 그것이 다 그런 게 아니고 뒷절 노(老)시님이 분명하더라.
　―봉산탈춤 노장 과장

인용문과 같이 먹중들은 노장의 정체를 계속 반복해 확인한다. 먹중들은 자기들이 자세히 살펴본즉 노장이 '흐린 날씨, 옹기짐, 숯짐, 대망이'로 보인다고 한다. 그러다가 결국 그것이 노장이라는 사실을 밝힌다. 먹중들이 노장의 정체를 이미 알고 있으면서도 여러 번 반복해 정체를 확인하는 과정에서, 노장은 검고 부정적인 대상으로 비유된다. 노장은 가면부터가 시커멓고 의상도 검은 회색의 칡베

96. 봉산탈춤. 신장수가 원숭이의 정체를 확인한다.   97. 통영오광대. 비비(영노)가 양반의 정체를 확인한다.

장삼을 입었으니, 검은색의 대상물로 비유되는 것이 당연한 듯도 싶다. 그러나 사실은 정체확인형식의 극적 전개를 통해, 노장은 겉모습뿐만 아니라 그 속성 자체가 검고 부정적인 인물로 풍자되는 것이다.

　노장 과장의 후반부에서 취발이가 벽사(辟邪)할 수 있다고 말해지는 버드나무 가지를 손에 들고 나와서 노장을 내쫓는 모습은 마치 나례에서 나자(儺者)가 복숭아나무 가지로 역귀를 내쫓는 모습과 상통한다. 노장은 이미 정체확인형식을 통해 부정적인 존재 특히 대망이(이무기)와 같은 존재로 간주되었기 때문에, 취발이가 역귀를 쫓듯이 당당하게 노장을 내쫓을 뿐만 아니라, 구경꾼들도 취발이의 편에 서서 노장을 야유한다.

　봉산탈춤의 제4과장에서 원숭이는 신장수에 의해 물짐승, 수어, 농어, 잉어, 메기, 뱀장어, 범, 노루, 사슴, 멧돼지로 비유되고, 제5과장에서 사자는 마부에 의해 노루, 사슴, 범, 봉, 기린, 소로 비유된다. 원숭이와 사자의 정체확인은 반복에 의한 율동감과 해학미가 있고, 호기심을 자극하며, 긴장감을 고조시키고, 흥미를 유발하는 효과가 있다.(도판 30 참조)

　그러면 신장수가 원숭이의 정체를 계속 반복해 확인하는 경우를 살펴보자.

신장수: (노장의 뜻을 알아차리고 신을 내놓으려고 등에 진 짐을 내려놓고 보따리를 끄른다. 의외에도 원숭이가 뛰어나와 앞에 가 앉는다. 깜짝 놀라며 원숭이 보고) 네가 무엇이냐 물짐승이냐?

원숭이: (고개를 쌀쌀 흔들어 부정한다.)

신장수: 그러면 숭어냐?

원숭이: (고개를 좌우로 흔들어 부정한다.)

신장수: 농어냐.

원숭이: (부정)

신장수: 잉어냐.

원숭이: (부정)

신장수: 메기냐.

원숭이: (부정)

신장수: 뱀장어냐.

원숭이: (부정)

신장수: 그럼 네가 뭐냐? 네 발을 가졌으니 산짐승이냐?

원숭이: (고개를 끄덕끄덕하며 긍정한다.)

신장수: 범이냐.

원숭이: (부정)

신장수: 노루냐.

원숭이: (부정)

신장수: 사심이냐.

원숭이: (부정)

신장수: 멧도야지냐.

원숭이: (부정)

신장수: 오오 알겠다. 그전 어른에 말씀을 들은 일이 있는데, 네가 사람에 입내를 잘 내는 것을 보니 원숭이로구나.

원숭이: (긍정)

―봉산탈춤 노장 과장

　위와 같이 신장수가 원숭이에게 "―냐?"를 계속 반복하면서 원숭이의 정체를 확인하는데, 이로 인해서 극이 경쾌하고 빠르게 전개되면서 율동감을 조성하고 있으며, 신장수와 원숭이의 반복적인 질문과 대답을 통해 해학적인 모습을 연출하고, 원숭이에 대한 구경꾼의 호기심을 자극하면서 흥미를 유발하고 있다.(도판 96)

통영오광대, 가산오광대, 수영야류, 동래야류의 영노 과장 중 영노의 양반 정체확인, 고성오광대 중 비비의 양반 정체확인도 모두 유형화되어 있다. 영노 과장이나 비비 과장에서는 양반 아흔아홉을 잡아먹고 하나만 더 잡아먹으면 하늘로 올라간다는 영노와 비비가 나타나서 양반을 잡아먹으려고 위협한다. 이 장면은 양반에게 참으로 긴장되는 순간의 연속이다. 다급해진 양반은, 자기는 양반이 아니라고 부인하면서, 똥, 개, 돼지, 소, 쐐기, 구렁이 등으로 둘러댄다. 그러므로 영노가 양반의 정체를 계속 반복해 확인하는 내용이 전개되면, 양반의 권위와 체통은 여지없이 무너지고 만다.(도판 97) 가면극은 양반층에 의해 부당하게 억압받던 서민층이 그들의 갈등을 해소하는 놀이판이기 때문에 이런 내용과 형식을 통해 양반층을 풍자하는 것이다.

## 4. 구나형식

나례는 섣달 그믐날 궁중과 민간에서 가면을 쓴 사람들이 일정한 도구를 가지고 주문을 외치면서 귀신을 쫓는 동작을 해, 묵은해의 잡귀를 몰아내던 의식이다. 구나는 나례에서 역귀를 쫓는 것을 말한다. 나례가 한국에 들어온 사실을 전하는 첫 기록은 고려 정종 6년(1040)에 나타나 있지만, 실제로, 나례가 한국에 들어온 것은 그 이전이었을 것으로 추정된다.[9]

가면극에서 나타난 구나형식은 오방신장무, 사자춤, 취발이와 노장의 관계, 말뚝이와 양반의 관계, 양반광대, 소매각시, 시시딱딱이의 삼각관계, 팔먹중의 등장과 퇴장 모습 등에서 찾아볼 수 있다.[10]

원래 서울과 경기 지역의 본산대놀이를 성립시킨 놀이꾼들은 궁중나례에 동원되던 반인들이었기 때문에, 현존하는 가면극에 나례의 영향이 많이 남아 있고, 따라서 가면극의 극적 형식에서도 구나형식이 자주 발견되는 것이다.[11]

### 1) 오방신장무

가산오광대와 지금은 전승이 끊어진 진주오광대, 마산오광대 등의 가면극에 나오는 오방신장무는 가면극의 첫 과장에 설정되어 있고, 동, 남, 중앙, 서, 북의 다섯 방위를 맡은 다섯 신장이 각 방위의 색을 나타내는 청색, 적색, 황색, 백색, 흑색의 가면과 의상을 착용하고 나와 춤을 추면서 사방의 잡귀를 쫓고 놀이판을 정화하는 의식무의 성격을 띠고 있다. 오방신장무의 극적 형식은 고려말 나례에서 연행되던 오방귀무(五方鬼舞) 및 조선시대의 나례에서 연행되던 오방처용무의 구나형식과 동일한 모습을 보인다.

고려말 나례의 모습을 묘사한 이색의 한시 「구나행」의 '무오방귀용백택(舞五方鬼踊白澤)'이라는 구절에 오방귀무가 보인다. 오방귀무는 이미 중국의 나례에서도 발견된다. 『몽량록(夢梁錄)』 권6 '제야' 조에 보면, 나례의 구역신으로 장군, 부사, 판관, 종규, 육정, 육갑, 신병, 조군, 토지, 문호, 신위 등의 신과 함께 오방귀사가 나온다. 「구나행」에서는 오방귀무가 잡희의 첫 부분에 설정되어 있으면서, 잡귀를 쫓고 놀이판을 정화하는 성격을 띠고 있다. 그런데 이 춤에 나오는 오방귀가 어떤 의상과 가면을 쓰고 있는지에 대해서는 구체적인 서술이 없어 알 수 없으나, 『악학궤범』에 의하면, 나례에서 오방처용이 다섯 방위를 상징하는 청색, 적색, 황색, 백색, 흑색의 의상에 처용의 가면을 쓰고 사방의 잡귀를 물리치는 춤을 추었다는 점에 비추어 볼 때, 「구나행」의 오방귀도 각기 다섯 방위를 상징하는 색의 의상과 가면을 쓰고 나왔을 것으로 추정된다.

그렇다면 오방신장무에서 오방신장들이 각기 다섯 방위를 상징하는 의상과 가면을 착용하고 나와 사방의 잡귀를 쫓는 극적 형식은 바로 구나의 형식에서 유래한 것임을 알 수 있다.

## 2) 사자춤

사자춤은 중국과 한국의 나례에서 모두 발견된다. 고려말 이색의 「구나행」은 나례에서 사자춤이 연행된 사실을 전해 준다. 이 시의 내용을 통해 구나의식이 끝난 후 거행되는 나희의 첫 순서로 오방귀무와 백택무(白澤舞)가 있었음을 알 수 있다. 백택은 신수(神獸) 또는 사자의 별칭인데, 여기서는 사자의 별칭으로 생각된다. 왜냐하면 신수도 사자의 별칭으로 사용되기도 하고, 중국의 전례에 비추어 볼 때 나례에 등장하는 벽사적인 동물은 사자이기 때문이다. 그러므로 중국의 나례에서 흔히 사자무가 연행되었듯이, 한국에서도 고려말에 이미 나례에서 사자무가 연행된 것을 확인할 수 있다.

현존하는 가면극 가운데 사자춤은 봉산탈춤, 강령탈춤, 은율탈춤, 수영야류, 통영오광대, 북청사자놀이, 하회별신굿탈놀이 등에서 발견된다. 이 가면극들의 사자춤은 대부분 벽사적인 성격을 보이므로 나례의 구나형식과의 관련성을 엿볼 수 있다. 그 중에서도 함경남도 북청 지방의 사자놀이가 나례의 구나형식과 가장 흡사한 모습을 보인다.

북청 지방에서는 음력 정월 15일 밤 마을마다 독자적으로 사자놀이를 꾸며서 밤새도록 놀았다. 그리고 16일 새벽에 사자놀이가 끝나면 마을의 가가호호를 방문하면서 나례의 매귀(埋鬼), 즉 지신밟기와 유사한 의식을 거행했다. 마을에 따라서는 정월 4일부터 14일까지 가가호호를 방문하기도 했다. 이때 사자를 놀아준 대가로 받은 곡식으로 사자놀이의 경비를 충당했다. 사자는 머리 부분에 큰 방울을 달고 있는데, 이는 방울소리를 통해 잡귀를 쫓으려는 것이다. 우선 사자는 집 안에 들어서서 방울소리를 울리면서 마당을 빙빙 돌며 기세를 보이다가 안방 문을 열고 방 안으로 들어간다. 그리고 '딱딱' 소리를 내며 입을 열었다 닫았다 하면서 귀신을 잡아먹는 시늉을 하다가, 부엌에 들어가서도 그와 같이 한 후 바가지를 하나 물고 나와서 마당에 던져 깨뜨린다. 이는 귀신을 쫓는 의식이다. 백수의 왕인 사자가 등장하는 것만으로도 벽사적인 기능을 하지만, 특히 사자가 방울소리를 울리면서 가가호호를 방문해 집안 구석구석의 잡귀를 쫓는 모습은 바로 나례의 구나형식과 완전히 일치하고 있다.

### 3) 취발이와 노장의 관계

나례의 구나형식과 취발이와 노장의 관계도 서로 관련된 모습을 보인다. 노장은 가면부터가 시커멓고 음흉한 모습이다. 그래서 봉산탈춤에서는 노장이 놀이판에 입장하다가 자취를 감추었을 때, 먹중들이 노장을 '흐린 날씨, 옹기짐, 숯짐, 대망이(큰 뱀)' 등 검고 부정적인 대상으로 비유한다. 노장은 물리쳐야 할 사회적 재앙으로 간주되는 인물임을 의미한다. 그러므로 취발이가 노장을 쫓아내는 극적 형식은 나례에서 나자가 귀신을 쫓아내는 구나형식과 대응한다.

특히 취발이는 붉은 가면을 쓰고 술에 취한 모습이며 다리에는 방울을 매달았고, 손에는 버드나무 가지를 꺾어서 머리 위로 치켜들고 등장한다. 이는 고려말 이색의 「구나행」에서 처용무를 "신라의 처용은 칠보장식을 했는데, 머리 위의 꽃가지에선 향기로운 이슬 떨어지네. 긴 소매 이리저리 흔들며 태평무를 추는데, 불그레히 취한 얼굴은 아직도 다 깨지 않은 듯"이라고 묘사한 내용과 매우 흡사하다. 붉은색은 벽사할 수 있는, 즉 귀신을 쫓을 수 있는 색이다. 고려말의 나례에서 처용이 붉은색 가면을 쓰고 벽사적인 성격을 띤 복숭아나무 가지를 머리에 꽂고 나와 역신을 쫓는 모습이나, 취발이가 붉은색의 가면을 쓰고 역시 벽사할 수 있는 푸른 버드나무 가지를 머리 위로 치켜들고 나와 사회적 재앙인 노장을 쫓아내는 모습이 통하고 있는 것이다. 취발이가 다리에 방울을 매달고 나오는 것도 방울소리를 통해 역귀를 쫓아내려는 사고의 반영으로 보인다.

### 4) 말뚝이와 양반의 관계

가면극의 양반 과장에서 말뚝이가 가면을 쓰고 나와서 채찍을 휘두르며 양반들을 함부로 다루다가 쫓아내는 내용은 나례의 구나형식과 통한다. 민중의 입장에서 보면, 가면극에 등장하는 양반들은 부정적이고 적대적인 대상이며 사회적 재앙으로 간주될 수 있는 인물들로서 역귀와 같은 존재다. 그래서 양반들이 쌍언청이, 째기, 뻬뚜르미탈, 홍백가, 손님탈, 흑탈, 조리중 등 한결같이 비정상적인 모습을 하고 있다. 이들은 부정적이고 적대적이며 혐오의 대상이기 때문에 가면극에서 쫓아내야 할 인물들이다. 그래서 가산오광대에서는 말뚝이가 "옛끼놈, 돼지새끼들"이라고 하면서 채찍으로 양반의 얼굴을 후려갈기고, "두우두우" 하고 돼지 모는 시늉을 하면서 양반들을 몬다. 야류와 오광대에서는 영노라는 상상의 동물이 나타나서 양반의 권위와 체통을 무너뜨리는 대화를 주고받다가 양반을 잡아먹는다. 이러한 내용에 유의하면 말뚝이와 양반의 관계는 나례에서 나자와 역귀의 관계와 일치하며, 말뚝이가 양반을 채찍으로 휘두르며 양반을 풍자하는 극적 형식은 바로 나자가 역귀를 쫓아내는 구나형식과 일치하고 있음을 알 수 있다.

주목되는 점은 이미 『삼국사기』에 수록된 최치원의 「향악잡영(鄕樂雜詠)」에 나오는 대면(大面)에서 말뚝이와 양반의 관계와 유사한 구나형식이 발견된다는 것이다. 대면에서는 가면을 쓴 인물이 채찍을 들고 등장해 귀신을 쫓는, 또는 귀신을 부리는 동작을 한다.

| 황금색 가면을 썼다 바로 그 사람 | 黃金面色是其人 |
| 구슬채찍을 손에 쥐고 귀신을 부리네 | 手抱珠鞭役鬼神 |
| 빨리 뛰다 천천히 걷다 추는 한바탕 춤은 | 疾步徐趨呈雅舞 |
| 너울너울 봉황새가 날아드는 듯 | 宛如丹鳳舞堯春 |

여기에서 나례라는 말은 없으나 등장인물이 가면을 쓰고 나와서 귀신을 다스리는 내용이므로 나례의 일종이거나 나례의 영향을 받은 것으로 볼 수 있다. 특히 등장인물이 쓰는 가면은 황금색인데, '대면'이라는 한자어의 뜻 그대로 큰 가면을 쓰고 나왔을 것이다. 이는 중국과 한국의 옛 나례에서 구나의 중심인물인 방상시가 네 눈을 황금색으로 칠한 모습이었으며 가면이 매우 컸다는 점을 생각할 때, 대면은 바로 나례의 방상시와 유사한 것임을 알 수 있다. 방상시의 네 눈이 황금색이었다는 것은 가면의 대부분이 황금색이었다는 사실을 의미하므로, 최치원의 시에서 대면은 방상시였거나 그 영향을 받은 모습이었을 가능성이 크다. 황금색의 눈을 가진 방상시, 푸른 유리 눈알을 황금빛 띠로 테를 두른 눈을 가진 경주 호우총 출토의 목심칠면, 대면의 등장인물이 모두 황금색을 썼는데, 황금색은 붉은색과 함께 벽사색이다.

## 5) 양반광대, 소매각시, 시시딱딱이의 삼각관계

강릉관노가면극에 등장하는 양반광대, 소매각시, 시시딱딱이의 삼각관계는 처용, 처용의 처, 역신의 관계와 관련해 이해할 수 있다.[12] 시시딱딱이는 홍역(紅疫)의 역신으로 간주된다. 시시딱딱이는 양반과 소매각시가 다정하게 춤추며 노는 것을 훼방 놓는다. 그리고 소매각시를 억지로 끌고 가서 차지한다. 하지만 결국 양반이 시시딱딱이를 물리치고 다시 소매각시를 찾아 온다. 처용설화에서 처용이 자기의 처를 차지하고 있는 역신을 쫓아내고 처를 다시 찾는 구나형식과, 양반광대가 자기 여자인 소매각시를 빼앗아 갔던 시시딱딱이를 물리치고 소매각시를 되찾는 극적 형식이 일치하고 있다.

## 6) 팔먹중의 등장과 퇴장 형식

봉산탈춤의 팔먹중은 그 가면이 귀면으로서 다른 가면들과 크게 차이를 보인다. 그리고 여덟 명의 먹중들이 한 명씩 차례로 등장했다가 퇴장하는 극적 형식에서 나례의 구나형식과 일치하는 모습을 살펴볼 수 있다. 팔먹중 과장에서 먹중 2부터는 놀이판에 등장해 자기보다 먼저 나왔던 먹중의 얼굴을 복숭아나무 가지나 버드나무 가지로 때려서 쫓는 동작을 한다. 그러면 먼저 나왔던 먹중이 쫓겨서 놀이판을 나간다. 이미 지적한 바와 같이, 복숭아나무 가지나 버드나무 가지는 벽사의 기능을 갖고 있다.

궁중이나 민간의 나례에서는 구나의식에서 흔히 복숭아나무 가지로 악귀를 쫓았다는 점을 생각할 때, 귀면의 먹중들이 차례로 등장해 자기보다 먼저 나왔던 먹중을 복숭아나무 가지나 버드나무 가지로 때려서 내쫓는 극적 형식은 나례에서 귀신을 쫓는 일반적인 구나형식과 통하고 있는 것이다.

## 7) 연잎, 눈꿈쩍이와 상좌, 옴중의 관계

양주별산대놀이의 연잎·눈꿈쩍이 과장에서 연잎은 앞에서 부채로 얼굴을 가리고, 눈꿈쩍이는 그 뒤에서 장삼으로 얼굴을 가리고 등장한다. 연잎은 하늘만 쳐다보고 춤을 추며, 눈꿈쩍이는 땅만 내려다보고 춤을 춘다. 상좌들이 차례로 곱사위춤을 추고 연잎 앞에 가서 쳐다볼 때, 연잎이 부채를 얼굴에서 떼면 상좌들이 놀라서 들어간다.(도판 16 참조) 이때 옴중이 "아따 그 자식들 무엇을 가 보고 그렇게 기절경풍을 하느냐?" 하고 큰소리치면서 눈꿈쩍이가 얼굴을 가리고 있는 것을 홱 벗기면, 눈꿈쩍이가 눈을 꿈쩍꿈쩍하며 옴중을 쫓아 버린다. 눈꿈쩍이가면의 눈동자 속에는 쇳조각을 달아 눈을 꿈쩍이게 만들었다.

양주별산대놀이에서 상좌와 옴중은 타락한 중으로서 부정적 인물이다. 옴중은 마마에 걸린 중으로 역귀에 해당한다고 볼 수 있다. 이 옴중을 눈꿈쩍이가 눈을 꿈쩍꿈쩍하며 쫓아내는 모습은 바로 나례에서 역귀를 쫓는 구나의 주인공인 방상시가면을 연상시킨다. 그러므로 연잎과 눈꿈쩍이가 상좌와 옴중을 쫓는 극적 형식은 바로 나례의 구나형식과 통하고 있는 것이다.

## 제13장
# 사자놀이

현존하는 가면극 가운데 사자춤은 북청사자놀이, 봉산탈춤, 강령탈춤, 은율탈춤, 수영야류, 통영오광대, 하회별신굿탈놀이 등에서 발견된다.

김일출은 1954년에서 1956년 사이에 자신이 직접 함경도와 황해도를 현지조사한 결과와 조선총독부 조사자료 제47집 『조선의 향토오락』에 의거해 사자놀이 분포도를 작성했다.[1] 이에 의하면, 함경도의 경원, 종성, 회령, 무산, 경성, 어대진, 명천, 풍산, 북청, 신창, 퇴조, 함흥, 장진, 함주, 정평, 영흥, 고원, 평안도의 벽동, 용천, 순천, 강원도의 고성, 양양, 횡성, 원주, 경기도의 광주, 용인, 충청도의 아산, 경상북도의 울진, 경상남도의 통영 등에 사자놀이가 있었던 것으로 나타난다. 그리고 함경도의 홍원, 황해도의 황주, 봉산, 은율, 송화, 재령, 기린, 강령, 경상남도의 함안, 동래, 마산 등에서는 가면극에 사자춤이 포함되어 있었던 것으로 나타난다.

최남선이 1947년에 저술한 『조선상식문답속편』에 의하면, 당시로부터 얼마 전까지 경주의 월남과 보문에 주지춤 즉 사자춤이 있었는데, 마을마다 그것을 부양하기 위한 '주지논'이 있어서 그 소요비용을 공급했다고 한다. 연말세초(年末歲初) 어림의 밤중에 두 마을에서 출발해 중로(中路)에서 만나 밤새도록 싸워 승부를 내며, 세후(歲後)에는 여러 마을을 돌아다니면서 축사연상(逐邪延祥)을 기원했다는 것이다.[2]

한편 함경북도 북부 산간 지역의 재가승(在家僧) 마을에는 1950년대까지만 해도 주지놀이라는 사자춤이 있었는데, 1982년 월남민들이 이 놀이를 복원해 전국민속예술경연대회에 참가한 바 있다.

1967년 중요무형문화재 제15호로 지정되어, 현재 남한에서 전승되고 있는 북청사자놀음은 원래 함경남도 북청군의 전 지역에서 세시풍속의 하나로 행해지던 민속놀이다.

## 1. 사자놀이의 유래와 역사

### 1) 삼국시대와 통일신라시대의 사자놀이

한국에는 사자가 없지만, 사자에 대한 기록은 비교적 이른 시기부터 나타난다. 불교의 전래와 함께 사자라는 동물에 대한 인식도 시작되었을 것으로 추정된다. 한국에서 사자에 대한 첫 기록은 『삼국사기』 권4 중 「신라본기(新羅本紀)」 제4의 '지증마립간(智證麻立干)' 조에서 발견된다. 지증왕 13년(512) 6월에 이사부(異斯夫)가 우산국(于山國), 현재의 울릉도를 정벌하는 내용에 '사자'라는 명칭이 보인다.

> 13년(512) 6월에 우산국이 항복하고 해마다 토산물을 바치게 되었다. 우산국은 명주(溟州, 현재 강릉)의 바로 동쪽 바다에 있는 섬으로 혹은 울릉도라고도 부르는데, 그 땅이 사방 백 리로, 사람들이 험한 것만 믿고 굴복하지 않으므로, 이찬 이사부를 하슬라주(何瑟羅州, 현재 강릉)의 군주(軍主)로 삼아 이들을 복속시키게 했다.
> 이사부는, 우산국 사람들은 어리석으면서도 사나우므로 이들을 위세로써는 굴복시키기 어려우나, 좋은 계교로써 복속시킬 수 있다고 말했다. 그리고 곧 많은 목우사자(木偶獅子)를 만들어서 전선(戰船)에 나누어 싣고, 그 해안에 이르러서 거짓말로 알리기를, "너희들이 만약 항복하지 않으면 이 사나운 짐승을 놓아 모조리 짓밟아 죽일 것이다"라고 하니, 우산국 사람들이 크게 두려워해 곧 항복했다.[3]

인용문에서 목우사자(木偶師子)[4]는 나무로 만든 사자를 말한다. 이는 사자춤을 출 때 뒤집어쓰는 사자가면은 아니지만, 사자 모습으로 가장해 상대편을 위협했다는 점이 주목된다.

한편 가야국의 가실왕이 우륵(于勒)에게 명해 십이곡을 지었는데, 가야국에 난리가 나자 우륵이 가야금을 가지고 신라 진흥왕에게 귀화했다. 우륵이 제작한 십이곡은 「하가라도(下加羅都)」「상가라도(上加羅都)」「보기(寶伎)」「달사(達巳)」

「사물(思勿)」「물혜(勿慧)」「하기물(下奇物)」「사자기(師子伎)」「거열(居烈)」「사팔혜(沙八兮)」「이사(爾赦)」「상기물(上奇物)」이다.[5] 이 중 여덟번째 곡에 「사자기」가 있는 점으로 보아, 사자춤도 이때 이미 존재했을 가능성이 있다. 왜냐하면 우륵이 지은 십이곡은 이것이 곡조만을 의미하는 것이 아니기 때문이다. 『삼국사기』권4 「신라본기」 제4 '진흥왕 13년' 조에 의하면, 우륵이 신라로 귀화하자 진흥왕은 계고(階庫), 법지(法知), 만덕(萬德) 세 사람에게 명해 우륵에게 서악(樂)을 배우게 했다. 이때 우륵은 그들의 재능에 따라 계고에게는 가야금을, 법지에

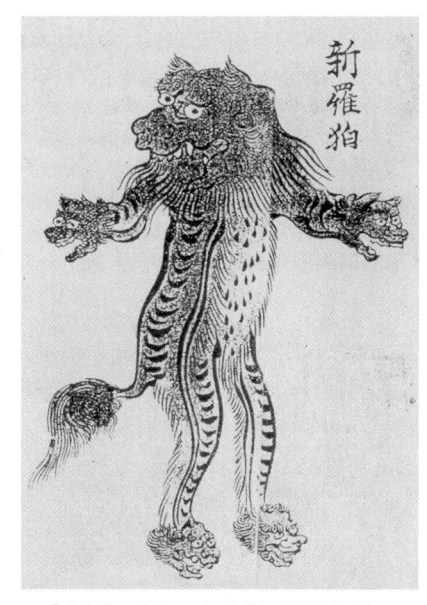

98. 『신제이코가쿠즈』의 신라박. 동물가면을 쓰고 연행하는 가면희로서, 사자춤의 일종이다.

게는 노래를, 만덕에게는 춤을 가르쳤다. 그러므로 우륵이 지은 십이곡은 가야금 곡조만이 아니고 노래와 춤이 어울린 놀이였음을 짐작할 수 있다.

사자춤에 대한 첫 기록은 『삼국사기』권32 「악지(樂志)」중 최치원이 지은 절구시(絶句詩)「향악잡영」다섯 수에서 발견된다. 이 한시에서는 오기(五伎), 즉 금환(金丸), 월전(月顚), 대면(大面), 속독(束毒), 산예(狻猊)의 다섯 가지 놀이를 읊고 있다. 이 중 산예가 바로 사자춤이다.

| 멀고 먼 사막을 건너 만리길을 오느라고 | 遠涉流沙萬里來 |
| 털옷은 다 찢어지고 먼지를 뒤집어썼네. | 毛衣破盡着塵埃 |
| 머리를 흔들고 꼬리 치며 인덕을 길들이니 | 搖頭掉尾馴仁德 |
| 뛰어난 그 재주가 어찌 온갖 짐승과 같으랴. | 雄氣寧同百獸才 |

이 시는 사자춤이 유사(流沙), 즉 고비사막을 거쳐 왔다고 그 유래를 밝히고 있다. 사자춤이 서역 계통임을 명시하고 있는 것이다.

이두현은 사자춤이 인도 특유의 동물의장무(動物擬裝舞)로서 서역과 동방 여

러 나라에 널리 유행하게 된 무악(舞樂)으로, 그 여풍(餘風)이 중국, 한국, 일본 등에 지금도 남아 있다고 설명한다. 그리고 신라의 사자춤은 구자국(龜玆國)에서 온 중국의 서량기(西凉伎) 계통의 놀이를 받아들인 것이라고 보았다.[6]

김학주는 산예의 사자춤은 분명히 중국의 오방사자나 구두사자(九頭獅子)가 아니라, 서량기의 사자무라고 주장한다. 백거이(白居易)의 시에도 '분신모의패쌍이(奮迅毛衣擺雙耳) 여종유사래만리(如從流砂來萬里)'라 읊었으니, 산예처럼 유사를 거쳐 만리길을 왔으며, '분신모의' 즉 털옷을 흔들어 턴다는 것도 짐승들이 몸에 묻은 먼지를 터는 모습을 형용한 것이어서 '산예'와 비슷하다는 것이다. 그리고 '패쌍이', 즉 두 귀를 벌린다 또는 흔든다는 것은 앞에서 몸을 흔들어 먼지를 털 때 병행된 동작으로 보았다. 다음 '요두도미순인덕(搖頭掉尾馴仁德)'은 춤의 모습을 형용한 것인데, 서량기의 사자도 등장해 사자랑(獅子郞)과 함께 '순압지용(馴狎之容)'을 나타내며 성세를 상징하는 춤을 추었으니 이와 공통된다고 한다.[7]

일본에 전하는 『신제이코가쿠즈』에는 신라박이라는 동물가면을 착용한 가면희도 그려져 있는데, 이는 사자춤의 일종으로 보인다.(도판 98)

## 2) 고려시대의 사자놀이

고려시대의 사자춤은 고려말 이색의 「구나행」이라는 한시에서 찾아볼 수 있다. 이 시는 나례를 보고 읊은 것인데, 크게 두 부분으로 나뉜다. 첫번째 구에서 열네번째 구까지는 십이지신(十二支神)과 진자(侲子)들이 역귀를 쫓는 의식을 묘사한다. 열다섯번째 구에서 스물여덟번째 구까지는 의식이 끝난 뒤 놀이꾼들이 입장해 각종 잡희를 연행하는 내용이다. 즉 나희(儺戲)인데, 오방귀무, 사자춤, 서역의 호인희(胡人戲), 처용무, 불 토해내기, 줄타기, 칼 삼키기, 인형극, 각종 동물로 분장한 가면희 등의 놀이를 묘사한다.

오방귀 춤추고 사자가 뛰놀며 　　　　　舞五方鬼踊白澤
불을 뿜어내기도 하고 칼을 삼키기도 하네.　吐出回祿吞靑萍

열다섯번째 구에서 '오방귀 춤추고 사자가 뛰놀며'라는 내용을 통해 구나의식이 끝난 후 거행되는 나희의 첫 순서로 오방귀무와 백택무가 있었음을 알 수 있다. 백택은 신수(神獸) 또는 사자의 별칭인데, 여기서는 사자의 별칭으로 생각된다.⁸ 왜냐하면 신수는 사자의 별칭으로 사용되기도 하며, 중국의 전례에 비추어 볼 때 나례에 등장하는 벽사적인 동물은 사자이기 때문이다. 그러므로 중국의 나례에서 흔히 사자춤이 연행되었듯이, 한국에서도 고려말에 이미 나례에서 사자춤이 연행된 것을 확인할 수 있다.

## 3) 조선시대의 사자놀이

조선시대에는 사자춤에 대한 기록이 여러 곳에서 발견된다.

성종(成宗) 19년(1488) 3월 조선에 사신으로 왔던 명나라의 동월(董越)이 자신을 영접하는 산대희를 보고 지은 「조선부(朝鮮賦)」에 사자가 나온다. 동월이 평양, 황주와 서울의 광화문에서 본 산대잡희의 내용은 불 토해내기, 만연어룡지희(曼衍魚龍之戲), 무동, 근두박질, 섭독교(攝獨趫, 솟대타기) 등의 산악·백희였다. 그런데 광화문에서 본 놀이 가운데 '식사상진몽해박지마피(飾獅象盡蒙解剝之馬皮)'라고 해 말가죽을 벗겨 뒤집어쓰고 사자와 코끼리로 꾸민 것이 나온다. 여기서 사자는 바로 사자춤을 추는 것으로 생각된다. 왜냐하면 인용한 구절에 바로 이어서 '무원봉(舞鵷鳳)'이라 해, 봉황새춤이 나오기 때문이다.

유득공의 『경도잡지』 권1, '성기(聲伎)' 조에 의하면, 나례도감에 속하는 산희에 사자가 나온다.

> 연극에는 산희(山戲)와 야희(野戲)의 두 부류가 있는데 나례도감에 속한다. 산희는 다락을 매고 포장을 치고 하는데, 사자, 호랑이, 만석중 등의 춤을 춘다. 야희는 당녀(唐女)와 소매(小梅)로 분장하고 논다.⁹

여기에서 산희는 가설 무대 위에서 공연하는 인형극이거나, 산대를 만들고 그 위에서 잡상(雜像)을 놀리는 산대잡상놀이거나,¹⁰ 소형 산대인 산붕이나 채붕 앞에서 공연하는 사자춤, 호랑이춤, 만석중춤일 것이다.

송만재(宋晩載)가 1843년에 지은 「관우희(觀優戲)」에도 사자춤이 보인다. 조선시대에는 과거에 급제하면 재인 즉 놀이꾼들을 불러 놀이판을 벌이는 풍속이 있었다. 송만재는 자기 아들이 과거에 급제했으나, 집안이 가난해 잔치를 베풀어 주지 못했다. 그래서 과거급제한 집에서 벌이는 잔치에서 놀이꾼들이 노는 모습을 「관우희」라는 시로 표현한 것이다. 「관우희」에는 어룡만연지희(魚龍曼衍之

戱), 줄타기, 불 토해내기, 처용무 등과 함께 사자춤이 묘사되고 있다. 사자춤에 대해 '서량가면지사(西凉假面之詞) 호아지농사자(胡兒之弄獅子)'라고 소개한다. 사자춤은 서량기이고, 호아는 사자를 놀린다는 뜻이다. 이는 앞서 살펴본 최치원의 「향악잡영」에 나오는 산예와 마찬가지로, 사자춤이 서역 계통임을 명시하는 것이다.

김홍도(金弘道, 1745-?)가 그린 〈평안감사환영도(平安監司歡迎圖)〉와 『화성성역의궤(華城城役儀軌)』의 〈낙성연도(落成宴圖)〉에도 사자춤이 보인다. 『화성성역의궤』의 〈낙성연도〉에는 네 명의 몰이꾼이 사자와 호랑이 한 마리를 놀리는 장면이 있다.

『국연정재창사초록(國讌呈才唱詞抄錄)』에 의하면, 고종 24년(1887)에 성천잡극(成川雜劇)이라고 하는 사자춤을 처음 연행했다는 기록이 발견된다.

> 악기만방녕(樂氣萬方寧)의 곡(영산회상)에 사자 두 마리가 음악 반주에 맞추어 몸을 흔들고 뛰어나가, 동서로 나누어 북쪽을 향해 엎드려 머리를 들고, 입으로 땅을 두드리고 눈을 번쩍이며 일어선다. 음악 반주에 맞추어 꼬리를 휘두르고 발로 뛰며 좌우를 돌아본다. 그리고 입을 벌리고 이빨을 딱딱 부딪쳐 소리를 내며, 나가고 물러나고 돌고 돌아 흥겹게 춤추다가 물러가면, 음악도 그친다.[11]

이 사자춤은 평안남도 성천 지방의 민속 사자춤을 받아들인 것으로 보인다. 두 마리의 사자가 춤을 추는 놀이 내용은 현재의 북청사자놀이와 매우 유사하다.

한편 『악학궤범』 권4, 시용당악정재(時用唐樂呈才) 의식의 도표와 절차 가운데 「하성명(賀聖明)」에서, 두 사람이 부르는 창의 내용에 "사자가 나타났으니 복록이 오리로다(獅子旣見福祿來臨)"라는 내용으로 보아, 조선시대에 사자를 복록의 상징으로 인식했음을 알 수 있다.

## 2. 북청사자놀이

### 1) 북청 현지의 연희 배경

함경도에서는 함경남도의 북청, 함주, 정평, 영흥, 홍원과 함경북도의 경성, 명천, 무산, 종성, 경원 등지에서 사자놀이를 놀았다고 한다. 이 중 북청의 사자놀이가

가장 유명하며 함경도의 사자놀이를 대표한다.(도판 71 참조)

　북청사자놀이는 함경남도 북청군 산하 열한 개 면과 세 개 읍에 속하는 각 마을에서 음력 정월 15일 밤 세시풍속의 하나로 행해졌다. 북청읍의 사자놀이는 댓벌(竹坪里)사자〔여기에는 이촌(李村)사자, 중촌(中村)사자, 넘은개사자가 속함〕, 동문(東門)밖사자, 후평사자, 북리(北里)사자, 당포(棠浦)사자 등이 유명했으며, 그 밖에 마을마다 제각기 사자를 꾸며 놀았다. 신북청면 신북청리에서는 안곡이라는 골짜기 지역에 승지, 사이, 범말, 한촌, 양지, 오정촌 등 여러 마을이 있는데, 각 마을마다 사자놀이를 놀았다. 즉, 수십 호 단위의 마을마다 사자놀이가 독자적으로 행해졌다. 이와 같이 북청군 내에서 수십 개의 사자놀이가 음력 정월 15일 밤에 일시에 행해지므로, 사자놀이가 전문적이거나 직업적인 놀이꾼들에 의해 거행된다는 것은 불가능하다. 놀이꾼들은 바로 마을 주민인 농민들이다.

　음력 정월 15일 저녁, 달이 뜨기 시작할 무렵이면 마을마다 청년들은 횃불을 들고 대열을 지어 성지를 돈다. 산등성이는 횃불의 대열로 장관을 이룬다. 성지를 돌고 난 다음에는 다른 마을과 대결해 횃불싸움을 벌인다. 불길이 붙어오르는 횃불로 상대편을 후려갈기며 싸우면 눈 덮인 벌판은 삽시간에 요란하고 격렬한 싸움터가 된다. 횃불이 꺼질 때쯤이면 횃불싸움은 끝나고, 청년들은 각기 자기 마을의 도청(都廳)¹²으로 돌아간다. 청년들은 상기된 혈색으로 의기충만해 마을 어른들에게 횃불싸움의 결과를 보고한다.

　곧이어 사자놀이가 벌어진다. 도청 앞마당에서 퉁소가락이 울리면 온 마을사람들이 모여든다. 이때쯤이면 달은 벌써 높이 떠올라 밝게 비친다. 횃불싸움의 열기가 아직 가시지 않았고 흥겨운 음악이 울려, 마을은 온통 흥청거리며 생기에 넘쳐 있다. 음력 정월 15일이면 상당히 추운 때이다. 이런 겨울밤을 밤새도록 춤을 추며 즐기기 위해서는 특별한 상황이 갖춰져야 한다. 흥과 신명이 없이는 사자놀이의 진행이 불가능하다. 추위를 물리치기 위해 모닥불을 피워 놓고, 술과 음식을 장만해 먹으면서 즐긴다. 이러한 상황에서 사자놀이가 진행되는 것이다.

　한편 현재 북청사자놀이에는 사자가 두 마리 등장하지만, 원래 북청 지방에서는 사자가 두 마리나 등장하는 마을은 없었다. 모든 마을에서 한 마리만 등장했던 것이다. 그리고 사자놀이의 내용도 현재와 많은 차이를 보인다. 우선 사자놀이에 등장하는 배역을 보면, 현재는 사자춤 외에 애원성춤, 사당과 거사춤, 무동춤, 꼽추춤, 칼춤, 승무, 중, 의원, 양반, 꼭쇠 등이 나온다. 그러나 북청 현지에서는 마을에 따라 등장인물이 차이를 보였다.

성대면 양평리의 사자놀이는 죽평리의 사자놀이를 배워 온 것인데, 사자 외에는 양반, 꼭쇠, 의원만이 등장했고, 주로 사자춤을 중심으로 놀았다고 한다.[13]

신북청면 신북청리 안곡 평촌의 사자놀이에는 사자춤 외에 무동춤, 거사춤, 꼽추춤, 승무가 더 있었고, 중과 의원도 등장했다고 한다.[14]

북한에서 1955년 겨울부터 1956년 여름 사이에 북청 지방을 현지조사한 김일출의 보고에 의하면, 죽평리 사자놀이에는 피리(네 개), 퉁소(네 개), 꽹과리(네 개), 징(한 개), 새납(한 개), 소고(한 개), 큰북(한 개)의 악기와 함께, 놀이꾼은 사자 외에 꼭쇠, 양반, 중, 점바치, 의원, 굴중(상모) 돌리는 사람, 소고를 든 거사(두 명), 무동이 나온다.[15] 이 중 주목되는 인물은 점바치 즉 점쟁이인데, 점쟁이는 사자가 먹이를 먹고 병들어 쓰러진 후에 병점(病占)을 친다.

북청사자놀이의 반주음악은 퉁소를 사용하는 것이 특징이다. 사자놀이의 모든 춤은 저절로 어깨가 들썩들썩할 정도로 흥겨운 퉁소 가락에 맞추어 춘다.

북청 지방에서는 수십 개의 마을에서 각기 독자적으로 사자를 만들어 놀았기 때문에, 사자가면의 모습이 마을에 따라 상당한 차이를 갖고 있었던 것으로 나타난다. 북청의 사자가면은 1930년대에 송석하가 수집한 사자가면(국립중앙박물관 소장), 1936년 2월 7일 송석하가 북청 현지에서 찍은 북청읍의 사자와 토성리의 사자, 현재 북청사자놀음에서 사용하는 사자를 통해서 살펴볼 수 있는데, 모두 다른 모습이다.

1955년 겨울부터 1956년 여름까지 세 차례에 걸쳐 북청 지방을 현지조사한 김일출은 북청사자가면의 유형을 호랑이 또는 고양이 모습의 사자, 귀면 모양의 사자, 용 비늘을 그린 사자로 나누었다.[16]

## 2) 북청사자놀이의 기능과 의의

북청사자놀이는 극적인 요소가 풍부할 뿐만 아니라, 나례의 매귀행사와 동일한 모습도 보인다. 정월 4일부터 14일까지 사자놀이패는 마을의 가가호호를 방문하면서 나례의 매귀 즉 지신밟기와 유사한 의식을 거행했다.(도판 99) 북청사자놀이는

99. 현재의 북청사자놀이. 오늘날에는 두 마리의 사자가 등장하여 사자놀이를 한다.

정월 보름을 기해 거행되는 대부분의 민속놀이와 마찬가지로 벽사진경(辟邪進慶)을 목적으로 거행되었다. 백수의 왕인 사자가 등장하는 것만으로도 벽사적인 기능을 하지만, 특히 사자가 방울소리를 울리면서 가가호호를 방문해 집안 구석구석의 잡귀를 쫓는 모습은 바로 나례의 매귀라고 하는 행사와 완전히 일치한다.

중국 진(晉)나라 종름(宗懍)의 『형초세시기(荊楚歲時記)』에 의하면, 당시에 이미 민간의 나의(儺儀)는 집집마다 돌아다니며 구역을 해주고 놀이를 하며 향응이나 보수 같은 것을 받은 것으로 나타난다.[17]

송나라 오자목(吳自牧)의 『몽량록』 권6, '12월' 조에 나례의 구역신(驅疫神)으로 조군(竈君), 토지(土地), 문호(門戶)도 나오고, 원대(元代) 유당경(劉唐卿)의 「강상심채순봉모(降桑椹蔡順奉母)」 잡극 제2절에는 가정의 잡신들, 즉 증복신(增福神), 문신(門神), 호위(戶尉), 토지, 정신(井神), 조신(竈神), 측신(厠神) 등이 등장한다.

한국의 궁중나례에서도 궁궐의 구석구석을 다니면서 잡귀를 쫓는 구나의식을 거행했고, 관아나례와 민간나례에서는 이 행사를 매귀라고 불렀다. 그리고 정초에 풍물패가 가가호호를 방문해 마루(成造神), 안방(祖上神), 부엌(竈王神), 마당, 변소(厠神), 대문(門神), 우물(井神)의 신에게 기원하고 집안 구석구석의 잡귀를 쫓아내는 것을 매구, 매귀, 지신밟기라고 부르는데, 이것도 나례의 유풍임이 밝혀졌다.[18] 그런데 북청 지방의 사자놀이도 이러한 매귀행사를 거행한 사실은 바로 이 사자춤이 나례의 영향임을 입증하는 것이다.

사자는 머리 부분에 큰 방울을 많이 달고 있는데, 소리가 매우 크기 때문에 어린애들이 놀랄 정도라고 한다. 이는 방울소리를 통해 잡귀를 쫓으려는 것이다. 우선 사자는 집 안에 들어서서 방울소리를 울리면서 마당을 빙빙 돌며 기세를 보이다가 안방 문을 열고 방 안으로 들어간다. '딱딱' 소리를 내고 입을 열었다 닫았다 하면서 귀신을 잡아먹는 시늉을 하며 방방마다 들어가고, 곡식과 쌀독을 두는 뒷방인 '뒷고방'에도 들어간다. 부엌에 들어가서도 그와 같이 한 후 바가지를 하나 물고 나와서 마당에 던져 깨뜨린다. 이는 귀신을 쫓는 의식이다. 주인의 요청에 의해 부엌으로 들어간 사자는 조앙 즉 부뚜막을 향해 세 번 절하기도 한다. 조앙에는 성주단지(쌀과 엽전을 넣은 작은 항아리)와 조왕(베헝겊을 매어 둔 것)이 있기 때문이다. 성주는 가정의 수호신이고, 조왕은 부엌의 신이다. 마당으로 나온 사자는 뒤꼍, 장독간, 외양간도 다니면서 집을 한 바퀴 돌았다. 집안 구석구석을 다니는 것이다. 그리고 나서 한바탕 신나게 춤을 추었다. 이때 아이를 사자 위에 태우면 무병장수한다고 해 사자에 태우기도 한다. 또한 사자털을 베어다 두면 장수한다는 속신에 따라 몰래 털을 베어 두기도 한다.

사자놀이패가 가가호호를 방문해 사자놀이를 놀아 주면, 각 가정에서는 답례로 곡식을 내놓았다. 이때 사자계의 책임자인 유사(有司)가 큰 자루를 메고 다니면서 곡식을 받고 문서에 적었다. 유사는 마을에서 사자놀이를 자치적으로 준비하는 사자계의 책임자인데, 일 년 동안 사자놀이와 마을 일을 맡아본다. 정월 16일에는 그 동안 들어온 곡식과 지출한 경비 등을 결산했다. 남는 곡식은 마을의 극빈자에게 일부 주고, 학비가 없어 공부를 못 하는 학생을 지원하며, 마을 노인들의 경로잔치에 쓰고, 마을회관인 도청을 새로 짓는 경비 등 마을의 공공사업에 사용했다.

사자는 이미 오랜 옛날부터 벽사의 성격을 가진 동물로 인정되었음을 여러 자료에서 찾아볼 수 있다. 우선 신라 분황사의 모전탑과 불국사의 다보탑의 기단 네 모서리에 앉힌 사자개(사자의 몸체를 한 개)는 이 탑들을 수호하는 의미를 갖고 있다. 문무왕과 흥덕왕의 능 앞에 앉힌 사자개도 역시 같은 것이다. 중국에서도 무덤 앞의 석사자상(石獅子像)을 바로 '벽사'라고 속칭하고 있다.[19] 고려말 이색의 「구나행」에 보이듯, 나례에서 사자춤을 춘 것은 사자가 잡귀를 몰아내는 벽사의 성격을 갖고 있기 때문이다.

이와 같이 북청사자놀이의 주목적은 벽사진경에 있다. 백수의 왕으로 벽사의 뜻을 가진 사자 가면으로 전래하는 과정에서, 악귀를 내쫓고 마을이 태평하고 행복하기를 기원하면서 정월 대보름날 사자놀이를 성대하게 거행했던 듯하다. 사자놀이가 종교적 기능을 갖고 있는 것이다. 아이를 사자에 태우면 무병장수한다거나, 사자털을 베어다 두면 장수한다는 생각도 사자놀이의 종교적인 측면이다.

남한에서도 정초에 마을의 풍물패가 가가호호를 방문해 지신밟기를 할 때, 풍물패의 구성원은 모두 마을 주민인 농민이듯이, 북청 지방에서도 사자놀이의 놀이꾼은 모두 마을 주민인 농민이었다.

사자놀이를 통해 마을의 단결과 협동을 도모하는 사회적 통합의 기능도 매우 중요한 의의를 지니고 있다. 각 마을 자체로 사자놀이를 위한 준비를 진행하고, 각 가정마다 방문해 사자를 놀아 주고, 유지의 집을 순회하며 생긴 곡식을 마을의 공공사업(장학회, 빈민구제, 경로회 비용, 사자놀이 비용 등)에 사용함으로써 모든 마을 주민의 단결과 화합을 도모할 수 있었던 것이다.

그리고 일 년에 한 번 큰 명절을 맞이해 밤새도록 춤과 노래를 즐기며 흥과 신명을 푸는 과정에서, 일상생활의 긴장을 풀어 버리고 새로운 기분으로 활력을 되찾아 새해를 시작하는 오락적 기능도 무시할 수 없다.

북청사자놀이는 벽사진경의 놀이일 뿐만 아니라, 풍년을 기원하는 놀이였다. 북청 지방 사람들은 사자놀이를 한번 놀고 나면 집안에 잡귀가 없어지고, 그해의 농사가 풍년이 든다고 믿었다.[20] 이미 지적한 바와 같이, 『악학궤범』중 "사자가 나타났으니 복록이 오리로다"라는 내용에서 사자가 복록의 상징으로 인정되었음을 알 수 있다. 그러므로 사자놀이를 거행함으로써 풍농이라는 복록을 기원할 수 있었던 것으로 보인다. 중국과 일본에서도 사자춤이 벽사의 기능을 갖고 있을 뿐만 아니라, 풍농을 기원하는 놀이였다.[21]

한편 북청사자놀이는 마을에 따라 횃불싸움과 결합된 곳도 있고, 토성리(土城里)처럼 사자놀이가 관원(官員)놀이, 횃불싸움과 결합된 곳도 있었다.[22]

# 주(註)

## 제1장 가면의 세계

1. 이에 대한 자세한 논의는 이 책의 8장 「가면극과 북방문화」 참조.
2. 최상수, 『한국 가면의 연구』, 성문각, 1984, p.14.
3. 이 책의 p.22, 3) 신성가면 참조.
4. 임재해, 「탈이 지닌 종교적 의미와 주술적 기능」 『민속연구』 4집, 안동대학교 민속학연구소, 1994, p.39.
5. 이두현, 『한국의 가면극』, 일지사, 1979, p.12.
6. 이상 중국과 일본의 사자놀이에 대해서는 전경욱, 『북청사자놀이연구』, 태학사, 1997, pp.165-209 참조.
7. Museum of Cultural History Galleries, *Image and Identity—The Role of The Mask in Various Cultures*, Los Angeles: U.C.L.A., 1972, p.25.
8. Paul S. Winngert, "Mask," *The New Encyclopaedia Britanica*, vol. 11, Chicago: Encyclopaedia Britannica, 1980, p.584.
9. 위의 책, p.585.
10. Martin Banham ed., *The Cambridge Guide To African & Caribbean Theatre*, Cambridge: Cambridge University Press, 1994, p.4.
11. Yemi Ogunbiyi, "Drama and Theatre in Nigeria," *Nigeria Magazine*, 1981.
12. 이에 대한 자세한 논의는 이 책의 p.160, '1. 중국의 나례와 나희', p.168, '2. 한국의 나례와 나희' 참조.
13. 전경욱, 앞의 책, p.151.
14. 일본 민족의 전통적인 신앙신이 모셔져 있는 지방.
15. 산이나 들에서 노숙하면서 수행하는 사람.
16. 전경욱, 앞의 책, pp.208-209.
17. Kenneth Macgown & Herman Rosse, *Mask and Demons*, Harcourt: Brace and Company, Inc., 1923, p.19.
18. 葉星生 編, 「西藏面具藝術槪述」 『西藏面具藝術』, 重慶: 重慶出版社, 1990.
19. 이난영, 『신라의 토우』, 세종대왕기념사업회, 1976.
20. 이 책의 p.30, 8) 장례가면 참조.
21. 이 책의 p.338, '2. 북청사자놀이' 참조.
22. 이 책의 p.184, 6) 나례의 구나형식과 팔먹중춤의 연극적 형식 참조.

23. 연잎, 눈꿈쩍이, 오방신장의 가면에 대해서는 이 책의 p.178, 1) 나례의 오방귀무·오방처용무와 가면극의 오방신장무, 그리고 p.185, 7) 나례의 구나가면과 가면극의 연잎·눈꿈쩍이가면 참조.
24. 이 책의 p.18, 2) 벽사가면 참조.
25. 김학현 편, 『노오(能)』, 열화당, 1991, p.17.
26. 葉星生 編, 앞의 책.
27. Betty Ann Brown, *Máscaras: Dance Masks of Mexico and Guatemala,* Bloomington: University Museums, Illinois State University, 1978, p.6.
28. Roberta H. Markman and Peter T. Markman, *Masks of The Spirit—Image and Metaphor in Mesoamerica,* Berkeley and Los Angeles: University of California Press, 1994, p.167.
29. 秋葉隆, 『朝鮮民俗誌』, 東京: 六三書院, 1954, pp.245-251.
30. 최상수, 앞의 책, p.27.
31. 이두현, 앞의 책, p.104.
32. Paul S. Winngert, "Mask," *The New Encyclopaedia Britannica,* 15th ed., vol. 11, p.583; Kenneth Macgown & Herman Rosse, *Mask and Demons,* p.25.
33. Jean-Louis Bedouin, *LES MASQUES,* Paris: Presses Universitaires de France, 1967, p.36.
34. Museum of Cultural History Galleries, 앞의 책, p.23.
35. 최덕원, 『남도 민속고』, 삼성출판사, 1990, pp.411-426.
36. 최상수, 「탈」『한국민족문화대백과사전』 22, 한국정신문화연구원, p.882; 김일출, 「황해도 탈놀이와 그 인민성」『문화유산』 1호, 평양: 과학원출판사, 1957, p.29.
37. A. Onyeneke C.S.Sp., *The Dead Among The Living—Masquerades in igbo Society,* Ibadan: Holy Ghost Congregation, 1987.
38. Anthropos Institut (West Germany) ed., *Inscribing the Mask—Interpretation of Nyau Masks and Ritual Performance among the Chewa of Central Malawi,* University Press Fribourg Switzerland, 1996.
39. Jean-Louis Bedouin, 앞의 책, p.24.
40. 위의 책, p.56.
41. Paul S. Winngert, 앞의 책, p.581.
42. 위의 책, p.584.
43. 이수광(李睟光), 『지봉유설(芝峰類說)』 권18, 「기예부(技藝部)」, '잡기(雜技)' 조. "說部曰 北齊蘭陵王長恭 膽勇而貌若婦人 不足以威敵 刻木爲假面 臨陣着之 因此爲戲 謂之大面 或爲鬼臉 今中朝及我國優人 用爲戲具 而倭人每戰 爲先鋒以怯敵衆 盖有所本矣."
44. Jean-Louis Bedouin, 앞의 책, pp.60-62, p.78.
45. Museum of Cultural History Galleries, 앞의 책, p.20.
46. Jean-Louis Bedouin, 앞의 책, p.90.
47. 위의 책, pp.90-94에서 세계 여러 지역의 장례가면을 소개하고 있다.
48. 위의 책, p.93.
49. 위의 책, pp.60-62.
50. George Onyeke, *Masquerade in Nigeria—A Case Study in Inculturation,* Eos Verlag Erzabtei St. Ottilien, 1990.
51. Anthropos Institut (West Germany) ed., 앞의 책.
52. Jean-Louis Bedouin, 앞의 책, p.6.

53. P. Andre Vrydagh, "Makisi of Zambia," *African Art,* vol. X, no. 4, Los Angeles: U.C.L.A, 1977. 7.
54. Frederick Lamp, "Frogs into Princes—The Temne Rabai Initiation," *African Art,* vol. XI, no. 2, Los Angeles: U.C.L.A., 1978. 1.
55. Paul S. Winngert, 앞의 책, p.581.
56. Jukka O. Miettinen, *Classical Dance and Theatre in Southeast Asia,* London: Oxford University Press, 1992.
57. 『欽定滿洲源流考』16, 國俗 1. 通考 女眞俗勇善射 能爲鹿鳴 以呼群鹿而射之. (註-按今哨鹿之制 以木爲哨具 又象鹿之首 戴之 使鹿不疑 惟精於獵者能之 詳見御製哨鹿賦.)
58. Kenneth Macgown & Herman Rosse, 앞의 책, p.5.
59. Paul S. Winngert, 앞의 책, p.581.
60. 顧朴光, 『中國面具史』, 貴州: 貴州民族出版社, 1996, p.112.
61. 葉星生 編, 앞의 책.
62. Jean-Louis Bedouin, 앞의 책, p.47.
63. 위의 책, pp.67-69.
64. George Onyeke, 앞의 책, p.51.
65. Kenneth Macgown & Herman Rosse, 앞의 책, p.97.
66. James R. Brandon ed., *The Cambridge Guide To Asian Theatre,* Cambridge: Cambridge University Press, 1993, p.20.
67. Roberta H. Markman and Peter T. Markman, 앞의 책, p.167.
68. 顧朴光, 앞의 책.
69. 중국의 나례와 나희의 발전과정에 대해서는 이 책의 p.160, '2. 중국의 나례와 나희' 참조.
70. 顧朴光, 앞의 책, p.266.
71. 野間淸六, 『日本假面史』, 東京: 東洋書院, 1943, p.254; 김학현 편, 『노오(能)』, p.21 참조.
72. 葉星生, 앞의 책.
73. Balwant Gargi, *Folk Theater of India,* Calcutta: Rupa co., 1991; 고승길, 『동양연극연구』, 중앙대 출판부, 1995.
74. M. H. Goonatilleka, *Masks and Masks System of Sri Lanka,* Colombo: Tamarind Books, 1978; E. R. Sarachchandra, *The Folk Drama of Ceylon,* Colombo: The Dept. of Cultural Affairs, 1966.
75. Charlotte Heth ed., *Native American Dance—Ceremonies and Social Traditions,* New York: National Museum of the American Indian, 1992.
76. Roberta H. Markman and Peter T. Markman, "The Pre-Columbian Survivals—The Masks of the Tigres," *Masks of The Spirit—Image and Metaphor in Mesoamerica,* p.167.
77. Betty Ann Brown, *Máscaras: Dance Masks of Mexico and Guatemala;* Michael Stephens, *Mexican Festival and Ceremonial Masks,* Berkeley: the Low Museum of Anthropology, University of California, Berkeley, 1976.
78. J. A. Adedeji, "Alarinjo—The Traditional Yoruba Travelling Theatre," Yemi Ogunbiyi ed., Drama and Theatre in Nigeria, *Nigeria Magazine,* 1981; David Kerr, *African Popular Theatre—from pre-colonial times to the present day,* London: villiers publications Ltd., 1995.
79. A. Onyeneke C.S.Sp., 앞의 책.
80. Anthropos Institut (West Germany) ed., 앞의 책.
81. 諏訪春雄, 「日本演劇史の 視点」, 『日本演劇史の 視点』, 東京: 勉誠社, 1992, pp.16-17.
82. 金春信高 外, 『能面入門』, 東京: 平凡社, 1984, pp.18-23.

83. 유민영,「한국의 가면, 그 심미적 고찰」, 채희완 편,『탈춤의 사상』, 현암사, 1984, pp.161-173.
84. 이 책의 6장「가면극과 나례」참조.

## 제2장 가면극의 지역적 분포와 특징

1. 이 책의 5장「가면극의 놀이꾼」참조.
2. 정상박,「민속극의 분포 및 특징」, 민속학회 편,『한국민속학의 이해』, 문학아카데미, 1994, pp.358-360.
3. 이 책의 p.104, '1. 본산대놀이 계통 가면극' 참조.
4. 사진실,『한국 연극사 연구』, 태학사, 1997, p.381.
5. 유민영,「한국의 가면, 그 심미적 고찰」, 채희완 편,『탈춤의 사상』, 현암사, 1984.
6. 송석하,『한국민속고』, 일신사, 1960, p.171; 秋葉隆,「山臺戱」.(이 논문은 서연호,『산대탈놀이』, (열화당, 1987, pp.113-118에 번역되어 있음)
7. 서연호,『산대탈놀이』, 열화당, 1987, p.32. 조종순은 1929년에 예순두 살이었다고 함.
8. 이두현,『한국의 가면극』, 일지사, 1979, p.119.
9. 이병옥,『송파산대놀이연구』, 집문당, 1982.
10. 김일출,『조선민속탈놀이연구』, 평양: 과학원출판사, 1958, pp.138-139.
11. 김일출, 위의 책, p.135; 김일출,「봉산탈놀이의 옛 모습을 찾아서」『문화유산』3호, 평양: 과학원출판사, 1957.
12. 서연호,『황해도탈놀이』, 열화당, 1988, p.25.
13. 김일출,『조선민속탈놀이연구』, pp.138-140.
14. 서연호,『황해도탈놀이』, p.37.
15. 위의 책, p.50.
16. 강용권,「수영야류」『수영전통예능』, 수영고적민속보존회, 1993, p.25.
17. 송석하,「오광대소고」『조선민속』제1호, 조선민속학회, 1933.
18. 전경욱,「고성오광대 연희본」『구비문학연구』제1집, 한국구비문학회, 1994.
19. 전경욱,「가산오광대 연희본」『한국민속학』제27집, 민속학회, 1995.
20. 이 제당은 수영고당(水營古堂)이라 불리는데, 선조 25년(1592) 이전에 창건된 것이다. 원래는 송씨할매당이라고 불리던 것으로, 현재 이 건물은 1981년 신축한 것이다. 1996년 7월 13일 수영야류 현지조사시 기능보유자 김달봉(金達鳳, 1917년생), 태덕수(太德守, 1929년생) 옹의 제보.
21. 이두현, 앞의 책, p.259.
22. 송석하,「오광대소고」『조선민속』제1호.
23. 위의 책.
24. 이두현, 앞의 책, p.247; 서연호,『야류 · 오광대탈놀이』, 열화당, 1989, pp.38-39; 충무시지편찬위원회,『충무시지』, p.1266.
25. 이두현, 위의 책, p.246.
26. 오랫동안 통영 지방의 민속놀이를 조사 발굴했으며, 통영오광대의 놀이꾼인 김홍종의 제보.
27. 1993년 7월 9일 현지조사시 기능보유자 허종복(許宗福, 1930년생) 옹의 제보. 1974년 고성오광대 연수회에서 발행한 대본 참조.
28. 최상수,『야유 오광대 가면극의 연구』, 성문각, 1984.

29. 송석하,「오광대소고」『조선민속』제1호.
30. 강용권,『야류 · 오광대』, 형설출판사, 1982, p.151. 1994년 7월 5일 가산오광대 현지조사시 기능보유자 한윤영(韓允榮, 1920년생) 옹의 제보.
31. 정인섭,「진주오광대 탈놀음」『조선민속』1, 조선민속학회, 1933. 1 ; 최상수,「마산오광대 가면극 극본」앞의 책, p.116.
32. 정인섭, 위의 글 ; 최상수,「진주오광대 가면극 극본」앞의 책 ; 송석하,「진주오광대 각본」『동아일보』, 1934. 4. 21-30. 다만 오방신장무 과장은 창원오광대에도 있었다고 한다.
33. 장정룡,『강릉관노가면극연구』, 집문당, 1989.
34. 이에 대해서는 이 책의 p.338, '2. 북청사자놀이' 참조.

# 제3장 가면극의 기원

1. 안확,「山臺舞劇と處容舞と儺」『朝鮮』201, 朝鮮總督府, 1932. 2.
2. 김재철,『조선연극사』, 학예사, 1939.
3. 송석하,「처용무 나례 산대극의 관계를 논함」『진단학보』2권 2, 진단학회, 1935.
4. 조원경,「나례와 가면무극」『학림』4, 연세대 사학과, 1955. 2.
5. 양재연,「산대도감희에 취하여」『중앙대30주년논문집』, 중앙대출판부, 1955. 11 ; 이두현,『한국가면극』, 문화재관리국, 1969.
6. 이두현,『한국의 가면극』, 일지사, 1979.
7. 팽인(伻人)은 반인(泮人)의 착오임.
8. 이두현,『한국가면극』.
9. "百濟人 味摩之歸化曰 學于吳 得伎樂儛 則安置櫻井 而集少年 令習伎樂儛 於是 眞野首弟子 新漢濟文 二人習之傳其儛 此今 大市首 辟田首等祖也."
10. 이혜구,「산대극과 기악」『연희춘추』, 1953 ; 이혜구,「보정한국음악연구」, 민속원, 1996에 재수록.
11. 村上祥子,『한국 탈놀이와 일본 기악 연구』, 고려대 석사학위논문, 1991.
12. 서연호,「가면극의 양식 및 전승적 측면에서 살펴본 오국의 위치-일본 기악과의 비교를 중심으로」『일본학』제12집, 동국대 일본학연구소, 1993.
13. 成澤勝,「신사료군 검증으로 구명된 '伎樂(구레노우타마히=吳樂)' 故地」『한국연극학』제13호, 한국연극학회, 1999, pp.309-328.
14. 최정여,「산대도감극 성립의 제문제」『한국학논집』1, 계명대 한국학연구소, 1973.
15. 박전열,「일본 伎樂의 연구」『한국민속학』23, 민속학회, 1990.
16. 스이코(醉胡)는 술에 취한 호인이란 뜻이다. 일본에서는 스이코오(醉胡王)를 일명 촌장(村長) 또는 외국인으로 보며, 이 과장을 술 취한 주인과 그의 종자들이 벌이는 한바탕의 놀이 과장으로 본다. 위의 책, p.90.
17. 봉산탈춤(임석재본) 사자춤 과장에서 부처님이 보낸 사자가 파계한 먹중들을 잡아먹으려고 하자, 먹중들은 "우리들이야 무슨 죄가 있느냐. 우리 스승 취발이가 스님을 시기하며 이렇게 만든 것이 아니냐. 그러면 우리들은 기왕 잘못된 것을 곧 회개하기로 하자" 하면서, 취발이가 자기들의 우두머리임을 밝히고 있다. 그리고 봉산탈춤의 연희자들 사이에서도 노장은 칠십대, 취발이는 오십대, 먹중들은 삼십대, 상좌들은 십대 정도 나이의 중들이라는 이야기가 전해 내려오고 있다.
18. 呂光群 編著,『貴池儺文化藝術』, 合肥 : 安徽美術出版社, 1998, p.28 ; 王兆乾,『在假面的背後』, 合肥: 安徽大學出版社, 2000, pp. 61-75.
19. 오수경,「안휘 귀지 나희의 제의와 연출」『중국희곡』, 한국중국희곡학회, 2000. 12, pp.377-379.
20. 이혜구,『한국음악서설』, 서울대출판부, 1967, p.59.
21. 김재철, 앞의 책, 1939.
22. 송석하,『한국민속고』, 일신사, 1960.
23. 조동일,『탈춤의 역사와 원리』, 홍성사, 1979.
24. 위의 책.
25. 조동일,『한국문학통사』2(제3판), 지식산업사, 1994.
26. 박진태,『탈놀이의 기원과 구조』, 새문사, 1990.
27. 김일출,『조선민속탈놀이연구』, 평양: 과학원출판사, 1958.
28. 전경욱,『한국의 전통연희』, 학고재, 2004.

## 제4장 가면극의 계통

1. 河竹繁俊,『日本演劇全史』, 東京: 岩波書店, 1979.
2. "武帝滅朝鮮 以高句麗爲縣 使屬玄菟 賜鼓吹伎人."
3. 이혜구,『한국음악연구』, 국민음악연구회, 1957, pp.222-224.
4. 위의 책, pp.219-220.
5. 주재걸,「고구려사람들의 예술활동에 관한 연구」『고민속논문집』8, 평양: 과학백과사전출판사, 1983, p.250.
6. 이에 대한 자세한 논의는 이 책의 7장「가면극과 우희」참조.
7. "丁亥 曲宴崔怡進假面人雜戱 賜銀甁人一口 又賜妓綾各二匹."
8. "四年 王移御怡第 忠獻迎駕獻壽于闊洞私第 諸王宰樞皆侍宴 翌日乃罷 錦繡綵棚 胡漢雜戱 窮極侈異."
9. 이에 대해서는 이 책의 7장「가면극과 우희」참조.
10. 성현,『용재총화』권1. "驅儺之事 觀象監主之 除夕前夜 入昌德昌慶闕庭 其爲制也 樂工一人 爲唱師朱衣着假面 方相氏四人黃金四目蒙熊皮執戈擊柝 指軍五人朱衣假面着畫笠 判官五人 綠衣假面着畫笠 竈王神四人靑袍幞頭木笏着假面 小梅數人着女衫假面上衣下裳皆紅綠執長 竿幢 十二神各着其神假面 如子神着鼠形 丑神着牛形也. 又樂工十餘人 執桃茢從之 揀兒童數 十 朱衣朱巾着假面爲倀子."
11. 이에 대해서는 이 책의 6장「가면극과 나례」참조.
12. 큰 가면은 서른 말, 작은 가면은 스무 말이 들므로, 가면 한 개의 평균 비용은 스물다섯 말인데, 총비용이 사천여 말(한 섬은 열 말이므로 사백여 섬은 사천여 말이 됨) 정도 들었다면 가면을 약 백육십여 개 만들었다는 계산이 나온다.
13. 반인에 대한 자세한 논의는 이 책의 5장「가면극의 놀이꾼」참조.
14. 阿克敦 著, 黃有福·千和淑 校註,『奉使圖』, 遼寧: 遼寧民族出版社, 1999.
15. "演劇有山戱野戱兩部 屬於儺禮都監 山戱結棚下帳 作獅虎曼碩僧舞 野戱扮唐女小梅戱."
16. 사진실,「산희(山戱)와 야희(野戱)의 공연양상과 연극사적 의의」『고전희곡연구』제3집, 한국고전희곡학회, 2001. 8.
17. 행궁(行宮)은 왕이 전란, 휴양, 능원 참배 등의 목적으로 궁궐을 나와 지방으로 행차할 때 임시로 머무는 거처이다. 경기도 수원시 신풍동에 자리하고 있는 화성 행궁은 정조 20년(1796)

에 건립된 것으로, 조선시대 행궁 가운데서 대표적인 것이다.
18. 김은영은 「산대와 채붕」(『생활문물연구』, 국립민속박물관, 2003. 9)에서 낙성연도의 두 구조물이 채붕임을 밝혔다.
19. 보계(補階)는 마루 따위를 넓게 쓰기 위해 대청마루 앞에 임시로 좌판을 잇대어 깐 덧마루이다. 그런데 궁중 행사에서 설치되는 보계의 경우는 평범한 보계의 개념을 넘어서 공연 공간을 위한 주요 설비로 사용된다. 〈봉수당진찬도(奉壽堂進饌圖)〉에서 보듯이, 보계는 그 위에 많은 인물과 기물(器物), 악기들이 자리하고 있으므로 이 모두의 무게를 지탱할 정도로 튼튼하게 만들어진다. 사진실, 『공연문화의 전통』, 태학사, 2002, p.74.
20. "遠近觀光之民必當齎糧坌集 只令屯聚遙望如薺者之丹青 則眞所謂何所見而歸 無以慰悅此輩之心 自都廳知委於京捕校 設綵棚雜戲於稍遠通廣處 以爲上下同樂之地事."
21. 『사원(辭源)』에 의하면, 채붕은 "나무를 엮어 비단 장막으로 덮은 것(謂木張綵以爲覆蔽也)"을 말한다. 보통 '채붕(綵棚)'이라고 쓰이지만, 채붕을 구성하는 화려한 비단을 강조하기 위해 인용문처럼 '채붕(彩棚)'이라 쓰기도 한다.
22. 허용호, 「화성 행궁과 전통 연희」 『민족문화연구』 제39호, 고려대 민족문화연구원, 2003. 12.
23. 임형택 역, 『이조시대 서사시』 하, 창작과비평사, 1992, pp.302-306.
24. 강명관, 「조선후기 서울의 중간계층과 유흥의 발달」 『조선시대 문학 예술의 생성공간』, 소명출판, 1999, pp.164-167; 이우성·임형택 편역, 『이조한문단편집』 하, 일조각, 1978, pp.165-168.
25. 이우성·임형택 편역, 『이조한문단편집』 중, 일조각, 1978, pp.212-218.
26. "家設山臺鐵拐曼碩淫亂之戲 使婦人觀之 笑聲出於外 非正家之道."
27. "少妓拜而舞 風流郎 着快子 對舞 郎繞妓而舞 戲狎 備至有老僧 伏於軒隅 上座出舞 往老僧前指示妓 老僧掉頭不見 上座又附耳而語 老僧稍稍擧視 上座曳山錫杖 老僧戰慄不能起 欲起而頹臥 又曳 出起舞 漸近妓處 繞行而舞 上座居間周旋 郎故避之 老僧與妓戲狎 每見郎近入 則避去 郎以錦鞋 着妓足而去 老僧亦以色鞋 換着妓足而去 郎還見妓換鞋 怒而打妓 妓佯泣 郎抱腰欝忿而去 老僧又來 戲負妓而去 郎乘醉亂步而入 見妓不在 乃伸脚坐泣 妓棄僧 還入 抱郎腰而泣 郎打妓 妓飮泣不已 郎抱腰解之 妓不聽 郎連解之 更爲起舞郎 郎抱一少妓 妓妬打之 又爲起舞 妓先拜出 郎亦出 老僧與上座舞罷 此一場雜戲也."
28. 1936년 임석재 채록본에 의하면, 봉산탈춤에도 노장 과장에 두 명의 소매가 나오는 것이 원래의 모습이나, 현재는 한 명의 소매만 등장한다.
29. 이미 살펴본 바와 같이, 강이천의 「남성관희자」에서는 취발이를 술에 취한 중으로 묘사하고 있다.
30. 조동일, 『탈춤의 역사와 원리』, pp.185-198.
31. 봉산탈춤의 사자춤 과장은 1913-1915년경부터 비로소 놀기 시작한 것이라고 한다. 김일출, 『조선민속탈놀이연구』, 평양: 과학원출판사, 1958, p.177.
32. 서연호, 「고대연희사의 잔영을 찾아서」 『한국 가면극연구』, 월인, 2002, pp.9-40.
33. 이두현은 마을굿에서 형성된 가면극을 '성황제탈놀이'라고 명명하고, 하회별신굿탈놀이와 강릉단오굿의 관노가면극을 예로 들었다. 그리고 이 가면극들은 한국 가면극의 형성에서 대륙 전래의 영향 이전의 토착적인 기원을 시사하는 중요한 가면극이라고 보았다. 이두현, 『한국의 가면극』, 일지사, 1979, p.99.
34. "土人 常以五月一日至五日 相聚分兩隊 戴祠神像 竪綵旗 遍歷村閭 人爭以酒饌祭之 儺人畢會 百戲具陳."
35. "高城俗 郡祀堂 每月朔望 自官祭之 以錦鍛作神假面 藏置堂中 自臘月念後 其神下降於邑人

着其假面 踏舞出遊於衙內及邑村 家家迎而樂之 至正月望前 神還于堂 歲以爲常 盖儺神之類也."
36. 장정룡,『강릉관노가면극연구』, 집문당, 1989, p.103.
37. 위의 책.
38. 서연호,『서낭굿탈놀이』, 열화당, 1991, pp.44-46.
39. 최남선,『조선상식문답속편』, 동명사, 1947, p.340.
40. 김일출, 앞의 책, p.75.
41. 이에 대한 자세한 논의는 이 책의 p.338, '2. 북청사자놀이' 참조.
42. 심우성,『남사당패연구』, 동문선, 1989 ;『한국민족문화대백과사전』 5, 한국정신문화연구원, 1991 ; 서연호,『꼭두각시놀이』, 열화당, 1990.

## 제5장 가면극의 놀이꾼

1. 秋葉隆,「山臺戲」『朝鮮民俗誌』, 東京 : 六三書院, 1954. 이 논문이 처음『日本民俗學のために』(柳田國男古稀記念文集九輯, 民間傳承の會, 1948. 9, pp.1-22)에 실렸을 때는 '泮人(반인)' 이 아니고 '泙人(평인)' 이라고 되어 있었다. 그러나 후일 아키바 다카시는 이 논문을 자기 저서인『조선민속지』에 다시 수록하면서 '泮人(panin)' 이라고 영문을 덧붙여 표기함으로써, 이전에 '泙人' 이라고 썼던 것이 착오였거나 인쇄상의 오자였음을 분명히 밝혔다.
2. 이두현,「산대도감극 성립과정에 대하여」『국어국문학』 18, 국어국문학회, 1957 ;『한국의 가면극』, 일지사, 1979, p.118. 팽인(佯人)은 반인(泮人)의 착오로 보인다. 실제로『한국 가면극, 그 역사와 원리』가 출판된 이후 이두현은『한국연극사』(신수판, 학연사, 2000)에서 본산대놀이의 놀이꾼을 반예배(泮隸輩) 즉 반인으로 수정했다.
3. 이훈상,「향리 집단과 의례화된 반란으로서의 탈춤 연행」『조선 후기의 향리』, 일조각, 1990.
4. 박진태,「이서층 탈놀이의 제의적 요소」『탈놀이의 기원과 구조』, 새문사, 1990.
5. 전경욱,「조선시대의 연희담당층」『한국의 전통연희』, 학고재, 2004.
6. 전경욱,「반인의 다양한 활동과 본산대놀이의 전승」『문묘제례악과 양주별산대놀이』, 성균관대학교 박물관, 2004. 10.
7. 鮎貝房之進,「白丁攷」『雜攷』, 國書刊行會, 1967, p.186.
8. 이상 현방과 관련된 내용은 최은정의「18세기 懸房의 商業活動과 運營-牛肉販賣活動을 중심으로」(이화여대석사논문, 1997. 2)를 참조했음.
9. "禾尺卽楊水尺."
10. "我國有別種人 以射獵結造柳器爲業 異於編氓 名曰白丁 卽前朝之 楊水尺."
11. "白丁 或稱禾尺 或稱才人 或稱韃靼 其種類非一 … 本非我類."
12. "我國才人白丁 其先胡種也."
13. "楊水尺者 前朝初有之 江都時亦有之 才人白丁 忠烈王時有之 恭愍王時亦有之 遠者五六百年 近不下數百年 其絃歌之習 宰殺之事 至今不改."
14. "呈才人白丁等 本是無恒産之人 專業優戲 橫行閭里 稱爲乞糧."
15. 秋葉隆, 앞의 책, p.172.
16. "肅宗二十九年癸未 命禁儒生之觀迎接都監雜戲者 犯者限三年停擧 每當北使之來也 朝家設儺禮都監 聚倡優張山棚而迎之 至是大司成金鎭圭奏曰 臣頃於街路見都人之奔波 而士子亦多往觀 士不自重如此 宜有禁制矣 上有是命."
17. "英宗十二年丙辰 上命有司治成均館入直官之罪 太學兩掌議皆停擧 時泮隸輩設山棚張樂於泮

村之內 上聞之 有是命."
18. 『조선왕조실록』권41, '영조 12년 2월 22일' 조. "先是 湖儒疏 有言泮人設棚於聖廟近地 而齋儒往觀云 至是 左議政金在魯請罪齋儒 館官拿處 堂上推考 並從之."
19. "去月念間 泮人輩 適會胡使停棚之時 各自聚錢 賃得棚戲之具 兩日設棚於聖廟之後 雜陳異技 大張淫樂 齋儒輩 亦莫不奔走聚觀 噫 棚戲 卽胡使供歡之具也 不可使近於闕里絃誦之地 泮人輩 雖愚駿無識 有此怪擧 爲其齋任者 固當登時嚴禁."
20. 임석재의 회고담에 의하면, 그는 1926-1927년 무렵 단옷날 낮에 성북동(지금의 동구여상 아래 너른 마당)에서 탈춤을 보았다고 한다. 당시 성북동에는 넝마전이라 해서 삼베나 모시를 빨아서 너는 넓은 마당이 두 군데 있었는데, 현재 간송박물관이 있는 곳과 동구여상 아래가 바로 그곳이었다는 것이다. 그런데 이곳은 성균관의 동북쪽에 해당하고, 서울 성곽의 모퉁이가 있는 곳이므로, 이 부근이 바로 포동일 것이다. 그렇다면 이 장소는 이미 조선 후기부터 일제시대까지 계속 놀이꾼들의 연습 장소 겸 공연장의 역할을 해 왔다는 이야기가 된다. 임석재 구술, 임돈희 채록, 「양주별산대놀이, 봉산탈춤, 강령탈춤 대사 채록과정에 대하여」 『비교민속학』제9집, 비교민속학회, 1992, p.5.
21. 이상 반인과 관련된 자세한 논의는 전경욱, 「반인의 다양한 활동과 본산대놀이의 전승」『문묘제례악과 양주별산대놀이』(성균관대학교 박물관 개관 40주년 기념 특별전 도록), 성균관대학교 박물관, 2004. 10, pp.209-227 참조.
22. 이두현, 『한국의 가면극』, 일지사, 1979, p.118.
23. 『동국여지비고(東國輿地備考)』권2「한성부(漢城府)」'포사(舖肆)' 참조.
24. 김일출, 『조선민속탈놀이연구』, 평양: 과학원출판사, 1958, pp.138-140.
25. 조동일, 『한국문학통사』3(3판), 지식산업사, 1994, p.620.
26. 1996년 9월 24일 퇴계원별산대놀이에 대한 나의 현지조사에서 백황봉(白黃鳳, 1911년생), 최사유(1912년생)의 제보에 의하면, 퇴계원별산대놀이는 양주별산대놀이를 배워 온 것이며, 퇴계원에서 가면극을 공연할 때는 양주의 놀이꾼도 와서 합동으로 공연했다고 한다. 그리고 가면극 공연 비용은 상인들이 후원했음을 분명히 밝히고 있다. 그러나 정부에서 연초상을 금지한 1920년대 초반 이후 경제가 쇠해 가면극이 점차 사라졌다고 한다.
27. 최상수, 『산대·성황신제가면극의 연구』, 성문각, 1988, pp.51-52; 이두현, 『한국의 가면극』, p.118.
28. 이병옥, 『송파산대놀이 연구』, 집문당, 1982, pp.28-30; 서연호, 『산대탈놀이』, 열화당, 1987, pp.93-95.
29. 김일출, 앞의 책, pp.138-140.
30. 송석하, 「오광대소고」『조선민속』1호, 조선민속학회, 1933.
31. 충무시지편찬위원회, 『충무시지』, 1987, p.78, p.118.
32. 1995년 8월 2일 현지조사시 기능보유자 강연호(姜連浩, 1931년생)의 제보.
33. 김일출, 『조선민속탈놀이연구』, p.135;「봉산탈놀이의 옛 모습을 찾아서」『문화유산』3호, 평양: 과학원출판사, 1957.
34. 김일출, 「봉산탈놀이의 옛 모습을 찾아서」.
35. 전경욱, 「반인의 다양한 활동과 본산대놀이의 전승」, 성균관대학교 편집부, 『문묘제례악과 양주별산대놀이』, 성균관대학교 출판부, 2004.

## 제6장 가면극과 나례

1. 安廓,「山臺戲と處容舞と儺」『朝鮮』第210號, 朝鮮總督部, 1932, pp.90-91.
2. 김재철,『조선연극사』, 조선어문학회, 1933, pp.78-79.
3. 송석하,「처용무 나례 산대극의 관계를 논함」『진단학보』2권 2, 진단학회, 1935.
4. 조원경,「나례와 가면무극」『학림』4, 연세대학교 사학과, 1955. 2.
5. 양재연,「산대도감희에 취하여」『중앙대 30주년기념논문집』, 중앙대학교 출판부, 1955. 11.
6. 이두현,「산대도감극 성립과정에 대하여」『국어국문학』18, 국어국문학회, 1957;『한국의 가면극』, 일지사, 1979.
7. 김학주,「나례와 잡희」『아세아 연구』6권 2호, 고려대학교 아세아문제연구소, 1963;『한·중 두 나라의 가무와 잡희』, 서울대학교 출판부, 1994에 재수록.
8. 윤광봉,「한국가면극의 형성과정-나례의 변이양상을 중심으로」『비교민속학』제9집, 비교민속학회, 1992. 10.
9. 이 장에서 전개하는 중국의 나례와 나희에 대한 내용은 김학주, 도립번, 고박광의 연구에 크게 힘입고 있다. 김학주,「나례와 잡희」『아세아 연구』6권 2호, 고려대학교 아세아문제연구소, 1963;陶立璠,「중국의 가면문화」『비교민속학』제11집, 비교민속학회, 1994. 6; 顧朴光,『中國面具史』, 貴州: 貴州民族出版社, 1996.
10. 郭淨,「試論儺儀的歷史演變」『中國儺文化論文選』, 貴州: 貴州民族出版社, 1989.
11. 孫作雲,『詩經與周代社會』, 中華書局, 1966, p.11.
12. 顧朴光,『中國面具史』, p.112.
13. 김학주,『한·중 두 나라의 가무와 잡희』, pp.10-11.
14. 陶立璠,「중국의 가면문화」『비교민속학』제11집.
15. 顧朴光, 앞의 책, p.268.
16. 위의 책, p.269.
17. 김학주,『한·중 두 나라의 가무와 잡희』, p.16.
18. 위의 책, p.9.
19. "十二月盡 俗云月窮歲盡之日 謂之除夜 士庶家不論大小家 俱酒掃門閭 去塵穢 淨庭戶 換門神 掛鍾馗 釘桃符 貼春牌 祭祀祖宗 … 禁中 除夜呈大驅儺儀 幷係皇城司諸班直 戴面具 著繡畵雜色衣裳 手執金槍銀戟 畵木刀劍 五色龍鳳 五色旗幟 以敎樂所伶工 裝將軍 符使 判官 鍾馗 六丁 六甲 神兵 五方鬼使 竈君 土地 門戶 神尉等神 自禁中動鼓吹 驅祟出東華門外 轉龍池灣 謂之埋祟而散."
20. "… 自此入月 街市有貧丐者 三五人爲一隊 裝神鬼 判官 鍾馗 小妹等形 敲鑼擊鼓 沿門乞錢 俗呼爲打夜胡 亦驅儺之意也."
21. 김학주,『한·중 두 나라의 가무와 잡희』, pp.12-13.
22. 이두현,『한국의 가면극』, 일지사, 1979, pp.83-87.
23. 위의 책, pp.9-10.
24. "睿宗 十一年 十二月 己丑 大儺 先是 宦者分儺 爲左右求勝. 王又命親王分主之. 凡倡優雜伎 以至外官遊伎 無不被徵 遠近坌至 旌旗亘路 充斥禁中."
25. "上張思殿觀儺戲 後宮亦垂簾觀之 夜分不罷."
26. "戊申 王觀儺于仁陽殿 命妓工俳após 呈戲萬彼 耽玩終日."
27. 김일출,「봉산탈놀이의 옛 모습을 찾아서」『문화유산』3호, 평양: 과학원출판사, 1957, pp.61-62에서 요약.

28. 오횡묵,『함안총쇄록』『한국지방사자료』18, 여강출판사, 1987. "日暮燭擧閉門後 忽聞外有 衆人喧哄之聲 忽然 燃炬紗籠煒煌庭除 余招通人問之 所謂官屬輩正朝問安云也 霎頃次第問安 後忽有鼓角鉦笙之聲 兒童數三十名 呼應而入 繼以壯丁幾數十名 各執所長樂於廣場 金革相盪 踊躍跌先 就中一大漢 面裏傀儡 東閃西忽 乍俯乍仰 或慢聲 作倨傲之態 或伴仆作中風之樣 如 墻觀者莫不捧腹失聲 又有幾箇妙童 直立於大人肩上 擧手翩翩 舞進舞退 俗所謂埋鬼戱也 余 以錢一兩 白紙二束 白米三斗 北魚一夫 大口三尾 白酒一盆 帖下分喫後 又入內衙一場嗚打 轉 向六廳 亦然 此盖年例而辟退癘魔云."
29. 이두현,『한국가면극』, 문화재관리국, 1969, p.328. 1961년 11월 고영기, 이갑조의 제보.
30. 오횡묵,『고성총쇄록』『한국지방사자료』18, 여강출판사, 1987. "回見風雲堂 諸吏輩 具儺樂 遊戱 問是 歲時年例云 … 還衙時 已迫昏 少頃 儺戱輩 嗚錚伐鼓 踊躍轟鬧 齊入官場 場中石臺 上 預設炬火 明若白晝 而金革亂眩 人語難分 月顚 大面 老姑優 兩班倡 奇形怪容之流 頭頭迭 出 面面相謔 或狂叫或慢舞 如是數食頃而止 盖其雜戱 與咸安略相似 而滑稽較勝 服飾較劣."
31. 이두현,『한국의 가면극』, p.247; 서연호,『야류·오광대탈놀이』, 열화당, 1989, pp.38-39; 충무시지편찬위원회,『충무시지』, 1987, p.1266.
32.『신증동국여지승람』권38, '제주목(濟州牧)' 조. "俗尙淫祀 乃於山藪川池丘陵墳衍木石 俱設 神祀 每歲元日至上元 巫覡共擎神纛 作儺戱 錚鼓前導出入閭閈 爭損財穀以祭之."
33. 이훈상,「향리집단과 의례화된 반란으로서의 탈춤 연행」『조선 후기의 향리』, 일조각, 1990.
34. 이에 대해서는 사진실,「조선시대 서울 지역 연극의 공연상황 연구」, 서울대학교 대학원 국어국문학과 박사학위논문, 1997. 2, pp.36-53에서 새로운 자료들을 다수 발굴해 소개하고 있다.
35. 이에 대해서는 전경욱,「본산대놀이와 북방문화」『민속학연구』제8호, 국립민속박물관, 2001. 8 참조.
36. 최상수도 이미「구나행」의 오방귀무만을 대상으로 오방신장무와 관련해 논의한 바 있다. 최상수,『야류·오광대 가면극의 연구』, 성문각, 1984, pp.79-83.
37. 윤광봉도 백택무를 사자무라고 지적한 바 있다. 윤광봉, 앞의 글, p.97.
38. 김학주,『한·중 두 나라의 가무와 잡희』, p.40.
39.『악학궤범』권9, '처용관복(處容官服)'에 의하면, 처용은 머리에 모란과 복숭아나무 가지를 꽂고 있다. 모란은 부귀를 상징하는 꽃이고, 복숭아나무 가지는 귀신을 쫓는 벽사적인 성격을 띠고 있다. 그러므로 처용의 머리에 꽂은 모란과 복숭아나무 가지는 벽사진경을 의미하는 것이다.
40. 제주도의 굿에서는 귀신을 쫓을 때 버드나무를 사용한다. 그리고 우리 민속에서는 여름에 학질을 앓을 경우, 환자의 나이 수대로 버들잎을 따서 봉투에 넣은 다음 겉봉에 "柳生員宅入納"이라고 써서 큰길 가에 버린다. 이 외에도 버드나무는 귀신을 쫓거나 벽사의 기능으로 자주 사용된 것으로 나타난다. 이수자,「설화에 나타난 '버들잎 화소'의 서사적 기능과 의의」『구비문학연구』제2집, 한국구비문학회, 1995, pp.22-24.
41. 김일출,『조선민속탈놀이연구』, 평양: 과학원출판사, 1958, pp.130-131.
42. 최상수도 이미 연잎과 눈꿈쩍이가면이 나례의 방상시가면에서 유래한 것이라고 지적한 바 있다. 최상수,『산대·성황신제가면극의 연구』, 성문각, 1985, p.56.
43. "銅蓮花冠(假面俯○觀處容用之) 右冠以銅鐵薄造 上覆蓮花 下垂蓮葉 假面漆布爲殼 並着彩." 민족문화추진회 역,『국역 악학궤범』제2권, 민족문화추진회, 1989, p.189.
44. "初倣僧徒供佛 群妓齊唱靈山會相上佛菩薩 自外庭回匝而入 伶人各執樂器 雙鶴人五處容假面十人 皆隨行縵唱三回 入就位而聲漸促 撞大鼓 伶妓搖身動足 良久乃罷 於是作蓮花臺戱."

45. 『국역 악학궤범』 제2권, p.189의 '무동관복도설'의 각주 65에서도 관처용가면을 무동 열 명으로 보았다.
46. 조희웅, 「연꽃」 『한국문화상징사전』, 동아출판사, 1992, pp.476-477.
47. 김학주, 「종규의 변화발전과 처용」 『아세아연구』 8권 9호, 고려대학교 아세아문제연구소, 1965.
48. 장정룡, 『강릉관노가면극연구』, 집문당, 1989, p.103.

## 제7장 가면극과 우희

1. 이두현, 『한국가면극』, 문화재관리국, 1969, p.136.
2. 김동욱, 「판소리발생고」 『한국가요의 연구』, 을유문화사, 1981, p.341.
3. 사진실, 「18-19세기 재담 공연의 전통과 연극사적 의의」 『한국연극사』, 태학사, 1997.
4. 사진실, 「배우의 전통과 재담의 전승-박춘재의 재담을 중심으로」 『한국음반학』 제10호, 한국고음반연구회, 2000, pp.299-333.
5. 사진실, 「한국연극의 화극적 전통 고찰-무당굿놀이와 소학지희의 분석을 중심으로」, 한국극예술학회 편, 『한국극예술연구』 제1집, 태동, 1991.
6. 양회석, 『중국희곡』, 민음사, 1994, pp.24-26.
7. "至道二年 重陽 皇太子與諸王宴瓊林苑 教坊以夫子爲戱 太子賓客李至言於東朝曰 唐大和中 樂府以此爲戱 文宗遽令止之 答優人 以懲其無理 魯定公以儒爲戱尙不可 況敢及先聖乎 東朝驚歎 白於上 而禁止之 此戱遂絶."
8. "元祐中 上元 駕幸迎祥池 宴從臣 教坊伶人以先聖爲戱 刑部侍郎孔宗翰奏 唐文宗時 嘗有爲此戱 訴斥去之 今聖君宴犒羣臣 豈宜尙容有此 詔付檢官 置於理."
9. "景定五年 明堂禮成 恭謝 太乙宮賜宴齋殿 教坊優伶摹經語以戱. 刑部侍郎徐復引孔道輔使契丹 責以文宣爲戱故事 請誡樂部 無得以六經前賢爲戱."
10. 중국의 유희에 대한 더 자세한 고찰은 안상복, 「한중 우희의 관련양상에 대한 한 고찰」 『구비문학연구』 8, 한국구비문학회, 1999, pp.338-339 참조.
11. 가와타케 시게토시, 이응수 역, 『일본연극사』 상, 청우, 2001, p.157.
12. 위의 책, p.158.
13. 박전열, 「일본 산악(散樂)의 연구」 『한국연극학』 제8호, 한국연극학회, 1996, pp.165-195.
14. 위의 글.
15. 최무장, 『고구려 고고학』, 민음사, 1995; 전호태, 『고분벽화로 본 고구려 이야기』, 풀빛, 1999; 손수호, 「고구려무덤벽화에 그려진 행렬도의 유형과 변천에 대하여」 『조선고고연구』, 평양: 과학원출판사, 1992. 3; 조선일보사, 『집안 고구려 고분벽화』, 조선일보사, 1993.
16. 土田杏村, 「新羅樂と散樂伎樂樂舞」 『土田杏村全集』 제10권, 1936, pp.367-382.
17. 양주동, 『국학연구논고』, 을유문화사, 1962, p.222.
18. 양재연, 「月顚戱考」 『文耕』 제17집, 1964; 양재연, 『국문학연구산고』, 일신사, 1976에 재수록.
19. 이두현, 『한국연극사』(신수판), 학연사, 2000, p.70.
20. 藤原明衡 撰, 重松明久 校註, 『新猿樂記 雲州消息』, 東京: 現代思潮社, 1982, p.8.
21. 이두현, 앞의 책, p.91.
22. 고정옥, 『조선구전문학연구』, 평양: 과학원출판사, 1962.
23. "興邦家奴 李琳女婿判密直崔濂家奴 居富平 恃勢恣橫 … 興邦嘗與異父兄李成林 上家而還驥

騎滿路 有人爲優戱 極勢家奴隷剝民收租之狀 成林忸怩 興邦樂觀不之覺也."
24. "九月甲戌 宴諸王宰樞于天授殿 達曙乃罷 各賜侑幣 王賦詩命儒臣和進賜物有差 有優人因戱 稱美先代功臣河拱辰 王追念其功 以其玄孫內侍衛尉注簿濬爲閤門祇候 仍製詩一絶賜之."
25. "壬子 王以世子生日 宴群臣 上將軍鄭仁卿爲倈儒戱將軍簡弘爲倡優戱 王亦拍手起舞."
26. "高麗將仕郎永泰 善俳優戱…泰又從忠惠王獵 每呈優戱 王投泰于水中 泰撤裂而出 王大笑問 曰 汝從何處去 今從何處來 泰曰 往見屈原而來 王曰 屈原云何 對曰 原云我逢暗主投江死 汝遇明君底事來 王喜賜銀甌一事."
27. "唐散樂高崔嵬 善弄癡 太宗命給使捺頭向水下 良久 出而笑 帝問之 曰 見屈原 云 我逢楚懷王 無道 乃沈汨羅水 汝逢聖明主 何爲來"
28. 안상복,「한중 우희의 관련양상에 대한 한 고찰」『구비문학연구』8, 한국구비문학회, 1999, pp.337-338.
29. "百姓如喪考妣 不可恣爲譁諠 則如廣大西人注叱弄鈴斤頭等 有規式之戱 則依舊爲之 如水尺 僧廣大等 笑謔之戱 則列立備數而已可也 音樂則當依舊爲之不可禁也."
30. 인용문의 연희자와 연희 내용에 대한 자세한 분석은 전경욱,『한국의 전통연희』, 학고재, 2004, p.252 참조.
31. 사진실,「소학지희의 공연방식과 희곡의 특성」『한국연극사 연구』,태학사, 1997, p.45.
32. 조선시대의 우희에 대한 자료는 고정옥,『조선구전문학연구』, 평양: 과학원출판사, 1962, pp.259-268과 사진실,「소학지희의 공연방식과 희곡의 특성」『한국연극사 연구』에서 다수 소개하고 있어 큰 도움을 받았다. 고정옥은 이런 연희에 대해 '화극'이란 용어를 사용했다. 사진실은 처음에 소학지희가 부적절한 용어임을 밝혔으나, 이를 대신할 용어를 제시하지는 않았다. 그러나 이후『공연문화의 전통』, 태학사, 2002에서는 '골계희'라는 용어를 사용했다.
33. "恭憲大王 爲大妃殿 陳進豊呈於闕內 京中優人貴石 以善俳戱進 束草爲苞四 其大者二 中者一 小者一 自稱守令 坐於東軒 召進奉色吏 有一優人 自稱進奉色吏 膝行匍匐而前 貴石低聲 擧大苞一 與之曰 此獻吏曹判書 又擧大苞一 與之曰 此獻兵曹判書 又其中者一 與之曰 此獻大司憲 然後 與其小苞曰 以此進上."
34. "先是 姜玉等 求工人造弓矢 尙衣院僉正文修德 軍器寺僉正趙俊等 承命董役 至是 修德來啓 曰 冶匠高龍 本優人 戱爲盲人醉人之狀 玉等見而悅之 累使作戱 若此不已 恐終備呈雜戱 無所不至 請以他人代之."
35. "貴石宗室之奴也 其主參試藝陞資 而未有實職 俸祿不加 趨率不備 而差祭於各陵殿 殆無少假 貴石入進豊呈 與諸優人約 一稱試藝宗室乘瘦馬 貴石爲奴 自持韉靮而去 一作宰相乘俊馬 輿 徒擁路而去 前卒辟路 而宗室見犯 挐貴石而去 仆地而杖之 高聲而訴之曰 小人之主試藝宗室 也 官高不下於令公 而俸祿不加 趨率不備 差祭於各陵各殿 殆無閑日 反不如不試藝之前 小人 何罪 宰相之優 敬歎而釋之 未幾 特命加其主實職."
36. "中廟朝 定平府使具世璋 貪黷無厭 有賣鞍子者 引來府庭 親與論價 詰其經重者數日 卒以官貸 買之 優人於歲時 戱作其狀 上問之 對曰 定平府使買鞍子事也 遂命拿來拷訊竟贓罪 若優者又 能彈駁貪汚矣."
37. "雜戱俱作 夜二鼓 逐疫 優人因戱 自相問答 官吏貪廉之狀 閭里鄙細之事 無所不至."
38. "史臣曰 人君深居九重 政治之得失風俗之美惡有不可得以聞 則雖俳優之言 或有規風之意 而 亦無不採用之事焉 此儺禮之所以設也 末世失其本意 徒以寄技淫巧 侈蕩心目 不若不設之爲 愈也."
39. 허균(許筠),「장생전(蔣生傳)」, 이가원 편역,『이조한문소설선』, 민중서관, 1961, pp.74-75.

40. "以儒爲戱: 今時登科者 必以倡優爲樂 有倡優則必有儒戱 其破衣弊冠 胡說强笑 醜態百陳 以資歡宴 夫今日冠紳之徒 孰不以儒爲名 而忍令下賤褻辱至此 彼倡優不足責 獨怪夫今日士夫之恬然不知愧耳."
41. 이이명, 『소재집(疏齋集)』권6, 「잡저(雜著)」'만록(漫錄)'. "延平自儒生喜陳疏 其妻有歌者 每歌必唱今日今日之曲 公曰 爾今日之曲尙可已矣 妾曰 何如主公之誠惶誠恐 淸陰平生寡言笑 雖倡優雜戱人皆絶倒者 公一不啓齒 有一新恩 家說聞喜宴時優人朴男者 以獻戱名世 其家謂男曰 今日淸陰相公當赴宴 汝能作極可笑之事 得其一笑 當厚賞之 淸陰旣赴宴 男陳雜戱 淸陰一不顧見 男乃卷一紙如上疏 兩手擎之 徐步而進曰 生員李貴呈疏 仍跪而展紙讀曰 生員臣李誠惶誠恐 頓首頓首 滿座皆絶倒 淸陰亦不覺失笑云"
42. 사진실, 『한국연극사』, 태학사, 1997, p.311.
43. 서대석 편저, 『조선조문헌설화집요』1, 집문당, 1991, p.350.
44. 김종철은 처음으로 박남의 존재를 소개하면서, 박남은 17세기의 인물로서 소학지희를 하는 우인이면서 판소리 창자라고 보았다. 김종철, 『판소리사 연구』, 역사와 비평사, 1996, pp.27-29.
45. 이상 박남에 대한 일화는 모두 이우성, 임형택 편, 『이조한문단편집』하, 일조각, 1978, pp.178-179에서 인용. 그런데 김종철이 지적한 바와 같이 이 자료의 이용에는 약간의 전제가 필요하다. 한천은 곧 도암(陶庵) 이재(1678-1746)로서 앞의 인용문에 나오는 김상헌(1570-1652)과 동시대의 인물이 아니다. 박남이 아무리 오래 살았더라도 두 일화는 사실 측면에서는 공존할 수 없다. 결국 원래 구수훈의 『이순록』에 실렸던 이야기는 박남의 유사한 일화가 전승되면서 한천의 일화가 첨가된 것으로 보인다. 그러나 1626년 『나례청등록』의 기록과 『소재집』의 저자 이이명이 이 일화를 자신이 직접 들은 것이라고 한 점, 그리고 김상헌이 이이명의 바로 앞시대 인물이란 점에서 박남이란 놀이꾼이 17세기에 존재했다는 사실은 분명하게 드러난다. 김종철, 위의 책, p.29 참조.
46. "先是 優人孔吉作老儒戱曰 殿下爲堯舜之君 我爲皐陶之臣 堯舜不常有 皐陶常得存 又誦論語曰 君君臣臣父父子子 君不君臣不臣 誰有粟 吾得而食諸 王以語涉不敬 杖流遐方."
47. 阿克敦 著, 黃有福·千和淑 校註, 『奉使圖』, 遼陽: 遼寧民族出版社, 1999.
48. 「남성관희자」에 대한 내용 분석은 전경욱, 『한국의 전통연희』, 학고재, 2000, pp.383-386 참조.
49. 김재석, 「1930년대 유성기 음반의 촌극 연구」, 한국극예술학회 편, 『한국극예술 연구』제2집, 태동, 1992, pp.61-72.
50. 사진실, 앞의 책, p.330.

# 제8장 가면극과 북방문화

1. 鮎貝房之進, 『雜攷 花郞攷·白丁攷·奴婢攷』, 조선인쇄주식회사, 1938, p.487, p.519에서 번역 인용.
2. 전경욱, 『한국의 전통연희』, 학고재, 2004, pp.219-228, pp.319-338.
3. 전경욱, 「본산대놀이와 북방문화」『민속학연구』8, 국립민속박물관, 2001. 8.
4. 몽골국립대학교 한국학과 에르덴치메그(Erdenchimeg) 교수의 제보.
5. 서연호, 『산대탈놀이』, 열화당, 1987, p.69.
6. 赤松智城·秋葉隆, 『滿蒙の民族と宗敎』, 日本外務省文化事業部, 1940, pp.315-326.
7. 서연호, 『황해도탈놀이』, 열화당, 1988, p.72.

8. 박진태,『동아시아 샤마니즘 연극과 탈』, 박이정, 1999, p.256, p.264, p.270.
9. 천은 욕계무색계(欲界無色界)의 제천제왕(諸天祭王)이나 보살의 모습이고, 용은 팔대용왕(八大龍王)의 총칭으로 용 또는 인신용두(人身龍頭)의 모습이며, 야차는 일두삼면(一頭三面)의 귀신으로 창, 칼, 활 등을 지니고 있다. 그리고 건달파는 악신(樂神)으로 악기를 들고 있으며, 아수라는 싸움을 잘하는 귀신으로 손에 병장기를 지니고 있다. 가루나는 금시조(金翅鳥)로서 용을 잡아먹는 새이며, 긴나라는 짐승인지 새인지 사람인지 구별할 수 없는 가무신(歌舞神)이고, 마후라가는 사두인신(蛇頭人身)의 악신(樂神)이다. 문명대,『한국의 불화』, 열화당, 1977, pp.43-44.
10. 정형호,「한국가면극의 유형과 전승원리 연구」, 중앙대대학원 박사학위논문, 1994, pp.103-105.
11. 서연호,『산대탈놀이』, 열화당, 1987, p.78.
12. 윤주필,「경복궁 중건 때의 전통놀이 가사집『기완별록(奇玩別錄)』」,『문헌과 해석』9호, 문헌과 해석사, 1999, pp.216-217.
13. 「남성관희자」의 꼭두각시놀음에 달자(韃子), 즉 몽골인이 나온다는 점이 주목된다. 달자는 서북변의 오랑캐, 즉 몽골족을 명나라에서 일컫던 말이다. 고려시대부터 몽골인들이 놀이를 전승해 왔으므로, 그 후예인 반인들의 꼭두각시놀이에 달자가 등장하는 것은 이상한 일이 아니다.

## 제9장 가면극과 무속

1. 김재철,『조선연극사』, 학예사, 1939.
2. 송석하,『한국민속고』, 일신사, 1960.
3. 김열규,『한국신화와 무속연구』, 일조각, 1977, pp.124-163.
4. 위의 책, pp.126-129.
5. 조동일,『탈춤의 역사와 원리』, 홍성사, 1979, pp.45-66.
6. 박진태,『탈놀이의 기원과 구조』, 새문사, 1990, pp.29-191.
7. 김지연 필사, 조종순 구술,「산대도감극 각본」, 경성제국대학 조선어문연구실, 1930. 3.
8. 강용권,『야류·오광대』, 형설출판사, 1982, p.151. 1994년 7월 가산오광대 현지조사시 기능보유자 한윤영(韓允榮, 1920년생) 옹의 제보.
9. 위의 책, p.108. 1995년 8월 2일 통영오광대 현지조사시 기능보유자 이기숙(李基淑, 1922년생), 강영구(姜永九, 1931년생), 강연호(姜蓮浩, 1931년생) 옹의 제보.
10. 이두현,『한국의 가면극』, 일지사, 1979, pp.257-259.
11. 위의 책, p.104.
12. 이 책의 p.178, 1) 나례의 오방귀무·오방처용무와 가면극의 오방신장무 참조.
13. 秋葉隆·赤松智城, 심우성 역,『조선무속의 연구』, 동문선, 1991, p.240.
14. 한국정신문화연구원 편,『한국민족문화대백과사전』6, 동연구원, 1991, pp.310-311.
15. 村山智順, 김희경 역,『조선의 점복과 예언』, 동문선, 1990, pp.389-391.
16. 1995년 6월 2일 강원도 삼척시 미로면 하거노리의 단오굿에 대한 현지조사.
17. 강원도와 경상도의 동해안 지역에서는 마을굿에서 모시는 마을의 수호신을 '골매기'라고 부르는데, 골매기할아버지와 골매기할머니가 부부로서 마을을 수호한다. 이들은 보통 마을을 개척한 시조로 생각되는데, 신체(神體)는 장승, 돌무더기, 나무인 경우가 많다. 강원도 삼척시 미로면 하거노리에서는 남서낭당(원래 돌무더기였음)을 할아버지당, 여서낭당(고

염나무)을 할머니당이라고 부르기도 한다. 어쨌든 명칭이 지역에 따라 차이를 보이기는 하지만, 남서낭과 여서낭에 해당하는 마을의 수호신을 모시는 동제가 전국에 걸쳐 존재하고 있다.
18. 김헌선, 「노정기의 서사문학적 변용」, 한국학대학원 국어국문학과 석사학위논문, 1988.
19. 장주근·임석재, 『관북지방무가』, 중요무형문화재지정자료, 문교부, 1965, pp.140-141.
20. 이두현, 앞의 책, pp.125-126.
21. 송파산대놀이의 이수자이며, 오랫동안 이 가면극을 연구한 바 있는 이병옥 교수의 제보.
22. 이병옥, 『송파산대놀이연구』, 집문당, 1985, p.37.
23. 임동권 교수가 1966년 6월 23일 녹음한 자료. 김선풍 외, 『강릉단오제실측조사보고서』, 문화재관리국, 1994, p.377.
24. 송석하는 1933년에 쓴 논문에서 통영오광대는 약 삼십 년 전에 창원오광대를 배워 온 것이라고 밝혔다. 송석하, 「오광대소고」 『조선민속』 1호, 조선민속학회, 1933. 1; 송석하, 『한국민속고』에 재수록.
25. 1995년 8월 2일 현지조사시 통영오광대의 기능보유자인 강연호 옹의 제보.
26. 강용권, 앞의 책, p.108. 1995년 8월 2일 통영오광대 현지조사시 기능보유자 이기숙, 강영구, 강연호 옹의 제보.

## 제10장 가면극 대사의 표현언어

1. 유종목, 「한국 민속 가면극 대사의 표현법 연구」, 동아대학교대학원 국어국문학과 석사학위논문, 1973.
2. 정상박, 「대사의 전승양상」 『오광대와 들놀음 연구』, 집문당, 1986, pp.133-176.
3. 김욱동, 「탈춤과 언어의 카니발」 『탈춤의 미학』, 현암사, 1994, pp.334-419.
4. 조만호, 『전통희곡의 제식적 미학』, 태학사, 1995.
5. 이 대본들에 대한 자세한 주석은 전경욱 역주, 『민속극』, 한국고전문학전집 8, 고려대학교 민족문화연구소, 1993 참조.
6. 최학근 외 편, 「방언과 특수어」 『국어방언학』, 형설출판사, 1973, pp.116-119.
7. 김욱동, 앞의 책, pp.333-334.
8. 유종목, 앞의 책, pp.90-93.
9. 김광일, 「한국 민속극 속의 오이디푸스」 『한국 전통문화의 정신분석』, 교문사, 1991, pp.14-29에서 요약 인용. 『한국문화인류학』 창간호(1968)에 실렸던 「한국 민속극에 나타난 오이디푸스 갈등」을 재수록.
10. 김열규, 「부락제와 그 민간사고」 『한국민속과 문학연구』, 일조각, 1971, pp.273-274에서 요약 인용.
11. 이 책의 p.320, '1. 싸움의 형식' 참조.
12. 김인환, 「놀이의 본질―양주별산대놀이」 『문학과 문학사상』, 열화당, 1979, pp.53-64에서 요약 인용.
13. 최학근 외 편, 앞의 책, p.10.
14. 조동일, 『탈춤의 역사와 원리』, 홍성사, 1979, pp.102-104 참조.
15. 조만호, 앞의 책, pp.147-148.
16. 장덕순 외, 「속담」 『구비문학개설』, 일조각, 1971. 이하 속담의 특징에 대한 해설은 이 글을 참조.

17. 조만호, 앞의 책, pp.105-127.
18. 가면극에서 발견되는 정체확인 형식의 대사에 대해서는 이 책의 p.297, 1) 정체확인형식에서 자세하게 고찰하고 있다.
19. 장덕순 외, 「수수께끼」, 『구비문학개설』, 일조각, 1971, pp.202-205.
20. 최학근 외 편, 『국어방언학』, 형설출판사, 1973, pp.122-141.
21. 이 책의 p.238, '2. 무계 출신의 가면극 참여' 참조.
22. 전경욱, 『춘향전의 사설형성원리』, 고려대학교 민족문화연구소, 1990, pp.123-134 참조.
23. 사벽도사설에 대해서는 위의 책, pp.96-101 참조.
24. 가면극의 대사에 차용된 기존 가요의 출전이나 한자성어, 고사성어의 의미에 대한 자세한 주석은 전경욱, 『민속극』, 한국고전문학전집 8, 고려대학교 민족문화연구소, 1993을 참조.

## 제11장 가면극의 대사와 가요의 형성원리

1. 유종목, 「한국 민속 가면극 대사의 표현법 연구」, 동아대학교대학원 국어국문학과 석사학위논문, 1973.
2. 정상박, 「대사의 전승양상」, 『오광대와 들놀음 연구』, 집문당, 1986, pp.133-176.
3. 김욱동, 「탈춤과 언어의 카니발」, 『탈춤의 미학』, 현암사, 1994, pp.334-419.
4. 조만호, 『전통희곡의 제식적 미학』, 태학사, 1995.
5. 박광옥, 「탈춤 가요의 기능 연구 —양주별산대를 중심으로」, 서강대학교대학원 국어국문학과 석사학위논문, 1982.
6. 디터 아이케마이어, 「가면극 내의 백구타령」, 『의민 이두현 박사 회갑기념논문집』, 학연사, 1984, pp.285-296.
7. 이 대본들은 전경욱 역주, 『민속극』, 한국고전문학전집 8, 고려대학교 민족문화연구소, 1993에 자세한 주석과 함께 수록되어 있다.
8. 김대행, 「민요의 율격체계」, 『이화어문논집』 제10집, 이화여대 국어국문학연구소, 1989, pp.359-360.
9. 위의 책, p.364.
10. 위의 책, p.370.
11. 공식적 표현단위는 원래 판소리 가요의 구성방식을 설명하기 위해 창안된 용어인데, 여기서는 가면극의 대사와 가요를 설명하기 위해 공식적 표현단위의 정의를 약간 수정했다. 전경욱, 『춘향전의 사설형성원리』, 고려대학교 민족문화연구소, 1990, p.69.
12. 팔먹중 과장의 대사에 대한 분석은 조만호, 앞의 책, pp.229-231을 참조했음.
13. 조동일, 『탈춤의 역사와 원리』, 홍성사, 1979, pp.199-209.
14. 전경욱, 「춘향전 작품군의 정체확인형사설연구」, 『한국어문교육』 3, 고려대학교 국어교육과, 1988.
15. 박진태, 「고전소설, 판소리, 가면극의 풍자와 수사」, 『한국가면극연구』, 새문사, 1985, p.198.
16. 조만호, 앞의 책, pp.105-127.
17. 장덕순 외, 「수수께끼」, 『구비문학개설』, 일조각, 1971, pp.202-205.
18. 수수께끼식의 문답형식에 대해서는 조만호, 『전통희곡의 제식적 미학』, pp.79-127 ; 김욱동, 『탈춤의 미학』, pp.409-414 참조.
19. 장덕순 외, 앞의 책, pp.176-177 참조.
20. 양주별산대놀이의 연희자 중 "소리가 명창이어서 늙은 후에는 서울에서 소리선생으로 있었

다는 정한규(鄭漢奎)는 완보 역과 신할아비 역을 했다고 한다. 양주별산대에서 노래를 많이 부르는 인물은 완보와 취발이, 신할아비이며, 특히 완보와 신할아비의 노래가 「백구타령」이나 시조조가 많은 것은 정한규에 기인한 것이 아닐까 추측된다"고 하는 말은 가요가 놀이꾼의 역량에 따라 현장에서 자유로이 변개 또는 수용될 수 있다는 사실을 알려 준다. 박광옥, 앞의 글, p.22.

## 제12장 가면극의 극적 형식

1. 조동일, 『탈춤의 역사와 원리』, 홍성사, 1979.
2. 이 대본들은 전경욱 역주, 『민속극』, 한국고전문학전집 8, 고려대학교 민족문화연구소, 1993에 자세한 주석과 함께 수록되어 있다.
3. 조동일, 앞의 책, pp.131-133.
4. 팔먹중 과장의 대사에 대한 분석은 조만호, 『전통희곡의 제식적 미학』, 태학사, 1995, pp.229-231 참조.
5. 이 책의 p.292, 2) 봉산탈춤 양반 과장 참조.
6. 이 책의 p.294, 3) 봉산탈춤 미얄 과장에서 미얄과 영감의 대사를 인용해 자세히 논의하고 있으니 참조할 것.
7. 이 책의 p.296, 4) 동래야류 양반 과장 참조.
8. 박진태, 「고전소설, 판소리, 가면극의 풍자와 수사」, 『한국가면극연구』, 새문사, 1985, p.198; 전경욱, 「춘향전 작품군의 정체확인형사설연구」, 『한국어문교육』 3, 고려대학교 국어교육과, 1988.
9. 이에 대해서는 이 책의 p.168, '2. 한국의 나례와 나희' 참조.
10. 이 책의 p.177, '3. 나례의 구나형식과 가면극의 연극적 형식'에서 가면극의 구나형식에 대해 많은 예를 들어 자세하게 고찰하고 있으므로, 여기서는 간단하게 살펴보기로 한다.
11. 이에 대해서는 이 책의 p.152, '2. 각 지방 가면극의 놀이꾼' 참조.
12. 이에 대해서는 장정룡도 이미 지적한 바가 있다. 장정룡, 『강릉관노가면극연구』, 집문당, 1989, p.103.

## 제13장 사자놀이

1. 김일출, 『조선민속탈놀이연구』, 평양: 과학원출판사, 1958, p.67.
2. 최남선, 『조선상식문답속편』, 동명사, 1947, p.340.
3. "十三年夏六月 于山國歸服 歲以土宜爲貢 于山國在溟州正東海島 或名鬱陵島 地方一百里 恃嶮不服 伊湌異斯夫爲何瑟羅州軍主 謂于山人愚悍 難以威來 可以計服 乃多造木偶師子 分載戰船 抵其國海岸 誑告曰 汝若不服 則放此猛獸踏殺之 國人恐懼則降."
4. '師子'는 '獅子'의 혼용이다.
5. 『삼국사기』 권32 「악지」 '가야금(加耶琴)' 조.
6. 이두현, 『한국의 가면극』, 일지사, 1979, pp.63-64.
7. 김학주, 『한·중 두 나라의 가무와 잡희』, 서울대학교 출판부, 1994, pp.93-94.
8. 윤광봉도 백택무를 사자무라고 지적한 바 있다. 윤광봉, 「한국가면극의 형성과정—나례의 변이양상을 중심으로」, 『비교민속학』 제9집, 비교민속학회, 1992, p.97.

9. "演劇有山戲野戲兩部 屬於儺禮都監 山戲結棚下帳 作獅虎曼碩僧舞 野戲扮唐女小梅戲."
10. 사진실, 「산희(山戲)와 야희(野戲)의 공연양상과 연극사적 의의」, 『고전희곡연구』 제3집, 한국고전희곡학회, 2001. 8.
11. "樂氣萬方寧之曲(靈山會相) 獅子一雙 隨樂節搖身足蹈而進 分東西北向 而俛伏擧首 以口啄地 瞠目翻睫起 而隨樂節 揮尾足蹈 顧視左右 隨樂節 開口鼓齒 進退旋轉 權舞而退 樂止."
12. 도청은 일종의 마을회관인데, 마을 노인들이 모여 책도 보고 동네의 문중회의도 하고 골패와 투전도 하고 새끼를 꼬고 가마니를 짜기도 하며, 외지에서 나그네가 오면 재워 주던 곳이다.
13. 북청사자놀이의 기능보유자인 여재성(呂在成, 1919년생) 옹의 제보.
14. 북청사자놀이의 기능보유자인 이근화선(李根花善, 1925년생) 여사의 제보.
15. 김일출, 앞의 책, p.75.
16. 김일출, 위의 책, p.74; 전경욱, 『북청사자놀이연구』, 태학사, 1997, pp.28-30 참조.
17. 김학주, 앞의 책, p.9.
18. 이 책의 p.166, 3) 중국의 나례와 지신밟기 참조.
19. 김일출, 앞의 책, pp.78-79.
20. 이는 내가 북청사자놀이를 전수할 때, 이미 작고한 기능보유자들에게서 들은 이야기다. 김일출도 1956년 북청 지방을 방문했을 때 이런 이야기를 들었음을 기록하고 있다. 김일출, 앞의 책, p.78.
21. 이 책의 p.16, 1) 풍요제의가면 참조.
22. 북청사자놀이에 대한 자세한 고찰은 전경욱, 『북청사자놀이연구』 참조.

# 참고문헌

## 자료

姜彛天, 『重菴稿』.
『高麗史』.
金絿, 『自庵集』.
金富軾, 『三國史記』.
『東國輿地備考』.
『東京雜記』.
柳得恭, 『京都雜誌』.
『備邊司謄錄』.
成俔, 『慵齋叢話』.
_____, 『樂學軌範』.
『新補受敎輯錄』.
『新增東國輿地勝覽』.
吳宏默, 『咸安叢鎖錄』 『韓國地方史資料』 18, 驪江出版社, 1987.
_____, 『固城叢鎖錄』 『韓國地方史資料』 18, 驪江出版社, 1987.
李德懋, 『士小節』.
李晬光, 『芝峰類說』.
鄭顯奭, 『敎坊諸譜』.
『朝鮮王朝實錄』.
『太學志』.
洪錫謨, 『東國歲時記』.
『欽定滿洲源流考』.

## 논문

강명관, 「조선 후기 서울의 중간 계층과 유흥의 발달」, 『조선시대 문학예술의 생성공간』, 소명출판, 1999.
강용권, 「수영야류」 『수영전통예능』, 수영고적민속보존회, 1993.
郭淨, 「試論儺儀的歷史演變」 『中國儺文化論文選』, 貴州: 貴州民族出版社, 1989.
김광일, 「한국 민속극 속의 오이디푸스」 『한국 전통문화의 정신분석』, 교문사, 1991.
김대행, 「민요의 율격체계」 『이화어문논집』 10집, 이화여자대학교 국어국문학연구소, 1989.
김욱동, 「탈춤과 언어의 카니발」 『탈춤의 미학』, 현암사, 1994.
김은영, 「산대와 채붕」 『생활문물연구』, 국립민속박물관, 2003.
김인환, 「놀이의 본질—양주별산대놀이」 『문학과 문학사상』, 열화당, 1979.
김일출, 「황해도 탈놀이와 그 인민성」 『문화유산』 3호, 평양: 과학원출판사, 1957.
김필동, 「조선 후기 지방 이서집단의 조직구조(상)」 『한국학보』 28집, 일지사, 1982.
김헌선, 「노정기의 서사문학적 변용」, 한국정신문화연구원 한국학 대학원 국어국문학과 석사학위 논문, 1988.
陶立璠, 「중국의 가면문화」 『비교민속학』 11집, 비교민속학회, 1994. 6.
류종목, 「한국 민속 가면극 대사의 표현법 연구」, 동아대학교 대학원 국어국문학과 석사학위 논문, 1973.
박광옥, 「탈춤 가요의 기능 연구」, 서강대학교 대학원 국어국문학과 석사학위 논문, 1982.
박전렬, 「일본 伎樂의 연구」 『한국민속학』 23, 민속학회, 1990.
_____, 「일본 산악의 연구」 『한국연극학』, 한국

연극학회, 1996.
박진태,「고전소설, 판소리, 가면극의 풍자와 수사」『한국가면극연구』, 새문사, 1985.
사진실,「18-19세기 재담 공연의 전통과 연극사적 의의」『한국연극사』, 태학사, 1997.
_____,「산희(山戱)와 야희(野戱)의 공연양상과 연극사적 의의」『고전희곡연구』3집, 한국고전희곡학회, 2001.
서대석,「처용가의 무속적 고찰」『한국학논집』2집, 계명대학교, 1975.
서연호,「민속극전승과정연구」『예술과 비평』, 서울신문사, 1985년 가을호.
_____,「가면극의 양식 및 전승적 측면에서 살펴본 오국의 위치—일본 기악과의 비교를 중심으로」『일본학』12집, 동국대학교 일본학연구소, 1993.
_____,「18세기 후반의 꼭두각시놀음」『문화예술』211호, 한국문화예술진흥원, 1997. 2.
_____,「고대연희사의 잔영을 찾아서」『한국 가면극연구』, 월인, 2002.
손수호,「고구려무덤벽화에 그려진 행렬도의 유형과 변천에 대하여」『조선고고연구』, 평양: 과학원출판사, 1992. 3.
안확,「山臺戱と處容舞と儺」『朝鮮』210호, 조선총독부 1932.
葉星生 編,「西藏面具藝術槪述」『西藏面具藝術』, 重慶: 重慶出版社, 1990.
오미일,「18·19세기 새로운 공인원(工人權)·전계(廛契) 창설운동과 난전(亂廛) 활동」『규장각(奎章閣)』10, 서울대학교 도서관, 1987.
오수경,「안휘 귀지 나희의 제의와 연출」『중국희곡』, 한국중국희곡학회, 2000.
유민영,「한국의 가면, 그 심미적 고찰」, 채희완 편,『탈춤의 사상』, 현암사, 1984.
윤광봉,「한국가면극의 형성과정—나례의 변이 양상을 중심으로」『비교민속학』9집, 비교민속학회, 1992. 10.
_____,「18세기 한양을 중심으로 한 산대놀이 양상」『문학작품에 나타난 서울의 형상』, 한샘출판사, 1994.
윤주필,「경복궁 중건 때의 전통놀이 가사집

『기완별록(奇玩別錄)』」『문헌과 해석』9호, 문헌과해석사, 1999.
이보형,「창우집단의 광대소리 연구」『한국전통음악논구』, 고려대학교 민족문화연구소, 1990.
_____,「판소리 공연문화의 변동이 판소리에 끼친 영향」『한국학연구』7, 고려대학교 한국학연구소, 1995.
이수자,「설화에 나타난 '버들잎 화소'의 서사적 기능과 의의」『구비문학연구』2집, 한국구비문학회, 1995.
이혜구,「산대극과 기악」『한국음악연구』, 국민음악연구사, 1957.
_____,「나례상으로 본 팔관회」『한국음악서설』, 서울대학교 출판부, 1967.
_____,「양주별산대놀이의 옴·먹중·연잎과 장」『예술논문집』8, 예술원, 1969.
이훈상,「향리집단과 의례화된 반란으로서의 탈춤연행」『조선 후기의 향리』, 일조각, 1990.
_____,「조선 후기 읍치(邑治) 사회의 구조와 제의」『역사학보』147집, 역사학회, 1994.
임동권,「강릉단오제」『한국민속학논고』, 집문당, 1971.
임석재 구술, 임돈희 채록,「양주별산대놀이, 봉산탈춤, 강령탈춤 대사 채록과정에 대하여」『비교민속학』9집, 비교민속학회, 1992.
임재해,「탈이 지닌 종교적 의미와 주술적 기능」『민속연구』4집, 안동대학교 민속학연구소, 1994.
전경욱,「고성오광대 연희본」『구비문학연구』1집, 한국구비문학회, 1994.
_____,「가산오광대 연희본」『한국민속학』27집, 민속학회, 1995.
_____,「탈놀이의 형성에 끼친 무속의 영향」『어문론집』34집, 고려대학교 국어국문학연구회, 1995.
_____,「탈놀이의 형성에 끼친 나례의 영향」『민족문화연구』28호, 고려대학교 민족문화연구소, 1995.
_____,「탈놀이 대사의 형성원리」『구비문학연구』3집, 한국구비문학회, 1996.
_____,「탈놀이의 역사적 연구」『구비문학연

구』5집, 한국구비문학회, 1998.
＿＿＿,「반인의 다양한 활동과 본산대놀이의 전승」『문묘제례악과 양주별산대놀이』(성균관대박물관 개관 40주년 기념 특별전 도록), 성균관대학교 박물관, 2004.
鮎貝房之進,「白丁攷」『雜攷』, 國書刊行會, 1967.
정상박,「민속극의 분포 및 특징」, 민속학회 편,『한국민속학의 이해』, 문학아카데미, 1994.
정인섭,「진주오광대 탈놀음」『조선민속』1호, 조선민속학회, 1933. 1.
정형호,「한국가면극의 유형과 전승원리 연구」, 중앙대 대학원 박사학위논문, 1994.
조원경,「나례와 가면무극」『학림』 4, 연세대학교 사학과, 1955. 2.
주재걸,「고구려사람들의 예술활동에 관한 연구」『고고민속논문집』8, 평양: 과학백과사전출판사, 1983.
村上祥子,「한국 탈놀이와 일본 기악 연구」, 고려대 석사학위논문, 1991.
최은정,「18세기 현방(懸房)의 상업활동과 운영(運營)—우육판매활동(牛肉販賣活動)을 중심으로」, 이화여자대학교 대학원 사학과 석사학위논문, 1997. 2.
최정여,「산대도감극 성립의 제문제」『한국학논집』1집, 계명대학교 한국학연구소, 1973.
土田杏村,「新羅樂と散樂伎樂樂舞」『土田杏村全集』제10권, 1936.
허용호,「화성 행궁과 전통 연희」『민족문화연구』제39호, 고려대 민족문화연구원, 2003.

## 저역서

가와타케 시게토시, 이응수 역,『일본연극사』상, 도서출판 청우, 2001.
강용권,『야류・오광대』, 형설출판사, 1982.
고려대학교 민족문화연구소 편,『한국민속대관』1, 동연구소, 1982.
顧朴光,『中國面具史』, 貴州: 貴州民族出版社, 1996.
고승길,『동양연극연구』, 중앙대학교 출판부, 1995.
김열규,『한국신화와 무속연구』, 일조각, 1977.
김일출,『조선민속탈놀이연구』, 평양: 과학원출판사, 1958.
김재철,『조선연극사』, 조선어문학회, 1933.
김종철,『판소리사 연구』, 역사와 비평사, 1996.
金春信高 外,『能面入門』, 東京: 平凡社, 1984.
김학주,『한・중 두 나라의 가무와 잡희』, 서울대학교 출판부, 1994.
김학현 편,『노오(能)』, 열화당, 1991.
藤原明衡 撰, 重松明久 校注,『新猿樂記 雲州消息』, 東京: 現代思潮社, 1982.
박진태,『탈놀이의 기원과 구조』, 새문사, 1990.
＿＿＿,『동아시아 샤머니즘 연극과 탈』, 박이정, 1999.
사진실,『한국연극사연구』, 태학사, 1997.
＿＿＿,『공연문화의 전통』, 태학사, 2002.
서연호,『산대탈놀이』, 열화당, 1987.
＿＿＿,『황해도탈놀이』, 열화당, 1988.
＿＿＿,『야류・오광대탈놀이』, 열화당, 1989.
＿＿＿,『꼭두각시놀이』, 열화당, 1990.
＿＿＿,『서낭굿탈놀이』, 열화당, 1991.
송석하,『한국민속고』, 일신사, 1960.
심우성,『남사당패연구』, 동문선, 1989.
阿克敦, 黃有福・千和淑 校註,『奉使圖』, 遼陽: 遼寧民族出版社, 1999.
野間淸六,『日本假面史』, 東京: 東洋書院, 1943.
양재연,『국문학연구산고』, 일신사, 1976.
呂光群 編著,『貴池儺文化藝術』, 合肥: 安徽美術出版社, 1998.
王兆乾,『在假面的背後』, 合肥: 安徽大學出版社, 2000.
윤광봉,『한국의 연희』, 반도출판사, 1992.
이난영,『신라의 토우』, 세종대왕기념사업회, 1976.
이두현,『한국가면극』, 한국가면극연구회, 1969.
＿＿＿,『한국의 가면극』, 일지사, 1979.
이병옥,『송파산대놀이연구』, 집문당, 1982.
임형택,『이조시대 서사시』하, 창작과비평사, 1992.

장덕순 외,『구비문학개설』, 일조각, 1971.
장정룡,『강릉관노가면극연구』, 집문당, 1989.
전경욱,『춘향전의 사설형성원리』, 고려대학교 민족문화연구소, 1990.
전경욱 역주,『민속극』, 한국고전문학전집 8, 고려대학교 민족문화연구소, 1993.
전경욱,『한국의 탈』, 태학사, 1996.
_____,『북청사자놀이연구』, 태학사, 1997.
_____,『한국의 전통연희』, 학고재, 2004.
정상박,『오광대와 들놀음 연구』, 집문당, 1986.
정약용, 다산연구회 역,『역주 목민심서』 5, 창작과비평사, 1979.
조동일,『탈춤의 역사와 원리』, 홍성사, 1979.
_____,『구비문학의 세계』, 새문사, 1980.
_____,『한국문학통사』 3(3판), 지식산업사, 1994.
조만호,『전통희곡의 제식적 미학』, 태학사, 1995.
村山智順, 김희경 역,『조선의 점복과 예언』, 동문선, 1990.
최남선,『조선상식문답속편』, 동명사, 1947.
최덕원,『남고 민속고』, 삼성출판사, 1990.
최상수,『한국 가면의 연구』, 성문각, 1984.
_____,『야류·오광대 가면극의 연구』, 성문각, 1984.
_____,『산대·성황신제가면극의 연구』, 성문각, 1988.
최학근 외 편,『국어방언학』, 형설출판사, 1973.
秋葉隆,『朝鮮民俗誌』, 東京: 六三書院, 1954.
秋葉隆, 최길성 역,『조선무속의 현지연구』, 계명대학교 출판부, 1987.
秋葉隆·赤松智城, 심우성 역,『조선무속의 연구』, 동문선, 1991.
諏訪春雄,「日本演劇の視点」『日本演劇史の視点』, 東京: 勉誠社, 1992.
충무시지편찬위원회,『충무시지』, 동위원회, 1987.
河竹繁俊,『日本演劇全史』, 東京: 岩波書店, 1979.

## 서양 논문과 저서

Adedeji, J. A., "Alarinjo-The Traditional Yoruba Travelling Theatre," Yemi Ogunbiyi ed., Drama and Theatre in Nigeria, *Nigeria Magazine*, 1981.

Anthropos Institut(West Germany) ed., *Inscribing the Mask-Interpretation of Nyau Masks and Ritual Performance among the Chewa of Central Malawi*, University Press Fribourg Switzerland, 1996.

Banham, Martin ed., *The Cambridge Guide To African & Caribbean Theatre*, Cambridge: Cambridge University Press, 1994.

Bedouin, Jean-Louis, *LES MASQUES*, Paris: Presses Universitaires de France, 1967.

Brandon, James R. ed., *The Cambridge Guide To Asian Theatre*, Cambridge: Cambridge University Press, 1993.

Brown, Betty Ann, *Máscaras: Dance Masks of Mexico and Guatemala*, Bloomington: University Museums, Illinois State University, 1978.

Gargi, Balwant, *Folk Theater of India*, Calcutta: Rupa co., 1991.

Goonatilleka, M. H., *Masks and Masks System of Sri Lanka*, Colombo: Tamarind Books, 1978.

Heth, Charlotte ed., *Native American Dance-Ceremonies and Social Traditions*, New York: National Museum of the American Indian, 1992.

Kerr, David, *African Popular Theatre-from pre-colonial times to the present day*, London: villiers publications Ltd., 1995.

Lamp, Frederick, "Frogs into Princes-The Temne Rabai Initiation," *African Arts*, vol. XI, no. 2, Los Angeles: U.C.L.A., 1978. 1.

Macgown, Kenneth & Rosse, Herman, *Mask and Demons*, Harcourt: Brace and Company, Inc., 1923.

Markman, Roberta H. and Markman, Peter T., *Masks of The Spirit-Image and Metaphor in*

*Mesoamerica,* Berkeley and Los Angeles: University of California Press, 1994.

Miettinen, Jukka O., *Classical Dance and Theatre in Southeast Asia,* London: Oxford University Press, 1992.

Museum of Cultural History Galleries, *Image and Identity-The Role of The Mask in Various Cultures,* Los Angeles: U.C.L.A., 1972.

Ogunbiyi, Yemi, *Drama and Theatre in Nigeria,* Nigeria Magazine, 1981.

Onyeke, George, *Masquerade in Nigeria-A Case Study in Inculturation,* Eos Verlag Erzabtei St. Ottilien, 1990.

Onyeneke C.S.Sp., A., *The Dead Among The Living-Masquerades in igbo Society,* Ibadan: Holy Ghost Congregation, 1987.

Sarachchandra, E. R., *The Folk Drama of Ceylon,* Colombo: The Dept. of Cultural Affairs, 1966.

Vrydagh, P. Andre, "Makisi of Zambia," *African Art,* vol. X, no. 4, Los Angeles: U.C.L.A., 1977. 7.

Winngert, Paul S., "Mask," *The New Encyclopaedia Britanica,* vol. 11, Chicago: Encyclopaedia Britannica, 1980.

# 찾아보기

## ㄱ

가구라(神樂) 19
가면무극(假面舞劇) 89, 158, 159
가면희도(假面戱圖) 106
가무백희(歌舞百戱) 90, 104, 107, 108, 111, 146, 159
가무희(歌舞戱) 90, 104
가부키(歌舞伎) 104, 194
가산오광대 20, 22, 50, 51, 72, 76, 81-83, 127, 153, 178, 183, 209, 226, 227, 229, 231, 232, 234, 237, 263, 273, 277, 297, 302, 310, 319, 327, 330
가열 144
가융희(嘉戎戱) 39
「각설이타령」 287
각시가면 24, 134, 136
각저희(角抵戱) 106
간나미(觀阿彌) 39, 195
갈등 76, 127, 223, 224, 245, 250, 251, 298, 321, 327
강령탈춤 45, 46, 51, 63, 64, 69, 70, 93, 122, 127, 130, 153, 154, 179, 207-209, 220, 227, 232, 235, 276, 278, 287, 288, 298, 299, 310, 311, 314-317, 319, 324, 329, 333
강릉관노가면극 18, 45, 49-51, 83-85, 89, 90, 100, 101, 134, 135, 138-140, 146, 155, 188, 239, 331
강릉단오제 84, 133
강신무(降神巫) 230, 231
강이천(姜彝天) 94, 113, 119, 127, 181, 206, 221

객신(客神) 23
거사춤 340
검무(劍舞) 27, 29, 88, 134, 299
「게우사」 122, 123
경기도당굿 239
『경도잡지(京都雜志)』 113, 117, 180, 181, 337
경중남녀재인(京中男女才人) 177
경중우인(京中優人) 177
계동대나의(季冬大儺儀) 169, 170
『계서야담(溪西野談)』 204
고구려악(高句麗樂) 105
『고려도경(高麗圖經)』 170
고리백정 148
고리재인 148
고성오광대 45, 50, 51, 72, 76, 79, 80, 82, 153, 176, 231, 241, 277, 278, 285, 297, 311, 319, 327
고인돌 132
곡예 19, 39, 90, 104, 194
곤겐(權現) 19
곤겐마이(權現舞) 20
「골계열전(滑稽列傳)」 191, 197, 201
골계희(滑稽戱) 90, 104, 110, 113, 190, 191, 193-196
곰보탈 128
공결(孔潔) 205
공길(孔吉) 205, 206
공식적 표현단위 276, 277, 285-291, 309, 315-317
공인(工人) 122, 123, 170, 200
관나(觀儺) 164

관나재인(觀儺才人) 177
「관나희(觀儺戱)」 171
관색희(關索戱) 38, 160
관 쓴 중 217, 243, 244
관아나례 145, 173, 176, 341
관용어 241, 263, 265
「관우희(觀優戱)」 337
관처용(觀處容) 185, 186
광대 13, 71, 72, 100, 112, 114, 173, 215
광대소학지희(廣大笑謔之戱) 89, 158, 189
광대씨가면(廣大氏假面) 24
괫대(花蓋) 84, 135, 136
교겐(狂言) 39, 194
교방가요(敎坊歌謠) 89, 113, 123, 124, 158, 181
『교쿤쇼(敎訓抄)』 91, 92, 95, 107
구구쓰(傀儡子) 216
구나(驅儺) 113, 114, 135, 158, 159, 161-163, 167, 170, 185, 327, 331, 332
구나가면 22, 184, 185
구나의식(驅儺儀式) 38, 78, 112, 160, 161, 163, 176, 179, 180, 184-186, 328, 332, 336, 341
「구나행(驅儺行)」 20, 22, 112, 113, 171, 177-179, 182, 228, 328, 330, 336, 343
구나형식(驅儺形式) 22, 90, 159, 160, 176, 182-184, 188, 319, 327-332
『구당서(舊唐書)』 29
구역(驅疫) 113, 166, 168, 171, 341
구역신(驅疫神) 167, 188, 328, 341
구역의식(驅疫儀式) 112, 161, 162, 168
구파발본산대놀이 50, 52, 56, 62
국중대회(國中大會) 15, 132
군나(軍儺) 160
굴레 왐쿠루(Gule Wamkulu) 28, 31, 43, 44
궁정나(宮庭儺) 160
궁중나례(宮中儺禮) 51, 89, 159, 162, 166, 168, 171, 174, 327, 341
귀면(鬼面) 22, 45, 49, 63, 110, 161, 183, 332
규식지희(規式之戱) 89, 158, 189, 199
근친상간 246, 247, 266

금기(禁忌) 35, 84, 223, 237, 241, 244, 249, 265, 266
금환(金丸) 21, 109, 110, 195, 335
기가쿠(伎樂) 91, 92, 95, 96, 98, 194
기두(倛頭) 161
「기산영수(箕山潁水)」 271, 292, 312, 316
「기생점고사설」 268, 312
기악(伎樂) 89, 91-93, 101, 107, 126, 189
기악(伎樂) 기원설 87, 91, 92, 220
『기완별록(奇玩別錄)』 94, 220, 221
기우가면(祈雨假面) 15, 37
기우제 37, 38, 56, 240
기존 가요 66, 241, 275-277, 283, 285-287, 308, 309, 312-317
『기주지(蘄州志)』 22, 179
기풍의례(祈豊儀禮) 99, 225
길놀이 65, 70, 71, 74, 77, 81
김광일(金光日) 249
김구(金絿) 113, 114, 124
김동욱(金東旭) 189
김열규(金烈圭) 223, 224, 250
김욱동(金旭東) 241, 242, 244, 276
김인환(金仁煥) 251
김일출(金日出) 28, 100, 142, 155, 171, 277, 319, 333, 340
김재철(金在喆) 88, 89, 98, 100, 157, 158, 223
김학주(金學主) 158, 159, 180, 336
김해오광대 72
깨끼춤 58, 63, 119
꼭두각시놀음→꼭두각시놀이
꼭두각시놀이 52, 86, 119, 144, 265, 266
꼭두쇠 86, 144
꼽추춤 86, 142, 339, 340

## ㄴ

나공(儺公) 166
나당희(儺堂戱) 38
나례(儺禮) 14, 18-22, 31, 32, 35, 38, 44, 49, 56, 78, 88, 89, 104, 107, 111-115, 117, 126, 134, 142, 147, 157-186, 188, 190-202, 204-206, 228, 325, 327-332,

336, 337, 340-343
나례도감(儺禮都監) 90, 115-117, 149-151, 169, 177, 180, 206, 213, 337
『나례청등록(儺禮廳謄錄)』 204
나례희(儺禮戲) 89, 112, 168, 169
나모(儺母) 165, 166
나무(儺舞) 96
나무가면 24, 50, 84, 115
나무다리걷기 106
나무쇠싸움 225
나옹(儺翁) 165
나자(儺者) 163, 325, 329, 330
나희(儺戲) 13, 18, 38, 45, 89, 90, 96, 104, 112, 113, 145, 159, 160, 162, 164-166, 168-171, 175, 176, 328, 336
낙남헌(洛南軒) 117, 118
〈낙성연도(落成宴圖)〉 117-119, 338
난릉왕(蘭陵王) 29
남면구희(藍面具戲) 39
남사당패 45, 46, 51, 52, 71, 83, 86, 124, 143, 152, 266
남서낭 225, 234, 237
「남성관희자(南城觀戲子)」 94, 113, 119, 121, 127, 181, 206, 221
노라(Nora) 40
노승춤 70, 71, 121
노오(能) 13, 38, 39, 45, 46, 90, 104, 194, 195
노오가쿠(能樂) 39, 104, 194
노오교겐(能狂言) 104, 194
노유희(老儒戲) 205, 206
노장 47, 48, 49, 60-62, 65, 67, 93, 99, 119, 120, 124, 128-130, 155, 181, 182, 213, 220, 221, 225, 248, 250, 251, 256, 270, 281, 283, 297, 299, 300, 304, 307, 308, 321, 324, 325, 327, 329, 330
노장가면 47, 48
노장 과장 94, 121, 124, 128-130, 181, 206, 212, 221, 243, 246, 247, 252, 255, 259, 260, 264, 270, 272, 280-282, 285, 287, 288, 300, 307, 310, 311, 324-326
노장춤 66, 67, 144

노정기(路程記) 235, 236
놋도리가면 24
농악대 87, 99, 100, 224
농주지희(弄珠之戲) 108
농창탈 79
농환(弄丸) 110
누르 13, 216
누르 탈 13, 216
눈꿈쩍이 20, 22, 49, 59, 62, 131, 184, 185, 187, 239, 332
니아우(Nyau) 33, 43, 44
닌교조루리(人形淨瑠璃) 104, 194

ㄷ

다마(Dama) 43
다이카구라(太神樂) 19
단오 16, 62, 65, 66, 70, 71, 80, 133, 152, 287
달단(韃靼) 148, 215, 217, 219
담양(潭陽) 갈 놈 248, 249, 260
당녀(唐女) 117, 180, 181, 337
대광대패 51, 52, 71-73, 77, 143, 152, 176
대나(大儺) 161, 164, 170
대내림 230-232
대망이 129, 182, 299, 300, 324, 325, 329
대면(大面) 20, 21, 109, 110, 168, 195, 330, 331, 335
대잡이 231
대접돌리기 86, 144
덕격희(德格戲) 39
덜미 86, 144
덧뵈기춤 72
덧뵈기 45, 46, 50, 51, 71, 83, 86, 124, 143, 143, 152
덴가쿠(田樂) 16
덴가쿠노오(田樂能) 39
도(Do) 33, 43
도교 166, 230
도끼누이 62, 232
도목정사놀이 202
「도이장가(悼二將歌)」 27, 28
도조왕(跳竈王) 165

도종규(跳鐘馗) 165, 167
도청(都廳) 118, 339, 342
독경(讀經) 80, 82, 230, 231, 237, 311
돌머리집 47, 68, 99, 225
『동경몽화록(東京夢華錄)』 164
『동경잡기(東京雜記)』 27
『동국세시기(東國歲時記)』 24, 99, 134, 171, 175, 224
동래야류(東萊野遊) 45, 48, 51, 72, 73, 75-78, 82, 153, 212, 229, 231, 235, 242, 244, 248, 253, 257, 260-262, 264-266, 268-271, 273, 276, 277, 289, 291, 296, 297, 302, 312, 313, 316, 319, 323, 327
동맹(東盟) 15, 132
동물가면 36, 48, 109, 218, 336
동물곡예 106
동사(洞舍) 24, 84
동연화관(銅蓮花冠) 185, 187
동음이의어 213, 241, 253, 255, 256
동이전 132, 133
동자희(僮子戱) 38
동채싸움 225
동티 82, 131, 234, 236, 237
들놀음 71
「등장가」 283
땅재주 86, 90, 116, 144, 155, 199, 206

ㄹ

「라마야나(Rāmāyana)」 40, 41
라바이(Rabai) 33
라카사(rakasa) 25
라콘 콜(Lakon Khol) 40

ㅁ

마당씻이 144
마상재(馬上才) 106
마을굿 83, 96, 98-100, 103, 132-136, 139, 140, 211, 223, 224, 234, 250
마을굿놀이 90, 101, 133-135
마을굿놀이 계통 가면극 90, 101, 103, 132, 134, 135, 140
마키시(makisi) 28, 33, 43

「마하바라타(Mahābhārata)」 40, 41
마한양반 208, 298, 299
만담 189, 190, 213
만록(漫錄) 203
만석중춤 117, 337
『만주원류고(滿洲源流考)』 34
말뚝이 49, 61, 62, 65, 68, 72, 74, 75, 81, 82, 127, 146, 155, 183, 207, 209, 210-213, 235, 244, 247, 248, 250, 251, 253-258, 260, 262-264, 266-268, 270-274, 277-280, 284-287, 289, 292, 293, 296, 301-306, 311-317, 321, 323, 327, 330
말뚝이가면 48-50, 55, 72
말뚝이 곤장춤 70
말뚝이 노정기(路程記) 127, 236
맘미와타(Mammiwata) 18, 43
매구 78, 79
매구꾼 81
매귀(埋鬼, 매구) 22, 142, 143, 167, 169, 173, 174, 179, 329, 340-342
매귀희(埋鬼戱) 174
맹인취인지상(盲人醉人之狀) 201
먹중 22, 56, 59, 60, 62, 66-68, 92, 128-130, 144, 182-184, 212, 217, 218, 238, 239, 243, 252, 270, 271, 281, 284, 292, 299, 300, 308, 320-322, 324, 332
먹중잡이 144
먹중춤 66, 70
모갑이 65, 86, 144, 154
모내기춤 16
모양반가면 47, 48
모양반탈 72, 128
모의재판 79
모화관(慕華館) 116, 206
목심칠면(木心漆面) 20, 21, 331
목아희(木雅戱) 39
목우사자(木偶獅子) 15, 30, 334
목제가면 18, 23, 26, 30
몬우(Mmonwu) 28, 31, 33, 43
『몽량록(夢梁錄)』 166, 171, 177, 328, 341
묘기 90, 104

무격사당 23, 24
무고(舞鼓) 118
무당 17, 24-26, 35, 38, 68, 76, 78, 81, 82,
　　88, 98-100, 121, 127, 131, 133, 151, 154,
　　176, 223, 224, 229, 231-233, 234, 238,
　　239, 266
무당굿 76
무당굿놀이 189, 190
무동춤 86, 134, 136, 142, 175, 339, 340
무륜(舞輪) 106
무부(巫夫) 146, 190, 238-240
무속 14, 34, 40, 166, 223, 226, 227, 229,
　　230, 232, 234, 236-239, 266
무속가면(巫俗假面) 161
무속제의 기원설 98, 100
「무숙이타령」 122
무신도(巫神圖) 24
무악(舞樂) 91, 98, 231, 336
무어인들과 기독교인들의 춤 42
무용가면 44, 45
무조신(巫祖神) 24
무회회(舞回回) 96
묵극(默劇) 85, 91, 93, 108, 138, 189
문둥북춤 80
문둥이가면 48, 50, 72
문둥이 과장 73, 78, 80, 82
문둥이춤 76, 77, 83, 131
문둥탈 79
문묘제향(文廟祭享) 115, 147
문신(門神) 164, 166, 167, 188, 341
『문헌비고(文獻備考)』 27
문호(門戶) 167, 171, 178, 328, 341
문희연(聞喜宴) 123, 126, 203-206
미마지(味摩之) 91-93, 107
미얄 과장 49, 276, 291, 294, 295, 320, 323
미얄할미 47, 58, 62, 68, 98, 99, 223, 225,
　　290, 295, 305, 307, 321, 323
민간나(民間儺) 160
민간나례 164, 166, 168, 341

**ㅂ**

바가지가면 50, 56

바구니가면 17
박남(朴男) 203-205
박진태(朴鎭泰) 100, 145, 223, 225
박춘재(朴春載) 190, 213
반가쿠(番樂) 19, 20, 23
반복 127, 184, 209, 242, 275-277, 279,
　　281-285, 287-300, 309, 315, 316, 322,
　　323
반사(盤獅) 19
반인(泮人) 52, 90, 101, 103-105, 115, 117,
　　122, 145, 146, 149-152, 160, 177, 191,
　　206, 213, 215, 216, 219, 327
밤마리 51, 71, 72, 77, 99, 152, 176
방문신(訪問神) 23
방상시(方相氏) 20, 21, 32, 35, 89, 111, 114,
　　161, 162, 164, 167, 170, 171, 175, 180,
　　185, 331
방울 106, 109, 121, 131, 171, 182, 183,
　　233, 329, 330, 342
방울받기 104, 106, 108, 110, 172, 199
방울소리 143, 179, 182, 184, 329, 330, 341,
　　342
배우(俳優) 29, 40, 54, 151, 172, 191-193,
　　198, 200-203, 206
배우희(俳優戲) 191, 197-199, 202
「백구타령」 59, 275, 310
백면구희(白面具戲) 39
『백모당집(白茅堂集)』 22, 179
백정 100, 115, 137, 138, 147-149, 152, 177,
　　215, 225
백정놀이 84, 136, 137
백제악 105
백택무(白澤舞) 179, 328, 336
백희(百戲) 87-90, 100, 101, 103-109, 113,
　　116, 117, 126, 134, 146, 147, 158, 170,
　　171, 189-191, 195, 196, 198, 215, 337
버나 86, 144
버드나무 가지 182-184, 218, 325, 330, 332
벽사(辟邪) 18, 19, 21, 22, 45, 49, 88, 125,
　　127, 143, 144, 157, 179, 182-184, 227,
　　228, 325, 328-330, 332, 337, 342, 343
벽사가면(辟邪假面) 15, 18, 20-22, 44, 49, 50

벽사색(辟邪色)  21, 168, 331
벽사의 의식무  127, 137, 138
벽사의식(辟邪儀式)  14, 19, 35, 66, 186
벽사진경(辟邪進慶)  19, 20, 22, 75, 142, 143, 341, 343
변인희(變人戱)  38, 45
변한양반  310
별산대놀이  52, 54, 83, 103, 121-123, 125, 127, 128, 131, 152, 153, 159, 207
별신굿  83, 84, 133, 135
보계(補階)  118
보고지고타령  155, 265, 290, 310, 316
복숭아나무 가지  26, 114, 182-184, 325, 330, 332
본산대놀이  52, 54, 83, 90, 94, 100, 101, 103, 105, 113, 117, 122, 125-127, 144, 146, 149, 151-153, 157, 177, 191, 206, 207, 213, 215, 219, 327
본산대놀이 계통 가면극  52, 56, 90, 100, 101, 103, 104, 126, 127, 131, 140, 146, 159, 249
『봉사도(奉使圖)』  89, 90, 115, 158, 206
봉산탈춤  20, 22, 45, 46, 49-51, 63-66, 69, 76, 92-94, 96, 114, 121, 122, 124, 125, 127, 129-131, 154, 155, 179, 182, 183, 207, 210, 212, 218, 220, 226, 227, 229, 232-237, 242, 244, 247, 248, 253, 255, 256, 260-262, 264, 265, 267, 269-273, 275, 276, 278-282, 284, 286, 288, 290-295, 297, 299-301, 304, 305, 307-312, 314, 316, 319, 320, 322-326, 329, 332, 333
부네  137, 138, 211
부락신(部落神)  22
부리  237, 238, 239, 266
「부벽서사설(付壁書辭說)」  271, 286
부인당  24
부정(不淨)굿  100, 127, 226, 228, 229, 234
북방문화  215, 216
북방민족  13, 95, 101, 112, 115, 146, 149, 215-217, 219, 221
북방인  111, 112

북청  22, 85, 86, 142, 179, 329, 333, 338-340, 342, 343
북청사자놀음→북청사자놀이
북청사자놀이  20, 22, 45, 49, 50, 51, 83, 85, 86, 92, 100, 140, 142, 153, 179, 227, 329, 333, 334, 338-340, 343
불림  125, 242, 267, 280, 282, 292, 323
「불수빈(不須嚬)」  271, 292, 314, 316
불 토해내기  104, 113, 171, 177, 336-338
비비  72, 80, 131, 297, 324, 327
비비놀이  80
비속어  241, 243-245, 269
비역  246, 248
빙등  173
빙신  266
삐뚜르미가면  48
삐뚜르미탈  73
삐리  86, 143, 183, 330

ㅅ

사공희(師公戱)  38
사당(祠堂)  22-24, 74, 131, 133, 134, 150, 237
사당과 거사춤  86, 121, 142, 155, 339
사당동티  237
사당춤  66, 308, 309
사또놀음  79
사루가쿠(猿樂)  23, 39, 104, 193, 194
「사벽도사설(四壁圖辭說)」  269, 271, 286, 288, 292, 313, 315-317
『사소절(士小節)』  123
사슴가면  34, 35
사슴춤  16, 35, 36
사원  22, 23, 39, 93
사원극(寺院劇)  92
사원나(寺院儺)  160
사자  16, 19, 20, 22, 30, 35, 36, 65, 67, 68, 76, 86, 95, 96, 112, 117, 137, 142, 179, 221, 228, 250, 297, 304, 321, 324, 325, 328, 329, 334, 336-343
사자가면  19, 20, 22, 23, 30, 48-50, 96, 110, 334, 340

사자개 342
사자계 342
「사자기(師子伎)」 335
사자놀이 16, 19, 22, 36, 85, 86, 140, 142, 329, 333, 336, 338-340, 342, 343
사자무 171, 177, 179, 328, 336
사자숭배(死者崇拜) 14, 31
사자춤 16, 19, 22, 30, 36, 66, 67, 70, 71, 75, 76, 78, 82, 96, 110, 113, 117, 118, 127, 131, 137, 140, 179, 227, 228, 270, 327-329, 333-340, 343
사직골 딱딱이패 56, 152
사직당(社稷堂) 56
사진실(史眞實) 190
사투리 241, 252, 253, 262, 269, 301
산가쿠(散樂) 23, 194
산대 90, 104, 116, 117, 119, 123, 124, 158, 206, 337
산대극(山臺劇) 88, 89, 98, 100, 157-159, 189
산대놀이 18, 47-52, 55, 56, 59, 62, 63, 72, 73, 83, 89-91, 103, 115, 116, 122, 145, 147, 152, 153, 206, 215, 238
산대도감(山臺都監) 115, 125, 149, 169, 177, 206
산대도감 계통극 89
산대도감극 87-89, 157-159, 189
산대잡극(山臺雜劇) 88, 90, 104, 107, 113, 147, 158, 159, 169, 171
산대희(山臺戲) 87-90, 101, 104, 107, 111, 146, 149, 153, 157, 158, 168, 169, 171, 176, 206, 337
산대희 기원설 88-90
산붕(山棚) 116, 117, 150, 151, 177, 206, 337
산신(山神) 20, 22, 23
산신제 227
산악(散樂) 38, 39, 87, 88, 90, 100, 101, 103-109, 113, 116, 117, 126, 134, 146, 147, 163, 171, 189-191, 193-196, 215, 337
산악·백희 기원설 88, 90, 101

산악잡희(散樂雜戲) 90, 105
산예(狻猊) 21, 109, 110, 195, 335, 336, 338
산주(山主) 24, 84, 227
산통점(算筒占) 232
산희(山戲) 117, 180, 337
살판 86, 144
삼신당(三神堂) 84
〈삼청도(三淸圖)〉 166
삼현육각(三絃六角) 56, 123, 155, 239
삽과타원(揷科打諢) 193
상엿소리 76, 80, 131, 311
상예스(桑耶寺) 219
상좌 22, 56, 58, 59, 119, 124, 184-187, 217, 218, 227, 332
상좌가면 47, 49
상좌춤 56, 58, 62, 66, 70, 71, 121, 127, 207, 227, 229
샌님 61, 62, 121, 144, 243, 244, 247, 259, 266, 279, 280, 289
샌님가면 47, 121, 127
샌님잡이 144
서낭굿 83
서낭대 225
서낭신 24, 83
서낭제 탈놀이 87, 89
서도잡가(西道雜歌) 67, 71, 155, 308, 309
서연호(徐淵昊) 92
서인나 163
석가탄신일 91
선고잡희(扇鼓雜戲) 38
선비 138, 206, 211
성사(醒獅) 19
〈성시전도(城市全圖)〉 54
「성시전도응령(城市全圖應令)」 54
성인식 32
성주단지 342
「성주풀이」 271
성행위 18, 43, 139, 223-225, 232, 234, 246-248, 250, 251, 266, 279, 311
『성호사설(星湖僿說)』 203-205, 209
성황신 133-136
세고니-쿤(segoni-kun) 18

세라이켈라 차아우(Seraikella Chhau) 41
세습무 26, 79, 101, 146, 154, 231, 233, 240
세악수(細樂手) 122, 123
소매 21, 47, 65, 113, 114, 117, 121, 124, 164, 167, 171, 179-181, 337
소매가면 47
소매각시 85, 135, 138-140, 171, 179, 188, 327, 331
소매각시의 자살과 소생 85, 138, 139
소무 60-62, 67, 128-130, 171, 179-181, 246-250, 283, 308, 321
소미씨가면 24
『소재집(疎齋集)』 203
소카리(Sokari) 40, 41
소학지희(笑謔之戱) 89, 189, 190, 199, 201
속담 241, 248, 249, 259-261, 263
속독(束毒) 21, 109, 110, 195, 335
손님탈 73, 183, 330
솟대쟁이패 51, 52, 143
솟대타기 39, 54, 104, 116, 172, 367
송만재(宋晩載) 337
송석하(宋錫夏) 56, 72, 73, 77, 82, 88, 89, 98, 158, 223, 242, 340
송파산대놀이 45, 46, 51, 52, 62, 91, 93, 117, 121, 127, 130, 153, 218, 220, 229, 239, 264, 273, 276, 279, 280, 287, 289, 319
쇼소인(正倉院) 95
수렵가면(狩獵假面) 15, 34, 35
수미야바타르(Sumiyabaatar) 216
수박희(手搏戱) 106
수수께끼 210, 241, 242, 261-263, 273, 274, 276, 296, 300-302
수영야류 45, 48, 50, 51, 72, 75-78, 82, 153, 179, 226, 227, 231, 232, 234, 235, 277, 280, 285, 297, 303, 306, 309, 313, 319, 327, 329, 333
수척(水尺) 101, 146, 148, 215, 217
수호성인 37, 42
수호신 99, 132-134, 225, 227, 234
슈겐(修驗) 19
스이코(醉胡) 95, 96, 98

스이코오(醉胡王) 95
승무(僧舞) 81, 86, 124, 142, 181, 340
『승정원일기(承政院日記)』 151, 206
시사풍자희 201
시사회(時事戱) 191
시시딱딱이 85, 135, 139, 140, 188, 327, 331
시시딱딱이춤 85, 138, 139
시시마이(獅子舞) 20
시시오도리(鹿踊) 16, 35, 36
시시카구라(獅子神樂) 19, 23
신(神) 14, 15, 17-20, 22-24, 37, 39, 41, 45, 84, 88, 98, 132-134, 136, 237, 238, 266
『신당서(新唐書)』 162, 170
신대 84, 136
신라박(新羅狛) 109, 336
신라악 105
신면(神面) 161
신반오광대 81
신병(神兵) 167, 171, 178, 328
『신보수교집록(新補受敎輯錄)』 150, 151
신사(神社) 16
신성가면(神聖假面) 14, 15, 18, 22-24
신성현시(神聖顯示) 134, 136
신위(神尉) 167, 171, 178, 328
신장수 60, 62, 67, 124, 128, 129, 146, 232, 246-248, 260, 264, 281, 297, 304, 311, 321, 324-326
신장수놀이 58, 60
『신제이코가쿠즈(信西古樂圖)』 98, 109, 336
신할아비 58, 62, 243, 259, 266, 282, 306, 307
십이가사 267, 269, 271, 292, 308, 312, 316
십이곡 334, 335
십이잡가 271, 292, 312
십이지신(十二支神) 20, 21, 111, 112, 114, 162, 164, 167, 171, 180, 183, 336

**ㅇ**
아극돈 115, 206
아메리카 표범춤 37
아키바 다카시(秋葉隆) 56, 145, 146, 149
아텔라나(Atellana) 44

악공  78, 113, 114, 122, 154, 167, 170, 172, 174-176, 187, 239, 240, 294, 295, 320, 323
『악부잡록(樂府雜錄)』  162, 163
악사청(樂士廳)  56, 65, 155, 240
악삭(握槊)  108
『악학궤범(樂學軌範)』  44, 113, 114, 172, 178, 185, 228, 328, 338, 343
안갑  247, 266
안다희(安多戱)  39
안확(安廓)  88, 89, 157, 158
알라린조(Alarinjo)  36, 43
암각화  132
애사당  59, 60, 62
애사당법고놀이  58, 59
애오개  51, 52, 54, 103, 152, 153
애오개본산대놀이  56, 145
애오개산대놀이  52, 91, 146, 177, 206
야류(野遊)  47-51, 55, 71-73, 76, 80, 82, 83, 89, 121, 127, 128, 131, 152, 153, 159, 207, 249, 261, 265, 273, 278, 289, 311, 312
야류계(野遊契)  73, 74, 226
야마부시(山伏)  19
야마부시카구라(山伏神樂)  19, 20, 23
야희(野戱)  117, 180, 337
양반  45, 48, 65, 68, 73, 75, 81, 82, 85, 86, 99, 123, 125, 127, 128, 130, 135, 138, 139, 142, 174, 183, 188, 207, 210-212, 223-226, 235, 244, 248-251, 253, 255-258, 264, 273, 274, 279, 282, 289, 292, 293, 296-298, 304-306, 309, 310, 312, 315, 321, 323, 324, 327, 330, 340
양반가면  47, 72, 128
양반 과장  78-80, 82, 127, 183, 207-210, 212, 235, 241, 244, 248, 253, 255-257, 260, 262-264, 266, 268, 270, 272, 273, 276-280, 282, 284-286, 288, 289, 291-293, 296, 298, 299, 301-306, 309, 310, 312-315, 317, 323, 330
양반광대·소매각시춤  85, 138, 139
양반·선비놀이  84, 136, 138
양반춤  66, 68, 70, 71, 75, 77, 83
양수척(楊水尺)  112, 148, 149, 155, 215-217, 219
「양양가(襄陽歌)」  267
양재연(梁在淵)  89, 158, 195
양주별산대놀이  20, 22, 38, 45, 46, 51, 52, 54, 56, 91-94, 114, 117, 121, 122, 124, 127, 130, 144, 152, 153, 180, 184, 185, 212, 217-220, 226, 227, 229, 232, 233, 238, 239, 242, 243, 246, 251-254, 256, 257, 259-261, 264, 266, 267, 269-271, 273, 275, 276, 279-282, 284, 285, 289, 290, 305, 307, 319, 320, 332
어름  86, 144
『어우야담(於于野譚)』  113, 114, 199, 200, 202
언청이  47, 48, 61, 68, 120, 121, 127, 128, 183
언청이가면  47, 48, 72, 128
에군군(Egungun)  18, 33, 43
에로티시즘  250
에하로(eharo)  36
여서낭  225, 234, 237
역귀  20-22, 25, 26, 31, 110-112, 157, 162, 163, 167, 177, 182, 183, 185, 325, 327, 330, 332, 336
역신  85, 111, 135, 140, 168, 169, 182, 188, 330, 331
연등회  90, 107, 111, 146
연잎  20, 22, 49, 59, 62, 92, 131, 184-187, 239, 332
연잎가면  186, 187
연화대  118
연화대무  114, 172, 187
염불놀이  58, 59
「염불타령」  310
영감가면  47
영감·할미놀이  83
영감·할미춤  66, 68, 71, 75
영고(迎鼓)  15, 132
영노  72, 75, 80, 82, 131, 174, 250, 297, 298, 304, 321, 324, 327

영노 과장 78
영노놀이 77, 83
영노춤 75
영노탈 79
영태 198
영혼가면 15, 28, 29
예능가면(藝能假面) 15, 18, 20, 22, 24, 38, 44, 45
예산대(曳山臺) 116
오광대(五廣大) 47-51, 55, 71-73, 76, 78-83, 89, 99, 121, 127, 128, 130, 131, 152-154, 159, 207, 242, 249, 261, 265, 273, 278, 289, 311, 312
오광대놀이 79, 80
오광대패 99
「오도독타령」 310
오륜(五倫) 208, 212, 288, 299
오방귀무(五方鬼舞) 20, 22, 113, 171, 177, 178, 228, 328, 336
오방귀사(五方鬼使) 167, 171, 178, 328
오방신장무(五方神將舞) 22, 82, 83, 127, 178, 179, 227-229, 327, 328
오방처용무(五方處容舞) 22, 114, 178, 179, 185-187, 228, 328
오이디푸스 콤플렉스 249
오쿰크파(Okumkpa) 33, 43
옴중 56, 59, 62, 144, 185, 217, 218, 244, 320, 321, 332
옴탈잡이 144
「와룡강경개(臥龍岡景槪)풀이」 271, 292, 312, 316
와양(Wayang) 토팽 34
완보 216-219, 238, 246, 252, 254, 256, 257, 259, 266, 270, 275
완함(阮咸) 106
왜장녀 59, 60, 180, 238, 252, 305
외설어(猥褻語) 245
요분질 247
용왕산제굿 78, 229, 233, 240
『용재총화(慵齋叢話)』 113, 171, 175, 179, 180, 185, 197, 201, 202
용호영(龍虎營) 122, 123

우란분재(盂蘭盆齋) 91
우령 191
우륵 334, 335
우맹(優孟) 191, 192, 197, 201, 202
우물신 167, 341
우방악(右坊樂) 98, 105
우산국(于山國) 30, 334
우상(偶像) 27, 28
우인(優人) 113, 114, 177, 196, 197, 199, 200, 204, 205
우희(優戱) 90, 104, 110, 113, 126, 149, 172, 189-199, 201, 202, 205-207, 211- 213
원숭이 36, 54, 60, 67, 106, 128, 194, 232, 246-248, 297, 311, 324-326
원숭이 재주부리기 54
월전(月顚) 21, 109, 110, 195, 335
위기(圍碁) 108
유감주술(類感呪術) 35, 225
유득공(柳得恭) 113, 116, 117, 123, 180, 181, 337
유랑예인집단 52, 71, 86, 101, 143, 146, 152, 176, 216
「유산가(遊山歌)」 271, 292, 312, 316
유우춘 123
유음어 213, 241, 253, 256-258
유일사족등과(有一士族登科) 204
유종목(柳鍾穆) 241, 244, 276
유희(儒戱) 193, 203-209, 211, 212
육갑(六甲) 167, 171, 178, 328
육담(肉談) 241-243, 245, 249-251, 269
육정(六丁) 167, 171, 178, 328
윤광봉(尹光鳳) 158, 159
율동감 275-279, 283, 285, 290, 291, 297, 309, 316, 317, 325, 326
은어 241, 265, 266, 269
은율탈춤 45, 51, 63, 70, 94, 95, 127, 130, 153, 179, 220, 221, 227, 229, 276, 319, 329, 333
의금부(義禁府) 177
의막사령(依幕使令) 58, 61, 254
의술가면(醫術假面) 15, 25

의식무 21, 22, 49, 127, 139, 144, 178, 226, 227, 328
이두현(李杜鉉) 87, 89, 145, 146, 158, 189, 195, 264, 276, 277, 280, 281, 284, 285, 319, 335
「이밀양댁연석관우희작(李密陽宅讌席觀優戲作)」 113, 114, 124
이색(李穡) 20, 22, 112, 171, 177, 179, 182, 228, 328, 330, 336, 343
이유위희(以儒爲戲) 203, 209
이혜구(李惠求) 91, 92, 98
이훈상(李勛相) 145, 176
인형극 54, 104, 117, 172, 195, 216, 336
일인다역 276, 296, 307
임석재(任晳宰) 49, 70, 242, 276, 319
입사가면(入社假面) 15, 32, 34
입사식(入社式) 14, 28, 31-34, 43, 44
입호무(入壺舞) 109

## ㅈ

자문자답형식 276, 296, 306
자벌레 중패질 246, 266
자우크(Jauk) 40
자인팔광대놀이 45, 83, 133, 135
잡귀 19, 21, 22, 56, 78, 112, 127, 137, 143, 160, 168, 173, 176, 178, 179, 227, 228, 234, 235, 237, 329, 341-343
잡기 19, 88, 158, 170
잡희(雜戲) 90, 104, 107, 111-113, 124, 147, 149-151, 159, 168, 169, 171, 174, 176, 178, 200, 204, 328, 336
장군가면 24
장군당 24
장례가면 15, 30
장례식 14, 21, 28, 29, 31, 33, 35, 43, 44
장례의식 26, 29, 31, 32, 34
「장생전(蔣生傳)」 202
장승 234, 237
장악원(掌樂院) 122
장자마리 18, 85, 139
장자마리춤 85, 138
장희(藏戲) 38, 39

재가승(在家僧) 마을 140, 333
재담 89, 144, 189, 190, 212, 213, 223, 242
재백정(才白丁) 148, 216
재인(才人) 101, 148, 149, 155, 173, 177, 215, 337
재인부락 154
재인청(才人廳) 177
재인촌(才人村) 65, 70, 122, 155, 216
저포(樗蒲) 108
전쟁가면 15, 29, 30
점복사설(占卜辭說) 232, 271, 278, 311
점쟁이 142, 340
점풍행사(占豊行事) 75
접시돌리기 90, 116, 206
정복의 춤 42
정상박(鄭尙朴) 241, 276, 277, 319
정체확인형사설 297, 324
정체확인형식 80, 82, 129, 261, 276, 296, 297, 300, 319, 324, 325
제밀주놀이 81
제아미(世阿彌) 39, 195
제양희(提陽戲) 38
제의 기원설 98
제천의식(祭天儀式) 15, 132, 133
조개가면 20
조공(竈公) 165
조군(竈君) 167, 171, 178, 328, 341
조동일(趙東一) 56, 87, 99, 223, 224, 319
조리중 183, 330
조만호(趙萬鎬) 241, 242, 276
조상단지 82, 232, 234, 237
조상숭배 33, 43
조상신(祖上神) 22, 26, 167
「조선부(朝鮮賦)」 337
『조선상식문답속편(朝鮮常識問答續編)』 140, 333
『조선의 향토오락』 333
조신(竈神) 167, 341
조앙 342
조왕 167, 342
조왕신(竈王神) 21, 114, 164, 171, 180
조원경(趙元庚) 88, 89, 158

조창(漕倉) 81
조창오광대 81
조파(竈婆) 165
조희(調戲) 189, 196
종갓집도령가면 47, 48, 61, 128
종규(鐘馗) 163-165, 167, 171, 175, 178, 180, 188, 328
종실양반놀이 201
종이가면 25, 50, 115
좌방악(左坊樂) 98, 105
주술가면 15, 18
주술사 15, 25, 26, 35
주유희(侏儒戲) 172, 196-198
주지논 140, 333
주지놀이 140
주지춤 84, 136, 137, 140, 227, 228, 333
「죽장망혜(竹杖芒鞋)」 271, 292, 309, 316
줄다리기 75, 77, 224, 225
줄타기 39, 54, 86, 90, 104, 113, 116, 144, 155, 171, 172, 177, 199, 206, 336, 338
중매구패 51, 143
「중타령」 310
『증보문헌비고(增補文獻備考)』 115, 108
증복신(增福神) 167, 341
지군(指軍) 21, 114
지당판(池塘板) 118
지신밟기 22, 73, 77, 79, 81, 133, 142, 166-169, 173, 175, 179, 226, 265, 329, 340, 342, 343
지폐(Jipae) 31
지희(地戲) 38
진상(進上)놀이 201
진오귀굿 62, 69, 82, 131, 229
진자(侲子) 112, 114, 162, 164, 167, 169, 174, 175, 336
진주오광대 46, 50, 72, 76, 81-83, 127, 178, 261, 269, 277, 319
진한양반 207-209, 298, 299, 315
질병가면 25
「집사설」 271
짜선룬뿌스(扎什倫布寺) 219
쩨기 183, 330

ᄎ
차아우(Chhau) 40, 41
참(Cham) 20, 23, 39, 40, 160, 217-220
참군희(參軍戲) 192
창귀씨가면(倀鬼氏假面) 24
창도희(昌都戲) 39
창부당 24
창사(唱師) 21, 111, 113, 114, 170
창우(倡優) 150, 170, 177, 191, 196, 202-204, 215
창우놀이(倡優之戲) 197, 198, 201
창우희 198, 199, 202
창원오광대 72, 78, 80, 154, 176
창작가요 308
채붕(綵棚) 108, 111, 117-119, 171, 198, 337
채붕나례(綵棚儺禮) 89
채산(彩山) 111
채청(採青) 19
「처사가(處士歌)」 271, 292, 312, 316
처용 21, 85, 110-112, 135, 140, 168, 175, 178, 182, 186, 188, 328, 330, 331
처용가 111, 188
처용가면(處容假面) 20, 21, 44, 45, 186
처용무(處容舞) 21, 45, 88, 89, 111, 113, 114, 125, 135, 157, 158, 171, 172, 177, 182, 185-188, 330, 336, 338
처용설화 85, 110, 135, 168, 188, 331
「천자뒤풀이」 271, 309, 310
첩가면 47
『청가록(清嘉錄)』 165
청단놀음 83
청동산(青銅山) 219
체괄이 93-95, 220, 221
총융청(摠戎廳) 122, 123
최괄이 93-95, 130, 216, 220, 221
최남선(崔南善) 140, 333
최정여(崔正如) 93
최치원(崔致遠) 20, 21, 88, 109, 168, 195, 330, 331, 335, 338
추억가면(追憶假面) 15, 27, 28
축역(逐疫) 89, 169

충나환원(沖儺還愿) 38
취고수(吹鼓手) 122
취고수청(吹鼓手廳) 78, 154, 239, 240
취괄이 93, 95, 220, 221
취발이 45-47, 58, 60-62, 65, 67, 68, 93-96, 98, 99, 121, 124, 126, 128, 130, 146, 155, 182, 207, 212, 216, 220, 221, 225, 243, 246, 247, 251, 252, 254-256, 260, 264, 266, 267, 270-273, 280-283, 285, 287, 297, 304, 307, 308, 310, 321, 324, 325, 327, 329, 330
취발이가면 46, 47, 49, 63, 130, 220
측신(厠神) 167, 341
침놀이 58, 59, 62, 238, 275

## ㅋ

카니발이론 242, 244
카시야마리로(kasiyamaliro) 가면 31
칼 삼키기 104, 113, 171, 177, 336
코람(Kolam) 40, 41
콘(Khon) 40
콤메디아 델라르테(Commedia dell' Arte) 44
쿰마티칼리(Kummattikali) 41
큰줄다리기 77

## ㅌ

타귀가면무(打鬼假面舞) 218
타귀도신(打鬼跳神) 161
탄도(呑刀) 113
탈 13, 59, 106, 125, 216
탈바가지 13, 216, 217
탈춤 51, 63, 99, 106, 116, 155, 206
탐관오리놀이 201
『태학지(太學志)』 150, 151
토지(土地) 167, 171, 178, 328, 341
토지신 56, 164
토템 가면 15, 35, 36
토템춤 35, 36, 161
토펭(Topeng) 31, 40
토화(吐火) 113
통영오광대 38, 45, 50, 51, 72, 76, 78-80, 82, 154, 175, 176, 179, 183, 226, 229, 231-233, 240, 241, 277, 297, 306, 319, 327, 329, 333
통인청(通引廳) 69, 153, 154
퇴계원별산대놀이 153
퇴계원산대놀이 52, 130
투탕카멘(Tutankhamen) 30
투호(投壺) 108
티 와라(Tyi Wara) 33
티격태격 121, 276, 296, 304, 305, 320, 321

## ㅍ

파계승 과장 76, 80, 127, 128, 140
파계승놀이 58, 60, 84, 136, 137
파드마삼바바 219
파자(破字)놀이 68, 210, 242, 262, 263, 273, 274, 301-302
판관(判官) 21, 114, 164, 167, 171, 178, 180, 328
팔관회(八關會) 27, 28, 90, 107, 108, 111, 146
팔먹중 22, 62, 96, 98, 125, 126, 183, 216-220, 250, 297, 304, 310, 316, 321, 324, 327, 332
팔먹중가면 20, 22, 45, 46, 49, 63
팔먹중 과장 125, 183, 243, 264, 276, 282, 284, 286, 291, 312, 314, 322, 323, 332
팔먹중춤 66, 70, 71, 114, 125, 155, 183
팔서상(八瑞相) 219
팔선녀춤 121
편싸움 224
포구락(抛毬樂) 118
포도부장 61, 62, 65, 121, 146, 289
포도부장놀이 58, 61
포동(浦洞) 151
포수탈 79, 82
포틀래치(potlatch) 42
푸룰리아 차아우(Purulia Chhau) 41
풍간(諷諫) 172, 191, 198, 201, 205, 206
풍농굿 기원설 87, 98-100
풍물 79, 81, 86, 116, 132, 144
풍물패 74, 81, 133, 167-169, 173-175, 224, 225, 341, 343

풍요제의가면(豊饒祭儀假面)  15, 16
풍자  48, 61, 68, 75, 93, 127, 129, 137, 138,
　　172, 192, 193, 197, 198, 201, 203, 204,
　　208, 223, 244, 245, 251, 253, 259, 272,
　　279, 289, 297, 299, 300, 306, 315, 324
풍자탈  79

## ㅎ

하급 관속  65, 145, 153, 154, 238
하회별신굿  83, 99, 100, 133, 135, 136, 224
하회별신굿탈놀이  18, 24, 45, 49, 51, 83, 89,
　　90, 100, 101, 133-136, 140, 153, 179, 211,
　　225, 227, 228, 277, 319, 329, 333
학무(鶴舞)  89, 114, 172
학습무(學習巫)  230
학연화대처용무합설(鶴蓮花臺處容舞合設)
　　44, 114, 172, 178, 185, 187, 228
할례  33, 34, 114, 172, 178, 185, 187, 228
할미가면  46, 47, 49
할미 과장  100, 121, 130, 131, 206, 225
할미놀이  84, 136, 137
할미·영감놀이  77
함북간(咸北間)  201, 202
해서탈춤  47, 49, 50, 55, 56, 63, 64, 69, 70,
　　72, 73, 83, 89, 121-123, 127, 128, 131,
　　152, 153, 159, 207, 273
해주탈춤  50, 153
해주탈춤형  63, 69
해학  44, 48, 49, 68, 137, 242-245, 250, 253,
　　272, 279, 280, 297, 305, 324-326
「향나시(鄕儺詩)」  22, 179
「향악잡영(鄕樂雜詠)」  20, 21, 88, 109, 168,
　　195, 330, 335, 338
향인나(鄕人儺)  157, 163, 168
향촌제사(鄕村祭祀)  96
헌희  204
헤베헤(hevehe)  36
현방(懸房)  52, 115, 147, 152, 177
『형초세시기(荊楚歲時記)』  166, 341
호랑이춤  37, 42, 117, 118, 337
호위(戶尉)  167, 341
호인(胡人)  95, 96, 98, 112

호인희(胡人戲)  113, 171, 177, 336
호한잡희(胡漢雜戲)  111, 112
홍백가  183, 330
홍백가면  47, 48
홍백탈  72, 128
화극(話劇)  189, 190, 196
『화당각총담(花當閣叢談)』  165
화백정(禾白丁)  148, 216
『화성성역의궤(華城城役儀軌)』  117, 118, 338
화성 행궁  117
화장술(make-up)  41
화척(禾尺)  148, 149, 215, 217
화해굿  225, 226, 234
환바(Qanba)  217
환보(Qanbo)  217
환술  90, 104, 109
황금가면  30
황금사목(黃金四目)  21, 32, 35, 162
황창무(黃昌舞)  27, 134
회회  96, 98
흉내내기  39, 172, 191, 194, 196, 198, 201,
　　203
흑가면  47, 48
흑탈  73, 128, 183, 330
희학지사(戲謔之事)  89, 158

전경욱(田耕旭)은 1959년 경기도 안성에서 태어났다.
고려대학교 국어교육과를 졸업하고,
같은 학교에서 국어국문학으로 박사과정을
수료했다. 가면극, 판소리, 인형극, 백희 등
한국 전통연희 연구에 전념하면서, 최근에는
한국과 동아시아 나라들의 전통연희를 비교 연구하는
작업을 진행하고 있다. 현재 고려대학교 민속학연구소
소장과 국어교육과 교수로 재직하고 있으며,
문화재 전문위원으로 활동하고 있다. 저서로
『춘향전의 사설형성원리』(1990), 『한국 가면극,
그 역사와 원리』(1998), 『함경도의 민속』(1999),
『한국의 전통연희』(2004) 등이 있다.

## 韓國의 假面劇
### 전경욱

| | |
|---|---|
| 초판1쇄발행 | 2007년 4월 10일 |
| 발행인 | 李起雄 |
| 발행처 | 悅話堂 |
| | 경기도 파주시 교하읍 문발리 520-10 파주출판도시 |
| | 전화 (031)955-7000 팩스 (031)955-7010 |
| | http://www.youlhwadang.co.kr |
| | e-mail:yhdp@youlhwadang.co.kr |
| 등록번호 | 제10-74호 |
| 등록일자 | 1971년 7월 2일 |
| 편집 | 조윤형·신귀영·배성은 |
| 북디자인 | 공미경·이수정·이민영 |
| 인쇄 | (주)로얄프로세스 |
| 제책 | (주)가나안제책사 |

* 값은 뒤표지에 있습니다.

Published by Youlhwadang Publisher
© 2007 by Jeon, Kyung-wook
Printed in Korea

ISBN 978-89-301-0278-0